Découvrez l'histoire
par les archives
de presse
RETRONEWS
Le site de presse de la BnF
Au quotidien   Par époque
RECHERCHE AVANCÉE +
Rechercher parmi 3 siècles de presse en ligne
NAPOLÉON
LAMARTINE
BASTILLE
VICTOR HUGO
BORDEAUX
S'ABONNER

RETRONEWS
Le site de presse de la BnF
www.retronews.fr

ŒUVRE DE SAINT-AUGUSTIN

ET DE

SAINTE-MONIQUE

PATRONNE

DES MÈRES CHRÉTIENNES

Sous la protection de Notre-Dame d'Afrique

Bulletin trimestriel. — N° 15. Juillet 1875.

A l'Œuvre des Ecoles d'Orient,

PARIS, RUE DU REGARD, 12.

ŒUVRE DE SAINT-AUGUSTIN

ET DE

SAINTE-MONIQUE

Discours de Monseigueur l'Archevêque d'Alger sur l'armée et la mission de la France en Afrique.

SUITE.

Nous ne pouvons à notre grand regret donner, à cause des limites étroites de notre bulletin, toute la suite de ce discours, dont nous avons publié le commencement dans notre dernier numéro.

Nous en donnerons seulement deux fragments qui nous ont paru plus intéressants pour nos lecteurs.

Mais nous sommes heureux de leur annoncer que le discours entier formant une brochure in-8°, est en vente au profit des Œuvres de la Mission, chez M. Belin, libraire, 52, rue de Vaugirard, à Paris. On le recevra franco, en envoyant un franc par la poste à cette librairie.

« Le sentiment chrétien de l'honneur avait présidé, dans l'expédition d'Alger, aux résolutions de la France. Devant les menaces d'une nation rivale, elle avait hautement affirmé ce qu'elle regardait comme un droit et comme un devoir : venger l'injure nationale et les humiliations du monde chrétien, conquérir la Régence, et travailler à nous l'assimiler un jour, par son libre retour à la civilisation et à l'ancienne foi (1).

Quelle page eût ajoutée à nos annales l'histoire de notre conquête, si rien n'eût arrêté ces premiers élans ; si nous avions pu, sans obstacle, poursuivre les succès, qui, en vingt jours, avaient mis entre les mains de Bourmont, Bône, Oran, et même la loin-

(1) Rapport du duc de Clermont-Tonnerre au roi Charles X. Notes diplomatiques, dans Nettement. *Histoire de la conquête d'Alger.*

taine province de Titteri par l'investiture de leurs chefs ; si, sans laisser aux Arabes le temps de douter de notre puissance, nous avions remplacé le gouvernement des Turcs par le nôtre ; si, en assurant aux populations indigènes l'ordre, la paix, la prospérité, nous les avions gagnées peu à peu par nos bienfaits, par les exemples d'un peuple chrétien ! C'eût été une croisade, la dernière, la plus noble, la plus digne de la France et des inspirations de l'Évangile.

En un jour tout change d'aspect. La France ébranlée tremble sous les coups de la révolution, de nouveau déchaînée. Au dedans, l'esprit d'impiété se réveille et repousse toute pensée religieuse, pendant que notre faiblesse encourage les exigences jalouses du dehors. Il semble qu'une entreprise si glorieusement commencée doive avorter dans l'impuissance et dans la honte, et que Dieu en va retirer sa main.

Mais c'est le secret de la Providence de se servir des obstacles pour montrer, comme en se jouant, la faiblesse de nos pensées. De même qu'aux jours de l'hiver, nous voyons, sur nos côtes, les vaisseaux battus par les tempêtes qui menacent de les engloutir ; mais le nautonnier dispose ses voiles, tient le gouvernail d'une main ferme, et c'est la tempête qui l'amène plus promptement dans le port ; de même la Providence se sert de nos déchaînements et de nos ardeurs pour conduire nos destinées. Nous la verrons, après des résistances de dix années, réaliser à la fin notre conquête par ceux mêmes qui l'auront le plus longtemps combattue.

Ces incertitudes ne retarderont pas seulement la conquête ; elles la rendront plus sanglante, en permettant à de formidables obstacles de se dresser contre nous.

Rien n'a remplacé, dans la Régence, l'administration cruelle, mais forte des Turcs, et les indigènes, délivrés du joug, sont en proie à la plus affreuse anarchie. Se ruant partout sur leurs anciens maîtres et sur leurs fils, les Coulouglis, les Arabes et les Kabyles ensanglantent, par leurs massacres, Médéa, Miliana, Mascara, Tlemcen, toutes les villes de l'intérieur. Les tribus se livrent à leurs goûts de guerre et de pillage, tantôt luttant entre elles pour venger d'anciennes injures, tantôt s'alliant pour se jeter sur nos postes, pour piller nos transports, n'écoutant encore, dans ce premier délire de l'indépendance, que les instincts de sang, de brigandage, de courses guerrières, qui animaient leurs chefs de hasard. Nous pouvions profiter de ces désordres, et tenir divisées des races alors irréconciliables, Maures des villes qui cherchent à dominer par la ruse, Arabes qui courent les plaines, Kabyles qui gardent sur leurs montagnes leur antique indépendance. Mais, qu'attendre d'yeux inattentifs, sans cesse tournés vers la France, pour y surprendre le signal du retour? Le nom musulman couvre également, pour notre ignorance, le vainqueur, dont nous avons rompu le joug séculaire, et le vaincu, dont nous avons brisé les fers.

Et cependant, sur les sommets de l'Atlas, formant, avec les restes des Libyens et des Berbères, la masse des populations indigènes, se trouvent les descendants des chrétiens (1). C'est le Liban de l'Afrique, mais un Liban que l'Europe a délaissé, et où peu à peu le christianisme a disparu, après la destruction de son sacerdoce. Laborieux, sobres, pleins de courage, exempts de fanatisme pour une religion imposée par de longues violences et quatorze fois reniée par eux, séparés des Arabes par le ressentiment de l'opprimé contre l'oppresseur, n'ayant pas subi la loi des Turcs, conservant encore, dans quelques tribus, le signe sacré de la croix, et, dans toutes, le code, ou, comme ils disent, le canon de leurs lois civiles, les Kabyles semblaient destinés à notre alliance. C'est un de leurs chefs qui, dans les premiers temps, disait ces paroles remarquables, rapportées par Bedeau : « Nos ancêtres ont connu les chrétiens, plusieurs étaient fils des chrétiens, et nous sommes plus rapprochés des Français que des Arabes (2). »

(1) Nettement, *Histoire de la conquête de l'Algérie*, p. 7.
(2) Voici comment le général Daumas, celui de tous les généraux algériens qui a le mieux connu la société indigène parle des Kabyles, dans son livre *Mœurs et coutumes de l'Algérie*. (4e édit.) p. 255 :
« Si l'on approfondit spécialement les mystères de la société kabyle, plus
» on creuse dans ce vieux tronc, plus sous l'écorce musulmane, on trouve
» de sève chrétienne. On reconnaît alors que le peuple kabyle, en partie
» autochthone, en partie germain d'origine, autrefois chrétien tout entier,
» ne s'est pas complétement transfiguré dans la religion nouvelle. Sous le
» coup du cimeterre, il a accepté le Coran, mais il ne l'a point embrassé ;
» il s'est revêtu du dogme ainsi que d'un *burnous*, mais il a gardé, par
» dessous, sa forme sociale antérieure, et ce n'est pas uniquement dans

L'Europe voit, en ce moment, une nation infortunée, déchirée par les serres de l'aigle moscovite. Selon toute apparence humaine, elle perdra son nom, sa langue, sa foi, tout ce qui constitue la vie d'un peuple. Mais si, après de longs siècles de martyre et de mort, il était donné à la Pologne de renaître à l'indépendance, si une nation sœur, ayant la même foi, les mêmes ardeurs généreuses, revenait lui dire : « Lève-toi, et reprends le nom et la gloire de tes pères ; » est-ce que les fils des martyrs qui ont inondé le sol de leur patrie d'un sang magnanime ne tressailleraient pas à cet appel ? Est-ce que, réveillés peu à peu de la servitude, ils ne salueraient pas leurs libérateurs par des cris d'allégresse ?

Et nous, je le dis avec tristesse, nous avons trouvé devant nous, sans le reconnaître, une autre Pologne, les restes de ce peuple qui eut pour pasteurs et pour maîtres les Cyprien, les Optat, les Augustin, les Fulgence. Nous devions, dès le premier jour, jeter à ses montagnes et à ses vallées le cri de la délivrance. Nous devions lui dire : Afrique chrétienne, sors du tombeau. Réunis tes débris épars sur tes monts et dans tes déserts. Reprends ta place au soleil des nations, tes sœurs dans la civilisation et dans la foi ; que tes enfants, apprenant de nouveau ton histoire, sachent que nous ne venons à eux que pour leur rendre la lumière, la grandeur, l'honneur du passé !

Cette pensée ne nous est pas venue, tant étaient grandes notre ignorance et notre insouciance du spectacle qui frappait nos regards ; tant était puissante en quelques-uns la haine hypocrite qui poursuivait la foi jusque dans ses plus anciens souvenirs, haine infernale qui sacrifiait, qui sacrifierait encore à son impiété, pour des siècles peut-être, les intérêts de la patrie et le sang des chrétiens !

Lorsque nous reconnaîtrons plus tard notre erreur, avec les progrès de la conquête, avec la science plus exacte de l'histoire, avec le réveil de la foi il ne sera plus temps. Nos coups auront porté sur l'Arabe et sur le Kabyle, et leur sang également versé par nos mains les auront unis dans une haine commune contre leur commun agresseur.

» les tatouages de sa figure qu'il étale devant nous, à son insu, le symbole
» de la croix. »

Après avoir tracé à grands traits l'histoire de la conquête de l'Algérie, par l'armée française, et rendu à la valeur de nos généraux, particulièrement à Lamoricière un éclatant hommage, Mgr Lavigerie termine ainsi son discours :

« Telle est l'œuvre de la conquête. Jamais peuple ne dépensa plus généreusement son sang et ses trésors ; jamais armée n'acquit plus de gloire. Et néanmoins, l'œuvre répondrait-elle à de si nobles efforts, si elle devait s'arrêter aux résultats qui sont sous nos yeux ?

Des travaux immenses et magnifiques, des villes, des monuments, des routes, de vastes entreprises ; mais au fond, un pays, qui a coûté à la France plus d'or qu'il n'en aurait fallu, il y a quatre années, pour payer sa rançon, et qui ne peut jusqu'ici se suffire à lui-même ; une colonie, qui compte moins d'habitants Français qu'elle n'a coûté d'hommes à la France ; des terres, qui ont donné moins de richesses, malgré leur admirable fécondité, que celles que l'on eût obtenues des terres de la Mère-Patrie, avec les mêmes efforts.

Est-ce donc pour cela que nous avons vu la Providence tout conduire comme par sa main ? Est-ce là ce qu'elle voulait, lorsqu'elle précipitait ces barbares, lorsqu'elle contraignait la France à la suivre, malgré tant de résistances, lorsqu'elle donnait tant d'invincible ardeur à ses soldats, tant d'aveuglement à ses ennemis, et à la fin, tant de sagesse à ses capitaines, et qu'elle forçait le plus grand de tous à confesser publiquement qu'il ne se rendait qu'à sa voix ? Et ne l'avons-nous pas vue, nous-mêmes, se servir des moyens qu'elle seule emploie, parce que seule elle les tient dans sa main puissante ? Il y a quelques années, lorsque, par un triste retour, nous voyions, au lieu de la France nouvelle que notre armée était venue conquérir, se dresser devant nous je ne sais quel royaume barbare, par quels tonnerres ne fûmes-nous pas réveillés, et quelles sinistres lueurs ne frappèrent pas nos regards ? Les fléaux des anciens jours, les mêmes qui domptaient, entre les mains de Dieu, l'aveuglement des Pharaons, les sauterelles, la famine, la peste, ouvrirent les yeux aux plus incrédules, et forcèrent d'abaisser toutes les barrières ; et, hier encore, l'insurrection formidable qui semblait devoir nous perdre, n'est-elle pas devenue, entre les mains d'un homme (1) dont vous n'oublierez ni l'énergie, ni l'intégrité, ni la haute intelligence, et dans celles d'un successeur (2) illustre à tant de titres, et dont la modestie a seule le pouvoir de fermer aujourd'hui mes lèvres, un moyen de reprendre l'œuvre interrompue et de guérir tant de blessures?

Non, l'éternelle Sagesse, qui proportionne toujours les moyens à la fin qu'elle veut obtenir, ne se proposait pas, par de si grands coups, des effets jusqu'à présent si précaires. D'ailleurs, en empruntant la main de la France, Dieu ne voulait-il pas faire entendre au monde qu'il avait de plus grands desseins?

Ce n'est pas ta mission, ô France chrétienne, d'arracher, pour prix de ton sang et de ta gloire, les trésors des peuples vaincus; ce n'est pas ta mission de les chasser devant toi pour te faire place, en les livrant à la mort : ton génie est de communiquer, au prix du sacrifice, tes sentiments et tes lumières. C'est là ce que tu as fait pendant tant de siècles pour la vérité; c'est là ce que tu as fait même pour tes erreurs; c'est là ce que tu as fait encore par tes écrits, par ta parole, par ta langue restée celle du monde civilisé. C'est là ce que tu es venue faire dans ce monde barbare. Tu es venue, non pas seulement y chercher de l'or, mais y porter la justice; non pas seulement y récolter de plus riches moissons, mais y semer la vérité; non pas y fonder ton pouvoir sur la servitude et la destruction des vaincus, mais y former un peuple libre et chrétien. Et si tu doutais de ma parole, parce qu'elle pourrait te paraître inspirée par mon ministère, quoique je sois le successeur de ces Évêques qui ont formé ton âme, et que je connaisse ton âme aussi bien que toi-même, j'emprunterais celle d'un soldat, de celui qui a connu également tes ardeurs nouvelles et ton ancien cœur, de Lamoricière, qui, parlant de ta conquête et des desseins de Dieu sur elle, a renfermé en ces simples mots tout ce que je viens de dire : LA PROVIDENCE, QUI NOUS DESTINE A CIVILISER L'AFRIQUE, NOUS A DONNÉ LA VICTOIRE (3).

Voilà ta mission. Elle est belle, elle est digne de toi, et tu ne

____

(1) M. l'amiral comte de Gueydon.
(2) M. le général Chanzy.
(3) KELLER. *Lamoricière, sa vie, etc.*, t. I. p. 51.

l'as payée trop cher ni par tes trésors, ni par le sang de tes fils, ni par votre gloire, ô soldats de l'Armée d'Afrique! Et maintenant laisse dire ceux qui s'étonnent! Le soleil, lorsqu'il s'élance dans sa course à travers les cieux, s'arrête-t-il, en répandant sa lumière, aux plaintes de ceux qu'inquiètent ses ardeurs? Avance par la pratique de l'humanité et de la justice, par l'exemple des nobles vertus qui sont l'apanage des nations chrétiennes, par la charité envers les faibles, par les inspirations de l'Évangile; car si tu as promis de respecter, dans ce peuple, le sanctuaire de la conscience, tu n'avais pas le droit d'humilier, comme tu l'as fait durant tant d'années, la croix devant le croissant, en paraissant oublier ton culte, et le renier même quelquefois, par les insultes dont tu le laissais couvrir; tu n'avais pas le droit d'enchaîner la vérité et d'empêcher nos lèvres de la répandre. Et ne crains pas que pour ressusciter la foi sur ces rivages, je demande les armes sanglantes par lesquelles le Coran l'a étouffée, il y a de longs siècles. Je sais que si, pour la liberté de son ministère un Évêque doit être prêt à donner sa tête, il doit garder en tout les règles de la sagesse et de la douceur. Je sais que ma poitrine devrait, s'il le fallait, être la première à se placer devant les vaincus, pour protéger, contre d'injustes violences, leurs âmes autant que leurs corps.

Mais ce n'est pas assez d'un peuple. Montez en esprit, avec moi, sur ces cimes inaccessibles qui bornent notre horizon, et jetez vos regards sur l'immensité qui nous entoure. Auprès de nous, les débris d'une nation autrefois chrétienne, mêlés à ceux des invasions barbares. Au delà, sur la surface de ce continent immense, la plus affreuse barbarie, l'ignorance, le sang, l'anthropophagie, l'universel esclavage. Déjà le monde chrétien, l'Espagne, le Portugal, l'Angleterre, la Hollande, les missionnaires de tous les peuples, assiégent ses côtes de toutes parts. Des pionniers intrépides ont pénétré dans ses profondeurs inconnues, et l'univers étonné se passionne pour leur courage, comme il se passionne pour les conquérants. Ces efforts lointains seront longtemps stériles. Les pacifiques conquérants de l'Afrique doivent être à portée de recevoir, d'une main, de l'Europe chrétienne, ce qu'ils donneront, de l'autre, à tant de races déchues. C'est vous qui ouvrirez les portes de ce monde immense, et les clés de ce sépulcre sont ici dans vos mains. Déjà il est ouvert par votre conquête. Un jour, si vous êtes, par vos vertus, dignes d'une mission si belle, la vie y renaîtra avec la lumière, et tous ces peuples, aujourd'hui perdus dans la mort, reconnaîtront qu'ils vous doivent leur existence; et en apprenant votre histoire, votre gloire, votre valeur, ils seront fiers de leurs ancêtres.

Pour moi, mes yeux ne verront pas ce jour; mais je l'attendrai, du moins, avec une ferme confiance, qui me suivra jusque dans la mort. Là, si Dieu fait miséricorde à mon âme, mes prières chercheront encore à en hâter la venue. Prosterné devant le trône de l'Agneau, dont le sang a racheté tous les peuples du monde, j'unirai ma voix à celle des Martyrs, des Docteurs, des Pontifes de l'ancienne Afrique, qui implorent, depuis tant de siècles, la résurrection de leur patrie. Lorsqu'enfin ces vœux seront exaucés, ma cendre refroidie tressaillera au fond de sa tombe, et, déjà perdu dans les clartés éternelles, j'entendrai, avec des transports nouveaux, mêlés à l'hymne de l'action de grâces, les noms que je viens de vous redire et que je veux porter sans fin, gravés dans mon cœur, l'Église, la France, la terre Africaine : l'Église, dont je suis le ministre; la France, dont je suis le fils; l'Afrique, que vous avez conquise et dont Dieu m'a fait le Pasteur ! »

Ainsi-soit-il !

TUNISIE.

Les Missionnaires d'Afrique d'Alger chargés de la mission de saint Louis, sur les ruines de Carthage.

Notre Œuvre vient de faire un pas nouveau, dans le vaste champ de l'Afrique musulmane. Mgr l'archevêque d'Alger a accepté pour ses missionnaires, du gouvernement français, avec l'autorisation

et la bénédiction du Saint-Siége, de garder et de desservir le sanctuaire élevé, sur les ruines de Carthage, dans la Tunisie, au lieu
où est mort, en 1270, saint Louis, roi de France, qui y combattait
les Sarrasins. Ce sanctuaire était depuis longtemps, abandonné, et
cet abandon faisait gémir toutes les âmes chrétiennes et françaises,
cet abandon a cessé depuis le mois de juin dernier. Le P. Bresson,
accompagné du P. Molle, est allé prendre possession de la chapelle
et y commencer, au milieu des populations de la Tunisie, les œuvres chrétiennes et charitables.

Mais l'ambition des Missionnaires est plus grande. La chapelle de
saint Louis est non-seulement toute délabrée, mais encore absolument insuffisante et indigne des grands et saints souvenirs qu'elle
rappelle. Ils voudraient construire une église convenable sur des
terrains dont ils viennent de faire l'acquisition, et placer auprès
de l'église, un établissement charitable.

Mgr l'archevêque d'Alger leur a écrit, pour approuver ce projet,
une lettre que nous donnons tout entière.

Nous espérons qu'après l'avoir lue, beaucoup de personnes s'as-
socieront à cette pieuse entreprise. Combien de personnes en
France portent le nom de saint Louis et tiendront à honorer leur
saint patron au lieu où il est mort.

Pour favoriser ces bonnes dispositions, nous avons fait faire
des images, qui représentent la mort de saint Louis. On les place
ou on les vend au profit de son sanctuaire de Carthage. Ceux de
nos associés qui voudraient bien se charger de placer quelques-
unes de ces images pourraient en faire la demande à M. le secrétaire de l'Œuvre des Écoles d'Orient, 12, rue du Regard, à Paris.

Nous nous proposons aussi d'ouvrir une souscription, pour le
même but, mais dans des conditions tout à fait spéciales qui
feront l'objet d'envois à part aux personnes à qui elle est réservée.

LETTRÉ

DE MONSEIGNEUR L'ARCHEVÊQUE D'ALGER

AUX MISSIONNAIRES DE SON DIOCÈSE

RÉCEMMENT CHARGÉS DE GARDER ET DE DESSERVIR LE TOMBEAU

DE

SAINT LOUIS, ROI DE FRANCE

SUR LES RUINES DE CARTHAGE.

I

Mes très-chers Pères,

Je vois avec joie que les Missionnaires de mon diocèse viennent d'être chargés par la France et par le Saint-Siége de veiller sur le Tombeau de saint Louis. Au milieu des tristesses de la patrie et de l'Eglise, je pense qu'il est bon de conserver en honneur cette grande mémoire également chère à l'une et à l'autre. Je pense que nulle part la prière de cœurs français, comme les vôtres, ne sera plus puissante auprès de Dieu, pour le salut de la France, qu'en ces lieux sanctifiés par les vertus héroïques et par la mort d'un prince, qui sacrifia sa vie à la conscience et au devoir!

Pure, aimable et grande figure, qui nous apparaît à travers les âges comme le type achevé de la bonté, de la justice, de la simplicité, du mâle courage, restée populaire malgré les révolutions politiques qui ont pu faire cesser autour d'elle les hommages officiels, mais qui n'ont pu ni interrompre le culte sacré que lui rend l'Eglise, ni arracher de la mémoire des peuples le souvenir d'un si bon prince, ni faire méconnaître au cœur de la France, le plus Français de ses rois, Français par le cœur, par le courage, par l'esprit même dont les saillies se retrouvent à chaque page dans les récits de nos vieux chroniqueurs. Français par le vif sentiment de l'égalité et de la justice, Français par « l'amour qu'il avait pour son peuple, » par l'intelligence de ses aspirations, de ses destinées qu'il prépara plus que nul autre, Français par sa générosité cheva-

leresque. La sainteté, en élevant, en purifiant, en perfection-
nant en lui la nature, n'en avait pas changé les traits. Elle les
a placés seulement dans une immortelle lumière, embaumant,
si j'ose le dire, de son divin arôme, ce lys royal qui garde si
bien le parfum de la patrie.

Aussi n'est-il même pas nécessaire d'aimer la royauté pour
aimer saint Louis, il suffit d'aimer la France.

Il y a de longues années déjà, que j'ai admiré cette étroite
ressemblance de l'âme de saint Louis et de celle de la France
chrétienne. Les circonstances mêmes où cette impression
naquit en moi, l'ont plus profondément gravée dans mon
cœur. Ceux qui ont vécu loin de la patrie ne s'en étonneront
pas; ils savent combien son image y devient plus vive et plus
chère. Or, c'est dans les contrées lointaines de l'Orient, en
Égypte, en Palestine, en Syrie, que, dans ma jeunesse, j'ai
étudié la vie du saint Roi. J'y lisais nos vieilles histoires, ces
vieilles histoires quelquefois si nécessaires pour nous consoler
du présent, presque toujours si efficaces pour nous faire aimer
la France, et j'y sentais mon âme doucement émue des grands
exemples de bravoure, de patience, de foi, de charité qu'un
roi de France avait donnés à ces peuples barbares.

Près du Nil, le bon Joinville me faisait assister au débarquement de Louis : « Quand le bon Roy ouït dire que l'enseigne
» Saint-Denis (l'oriflamme Royal) estoit à terre, il s'en alla
» à grand pas sur son vaisseau, ni oncques la voulut abandon-
» ner, et sauta en la mer dont il fust dans l'eau jusqu'aux
» aisselles. Et alla l'escu au col et le heaume en teste, et le
» glaive en main jusqu'à ses gens qui estoient sur la rive de la
» mer. Quand il vint à terre, et qu'il vist les Sarrasins (rangés
» en bataille pour s'opposer au débarquement), il mist la lance
» sous son aisselle et l'escu devant lui et il eust couru sus aux
» Sarrasins si ses prud'hommes qui estoient avec lui l'eussent
» souffert (1). »

A Jaffa, je voyais les murs auxquels il avait travaillé de ses

____

(1) *Histoire de saint Louis*, par Jean, sire de Joinville. Edition de Wailly,
Paris, 1874, p. 88-89.

mains, pour donner du courage aux ouvriers de son armée :
» Maintes fois, y vis-je le Roy porter la hotte aux fossés (1), » dit
Joinville. A Saïda, il avait fait plus encore : « le Roy faisoit
» enterrer les Chrestiens que les Sarrasins avoient occis et
» lui-mesme portoit leurs corps décomposés et tout puants
» pour les mettre en terre, sans qu'il se bouchast le nez, » ajoute
naïvement le bon chroniqueur, « et les autres se le bou-
» choient (2). » C'est là aussi, après une absence de plusieurs
années, qu'il avait appris la mort de Blanche de Castille, la digne
mère d'un tel fils : « A Saïda arriva au Roy la nouvelle que sa
» mère estoit morte. Il en monstra si grand deuil que, de deux
» jours, on ne pust jamais lui parler. Après cela, il m'envoya
» quérir par un valet de chambre, et quand je vins devant lui
» en sa chambre là où il estoit seul et qu'il me vist, il étendit les
» bras et il me dist : Ah ! Sénéchal, j'ai perdu ma mère (3)! »

Je lisais ces lignes sur le rivage qui s'étend entre Saïda et
Tyr, non loin de l'antique nécropole des rois de Sidon, qui
gardait encore, sous leurs menaçantes épitaphes, les restes de
ces contemporains des Pharaons et de Moïse. Le récit de Joinville
avait fait passer sous mes yeux tous les grands noms de notre
histoire, qui me semblaient rendre un moment la vie à cette
poussière ; et c'est au milieu de tous ces souvenirs qu'éclatait
ce cri si profond et si simple de la douleur filiale ! C'est là que
saint Louis avait pleuré sa mère, cette mère qui avait formé son
âme : « Quant à son âme, Dieu la garda par les bons ensei-
» gnements de sa mère, qui l'enseigna à croire en Dieu et à
» l'aimer, et attira autour de lui toutes gens de religion. Et le
» faisoit, si enfant comme il estoit, toutes ses heures et les
» sermons faire et ouïr aux jours de festes ; et le bon Roy rap-
» peloit que sa mère lui avoit fait souvent comprendre qu'elle
» aimeroit mieux qu'il fust mort, que ce qu'il fist un péché
» mortel (4). »

(1) Joinville, p. 284.
(2) Joinville, p. 319.
(3) Joinville, p. 331.
(4) Joinville, p. 41-42.

Mais ce n'était pas seulement la mère qui était admirable dans Blanche de Castille, c'était la Souveraine, et elle ne contribua pas moins, durant ses longues années de régence, par son énergie, par sa grandeur d'âme, par sa haute intelligence, à former le Roi qu'elle n'avait formé le chrétien. Aussi fut-il à la hauteur de tous ses devoirs.

On s'est trompé quelquefois en le jugeant par les seuls récits de sa vie privée, où les exercices de la piété, de la pénitence, de la charité chrétiennes tiennent une si large place, qu'il semble qu'il n'en dût plus rester pour l'accomplissement de sa mission royale ; mais c'est le contraire qui est vrai, et ce règne, l'un des plus longs de la monarchie, puisqu'il dura quarante-quatre ans, fut en même temps l'un des plus glorieux, des plus nobles, des plus féconds surtout pour l'avenir de la France.

Il réalisait à la lettre, ce grand prince, la parole de l'Esprit saint : « La piété a les promesses de la vie présente aussi » bien que de la vie à venir. » Les victoires que tant d'autres durent exclusivement à leurs armes, lui les dut surtout à ses vertus.

On l'avait vu prononcer contre lui-même à Abbeville, dans ses démêlés avec l'Angleterre, refuser, pour ne pas blesser ce qu'il croyait les droits d'autrui, une couronne que le Pape lui offrait en Italie, accepter en Égypte, dans sa prison, de subir les plus effroyables supplices plutôt que de prêter un serment qu'il ne croyait pas pouvoir tenir. On savait qu'il observait sévèrement lui-même le principe qu'il laissa comme règle à son fils : « Si tu as rien qui soit à autrui, soit par toi, soit par » tes devanciers, et que la chose soit certaine, rends-le, sans » tarder (1). »

Et c'est sous le règne de ce prince juste et pacifique que s'éleva le plus haut, dans la société violente du moyen âge, l'ascendant moral de la France ; c'est sous ce règne que le roi et les barons de l'Angleterre vinrent à Amiens soumettre leurs différends au jugement de Louis, que Charles d'Anjou, son

(1) Joinville, p. 403.

frère, monta sur le trône de Sicile, que deux Français, ses anciens conseillers, Urbain IV et Clément IV, furent successivement appelés au trône de saint Pierre, que les plus puissants rois recherchèrent notre alliance, que les princes de contrées barbares et lointaines lui envoyèrent des ambassadeurs, que Henri III, roi d'Angleterre, vint faire hommage de vassal au roi de France, que la Normandie, le Poitou, la Guyenne, le Languedoc, la Provence ou furent réunies à la couronne ou reconnurent son autorité.

Quand vit-on une gloire plus grande et plus pure ?

Et toutefois les ombres aimables du bois de Vincennes ne doivent pas nous faire regarder la justice de saint Louis comme une justice désarmée.

Il était trop chrétien pour tomber dans une semblable erreur.

« N'accepte pas d'être juge, disent les Saints-Livres, si tu » n'es prêt par ton courage à renverser l'iniquité. »

Aussi la Bretagne, le Poitou, la Saintonge virent tour à tour le saint roi à la tête de ses chevaliers, contraignant au devoir par la force du glaive les ennemis de la monarchie. On sait la fière réponse qu'il fit aux barons injustement ligués contre le comte de Champagne. Ils ne lui demandaient que de rester neutre pour ne pas lui déclarer une guerre qui pouvait mettre sa couronne en péril : « Le roi leur manda, dit » Joinville, qu'ils ne combattroient pas ses gens que de sa » personne il fust avec eux ! » Et comme ils persistaient et envahissaient la Champagne, il accourut en armes et « leur manda » que à nulle paix il n'entendroit ni ne souffriroit que le » comte de Champagne y entendist avant qu'ils eussent vidé la » comté de Champagne (1). »

Et ils la vidèrent en effet, tant la force du droit est irrésistible quand celui qui le possède est décidé à le soutenir !

Tel fut ce prince sur le trône, mélange unique de douceur et de force, de justice et de bravoure, de piété profonde et d'ardent amour pour la France, d'humilité, de simplicité et de majesté royale. Pauvre dans le secret de sa demeure, man-

(1) Joinville, p. 48-50.

geant avec les pauvres, les servant de ses mains; magnifique
dans les occasions solennelles, et passant la nuit en prières,
et paraissant le lendemain au milieu des batailles, comme à
Damiette ou à Taillebourg, « son heaume doré sur la tête, son
» épée d'Allemagne en la main, dominant tous les autres de
» la hauteur des épaules, » et arrachant au bon Joinville ce cri
d'admiration guerrière : « Oncques si bel homme armé ne
» vis (1) ! »

II

Mais je ne vous parle que de sa vie, et c'est sa tombe que
vous êtes chargés d'entourer d'honneur et de prières. Ne
regrettez pas néanmoins ce que je viens de dire. Une tombe
n'est vénérable que par les vertus de celui dont elle garde les
restes, et la mort n'est grande que si elle est le couronnement
d'une grande vie.

Tout se réunit pour rendre celle de saint Louis digne
d'admiration : le sentiment qui l'entraîne à ce sacrifice suprême, l'héroïsme de sa foi, les ardeurs de son amour, les dernières paroles de ses lèvres mourantes, le généreux élan de
cette chevalerie française qui l'entoure et jusqu'à ce théâtre,
unique au monde, que la Providence semblait avoir préparé,
pour ces scènes sublimes.

Il semble, en effet, qu'en le menant, pour y mourir, sur
cette colline où fut le centre de Carthage, Dieu ait voulu placer
sa tombe au milieu de toutes les splendeurs de la nature, et
des plus grands souvenirs de l'histoire des hommes, comme
pour l'entourer d'un éclat sans rival.

N'en avez-vous pas eu déjà la pensée au soir d'une de ces
journées d'Afrique, si belles quand elles sont belles, lorsque
du haut de son sanctuaire vous promeniez autour de vous,
votre regard charmé. Ce soleil, qui va lui aussi rentrer dans
l'ombre, dorant de ses derniers feux les sommets de l'Atlas,
cette mer immense et paisible d'où s'élèvent en amphithéâtre,
le long du rivage, les collines et les montagnes, ce ciel dia-

(1) Joinville, p. 126-127.

phane qui semble ouvrir aux regards comme à la pensée les espaces infinis, ces lacs bleus, ces blanches murailles de la Goulette et de Tunis, cette terre aux feuillages sombres couverte déjà dans les bas fonds des ombres transparentes de la nuit ; cette rade magnifique, ces ruines éparses, ce grand silence des solitudes avec son incomparable majesté, y a-t-il au monde tableau plus admirable !

Et si au milieu de ce silence, votre mémoire évoque les morts, quels noms et quels souvenirs se groupent autour du souvenir de saint Louis !

A la place même où s'élève son autel, la Fable a placé le bûcher de Didon, c'est aussi là que cinq siècles avant notre ère régnaient les maîtres de l'Afrique, de la Sicile, de la Sardaigne, des îles de la Méditerranée, de l'Espagne : Magon le grand, Amilcar ; c'est de là que partaient avec Hannon ces expéditions audacieuses qui découvraient les côtes de l'Océan, les îles Britanniques, l'Islande, l'Amérique que le monde ancien devait perdre et que Colomb devait retrouver un jour. C'est là que Régulus devient, selon la belle parole de Bossuet, plus illustre par sa prison que par ses victoires. C'est de là que part Annibal pour balancer un moment la fortune de Rome et revenir assister à la ruine de sa patrie ; c'est là qu'apparaissent, tour à tour, en vainqueurs ou en fugitifs, les deux Scipions, Marius, César, Caton, et plus tard Genséric avec ses Vandales et Bélisaire, et enfin les farouches Kalifes qui étendent pour des siècles sur tant de ruines le voile sanglant de l'oubli. Et au milieu de ces sombres figures, les douces images de Cyprien, de Félicité, de Perpétue, d'Augustin, de Monique, cette autre mère d'un autre roi qui ne monta pas, il est vrai, sur un trône mais qui n'en règne pas moins, depuis tant de siècles, sur les esprits et sur les cœurs. Moins heureuse que Blanche de Castille elle ne put préserver son fils des atteintes du mal, mais elle le sauva par ses larmes, ces larmes maternelles si abondamment répandues par elle en ce lieu même, dans la petite chapelle, bâtie près de la mer, au pied de la colline, où elle passa la nuit cruelle qui suivit la fuite de son fils.

Voilà la scène illustre où saint Louis va quitter la terre, où après tant de morts, où éclatent avec une sombre fureur, l'orgueil déçu, la volupté, la cruauté, toutes les rages des passions humaines où les flammes, le poison, le fer se disputent leurs victimes, il va donner au monde le spectacle d'une mort sanctifiée par l'amour, par les plus sublimes espérances, par ces leçons d'un roi mourant, éternellement dignes des méditations des princes et de la reconnaissance des peuples chrétiens.

Il était parti de France, déjà brisé par la maladie, fruit de ses longs travaux, de ses combats, de sa pénitence. « Grant » péché firent, dit Joinville, ceux qui lui approuvèrent ce » voyage dans la grant faiblesse où son corps estoit car il ne » pouvoit supporter ni d'aller en char ni de chevaucher. Sa » faiblesse estoit si grande qu'il souffrist que je le portasse » de l'hotel du comte d'Auxerre, là où je pris congé de lui, » jusques aux Cordeliers (1). » Lui-même ne se faisait pas d'illusions sur sa fin prochaine, mais il croyait sa conscience encore engagée, par le vœu fait dans sa jeunesse, et la grande pensée politique des croisades ne l'avait jamais abandonné.

On a tout dit pour justifier cette politique et ce n'est pas le lieu de le redire ici. Vous vivez d'ailleurs, comme moi, au milieu des populations musulmanes et ce n'est pas à nous qu'il faut apprendre sous quel joug de mort l'Europe eût été courbée, si le moyen âge n'eût brisé l'élan de leur conquête, de quels maux l'Orient, l'Afrique du Nord eussent été préservés si la croix eût, dès lors, renversé ce croissant, dont l'ombre seule a suffi pour stériliser depuis des siècles, des contrées qui furent les nourricières du genre humain !

Les Croisés n'achevèrent pas leur tâche ! Qui peut leur en faire un crime alors que les obstacles dépassaient la puissance humaine ; si leur but était juste, leur intention pure, leur bravoure achevée, si, enfin, comme saint Louis, ils sacrifièrent leur vie à leur foi ?

Quels sentiments plus admirables que ceux du saint roi, alors qu'il se préparait à partir pour cette seconde croisade ! Il n'exprime que les pensées de la plus généreuse charité, pour

____

(1) Joinville, p. 401.

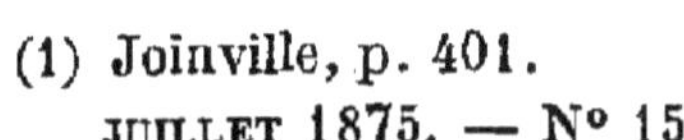

ceux mêmes qu'il allait combattre : « Dites au roi de Tunis que
» je désire si ardemment le salut de son âme que je consen-
» tirois à rester tous les jours de ma vie en prison chez les
» Sarrasins, sans plus voir jamais la clarté du jour, si à ceste
» condition lui et sa nation recevoient le baptesme, de bon
» cœur (1). » C'étaient les espérances qui l'occupaient en ap-
prochant des côtes d'Afrique : « Le bon roy Loys, dit son chro-
» niqueur, desiroit moult ardemment que la foi chrétienne qui
» avoit esté semée et avoit porté grand fruit en cette terre
» d'Afrique, au temps de saint Augustin, et surtout à Car-
» thage, reflorist à son temps (2). »

Ces espérances entretenues, par les démarches artificieuses
du Bey de Tunis ne tardèrent pas à se dissiper. On s'aperçut,
dès l'abord, que les promesses faites par ce prince n'étaient
qu'une feinte, et qu'il se préparait au combat :

Le roi guerrier reparaît aussitôt : « Je vous dis le ban
» de Notre-Seigneur Jésus-Christ et de Louis, roi de France,
son sergent! » mande-t-il aux infidèles et il prend ses mesures pour joindre, sans délai, l'acte à la parole.

Comment l'armée prit terre, et s'empara du « chastel » bâti
près du port, à l'extrémité de la presqu'île, et par quels combats
s'illustra la valeur des chevaliers Français, vous le lisez dans
nos histoires. Louis s'y montra ce que l'avaient vu les musulmans de l'Egypte, le premier et le plus ferme au péril.

Un point spécial, dans ces récits intéresse cependant votre
sanctuaire, et les historiens ne l'ont point traité avec les développements convenables : c'est celui du lieu où campa l'armée,
surtout du lieu où furent établis les malades, qu'il fallait mettre
en sûreté, au milieu des perpétuelles escarmouches des Sarrasins. Guillaume de Nangis, qui accompagnait le saint roi, ne
nous laisse aucun doute à cet égard. C'est à La Goulette qu'on
débarqua, c'est là qu'était sur la presqu'île le premier « chastel »
» dont on s'empara d'abord, mais pour ce qu'ils ne pouvoient
» là trouver peu ou point d'eau doulce, ils établirent leurs

<hr>

(1) Guillaume de Nangis, dans le *Recueil des historiens de France*,
t. XX, p. 448.
(2) *Id., ibid.*

» pavillions vers le chastel de Carthage, en une vallée dessoubz
» Carthage, dont ils pouvoient avoir accès au port et aux nefs,
» et estoient en cette vallée tout plein de puits, car chacun
» Sarrasin qui avoit là terre, avait faict ces puits pour sa terre
» arrouser (1). »

C'est donc entre la colline de Byrsa où était « le chastel de
Carthage » et le lac ou le port de Tunis que l'armée s'établit.
Ce qu'ajoute Guillaume de Nangis sur les dispositions suivies
pour la prise de ce « chastel » le prouve d'ailleurs avec évidence :

« Après ce, dit Guillaume de Nangis, le roi et les barons
» sortirent de leur camp en batailles ordonnés contre les Sar-
» rasins qui venaient à eux (de Tunis), et se mirent en telle
» manière que les Sarrasins ne pussent secourir ceux du
» chastel, et pendant ce temps les mariniers montèrent sur les
» murs avec leurs échelles et prirent le chastel, et plantèrent
» leur bannière au dessus des murs... Quand le roy et les
» barons virent ce, ils coururent aussitôt là et occirent tout ce
» qu'ils trouvèrent de Sarrasins. Quand le chastel de Carthage
» fust ainsi pris, le roi Louis y envoya pour le garder cheva-
» liers et arbalétriers et gens à pied en grand nombre, et com-
» manda que le chastel fust nettoyé de cadavres, si que on y
» pust recevoir LES FEMMES, LES MALADES ET CEUX QUI SERAIENT
» BLESSÉS EN BATAILLE (2). »

C'est donc là que fut établie l'infirmerie de l'armée, c'est là
que le bon roi soigna de ses mains les premiers pestiférés, c'est
là que lui-même dut être emporté lorsqu'il tomba malade à son
tour, et c'est aussi là que la tradition constante a placé le lieu
de sa mort ; lieu sacré dont vous êtes devenus les gardiens !

Il y était déjà, étendu sur son lit de souffrances, moins d'un
mois après être descendu sur la terre d'Afrique : L'élite de son
armée, venait peu à peu l'y rejoindre, frappée comme lui d'un
mal incurable. Le légat du pape, Raoul de Gros-Parmy, le duc
de Nemours, le sire de Montmorency, Henry de Beaujeu, ma-

<hr>

(1) *Historiens de France*, t. XX, p. 450.
(2) *Id.*, p. 452.

réchal de France, le comte de Vendôme, le comte de La Marche, Hugues X de Lusignan, les seigneurs de Brissac, de Piennes, d'Apremont, expiraient à peu de jours de distance. Le plus jeune des fils du saint roi, ne tardait pas à descendre lui-même dans la tombe. Il était né à Damiette, durant la première croisade où la reine Marguerite avait accompagné saint Louis.

Jamais naissance de prince n'avait été marquée de tant de craintes et de tant d'héroïsme : « trois jours devant celui que la
» bonne royne Marguerite accouchast, lui vinrent les nouvelles
» que le roy estoit pris, desquelles nouvelles elle fut si effrayee
» que toutes les fois qu'elle s'endormoit en son lit, il lui sem-
» bloit que toute sa chambre fust pleine de Sarrasins et s'es-
» crioit : « à l'aide ! à l'aide ! » Et pour que l'enfant ne périst
» dont elle estoit grosse, elle foisoit coucher devant son lit un
» chevalier ancien de l'âge de quatre-vingts ans et plus qui
» la tenoit par la main. Toutes les fois que la royne criait il
» disoit : « Madame, n'ayez peur, car je suis ici. » Avant
» qu'elle fust accouchée, elle fist vuider hors toute sa chambre
» excepté le chevalier, et s'agenouilla devant lui et lui requist
» un don, et le chevalier lui octroya son don par serment. Et
» elle lui dist : « Je vous demande, par la foi que vous
» m'avez jurée que si les Sarrasins prennent cette ville, que vous
» me coupiez la tête avant qu'ils me prennent. » Et le chevalier
lui répondist : « Soyez certaine que je le ferai volontiers, car je
» l'avois déjà bien pensé, que je vous occirois avant qu'ils
» vous eussent pris. » La reine accoucha d'un fils qui eut
» nom Jehan, et on l'appeloit Tristan, pour la grande douleur
» là où il naquit (1). »

C'est ce Tristan, fils de cette mère héroïque, qui venait mourir vingt ans après sur la terre africaine, fleur trop tôt brisée par tant d'orages, et qui tombait sans avoir connu le souffle du mal. Il n'eut pas à sa mort, plus qu'il ne les avait eus à sa naissance les embrassements de son père à qui l'on cachait sa fin. Enfin « le frère Geoffroy, le dist au roy, en pleu-
» rant moult tendrement, et en soupirant bien fort, et adonc-

____

(1) Joinville, p. 216-218.

» ques le roy eut grant pitié de la mort de son fils et fut
» grandement affligé dans son cœur, mais après il dist une
» parole de patience comme Job, laquelle fut telle : Nostre-
» Seigneur me l'a donné qui me l'a aussi osté et ainsi l'a
» faict comme il lui plaict, le nom de Nostre-Seigneur soit
» béni (1). »

L'âme du saint roi planait déjà au-dessus des choses qui
passent, portée sur les ailes de l'espérance et de l'amour divins.
Pendant que tous étaient en larmes autour de lui, plongés dans
un sombre désespoir, Louis, dit Guillaume de Nangis, au lieu
de se plaindre « rendait souvent grâces à Dieu, de sa maladie,
» le louait et le bénissait. » Quand il sentit les progrès du
mal, « il demanda le corps de Jésus-Christ et l'eust et reçust
» plusieurs fois. Et adoncques une fois qu'on le lui portoit, et
» que celui qui le portoit entra dans sa chambre le saint roi
» qui estoit déjà si malade et si faible, se jeta de son lict à
» terre, et fut là prosterné à terre en prières, avant de recevoir
» le corps de Jésus-Christ et il le reçut, après, à genoux par
» terre, avec grande dévotion, et il ne pust de lui-même rentrer
» dans son lit, mais le mirent au lit ceux qui là estoient (2). »

La mort venait cependant et semblait apporter à cette grande
âme une lumière et des grandeurs nouvelles. Il n'y vivait plus
que deux amours, celui de Dieu vers lequel il allait, celui de
son peuple de France qu'il laissait sur la terre. « Seigneur,
» gardez votre peuple et sanctifiez-le, disait-il d'une voix déjà
» affaiblie. Et il répétait sans cesse la même prière, comme
» pour dire, ajoute le chroniqueur, ce que déjà ne permet-
» tait plus sa faiblesse : « Seigneur, c'est assez pour moi
» d'avoir jusqu'ici combattu, d'avoir gardé, avec amour et
» avec tout le soin dont j'étais capable le peuple et le
» royaume que vous m'aviez confiés ; mais maintenant puis-
» que vous m'allez rappeler à vous et que je ne les puis plus
» garder, je vous en prie et conjure, soyez Seigneur le sancti-

(1) Primat, *Hist. de France*, XXIII, p. 52.

(2) Le Confesseur de la Reine Marguerite. *Hist. de France*, t. XX,
p. 121.

» ficateur de leurs âmes et le protecteur de leurs corps, je les
» recommande à votre bonté (1). »

Et comme il savait que c'est du cœur des rois que dépend
souvent le sort des royaumes, voulant faire un dernier acte
pour le bonheur de la France, il fit venir auprès de son lit de
mort, son fils Philippe, qui allait, après lui, monter sur le
trône, et, en présence des princes qui l'entouraient, des ambassadeurs de l'empereur d'Orient, qui venaient de débarquer
à Tunis, il lui donna ces enseignements, code sublime de la
royauté chrétienne, qui sur les lèvres de saint Louis avait cette
éloquence incomparable que donnent aux paroles d'un mourant
quarante ans de gloire et de vertus :

« Beau fils, la première chose que je t'enseigne, c'est que
» tu mettes ton cœur à aimer Dieu, car sans cela nul ne peut
» être sauvé. Garde-toi de faire rien qui déplaise à Dieu, c'est
» à savoir le péché mortel ; au contraire tu devrais souffrir
» toutes sortes de tourments plutôt que de faire un péché
» mortel.

» Rends souvent grâces à Dieu de tous les biens qu'il t'a
» faits, de sorte que tu sois digne d'en avoir davantage.

» Aie le cœur doux et compatissant aux pauvres, aux
» malheureux, aux affligés, et les conforte et aide selon que
» tu pourras.

» Pour rendre la justice et faire droit à tes sujets sois loyal
» et roide, sans tourner à droite ni à gauche, mais toujours
» du côté du droit, et soutiens la plainte du pauvre jusques à
» tant que la vérité soit déclarée.

» Maintiens les bonnes coutumes de ton royaume, et abats
» les mauvaises. NE CONVOITE PAS CONTRE TON PEUPLE, et ne le
» charge pas d'impôts ni de tailles, si ce n'est par grande
» nécessité.

» Si tu retiens rien d'autrui, par toi ou par tes devanciers,
» dès que la chose est certaine, rends sans tarder. Si c'est
» chose douteuse, fais faire enquête par sages hommes promp-
» tement et diligemment.

(1) Guillaume de Chartres, *Hist. de France*, t. XX, p. 56-57.

» Tu dois mettre ton attention à ce que tes gens et tes sujets
» vivent sous toi en paix et en droiture.

» Surtout garde les bonnes villes et les communes de ton
» royaume dans l'état et dans la franchise où tes devanciers les
» ont gardées ; et s'il y a quelque chose à amender, amende-
» le et redresse-le, et tiens-les en faveur et en amour ; car, à
» cause de la force et des richesses des grandes villes, tes
» sujets et les étrangers redouteront de rien faire contre toi,
» spécialement tes pairs et tes barons.

» Aime tes frères et veuille toujours leur bien et leur bon
» avancement et sois leur en lieu de père, pour les enseigner
» en tout lieu, mais garde-toi que par bonté pour eux tu ne te
» détournes de faire ton devoir.

» Garde-toi d'entreprendre la guerre, sans grande délibé-
» ration, particulièrement contre homme chrétien.

» Prends garde que les dépenses de ton hôtel soient raison-
» nables.

» Et enfin, très-doux fils, fais chanter des messes pour mon
» âme et dire des oraisons par tout ton royaume ; et octroie-
» moi une part spéciale et entière en tout le bien que tu feras.

» Beau cher fils, je te donne toutes les bénédictions qu'un
» bon père peut donner à un fils. Et que la bénite Trinité et
» tous les saints te gardent et défendent de tous maux ; et que
» Dieu te donne la grâce de faire toujours sa volonté, de sorte
» qu'il soit honoré par toi, et que toi et moi nous puissions
» après cette vie mortelle être ensemble avec lui, et le louer
» sans fin. *Amen* (1).

Près de Philippe se trouvait une des filles du saint roi,
Isabelle, reine de Navarre. Il lui avait donné des leçons non
moins belles pour sa condition et pour son sexe : « Je vous
» enseigne, lui avait-il dit, d'adorer Notre-Seigneur de tout
» votre pouvoir. La créature est bien dévoyée qui met ailleurs
» l'amour de son cœur excepté en lui ou sous lui. La manière
» dont vous devez aimer Dieu est de l'aimer sans mesure...
» Ayez le cœur débonnaire envers les gens que vous enten-

(1) *Historiens de France*, t. XX, p. 84. Joinville, etc.

» drez qui sont affligés de cœur ou de corps, et les secourez
» volontiers... Aimez les pauvres et les secourez. Obéissez
» humblement à votre mari et à votre père, et à votre mère
» dans les choses qui sont selon Dieu. MAIS CONTRE DIEU VOUS
» NE DEVEZ A NUL OBÉIR (1) ! »

Quelles touchantes et nobles inspirations de ce cœur de roi
et de père ! Quelle exquise tendresse et quelle délicatesse d'âme
plus exquise encore ! Quel amour de la France ! Quelle intelligence des besoins du peuple et quel soin jaloux à recommander ses libertés naissantes d'où allait sortir, peu à peu,
l'unité de la monarchie ! Et enfin, sur les lèvres d'un prince,
devant les violences du passé, les asservissements de l'avenir,
quelle lumière dans cette parole, qui proclame dans la fermeté
et la dignité de la conscience chrétienne l'écueil où viennent
échouer toutes les tyrannies : « CONTRE DIEU, VOUS NE DEVEZ A
NUL OBÉIR ! »

Mais déjà il ne vivait plus que pour le ciel. Plongé dans la
prière et comme dans l'extase, il tenait ses yeux attachés sur la
croix qu'il avait fait mettre « en sa chambre, » au devant de
son lit. De temps en temps il les levait vers le ciel, et on l'entendait dire, comme dans un secret ravissement : « O Jérusalem ! ô Jérusalem !

Peu d'instants avant d'expirer, il promena son regard autour de lui, sur ses serviteurs consternés : « O Dieu, dit-il,
» aie pitié de ce peuple que je laisse ici et le ramène en son
» pays, afin qu'il ne tombe pas entre les mains de tes en-
» nemis (2). » Puis il les tourna vers ces rivages qu'il avait tant
désiré de rendre à la foi et à la lumière. « Oh ! qui nous donnera,
» dit-il encore, de voir la foi chrétienne prêchée à Tunis (3) ! »

Enfin reportant une dernière fois son cœur vers les rives
de la Seine qu'il ne devait plus revoir, il invoqua les patrons
de la France, saint Denis et sainte Geneviève (4). Il se fit placer

(1) Confesseur de la Reine Marguerite. *Historiens de France*, t. XX,
p. 52-83.
(2) *Histor. de France*, t. XX, p. 121.
(3) *Histor. de France*, t. XX, p. 460.
(4) Joinville, p. 407.

sur un lit de cendres, étendit les bras en croix afin de mieux ressembler au roi du Calvaire et il dit doucement les paroles du Maître : « Mon père, je remets mon âme entre vos mains (1)! »

Son âme chrétienne et royale était remontée dans le sein de Dieu. C'était le lundi 25 août 1270. Il était trois heures de l'après-midi, l'heure même où Jésus-Christ était mort pour le salut du monde !

Tels sont les souvenirs, à jamais sacrés pour l'Eglise et pour la France, que vous devez garder et environner d'honneur. C'est plus que jamais le moment de les recueillir et de les relever, puisque notre France semble marcher à une décadence incurable, par l'oubli même de ce qui la fit si grande autrefois.

Que par vos soins s'élève donc sur le lieu de la mort de saint Louis un sanctuaire digne de notre plus saint roi, digne de notre France. Que les paroles sublimes, parce qu'elles sont chrétiennes avant tout, que les enseignements de saint Louis mourant, soient, par vos soins, gravés en lettres d'or dans ce sanctuaire. Inscrivez à côté de son nom les noms de ses descendants et, après les noms de ces augustes princes, les noms et les armes de ceux dont les pères l'accompagnèrent au combat, et qui trouvèrent en si grand nombre la mort sur ces mêmes rivages.

Ne craignez pas que pour une œuvre aussi noble, la charité vous fasse défaut ! Tout ce qui conserve le culte des grands souvenirs sera de cœur avec vous ; car le sanctuaire que vous élèverez sera celui de la foi, de la fidélité, du vieil honneur de la France.

Sur le tombeau de saint Louis, vous n'oublierez pas les petits et les pauvres ; vous placerez à côté de son temple des asiles pour tous ceux qui souffrent, des secours pour tous ceux qui viendront les solliciter. C'est la meilleure manière de faire revivre le saint Roi, « qui dès le temps de son enfance, eust » pitié des pauvres et des malades, et les servoit et leur » donnoit des deniers de sa propre main (2). »

Rien ne résumera mieux sur cette terre lointaine les tradi-

(1) *Histor. de France*, t. XX, p. 121.
(2) Joinville, p. 391.

tions, l'esprit, la gloire, l'heureuse influence de la France que le souvenir de ce grand Roi et les œuvres de votre charité. Ce sera comme une oasis chrétienne et française au milieu de la barbarie.

Vous veillerez pieusement à sa garde, sous l'autorité paternelle du Saint-Siége et de son vénérable représentant auprès de vous.

Protégée par les fils de ces Sarrasins qui entouraient saint Louis de leurs respects et de leurs hommages, contre les fureurs des Sarrasins modernes qui ont violé et dispersé ses cendres, et qui voudraient vouer aux flammes tous les monuments du passé, votre œuvre, si notre France doit périr, est appelée à lui survivre. Que, si Dieu en a ainsi ordonné dans sa justice, vos successeurs racontent, du moins, au voyageur attendri, comme une dernière consolation des maux du présent, cette ancienne et noble histoire, et que, dans ces lieux témoins de la mort de son plus saint Roi, auprès de ce sanctuaire qui conservera le souvenir de ses plus nobles enfants, ils gardent fidèlement, comme on garde le tombeau sacré d'une mère, la douce et pure image de la patrie.

Recevez, etc.

† CHARLES,
Archevêque d'Alger.

Le Grand Séminaire de Séez (Orne).

L'année dernière, les Élèves du Petit-Séminaire indigène de la Mission avaient envoyé une lettre de bonne année aux Élèves des Séminaires de France. Ils les remerciaient de leur charité, et comme témoignage de leur reconnaissance, ils accompagnaient leur lettre d'une petite caisse d'oranges. Plusieurs Séminaires répondirent par des lettres remplies d'une exquise délicatesse et par de généreuses aumônes, qui ont permis à nos jeunes Séminaristes Arabes et Kabyles, de continuer à recevoir le bienfait de l'éducation. Nous avons été heureux de citer quelques-unes de ces lettres, et d'exprimer à nos jeunes et zélés bienfaiteurs, la vive reconnaissance des petits indigènes et de leurs directeurs.

Aujourd'hui, nous ne saurions nous dispenser de donner une mention toute spéciale, et un témoignage public de reconnaissance, à Messieurs les Élèves du Grand Séminaire de Seez.

Grâce à l'activité de leur zèle et à leur industrieuse charité, ils ont recueilli et nous ont adressé, une somme de *quatre mille sept cent soixante francs!* C'est un magnifique résultat dont ils méritent à bon droit d'être hautement félicités. Que Notre-Seigneur qui a multiplié les cinq pains dans le désert, et qui a béni si extraordinairement, les efforts de ces pieux zélateurs, daigne aussi féconder leurs travaux dans le ministère des âmes, et réjouir leurs cœurs apostoliques par de nombreux et consolants succès!

Voici par quel ingénieux procédé, ils ont imité, avec une réussite si prodigieuse, ce bon serviteur de roi qui, au rapport du Saint-Évangile, put répondre à son maître : « *Domine quinque talenta tradidisti mihi, ecce alia quinque superlucratus sum.....* Seigneur, vous m'avez confié cinq talents, en voilà cinq de plus que j'ai gagnés..... »

Il est bon d'ajouter, qu'ici l'intendant de la parabole se trouve de beaucoup dépassé, car ce n'est pas le même nombre, c'est plusieurs fois le centuple, que messieurs les séminaristes de Seez, ont du faire produire à leurs oranges.

Il ont fait un petit sacrifice en se privant de la satisfaction de les manger et les ont offertes aux personnes riches et charitables de leur connaissance. Ce petit cadeau était toujours accompagné d'une prière en faveur des séminaristes arabes pauvres et orphelins, et Dieu sait les mille combinaisons touchantes, que la charité de nos pieux zélateurs s'ingénie à mettre en œuvre, pour associer à leur générosité le plus de monde possible! Entre autres moyens, la semaine religieuse leur offrit ses colonnes, où ils se plurent à enregistrer les noms et les offrandes de nos bienfaiteurs, et à exciter partout la noble émulation que leur cœur demandait. Les résultats qu'ils ont obtenus prouvent assez qu'autour d'eux, on s'est empressé de répondre à leur appel, et que le nombre et la valeur des dons, n'a pas été au-dessous des pieuses sollicitations qui les pressaient.

Honneur donc et reconnaissance à ces charitables et zélés Séminaristes! De toute l'ardeur de nos désirs, nous demandons à
Dieu dans nos prières de récompenser leur zèle et la charité des
personnes, qui ont concouru avec eux à cette bonne œuvre.

Celui qui donne s'enrichit, écrivait dernièrement un des vénérables Directeurs de ce même Grand Séminaire, à l'un de nos
Pères, venu précisément du bon diocèse de Seez, et il ajoutait,
comme preuve de cette vérité, que grâce à divers sacrifices, il
voyait s'augmenter autour de lui les vocations ecclésiastiques.
Non, la charité n'appauvrit pas, ni celle qui donne son or, ni celle
qui donne ses enfants... Une des grandes marques de la vitalité
de l'esprit de foi d'un pays et de son dévouement à la sainte cause
de la religion et du bien, se trouve dans le nombre des sujets qu'il
fournit aux missions. L'exemple d'un noble sacrifice ne reste jamais stérile, lorsqu'il s'accomplit dans un milieu où l'on sait apprécier les grandes choses. Non, les départs pour les missions
n'appauvrissent pas les diocèses, ils sont au contraire un gage de
bénédiction pour eux, de la part du ciel qui rend toujours au centuple ce qu'il demande, est un indice de la multiplication des vocations religieuses ecclésiastiques : Le bataillon qui envoie le plus
de braves au poste du péril et de l'honneur, n'attira-t-il pas toujours de nombreux courages? Dieu n'a-t-il pas promis de bénir la
génération de ceux qui écoutent sa parole et suivent religieusement la voie qu'il leur a tracée : « Oui, la génération des justes sera
bénie. » *Generatio rectorum benedicetur*, c'est-à-dire qu'elle sera
nombreuse, vaillante et sainte pour affronter les combats; qu'on
y songe, c'est par ses ministres que Dieu accomplit son œuvre, et
en fournissant aux apôtres de l'Évangile les moyens de remplir
leur sublime ministère de charité, le plus humble des fidèles, par
son obole, concourt au salut du monde; de même, le pays qui
sait généreusement fournir des combattants à la milice sainte,
attire bientôt sur lui le regard de Dieu, et tôt ou tard, au jour marqué par sa Providence, ce grand Dieu saura susciter de ce vase
d'élection, les enfants d'Abraham que sa miséricorde destine à la
conquête des âmes.....

Les Frères de la Mission d'Afrique d'Alger.

La Maison-Carrée, le 15 juillet 1875.

Mon Révérend-Père,

Il n'y a pas longtemps, le T.-R. P. Deguerry notre cher et vénéré Supérieur, me disait, en me parlant de l'œuvre des Frères, dont je suis actuellement chargé, qu'elle est appelée à rendre les plus grands services à la Mission, et que peut-être elle est une des conditions nécessaires du succès.

Autant qu'il m'a été permis d'en juger par moi-même, je suis convaincu qu'on doit attacher à cette œuvre des Frères la plus haute importance, et s'appliquer de tout son possible à en favoriser le développement. Mon plus cher désir est de la voir prospérer et grandir, pour contribuer, par le précieux concours que les Frères apportent à l'œuvre commune, à procurer la gloire de Notre-Seigneur et le salut des âmes.

La Règle des missionnaires d'Afrique d'Alger dit expressément que des Frères seront adjoints aux missionnaires (prêtres), là où la chose sera nécessaire, et qu'ils seront spécialement chargés des soins matériels dans les divers établissements.

Ces Frères remplissent dans la mission, sans en avoir le caractère sacré, les fonctions que les premiers diacres remplissaient auprès des apôtres. Comme eux ils accompagnent les prédicateurs de l'Évangile, prient et travaillent de concert avec eux, à la conversion des infidèles, et les aident en esprit de foi et d'obéissance à faire l'œuvre de Dieu. Ils s'appliquent à leur propre sanctification en cherchant à se former aux vertus admirables qui brillaient dans les premiers diacres, et surtout dans leur chef Saint-Étienne premier martyr. Ils s'efforcent de l'imiter et d'acquérir par la constante et fidèle pratique de la règle, son esprit de simplicité et de foi de soumission et d'abnégation jusqu'à la mort.

C'est par l'esprit de foi, de charité et de zèle, qu'ils sanctifient le travail des mains auquel ils doivent employer le temps, en dehors des exercices spirituels et de l'étude. Combien est noble et saint ce labeur de nos frères, qui retrace si fidèlement le souvenir des belles époques monastiques ! C'est la pioche maniée par des hommes de prière qui a défriché le vieux sol gaulois et en a fait le vaste et fertile jardin de la France, tandis qu'un travail analogue dans l'ordre moral, opérait la transformation des barbares et les pénétrait de l'esprit chrétien.

C'est le même travail que nous continuons avec nos Frères, après des siècles, sur la terre d'Afrique, à part cette différence, qu'un soleil plus ardent répand ses feux sur nos têtes et que les inextricables racines des jujubiers sauvages représentent parfaitement les vices profonds qu'il faut déraciner dans les âmes à convertir.

Cette vertu féconde et vivifiante du travail sanctifié par la prière, nous est hautement prêchée par l'exemple de Notre-Seigneur lui-même, qui travailla de ses mains dans l'humble maison de Nazareth. Pendant trente années d'une vie obscure et ignorée, le Fils de Dieu fait homme, travaillait comme un simple ouvrier et fabriquait des instruments de labour dont la tradition a pieusement gardé le souvenir.

Et que faisait-il donc ainsi? Il accomplissait sa mission de Rédempteur et opérait le salut des hommes. Il n'exerçait pas encore les fonctions de son sacerdoce, comme plus tard sur l'autel du Golgotha : Il travaillait de ses mains, il priait, et cependant déjà il sauvait les âmes.

C'est cette première partie de la vie et de la mission du Sauveur, que les Frères missionnaires, dans les desseins de la divine Providence n'ayant pas été appelés au sacerdoce, ont reçu le sublime honneur de reproduire. Combien ces pensées rehaussent et embellissent une vocation qui peut paraître humble et obscure aux yeux d'un monde frivole, mais qui pourtant est si noble et si grande aux yeux de la foi !

Après l'exemple du divin Ouvrier de Nazareth, est-il besoin d'appeler aussi l'attention sur les grands saints qui l'ont imité. Je ne le ferai qu'afin de rapporter les paroles de l'apôtre saint Paul qui partageait son temps entre la prière et le travail des mains. Il a pu dire : « *Ad ea quæ mihi opus erant et his qui mecum sunt ministraverunt manus istæ.* » (Act. xx, 34.) « C'est le travail de mes mains, qui a pourvu à ma subsistance et à celle de ceux qui sont avec moi..... »

Grâce au concours des Frères, on n'aura rien à demander aux néophites et la mission pourra même venir en aide par l'aumône à leurs besoins temporels. Nous sommes à même d'apprécier combien sont vraies pour nous, ces autres paroles de saint Paul : *Beatius est dare quam accipere*, il vaut mieux donner que de recevoir. » C'est plus avantageux pour l'œuvre qui se fait auprès des infidèles : il ne suffit pas qu'elle soit désintéressée, il faut encore qu'elle en porte hautement le caractère.

Vous savez que par une bénédiction du ciel, nous avons parmi nos Frères, plusieurs jeunes indigènes, je ne m'arrête pas à en peser les bons résultats que l'on peut attendre de ces vocations, je me borne à constater que la grâce a produit une transformation vraiment merveilleuse dans ces âmes, et j'ai confiance qu'ils seront toujours dignes de l'œuvre à laquelle la bonté de Dieu les appelle à concourir.

Si ces lignes sont lues par des âmes généreuses, auxquelles la voix de Dieu se fait entendre, je leur dirai : « Courage, mes amis! la carrière s'ouvre devant vous, pénible, mais glorieuse pour le ciel. Mettez la main à l'œuvre, ne restez pas sourds à l'appel de la grâce. Mettez la main à la charrue sans vous retourner en arrière, ayez le courage de faire un grand sacrifice pour Dieu, la récompense que nous vous proposons, c'est aussi la nôtre : c'est le centuple promis à celui qui renonce à tout pour suivre Jésus!

Auguste LEVESQUE.

P. miss., Directeur des Frères.

ADOPTIONS DE MISSIONNAIRES.

Depuis la publication du dernier *Bulletin*, nous avons reçu pour adoptions de missionnaires les sommes suivantes :

D'un anonyme de Gien (Loiret),	800 fr.
D'un anonyme du canton de Coucy (Aisne),	800
De M. Auguste S. et M. D.,	800
De M. Delassus Fumery, à Haverskerque,	800

Ces adoptions sont appliquées aux Pères Toulotte, Lagoutte, Moinet, Kermabon.

CORRESPONDANTS DIOCÉSAINS.

L'appel que nous avions fait précédemment pour demander des correspondants diocésains a été entendu, et plusieurs personnes dévouées à l'Œuvre de Sainte-Monique ont eu la charité de nous offrir leurs services. Nous espérons, dans l'intérêt de l'Œuvre et pour la commodité des bienfaiteurs, voir augmenter le nombre des personnes qui pourraient, sans trop se charger cependant, centraliser les offrandes qu'on nous destine, soit dans leur diocèse, soit même dans leur paroisse.

On pourra adresser les aumônes en argent ou en nature (layettes pour nouveau-nés, vieux linge, livres, ornements d'église, médicaments, honoraires de messes, etc...) :

A l'Archevêché d'Alger, à Alger.

A la Maison des Missionnaires d'Afrique, 13, avenue Beaucour, rue du Faubourg-Saint-Honoré, 248, à Paris.

Au Bureau des Écoles d'Orient, 12, rue du Regard, à Paris.

A M. l'abbé Payan d'Augery, 84, rue Paradis, à Marseille.

A M. Robert Oheix, avocat à Savenay (Loire-Inférieure).

A M. l'abbé Vachet, missionnaire aux Chartreux, à Lyon.

A M. Léonide Armandet, 31, rue du Bœuf, à Lyon.

A Mme Camille Thiollière, grande Rue, à Saint-Chamond (Loire).

A M. le Chanoine Delesminières à Annecy (Haute-Savoie).

A M. Chenel, rue Saint-Jean, à Caen (Calvados).

A M. Collin, 7, rue du Parterre, au Mans.

A M. Le Bas, garde-mine, à Bar-le-Duc.

A M. Dufresne, chanoine à l'évêché de Montréal.

A MM. Picard et Daniel, Directeurs au Séminaire de Montréal.

SAINT-CLOUD. — IMPRIMERIE DE Mme Ve EUG. BELIN.

ŒUVRE DE SAINT-AUGUSTIN

ET DE

SAINTE-MONIQUE

A NOS LECTEURS

Dans un de nos précédents Bulletins, nous avions inséré la Lettre si belle et si touchante de Mgr l'archevêque d'Alger sur la création, dans le Chélif, du premier village d'Arabes-Chrétiens. Nous avions en même temps demandé à nos Lecteurs de nous aider à construire le second de ces intéressants villages, promettant de lui faire porter le nom de Sainte-Monique, puisque cette illustre Mère du grand Docteur africain n'avait pas encore de paroisse qui lui fût dédiée sur cette Afrique qui a été sa patrie !

Notre appel a été entendu. Aujourd'hui le village de Sainte-Monique existe sur cette terre redevenue chrétienne. Comme celui de Saint-Cyprien, il est destiné à nos récentes familles d'Arabes-Chrétiens.

Déjà plus de trente maisons sont construites autour de l'église dédiée à la mère d'Augustin. Malheureusement nous n'avons encore pu y installer qu'une dizaine de ménages : nos ressources ne nous ont pas permis de faire davantage ; et nos jeunes gens sont là qui attendent, fiancés depuis de longs mois ! Et cependant, nous le répétons, les maisons qu'ils doivent habiter sont achevées et prêtes à être occupées, il ne nous manque que l'ameublement et le cheptel qui, pour eux, ne sera, comme on le pense bien, que le mobilier des pauvres, le trousseau modeste des pauvres, et, pour chacun, deux bœufs et une charrue, comme pour de pauvres laboureurs qui doivent demander à la culture des champs leurs seuls moyens d'existence.

Mais tous ces frais s'élèvent à plus d'un millier de francs pour chaque ménage; et notre œuvre qui a déjà épuisé ses ressources à la construction de ce second village, attend maintenant les secours de la charité pour y installer enfin ces nouvelles et intéressantes familles.

Nous adjurons donc nos bienfaiteurs de prendre en compassion ces pauvres jeunes gens qui depuis longtemps déjà attendent pour se marier. Ils le seront le jour même où nous pourrons leur fournir les moyens d'asseoir définitivement leurs foyers sur les terres qu'eux-mêmes viennent de défricher.

I

CANTIQUE A NOTRE-DAME D'AFRIQUE
(en langue Kabyle).

Dans un des numéros précédents nous avons publié le cantique composé en l'honneur de Notre-Dame d'Afrique. A titre de curiosité qui pourra intéresser les amateurs, nous en donnons aujourd'hui la traduction qui en a été faite en langue kabyle par un de nos confrères de la station des Beni-Ouadhia.

Amdah i Lalla Ennar' b'Oufrik.

(REFRAIN.)

Salam, salam fell Mariama,
Salam, salam fell Mariama!

1.

Salam ia Maria,
Salam Maria;
Salam ia Maria.
Salam Maria.

2.

Thoura amdak aiïd,
Salam s'igenni,
Enni iadhar im
Irnan Gebrili!

3.

Istr'ennan s'Oufrik
Ifr'en s'Ouzekka.
Amdah' b'oumalik
Akter-im ilh'a.

4.

En França themourt
Tamdait ilh'an im
An timerdjiout
Teboui-ias salib.

6.

Laok fell iran
Enni isendjesen
Ih'ala b'ouaklan
Djamâ'm its fenzen!

6.

Seg ouaqdim alqâ
S'ouj'did ioumen
Ennar' tizoulla
Oulint r'our inem.

7.

Moukel i ouakmad im
S'oujdid ioufan
S-imi b'oumalik
S'igenni salam.

8.

Daou asegdel ans
Deg ouamah'reb im
Imenza nernan
B'ouarrach g'Ismaïl.

9.

Ouid imnafaken
Rouilen ah'mal im
Ioum bouas mlaleu
I ouiden imoumnin

10.

Elfedjer im isfan
En ousbah itri
Adhar d'iernan
Oussan Augousti,

11.

Afous im g'inma
Tamdelt atsrouzon
Tin it tegemma
Koum da d'itszour'oun

12.

Amgadji azour'i
Daim inchefan
Adiedj i salib.
I ouah'mal ioufan

13.

Asaiah' di hnout
Djens agi ah'raouan
At sadjal el koul
Ar'ins it ifdan

14.

Achacha oujajih,
Ifr'en seg oul ain
Adier deg is
B'oumsellek ah'mal.

15.

Sed daou ikfan as,
Irfeden toura
Ia imma adimdah'
Ioum bouas salam !

II

UNE SAINTE EN ALGÉRIE (1)

Il y a deux mois, est morte à Alger dans la paix du Seigneur et
en odeur de sainteté, une pieuse et humble fille, qui fut, en un
sens, la vraie fondatrice et la gardienne du pèlerinage de Notre-
Dame d'Afrique. Nos pieux lecteurs liront avec intérêt la Notice
que l'on nous communique sur la Vie de cette servante de Dieu, la
première *sainte*, peut-être, que l'Afrique ressuscitée, donnera à
l'Église et au Ciel.

(1) Pour nous conformer aux lois de l'Église, nous déclarons n'employer dans cette Notice les noms de *saint*, d'inspiration, de miracle, qu'en
soumettant le tout au jugement du Saint-Siége et dans le sens où il est
permis de les employer.

* *
*

Les saints d'Afrique sont nombreux. Après les grands Évêques et les SS. Docteurs qui illustrèrent cette Église florissante autrefois, ce qu'on remarque surtout, en parcourant son histoire, ce sont ses Vierges, ses Anachorètes, ses Martyrs.

L'Afrique ressuscitée vient à son tour d'envoyer au Ciel une Vierge, une pauvre fille qui, depuis près de 50 ans, a mené tout à la fois la vie des Anachorètes et des Martyrs sur cette même terre qui, au berceau de l'Église, avant d'être devenue le foyer de la barbarie, avait déjà produit tant de saints et tant de saintes. Elle a été surtout admirable par son humilité, son amour des souffrances, sa piété envers Marie, sa charité poussée jusqu'à l'héroïsme.

C'est à Notre-Dame d'Afrique, c'est sous le manteau de la sainte Madone que la servante de Dieu dont nous avons à parler ici, est venue; dès les premiers jours du pèlerinage, abriter sa vie si mortifiée et si intérieure.

Plusieurs fois dans ce Bulletin, en parlant du pèlerinage de Notre-Dame d'Afrique, nous n'avons pu nous empêcher de soulever un coin du voile derrière lequel cherchait à se dérober aux regards de tous, une existence héroïquement belle. Nous avons déjà fait connaître à nos lecteurs cette femme, type de la foi vive et simple et du zèle pieux. C'est elle, en effet, qui était la *gardienne* du sanctuaire vénéré, c'est elle dont la vie admirable, avait été la promotrice de cette dévotion à la reine d'Afrique, qui devint bientôt si populaire.

Le pèlerinage de Notre-Dame d'Afrique remonte à une vingtaine d'années, date déjà lointaine dans un pays comme l'Afrique où tout est créé d'hier.

Depuis cette époque, un grand nombre de fidèles ont gravi cette montagne, chaque jour plus célèbre, où Marie se plaît à être implorée, puisqu'elle y répand des faveurs sans nombre dont plusieurs sont vraiment miraculeuses.

Ces nombreux pèlerins qui vinrent ainsi déposer aux pieds de la Madone, leurs supplications, leurs besoins, leurs joies et leurs peines, ont tous remarqué cette humble femme, à l'air angélique sous ses traits amaigris, aux longs vêtements noirs, toujours propres, mais pauvres et souvent rapiécés, qui passait exclusivement sa vie au service de Dieu et du pieux sanctuaire de Marie.

Le peuple, en parlant d'elle, l'appelait la *Sœur de Notre-Dame d'Afrique.*

Ceux qui l'approchaient plus fréquemment lui donnaient le nom de *Mademoiselle Agarithe.*

Aux yeux de tous, elle était la *gardienne* de la Chapelle : pour elle, elle aimait à se dire très-haut, l'*esclave de la sainte Vierge.*

La suite de ce récit fera voir que non-seulement elle a assisté à la fondation du pèlerinage, mais encore qu'elle y a pris une part active ; car, comme Bernadette à Lourdes, et Mélanie à la Salette, c'est surtout à elle que la sainte Vierge manifesta son désir d'être honorée sur cette colline.

Quoi qu'il en soit, dès que la chapelle provisoire commença à sortir de ses fondations, Agarithe vint s'y installer et, depuis, ne s'en est plus séparée. Elle se fit en effet construire une étroite cellule, d'un peu plus d'un mètre de large sur trois mètres à peine de long, avec une porte qui ouvrait sur la chapelle, et d'où elle pouvait voir le Saint-Sacrement aux pieds duquel s'écoulèrent les plus doux moments de son existence.

C'est là qu'elle vient de passer les vingt dernières années de sa vie, occupée à vendre des objets de piété ou à prier sur une marche en pierre, dans cette embrasure de porte qu'elle appelait *son petit coin.*

Elle n'avait qu'à se lever pour se trouver dans sa modeste cellule qui lui servait en même temps de *boutique*, et où elle vendait aux Pèlerins des cierges, des chapelets, des médailles et autres souvenirs pieux qu'on aime à emporter d'un pèlerinage.

Mais tout en vendant ces divers objets, elle ne manquait jamais, par une de ces paroles comme les saints savent seuls en trouver, de réveiller dans les cœurs soit la confiance, soit l'amour, soit la foi. Nous verrons plus loin que bientôt les paroles ne suffirent plus à son zèle ardent, elle y joignit de petits imprimés qu'elle faisait emporter pour être lus à domicile.

Bien souvent aussi nous avons vu les Pèlerins sortir de la chapelle avec les larmes aux yeux, et, avant de redescendre la montagne, confier à mademoiselle Agarithe, le soin de solliciter de Marie la faveur qu'ils étaient venus implorer. — Que de grâces ont été ainsi obtenues et qui doivent rester ignorées !

Mais avant de faire connaître la vie de mademoiselle Agarithe, en Afrique, disons un mot de sa naissance et des années qui précédèrent le jour où Dieu la fixa sur ce vieux sol Africain qui est vraiment devenu sa nouvelle patrie.

***

Marguerite Bergésio naquit en Piémont, à Conio près de Turin, en 1809 et le 8 septembre, fête de la Nativité de Marie, cette mère qu'elle a tant aimée, qu'elle a si dévotement servie, qu'elle a tant contribué à faire honorer.

Elle était fille unique, mais ne connut jamais son père qui lui fut ravi de bonne heure. Sa mère ne resta pas longtemps dans le veuvage ; elle se remaria, mais il n'y eut pas d'enfant de cette seconde union.

Dans le cours de sa vie, Agarithe a parlé très-peu de ses premières années. Tout ce que l'on en connaît, c'est que n'ayant plus de père, elle a eu le bonheur d'être élevée par ses grands-parents qui étaient des modèles de vertu et de sainteté.

Sa première éducation a donc été excellente, et ces germes de religion et de vertu, déposés alors dans cette âme d'élite, n'ont jamais cessé de se développer et ont produit plus tard les plus excellents fruits.

Et cependant, elle était encore bien jeune, quand tout à coup elle fut arrachée à ceux qui prenaient tant de soins à guider ses premiers pas sur le chemin de la sainteté, et à donner à son cœur de salutaires impressions. Elle avait à peine huit ans, lorsqu'en 1817, sa mère vint se fixer à Lyon : celle-ci exigea que sa fille lui fût rendue, et elle l'emmena avec elle.

C'est à cette époque que la jeune Margarita Bergesio donna à son nom une couleur plus locale, car elle ne fut plus connue que sous celui d'*Agarithe Berger*.

Dieu forme de bonne heure, et toujours par des épreuves spéciales, ceux qu'il veut s'attacher irrévocablement, ou qu'il destine à l'exécution de quelques grands desseins ultérieurs. A Agarithe, il donna l'épreuve la plus sensible au cœur d'une fille aimante et pieuse.

Après lui avoir enlevé son père, dont elle connut à peine les caresses, après l'avoir ravie à l'affection et aux soins éclairés de son grand-père, il la mit seule dans une grande ville, où tout le monde lui était étranger, et à côté d'une mère qui, par sa légèreté et son peu de religion devait empoisonner l'existence de sa vertueuse fille d'une façon bien triste et bien amère.

On remarque dans la vie de chaque serviteur de Dieu qu'il y a comme un caractère particulier de souffrance et d'épreuves qui s'attachent à leur existence et qui, suivant les circonstances, se reproduisent sous des formes diverses, bien que dans le fond, elles soient de même nature.

Le genre de souffrance que Dieu semble avoir assigné de bonne heure à sa servante comme trait caractéristique de sa vie, ce fut la torture de cœur, à l'endroit de ses aspirations religieuses.

A la tête de ses saintes les plus illustres, l'Afrique place à bon droit sainte Monique qui a éprouvé, elle aussi, toutes les angoisses du cœur, d'abord à cause de son époux, et plus tard à cause de son Augustin.

Chez mademoiselle Agarithe, il y a quelque chose d'analogue, mais de plus poignant encore, car ses peines lui vinrent surtout de sa mère ; c'est-à-dire qu'elle n'avait pas même, comme Monique, la consolation de pouvoir faire à la cause de ses tourments, ni représentations ni remontrances. Quels que soient les défauts d'une mère, la déférence et le respect qu'on lui doit ne permettent jamais de prendre vis-à-vis d'elle, l'attitude pleine d'ascendant d'un père ou d'une mère vis-à-vis de son enfant. — Agarithe ne pouvait donc que souffrir en silence, et, devant sa mère et l'étranger qui lui servait de père, se contenter de pleurer et de prier.

C'est alors que commença à se répandre sur son visage, pour ne plus se dissiper désormais, ce voile de tristesse résignée, de douleur calme, que nous lui avons remarqué jusqu'à son dernier jour.

C'est alors aussi qu'elle sentit sa dévotion s'accroître de plus en plus pour la Vierge au cœur percé de glaives. C'est sans contredit sous le vocable de Notre-Dame des Sept-Douleurs qu'elle se plut davantage à invoquer Marie.

Toutes ces circonstances permirent à la grâce de faire de bonne heure une impression profonde dans ce jeune cœur ; et, malgré la tendresse de son âge, Agarithe était déjà douée d'une sagesse avancée, d'une maturité précoce qui frappèrent son Directeur lorsque, en 1820, elle se présenta à Saint-Nizier de Lyon pour se faire admettre à la première communion.

Dieu lui envoya la grâce insigne de rencontrer, à ce moment si important de sa vie, un saint prêtre qui sut la discerner et comprendre tout ce que la grâce avait déjà mis de trésors précieux dans cette âme. Il la dirigea encore plusieurs années, et jusqu'à cette époque toujours si délicate de la vie où les années de l'enfance s'enfuient, et où le regard se fixe vers l'avenir pour y chercher la route dans laquelle Dieu veut désormais que nous marchions.

Agarithe n'avait pas encore 20 ans lorsque, en 1829, dégoûtée du monde qu'elle avait appris à connaître de bonne heure, elle se présenta pour faire partie de la communauté des *Hospitalières* qui desservent l'Hôtel-Dieu de Lyon. Cette vocation avait pour elle d'autant plus d'attraits qu'en la suivant, non-seulement elle rentrait enfin dans la solitude qu'elle avait toujours tant aimée, parce qu'elle savait y trouver son Dieu, mais encore elle se consacrait par là au service des malades, des pauvres, des infirmes, pour lesquels son cœur a toujours eu une si vive compassion.

Cependant elle n'y resta qu'un an ; Dieu, qui la voulait ailleurs, ne permit pas qu'elle s'y fixât. Les événements de 1830 amenèrent dans l'administration civile de cet hôpital des personnages dont le mauvais vouloir, l'hostilité ouverte, portèrent le saint prêtre qui servait d'aumônier à se retirer. Il était en même temps le Directeur des Sœurs ; un certain nombre d'entre elles fuirent une maison où leurs Règles ne pouvaient plus les mettre à l'abri des tracas du siècle. Agarithe était de ce nombre ; mais, depuis, elle s'est toujours applaudie d'avoir appris à connaître là les doux fruits de la vie de Règle, de la Pauvreté et de l'Obéissance.

A cette même époque le zèle de l'abbé Pavy, qui fut depuis évêque d'Alger, venait de voir s'ouvrir un champ bien vaste devant lui : encore tout jeune prêtre, on l'avait nommé vicaire à St-Bonaventure de Lyon.

C'est en courant, comme le bon Pasteur, après les brebis égarées de sa paroisse, qu'il rencontra la mère d'Agarithe, et, par la mère, il vint à connaître et à apprécier la vertueuse jeune fille qui désormais n'aura plus d'autre Directeur que lui.

Il la plaça d'abord dans une sorte d'ouvroir où vivaient réunies, le jour et la nuit, une quinzaine de jeunes ouvrières en lingerie, sous la direction d'une vieille et sainte fille appelée Mlle Aulinet, et qui avait la réputation de tenir sa maison comme une communauté des plus sévères.

Tous les exercices de piété s'y faisaient en commun et à heure fixe; et l'emploi de la journée était prévu d'avance par un règlement déterminé qui, entre les heures du travail, permettait à quelques-unes d'aller ensemble ou à tour de rôle, porter des secours aux pauvres, visiter les malades, servir les infirmes, ou prier au nom de toutes devant le T.-S. Sacrement et aux pieds de N.-D. de Fourvières.

Agarithe fit là un séjour d'environ deux ans dont elle garda le plus durable souvenir. Elle aimait surtout à se rappeler que pendant tout ce temps elle avait passé ses nuits, couchée dans un long tiroir de placard, placé sur des planches dans un coin élevé de la chambre commune.

Elle ne quitta cette maison de travail et de bonnes œuvres que pour obéir à son confesseur en venant, avec trois autres compagnes, dévouées comme elle, se consacrer à de jeunes filles non surveillées par leurs parents, et qu'elles attiraient auprès d'elles pour les préserver.

Mais la fondation qu'espérait faire l'abbé Pavy d'une maison de ce genre n'ayant pu réussir, il conseilla à Mademoiselle Agarithe d'attendre les volontés de Dieu sur elle, et lui donna, dans la personne d'une autre de ses pénitentes, Mlle Anna Sinquin, une compagne qu'elle ne quitta plus.

Elle mena pendant près de 15 années ce nouveau genre de vie qui, à l'extérieur, n'avait absolument rien d'extraordinaire, mais qui a été pour elle une source inépuisable de mérites par les divers genres de souffrances que son cœur a dû encore y endurer chaque jour et à chaque instant.

Dès la première année, elle commença par faire une maladie de six mois, et une autre de quatre mois l'année suivante. Ne pouvant plus travailler, Anna sa compagne fut obligée de procurer à elle seule la vie de deux. Pour cela elle dut aller le plus souvent travailler à domicile, et laisser Agarithe souffrir seule et les privations de toutes sortes et les tourments de sa maladie.

La source de tant de souffrances venait surtout de ces tortures de cœur dont nous avons parlé plus haut, des amertumes de tout genre dont sa mère l'abreuvait, car elle voyait l'âge et les infirmités lui arriver sans qu'elle songeât même à se rapprocher de Dieu !

Enfin, à la suite d'une longue et douloureuse maladie, les vœux, les prières et les larmes d'Agarithe finirent par être exaucées. La mère s'amenda et continua à vivre en chrétienne jusqu'à sa mort qui arriva vers 1840.

Pendant les quatorze ou quinze ans que Mlle Agarithe mena une vie si obscure, elle prit davantage encore le dégoût du monde qu'elle voyait de moins en moins, car son état de souffrance presque continuelle l'obligea à travailler chez elle, tandis qu'Anna continua à aller au dehors. Son goût pour la solitude, pour l'union avec Dieu dans le Saint-Sacrement, son affection pour les souffrances qu'elle supportait avec une si grande résignation, ne firent que s'accroître de plus en plus. On ne la voyait plus sortir que pour aller à l'église de sa paroisse, ou pour monter à Fourvières où elle éprouvait le besoin de porter souvent ses peines, ses douleurs, et recevoir en échange la consolation que Marie se plaît à communiquer à ses âmes fidèles.

Depuis son enfance, cette dévotion à N.-D. de Fourvières n'avait fait que s'accroître avec l'âge; aussi, pendant de longues années, eût-elle pour coutume invariable de monter à toutes les fêtes de la Sainte-Vierge, et tous les samedis, à 4 heures du matin, pour aller y faire la sainte communion, et redescendre ensuite afin de commencer son travail à l'heure ordinaire.

On a souvent remarqué que Dieu se plaît à déposer chez la plupart de ses serviteurs les germes de la destinée qu'il leur réserve, dans la première partie de la vie qu'ils passent sur la terre. C'est ainsi qu'il semble les préparer lui-même à la vocation pour laquelle il les a créés.

Il est difficile, avec nos faibles lumières de nous rendre compte immédiatement des desseins de Dieu sur nous. Ce n'est que plus tard, et en jetant un coup d'œil d'ensemble sur notre vie, que nous comprenons mieux la marche que la Providence a suivie pour nous amener, le plus souvent sans violence et sans secousses, là où nous sommes.

Ceux-là surtout comprendront ces choses qui, contre toutes leurs prévisions, ont été appelés à une vocation particulière, mais se sont abandonnés en toute confiance à la volonté de Dieu sur eux, manifestée par la voix des événements ou celle de leurs Directeurs. Ils sentiront leur sécurité s'accroître encore en réfléchissant sur les voies imprévues et toutes providentielles qui les ont conduits insensiblement là où tout d'abord ils n'avaient jamais songé à venir.

Ainsi en fut-il d'Agarithe.

Dieu la réservait à un genre de vie spéciale en Afrique. Pour cela, il voulut d'abord la sanctifier; et, dès sa plus tendre enfance, il la mit entre les mains de saints vieillards qui n'eurent qu'un souci, celui de former de bonne heure le cœur de leur petite-fille à la piété et à une grande innocence de vie.

Il voulut l'attirer à lui par le détachement, le dégoût du monde, et l'épreuve de sa vertu; et les années de sa jeunesse ont été abreuvées d'amertumes qui lui vinrent à la fois et de sa mère, et de la vie agitée qu'elle lui faisait mener dans le monde, et des écueils qui l'environnaient de toutes parts, et contre lesquels elle prit tant de soin de se précautionner.

L'estime de la vie de Règle, de la Pauvreté, de l'Obéissance, estime qu'elle porta si haut plus tard, lui fut surtout inspirée pendant son noviciat chez les sœurs Hospitalières.

Son amour pour les petits, les malades, les affligés, et toutes les œuvres de zèle dans lequel elle a excellé, se développa surtout dans la communauté des jeunes et édifiantes ouvrières de mademoiselle Aulinet.

Son zèle pour la conversion des pécheurs et le salut des Infidèles pour qui elle a montré tant de sollicitude sur cette pauvre Afrique, commença à s'enflammer dans cette maison de préservation à la fondation de laquelle elle essaya de travailler.

Sa passion pour la solitude et la vie intérieure qui la porta ici, à passer le reste de sa vie dans la petite cellule du Pèlerinage, au point qu'elle resta plus de dix ans sans vouloir descendre à Alger, qui cependant n'est qu'à 3 kilomètres, se développa et grandit dans la vie si retirée qu'elle mena à Lyon pendant quinze ans, seule, dans sa modeste chambre, où Anna se rendait seulement chaque soir, après sa journée.

Mais ce à quoi Dieu la destinait surtout, c'était à édifier la foule par son détachement du monde, son amour pour le Très-Saint Sacrement, sa dévotion à Marie qu'elle devait contribuer, nous allons le voir, à faire tant honorer sur la terre d'Afrique. Aussi, pendant tout le cours de sa vie à Lyon, il semble qu'elle ne connut aucune autre jouissance que celles inénarrables qu'elle goûtait dans la sainte Communion, dans les visites fréquentes à l'église, et surtout aux pieds de Marie, à son pèlerinage de Fourvières.

En 1846, Mgr Pavy fut appelé au siége épiscopal d'Alger.

Ce fut d'abord une épreuve bien pénible pour mademoiselle Agarithe qui, depuis près de dix-sept ans n'avait pas eu d'autre Directeur de conscience.

C'était le moment que Dieu attendait pour montrer à sa Servante la terre nouvelle où il allait l'appeler.

Un des premiers soins de Mgr Pavy, en arrivant à Alger avait été d'établir un Petit-Séminaire pour préparer des vocations ecclésiastiques à ce pauvre diocèse si dénué de tout. Mais une fois cet établissement fondé, il lui fallait entre autres choses, pour compléter son installation, une infirmerie pour les élèves malades et une lingerie.

Les ressources de toute sorte, et surtout en sujets, manquaient alors à l'évêque d'Alger. Aussi s'empressa-t-il de jeter les yeux sur mademoiselle Agarithe et sa compagne. Il leur écrivit donc pour les prier de venir le rejoindre en Afrique.

Les pieuses filles regardèrent cette demande de leur Père spirituel comme un ordre d'en haut. Elles n'hésitèrent pas à se mettre en route immédiatement pour ce lointain voyage d'outre-mer, elles qui depuis près de trente ans ne s'étaient jamais éloignées des bords du Rhône ; et elles étaient à Alger moins de trois mois après l'arrivée de Mgr Pavy.

L'Evêque confia la lingerie à mademoiselle Anna, et Agarithe, qui avait déjà vécu à l'Hôtel-Dieu de Lyon comme Novice Hospitalière, et qui avait visité si souvent les malades à domicile, fut chargée des fonctions d'infirmière.

Les prêtres d'Algérie qui ont fait autrefois leur éducation cléricale au Petit-Séminaire de Saint-Eugène se rappellent encore les soins si charitables et tout maternels dont étaient l'objet ceux que visitait la maladie; mais tous ont pu faire une remarque, et aujourd'hui ils éprouvent de la complaisance à se rappeler entre eux que si, pendant ces huit années qu'elle a été chargée du soin des malades, son dévouement n'a jamais été trouvé en défaut, on a souvent pu constater que sa confiance était évidemment placée ailleurs que dans l'efficacité des remèdes.

Chose bien remarquable, en effet, pendant tout le temps qu'elle a été infirmière, PAS UN SEUL séminariste n'est mort à Saint-Eugène ! Aussi, tous sont-ils encore dans la persuasion que les prières d'une si sainte garde-malade les soulageaient autant que tous les médicaments.

Cependant Mademoiselle Agarithe, tout heureuse des jouissances que renferme le sacrifice, regardait l'Algérie comme sa terre adoptive. Mais une chose avait été surtout pénible à son cœur, quand elle avait quitté sa patrie pour passer en Afrique : c'était de s'éloigner de Notre-Dame de Fourvières, de ne plus pouvoir gravir désormais cette sainte colline pour porter à sa Mère, au moins chaque samedi, l'hommage de ses bonnes œuvres, de ses travaux, de ses peines de toute une semaine.

Rien, à Alger, ne remplaçait pour elle une telle privation. Dès le premier jour elle en avait souffert, et sa peine ne faisait que s'accroître.

C'est pendant ces moments de religieuse tristesse qu'elle aimait à aller cacher ses regrets à quelque distance du Petit Séminaire, dans cette retraite pleine de fraîcheur et de mystère qu'on appelle : *le Ravin.*

C'est une étroite vallée profondément encaissée, au fond de laquelle un ruisseau promène son eau fraîche et pure, ici sous la mousse et le lierre, là à travers les fleurs de ses rives, plus loin sur un lit de granit taillé à pic comme une cascade.

Tout le long serpente, en suivant les sinuosités du ruisseau, un sentier qu'abritent constamment de leurs épais ombrages les grands oliviers séculaires qui plongent leurs racines jusqu'au fond du ravin. A droite et à gauche, les deux flancs de la vallée aux pentes rapides, souvent escarpées, mais recouvertes partout d'arbustes verts, reliés entre eux par d'épaisses lianes de chèvre-feuilles et de clématites qui tapissent, en les entrelaçant, arbres et rochers.

Il y a là quelque chose qui porte instinctivement à la paix, au calme, au recueillement.

C'est sans contredit le coin le plus agreste des environs d'Alger : Toutes les séductions de la nature Africaine semblent s'y être donné rendez-vous.

Ce ravin était la promenade favorite d'Agarithe quand le devoir ne l'appelait pas aux fonctions de sa charge.

Malheureusement, elle ne tarda pas à constater qu'il était en même temps fréquenté par des vagabonds de toute espèce. Cette remarque l'attrista, car s'il en était ainsi, il lui devenait impossible de continuer à y venir passer ses instants de recueillement et de solitude.

C'est alors qu'elle reçoit de Dieu l'inspiration vive et ardente de placer là, dans le tronc d'un vieil olivier aux branches touffues, une petite statue de la Sainte Vierge pour l'établir comme la maîtresse de ce séjour. Il lui semblait, disait-elle depuis, que Marie elle-même lui donnait l'ordre impérieux de la faire honorer sur cette montagne, consacrée autrefois par le sang des martyrs. Elle fit part de ce mouvement intérieur à l'Évêque d'Alger qui y trouva toutes les marques d'une inspiration surnaturelle.

Le jour même, cette sainte inspiration fut réalisée ; et la blanche image de Marie vint prendre possession de son trône de mousse et de feuillage, près de l'étroit sentier et du profond ravin, à l'endroit où, grâce à une source qui s'échappe des rochers, la végétation forme le plus riche berceau de fleurs et de verdure.

L'heureuse Agarithe se retira persuadée que Marie saurait bien garder la place, et au besoin conquérir sur le Démon son ennemi, un lieu si calme, se religieusement tranquille.

Sa confiance ne fut point déçue : Non-seulement, depuis ce jour, le ravin ne fut plus hanté par les vagabonds, mais en peu de temps il devint comme un rendez-vous de persévérante prière.

Quelques femmes de marins avaient en effet remarqué, en passant le long du sentier, la pieuse Agarithe agenouillée devant sa modeste statue, et la priant avec ferveur. Cette douce apparition leur revenait en mémoire quand l'inquiétude pour ceux qu'elles aimaient envahissait leurs cœurs. Aux jours de tempête ou au lendemain d'un danger, elles prirent l'habitude de venir, elles aussi, offrir leurs prières et faire brûler des cierges aux pieds de la statue.

Le cœur d'Agarithe tressaillit de bonheur et s'ouvrit à l'espérance. Une nouvelle inspiration lui fit connaître que le culte de Marie allait se développer sur cette montagne, et qu'avant peu elle y aurait un temple où les fidèles viendraient en foule soit pour l'implorer, soit pour lui rendre des actions de grâces : que l'Afrique posséderait enfin son pèlerinage, et qu'elle-même n'aurait plus rien à regretter puisqu'elle trouverait là, près d'elle, pour venir y épancher son âme, un sanctuaire consacré à Marie, comme celui qu'elle avait tant de bonheur à fréquenter quand elle habitait Lyon !

D'un autre côté c'était là l'espoir et le secret désir de Mgr Pavy qui, lui aussi, regrettait Fourvières, et qui, dès le premier jour de son arrivée en Afrique, se proposait de donner Marie pour patronne à son immense Diocèse.

Aussi est-ce avec bonheur qu'il apprit, et les nouvelles inspirations d'Agarithe et le mouvement qui déjà se produisait autour de la Vierge du Ravin.

Bientôt, le nombre des pèlerins et des grâces obtenues augmentant, il résolut, sur la prière de la servante de Dieu de faire quelque chose de plus. A cette même place, il fit construire, sous un rocher, une grotte rustique en rocailles qu'entremêlaient des coquillages ramassés sur la plage ; et, un jour de fête de la Sainte Vierge, il fit porter solennellement une statue plus grande et plus convenable de Marie qu'il vint bénir lui-même, entouré d'un nombreux clergé et de tout le Petit Séminaire.

Ce fut l'occasion d'une fête qui a laissé de profonds souvenirs dans l'esprit de ceux qui y prirent part. Des arcs de triomphe avaient été dressés à celle qui venait prendre solennellement possession de ces lieux enchanteurs ; des banderolles étalaient dans les airs le chiffre de Marie ; des chants préparés pour la circonstance se firent entendre, interrompus par de formidables détonations que répétaient, en les prolongeant, les échos du ravin. Le soir, un brillant feu d'artifice vint couronner la fête.

Ce jour-là furent lues en public des pièces de poésie dont nous citerons deux extraits : le premier a trait à la fondatrice de ce naissant pèlerinage.

. . . .

> Là semblait s'exhaler un parfum de prière
> Qu'un Ange aux ailes d'or
> Aurait versé sur l'humble pierre.
>
> Un ange avait bien prié là...
> De ses genoux j'y vis encore l'empreinte.
> Le front virginal d'une sainte
> Dans ce ruisseau se refléta.
>
> . . . . . Voici ce qu'on me raconta :
> Tout près de là se trouve une fille inconnue,
> Les Anges seuls savent son nom ;
> Des cieux on la croit descendue
> Pour venir ici-bas sanctifier ce vallon.
>
> Elle fait son séjour du toit de l'indigence
> Qu'elle sait embellir
> Des doux trésors de l'espérance ;
> Au chevet du malade, Ange de la souffrance,
> Elle vient prier et guérir.
>
> C'est cette femme, la première,
> Qui vint apporter là sa fervente prière ;
> Et le parfum de ses vertus
> A réjoui la Mère de Jésus !
>
> Et c'est ainsi qu'on raconte au village
> Les premiers jours du Saint Pèlerinage.

. . . .

> On dit aussi que cette Sainte, un soir,
> Aux pieds de sa douce Mère,
> Blanche colombe, s'enfuit ;
> Et que près de l'autel l'extase l'endormit...

(*La suite au prochain Bulletin.*)

III

VOYAGE DE MÉTLILI A EL-GOLÉA.

Lettre du R. P. Paulmier, missionnaire d'Afrique (d'Alger)
à un Père de la même Société.

Mon Très-Révérend Père,

J'ai déjà eu l'honneur de vous entretenir des résultats obtenus dans notre dernier voyage à El-Goléa. Je l'ai fait avec la brièveté qui sied à un simple rapport, mais je me propose d'entrer ici dans quelques détails et je crois ne pouvoir mieux faire que de transcrire mes notes de voyage.

Je ne vous parlerai pas, mon Révérend Père, des préliminaires obligés de tant de voyages en pays musulman, des marchés dix fois conclus et dix fois rompus, des mille agaceries de chameliers rivaux. Une grande patience et beaucoup de douceur sont les seuls remèdes qu'un missionnaire puisse opposer *à ce mal du pays*, si je puis m'exprimer ainsi. Cependant, notre départ que nous avions fixé au 18 mars ne devait pas être retardé, et après les adieux et les souhaits de nos charitables confrères, vers onze heures du matin, le P. Kermabon et moi nous nous dirigions de Métlili vers El-Goléa.

Le 18 mars. — On aime volontiers à revenir des pays dangereux et de l'estomac des anthropophages, a dit un spirituel auteur, et c'est bien là en effet une des mille formes de la vanité humaine. Mais le missionnaire ne saurait être accessible à de pareils sentiments, lui qui est à sa place au milieu des dangers, et qui triomphe dans la mort. Je rapporterai donc comme simple épisode de notre voyage les paroles qui me furent dites au moment du départ et sous forme d'avis par un de nos arabes : « Sur la route d'El-Goléa, il ne faut compter que sur deux choses, *Dieu* et *un bon fusil!* » Nous nous étions mis, mon compagnon et moi, entre les mains de Dieu, mais guides et chameliers, malgré leur fatalisme, s'étaient bien gardés d'oublier leurs armes.

Les Arabes donnent des noms aux moindres accidents de terrain, précaution utile dans le désert, mais qui serait ici fastidieuse. Je me contenterai donc, mon Révérend Père, de vous signaler nos campements.

A peine sortis de Métlili, nous sommes en vue d'un petit monument élevé en l'honneur de *Sidi Cheikh*, marabout que les Chaâmbas ont en grande vénération, aussi nos arabes se font-ils un devoir de s'y arrêter pour se recommander à sa protection. L'un d'entre eux formule une série de vœux auxquels tous répondent avec ferveur. Amin! Amin!

Hélas, me disais-je, pourquoi nos chrétiens n'en feraient-ils pas autant pour les héros de notre sainte religion dont la puissance auprès de Dieu nous est assurée, tandis que ces Arabes s'adressant le plus souvent au vice déjà puni dans l'autre monde? Cette rencontre du marabout fut pour nous l'occasion de nous recommander une fois encore à Dieu ainsi que nos pauvres égarés.

Jusqu'à cinq heures et 1/2, nul autre incident ne vient troubler la tranquille allure de nos chameaux. Arrivés à *Bel Groninat*, grande plaine entourée de collines arides, nous dressons notre tente, le feu brille au milieu d'une fumée de bois vert et bientôt notre marmite chante la flamme. Nous achevons le bréviaire, je saigne notre pauvre Houssin toujours souffrant et aussi le Caïd notre guide qui est légèrement indisposé ce soir; puis vient le souper auquel cependant tout le monde fait honneur. Pour égayer la soirée tout en édifiant notre entourage, le P. Kermabou et moi nous entonnons ensemble ou tour à tour quelques-uns de nos beaux chants d'église. Mais comme tout a sa fin en ce bas monde, nos chants aussi se perdent dans un dernier écho et le sommeil s'empare de nos membres peu fatigués du reste par une petite journée de marche, car vous vous rappelez, mon Révérend Père, que nous ne sommes sortis de Métlili que vers onze heures du matin.

Le 19 mars. — *Fête de saint Joseph*, à deux heures et demie, nous sommes sur pied pour dire la sainte messe. Pour nous la solemnité est absente, je veux parler des cérémonies de l'Église, car, dans nos cœurs, *il y a fête* et nous prions en union avec vous, mon Révérend Père, avec tous nos frères. Nous demandons à saint Joseph qu'il veuille bien être notre guide dans ce voyage comme il le

fut de Notre-Seigneur et de la Très-Sainte Vierge fuyant en Égypte.
A cinq heures et demie nos chameaux sont chargés et nous repar-
tons avec l'ardeur du second jour. Mais bientôt une chaleur acca-
blante se fait sentir et le silence n'est interrompu que par les cris
intermittents de nos chameliers. Après une légère collation, quelques dattes et deux ou trois gorgées d'eau échauffée par la peau de
bouc, nous franchissons une côte assez ardue, pour descendre
dans une plaine en partie sablonneuse. Nous y trouvons un puits
et nous prenons de l'eau pour deux jours. Ce puits est une simple
excavation à peu près circulaire, profonde de deux mètres environ,
sans margelle qui protége l'eau contre les envahissements du sable. Vers six heures, fatigués par la traversée des dunes, nous
nous arrêtons à un endroit nommé par notre guide *Tmaïl-Hins*.
Impossible de dresser la tente sur le lit de sable et de cailloux qui
s'étend à nos pieds. Tout se passe à peu près comme hier, mais
plus fatigués, la conversation peu animée du reste dégénère bientôt en sommeil.

Le 20 mars. — Dès l'aube nos chameliers s'éveillent et chargent
notre bagage. Une heure après nos chameaux agenouillés se re-
dressaient et nous reprenions notre route. Vers dix heures, nous
nous arrêtames près du puits *Sidi-Hamza*. Ce puits muni de ses
deux montants et d'une margelle est comblé depuis longtemps.
Priver ses ennemis de l'eau qui leur est nécessaire est une tactique
très-souvent employée entre combattants dans le Sahara, et notre
guide nous raconta que tout un parti fut réduit par ce stratagème
auprès du puits que nous apercevons.

Notre guide est venu jusqu'ici à pied, et c'est dans les environs
qu'il doit trouver son chameau confié à la garde des Châambas qui
le font paître avec leurs troupeaux. Nous ne voyons toutefois
qu'une trentaine de chèvres gardées par un jeune arabe. Le pauvre
enfant paraît peu rassuré à la vue de notre petite caravane et non
sans raison, car le caïd nous offre déjà une de ses chèvres, nous
n'avons qu'à parler pour être servis *sans bourse délier*. Vous pensez bien, mon Révérend Père, que nous nous empressâmes de dé-
cliner une offre si généreuse, tout en admirant la force de l'arbitraire au pays des sables. Le petit pâtre s'empressa de pousser
ses chèvres devant lui et disparut pendant que nous déchargions

nos chameaux. Le caïd parti à la recherche de sa monture, devait être de retour dans un quart d'heure *au plus,* et nous l'avait du moins assuré..... Mais quatre longues heures s'écoulèrent avant que nous le vîmes reparaître. A la vérité je n'avais pas été dupe de ses paroles, je savais depuis longtemps que les Arabes sont généralement au désert les complices du mirage. Tel puits, tel campement est là..... Vous le voyez..... encore quelques pas..... et des heures entières se passent à la poursuite d'un but naguère si rapproché. Il est certain que dans le Sahara surtout, les Arabes n'ont aucune notion de la mesure du temps ni de l'espace et qu'une vue très-perçante leur permet de distinguer des points que l'œil européen ne soupçonne pas. Aussi le plus simple est-il de ne pas questionner les guides et de les suivre docilement. Il semble qu'on arrive plus vite. Vers midi et demi nous reprenons notre route. Nous passons à *Mehasser Elmelh.* C'est un lac, ou plutôt une immense cuvette dont toute la surface est couverte d'un sel aux prismes étincelants. A quelques pas de là nous rencontrons une petite caravane composée de quatre arabes et autant de chameaux. Les nouveaux venus n'ont rien de plus pressé que d'armer et de visiter leurs fusils, mais notre guide qui s'est acheminé vers eux leur fait rengaîner leur compliment et met fin à de si dangereuses manœuvres. Ils voient de suite en effet qu'ils ont à faire à des gens parfaitement inoffensifs et après quelques paroles échangées comme pour achever la reconnaissance, les deux caravanes continuent pacifiquement leur route. Enfin à cinq heures et demie nous arrivons non loin des collines nommées *Chaak Fathma,* dans une plaine de sable ondulée comme une mer légèrement agitée. Pour la seconde et dernière fois, nous pouvons dresser notre tente, cependant il faut toute l'industrie du Père Kermabou, et nos piquets ne tiennent qu'à force de pierres et de sables amoncelés. Tandis que s'élève notre fragile édifice, je panse le bon Houssin, le feu pétille, quelques minutes encore et le souper sera prêt. Mais à peine avons-nous fait taire la faim que le sommeil nous réclame, et sans trop de résistance nous nous livrons à sa bienfaisante action.

Le 21 mars. — *Dimanche des Rameaux,* nous nous levons, le P. Kermabou et moi à deux heures et demie pour dire la Sainte Messe.

Aujourd'hui, pour la première fois de notre vie, pas de rameaux bénis, et par le souvenir seulement nous pouvons jouir des belles et touchantes cérémonies de l'Eglise. Entourés d'Infidèles, nous sommes portés à entonner le cantique des Hébreux *Super flumina Babylonis*, expression si touchante et si vraie des douleurs de l'exilé. Cependant, plus heureux que les Hébreux, en quelque lieu de la terre que nous soyons, nous pouvons jouir de la présence immédiate de notre Dieu dans la Très-Sainte Eucharistie, et nous écrier avec l'élan de la reconnaissance : *Non fecit taliter omni nationi.*

Pendant que nous nous livrons à ces pensées, nos chameliers plient bagages et nous invitent à nous remettre en route. Le vent est un peu frais, il pleut. Arrivés à *Chaâbet-el-Mekh*, nous collationnons avec quelques dattes. La pluie, qui n'a pas cessé de tomber, traverse nos burnous, un froid humide nous pénètre. Notre pauvre Houssin surtout est éprouvé par ce mauvais temps et souffre en vrai musulman. Mais cette résignation stérile aux arrêts du destin ne vaut pas la patience chrétienne qui rend parfois les peines si douces et toujours si fructueuses pour l'âme unie au Dieu crucifié.

Dans l'après-midi, le temps s'éclarcit un peu, mais le vent continue à souffler violemment et ne nous présage rien de bon pour la nuit.

C'est à *Chebika*, au milieu des sables, que notre guide fait arrêter la caravane. Il ne faut pas songer à planter la tente, nous avons assez de peine, d'abord à allumer du feu, ensuite à faire notre cuisine que nous mangeons *en grinçant des dents*, car le sable fait une concurrence déplorable aux autres condiments. — Après ce triste souper, vrai souper de carême, chacun se cherche une place aussi abritée que possible et se blottit dans ses burnous. — Peine perdue ! Vainement on essayerait de dormir. Le ciel se couvre de nuages, la pluie tombe, le vent redouble de fureur, bref, une véritable tempête se déchaîne dans les immenses steppes qui nous environnent. Le sable, comme pour ajouter un charme de plus à notre position, nous envahit, nous pénètre... les yeux, les oreilles, la bouche ne s'auraient trouver grâce devant ce subtil élément. Inutile de chercher un refuge auprès du feu, le vent l'a dispersé...

Quelle nuit !... Pour moi, l'imagination s'en mêle, et nouveau Tantale, la pensée me poursuit de ces bons appartements « Qui recèlent le printemps au milieu des hivers, » au sein de la famille.

22 mars. — Le jour trop longtemps appelé paraît enfin... Nous sommes au 22 mars. A six heures du matin, nous décampons, pressés d'oublier cette triste étape. Nous marchons poussés par une petite bise acérée, derrière avanie du mauvais temps; quelques détours encore dans une inextricable chebka, et nous apercevons le puits de *Zirara*. Nous nous y arrêtons pour prendre de l'eau.

Nous sommes arrivés au point le plus dangereux et aussi le plus intéressant de notre route. Notre guide fidèle *à une coutume* qu'on peut observer dans le Sahara partout où on redoute un danger, nous avait fait passer la nuit à une certaine distance du puits, car, dit M. Duveyrier, « *les puits sont forcément des points de rendez-vous pour les brigands en course aussi bien que pour les voyageurs pacifiques.* »

Le puits de *Zirara* situé au centre d'une vaste plaine entourée de collines est en effet très-fréquenté, et là se sont bien souvent rencontrés des partis ennemis. Les Arabes ne tarissent pas en histoires plus ou moins effrayantes dont ce puits fut le théâtre sanglant, et ils vous montrent à quelques pas, deux cimetières assez bien garnis, peuplés de victimes ou d'agresseurs malheureux que Dieu a réunis dans la mort. Il est certain que pour être silencieux, ces témoins n'en parlent pas moins très-éloquemment.

Parfaitement bâti en pierres sèches, ce puits est dû à une femme berbère nommée *bent El Khass bent Sâad Zenati.* Il a 20 mètres de profondeur. A l'intérieur, on a creusé dans les parois une petite excavation que le P. Kermabou a visitée, trois ou quatre personnes pourraient y trouver place. Rien de mieux sans doute pour des voleurs ou des ennemis acharnés. Aussi la légende raconte-t-elle qu'un seul arabe tint en échec et fit périr de soif un grand nombre de Touaregs, en coupant à mesure qu'elles descendaient, les cordes que ces derniers essayaient d'y plonger munies de leurs appareils. Je rapporte ce fait d'après notre guide, mais je n'oserais en garantir l'authenticité. Au moins est-il *vraisemblable*, qualité dont manquent trop souvent les récits arabes.

A côté des deux cimetières dont j'ai parlé, s'élève une petite colline garnie d'un mur circulaire au tiers extrême de sa hauteur. Cette enceinte élevée sert au besoin de fort ou de refuge. Je l'ai visitée avec soin et je n'y ai remarqué aucun trou d'habitations. De Zirara, nous allons coucher à *Saheb-Lafran*.

Le 23 mars.—Nous traversons d'immenses dunes, ennuyeuses et fatigantes. Nous aurions pu arriver aujourd'hui à El-Goléa, mais nous nous sommes arrêtés trop longtemps hier au puits de Zirara. A quatre heures et demie nous couchons à *Taguint*.

Le 24 mars. — A quatre heures du matin, nous quittons notre dernier campement. Dans quelques heures nous serons à *El-Goléa*, but de notre voyage, limite extrême de la conquête française dans le sud. Nous suivons pendant trois heures une interminable chaîne de montagnes situées à notre gauche, tandis qu'à droite s'étend à perte de vue la région des sables.

Il est dix heures du matin lorsque nous entrons à El-Goléa. Descendus sur une grande place au bas du Bordj, nous nous y établissons sous un palmier en attendant que la maison du Caïd soit disposée pour nous recevoir.

Le Ksar est presque désert à cette époque de l'année, aussi les visiteurs ne sont-ils pas très-nombreux. Quelques arabes suivis de plusieurs nègres esclaves viennent gravement nous souhaiter la bienvenue et nous répondons à leurs politesses. Trois quarts d'heure se passent à l'abri du palmier hospitalier et nous sommes introduits dans une maison en pisé, d'assez bonne apparence pour le pays. Nos premiers visiteurs nous ont suivi, d'autres se joignent à eux, et une franche cordialité vient bientôt remplacer la gravité cérémonieuse qui nous avait accueillis.

Nous n'avons plus maintenant à craindre que l'*indiscrétion* dont aucun arabe ne paraît apprécier les inconvénients, du moins à l'égard de ses hôtes... — Car vous savez, mon Révérend Père, combien les musulmans sont réservés, même défiants dans leurs rapports mutuels, et que la vie privée est chez eux toujours enveloppée d'un voile inpénétrable.

Je me trouve jusqu'à un certain point en pays de connaissances, et je suis invité à visiter un pauvre homme que j'ai soigné l'année passée, à Laghouat, sans espoir, hélas ! de guérir. Dévoré par un cancer hideux qui, à l'époque de sa première visite, lui avait déjà emporté la lèvre supérieure et une partie du nez, je le trouvai cette fois dans un état véritablement affreux. Son visage, presque entièrement dévoré par l'horrible mal, lui donnait l'aspect d'un homme depuis plusieurs jours la proie du tombeau. Un œil lui restait cependant dont l'orbite entrait en décomposition, et cet homme voulait vivre ! — Il me demandait des remèdes. Je ne pus que lui laisser un peu de camphre dont chaque jour je saupoudrais sa plaie.

Le musulman pouvait encore articuler quelques mots et ne savait comment m'exprimer sa reconnaissance. — C'est qu'il était abandonné même de ses enfants, qui le négligeaient au point de laisser littéralement pourrir, avec sa chair, les linges qui couvraient son visage. Un de ses fils et sa femme assistaient aux visites que nous lui faisions, et je ne pus m'empêcher de leur faire quelques reproches, mais le langage de la charité leur était étranger, ils ne me comprenaient pas...

Alors, mon Révérend Père, je sentais bien vivement la nécessité d'aimer ces pauvres Infidèles, et par nos exemples, de *leur apprendre à aimer*, c'est-à-dire d'implanter dans leurs cœurs cette vertu divine de Charité, dont ils ignorent même le nom. N'est-ce pas, en effet, la charité, la douce bonté de notre aimable Sauveur qui a soulevé le monde jusqu'à Dieu ? N'est-ce pas aussi en imitant le divin Missionnaire que nous arracherons les musulmans à leur égoïsme, au froid et implacable destin, à Allah du Coran, pour les rendre à notre bon Dieu, au Dieu de l'Évangile ?

D'autres malades vinrent me voir, que je contentai de mon mieux. Je vis à El-Goléa, comme partout chez les Arabes, que le médecin ne visite pas, beaucoup de maladies chroniques, qui s'étaient invétérées et aggravées par dix, quinze et vingt ans d'un libre développement. Assurément, rien ne serait plus désespérant, même pour le plus habile médecin, à plus forte raison sommes-nous embarrassés, nous, pauvres Missionnaires, dont le dévouement ne saurait entièrement remplacer la science. Pour comble d'embarras, nous avons affaire dans la plupart des Arabes, à des gens simples à l'excès et surtout superstitieux, qui demandent imperturbablement aux remèdes des résultats visibles, palpables, *instantanés*, presque un miracle... C'est alors qu'il faut s'armer de patience, car les explications sont rarement comprises.

Je ne voudrais pas terminer cette lettre, mon Révérend Père, sans vous dire quelques mots d'El-Goléa, de l'origine et de l'aspect de ce Ksar si curieux à différents égards.

El-Goléa nommé encore *El-Menea*, par les habitants eux-mêmes est bâti sur le versant ouest d'une petite montagne de forme conique, dont le sommet entouré de murs forme une enceinte fortifiée (1). Ces murs dans la partie qui a été réparée par le général de Galifet, sont garnis de meurtrières dans le système français. Trois énormes constructions dont les flancs s'échelonnent en se soutenant, donnent au premier abord à ce Ksar, surtout du côté du nord, l'apparence d'une immense château-fort, assez semblable à nos antiques manoirs. Un style sévère et une solidité à l'épreuve des siècles lui permettent, je crois, de soutenir la comparaison (2).

Ce Ksar n'était pas le seul, dit-on, sur le territoire d'El-Goléa, il y aurait eu jusqu'à 70 ksours bâtis comme ce dernier par les Berbères, et dont on attribue la destruction à un empereur du Maroc. Du haut de la forteresse, la vue s'étend sur une belle plaine parsemée de petites oasis, que l'on a déjà comparée avec beaucoup

(1) La tradition raconte que Goléa était habitée autrefois par des gens de sang mêlé, comme ceux du Tauât, et qui parlaient le *zenàtia*, idiome berbère, mais actuellement cette ville est le centre d'une des trois confédérations des Chambas, *les Chambas El-Madhy.*

(2) On prétend, dit M. le général Daumas, que Goléa a été assiégé pendant sept ans par les Touaregs, qui s'obstinaient à vouloir la prendre par la famine. Les provisions commençaient à s'épuiser, mais une ruse sauva les assiégés. Un matin les Touaregs virent les murailles de la place tapissées de burnous blancs fraîchement lavés qui séchaient au soleil ; donc elle ne manquait pas d'eau. La nuit suivante, de grands feux allumés sur plusieurs points, l'éclairaient tout entière ; donc elle ne manquait pas de bois. Le lendemain, les Touaregs trouvèrent sous les murailles, et jusques auprès de leur camp, des gallettes de basse farine, des dattes, du kouskoussou, dernières ressources que les assiégés avaient sacrifiés pour faire croire à leur abondance ; les assiégeants y crurent et se retirèrent. Dans une note M. le général Daumas a soin d'ajouter : il y a sans doute exagération dans ce conte, dont le véritable sens doit se réduire à ce fait, que, par sa position et les provisions qu'elle peut faire, Goléa est à peu près imprenable pour des Arabes.

de justesse à une immense peau de panthère. Sur la face ouest du Ksar, entre les tours dont je viens de parler et l'enceinte fortifiée du haut, se trouvent les magasins où les habitants conservent leurs dattes. Ces magasins sont en fort mauvais état et présentent l'aspect d'une ruine. Les jardins de palmiers qui sont en bas d'El-Goléa sont ordinairement habités, mais si quelque bruit de guerre vient à troubler le pays, tout le monde se réfugie dans la forteresse où les dattes sont en abondance et l'eau à discrétion, grâce au soin qu'ont eu les premiers maîtres de ce Ksar d'y creuser un puits.

Mes notes se terminent là, mon Révérend Père, et je n'ajouterai rien car notre retour à Mitlili par le même chemin n'offre aucune particularité digne de votre attention.

J'ai pensé que ces nouveaux détails vous intéresseraient, et cela devait me suffire pour m'engager à vous en faire part.

Veuillez agréer, mon Très-Révérend Père, l'expression de mes sentiments dévoués et respectueusement affectueux en Notre-Seigneur.

A. P.
P. Miss.

Métlili, le 25 août 1875.

IV

AMÉRIQUE (CANADA).

Les missionnaires qui étaient allés en Canada solliciter des aumônes pour nos missions sont rentrés en Afrique. Ils nous ont raconté le bon accueil qu'ils ont eu dans les diocèses qu'ils ont parcourus, et nous avons été plus d'une fois édifiés au récit des actes de charité que les envoyés de notre pauvreté ont rencontrés dans ce bon pays, resté si catholique et si français après plus d'un siècle de séparation de la Mère-Patrie. Beaucoup de nos missionnaires étaient heureux d'apprendre que des familles canadiennes souvent originaires des mêmes contrées de la France, portaient le même nom qu'elles. D'autres se glorifient encore d'avoir été les compagnons d'armes des zouaves pontificaux canadiens.

Honneur donc et reconnaissance aux dignes évêques des diocèses de Montréal, saint Hyacinthe et Rimouski, à leur excellent
clergé et à leurs pieux fidèles qui se sont intéressés avec si grande
générosité à l'OEuvre de nos missions d'Afrique.

Un des deux missionnaires qui ont été si bien accueillis dans ce
pays, entre autres faits admirables de charité, nous racontait dernièrement celui que nous reproduisons ici.

En visitant la paroisse Saint-Vincent-de-Paul près Montréal, il
fut invité par l'aumônier d'une prison à visiter les condamnés et à
leur adresser quelques mots d'édification. Il leur parla de nos missions, de nos orphelins et de nos différentes œuvres. Il eut soin de
leur dire qu'il n'était pas venu pour leur demander de l'argent,
mais qu'il leur demandait seulement l'aumône de leurs prières.

Après avoir donné connaissance du bien que nos missionnaires
font au milieu des pauvres Arabes, il rentra à la sacristie. Quelle
ne fut pas sa surprise quand il vit une quinzaine de prisonniers
venir lui apporter chacun une pièce d'argent de la valeur de
1 fr. 40.

Il hésite un moment à accepter, et il allait les prier de conserver
leur argent qu'ils avaient gagné si péniblement, quand l'aumônier
lui dit :

Mon Père, il est vrai que cette aumône est un grand sacrifice
pour ces pauvres condamnés, c'est le produit de leurs économies
sur le tabac qu'ils ont à fumer, mais acceptez, ils vous l'offrent de
bon cœur et Dieu le leur rendra.

« J'étais bien ému, ajoutait le missionnaire qui avait été témoin
de ce trait touchant, oui, j'étais bien ému en recevant dans ma
main l'aumône de ces prisonniers qui, malgré les fautes de leur
vie passée, avaient conservé de si bons sentiments de charité chrétienne. Mon émotion fut plus grande encore quand je visitai les
étroits cachots de cette prison. Chaque cellule était fermée par une
double grille de fer. Tout à coup j'entends la voix d'un prisonnier
qui me dit : Mon Père, je veux aussi vous remettre mon aumône.
Mais sa main ne pouvait atteindre la mienne à travers la double
grille. Il dut déposer à terre sa pièce d'argent et me la faire passer
en la poussant, au dehors, comme on ferait d'une petite bille à
jouer. »

Ce trait de générosité et plusieurs autres exemples semblables de charité ont produit déjà des fruits.

A son retour d'Amérique, le même missionnaire passait à Dieppe, petite ville qui envoya autrefois au Canada, non-seulement des colons, mais aussi des missionnaires. L'un de ces derniers mourut percé de flèches et de balles par les Iroquois.

Dans cette ville, une dame qui avait eu connaissance des traits racontés plus haut, fit remettre au missionnaire son dé d'argent, ses boucles d'oreilles et sa bague d'or.

Nos orphelins aussi ont subi la douce influence de ces exemples de charité. Le R. P. supérieur général nous écrivait en date du 20 juillet dernier.

Nos familles arabes chrétiennes de Saint-Cyprien ont voulu donner leur aumône pour les inondés de France. La quête a produit plus de 350 francs et je n'ai pu m'empêcher d'admirer les changements opérés par la religion chrétienne sur ces enfants. Vous savez en effet combien peu la véritable charité est pratiquée chez les Musulmans. Les jeunes filles qui doivent se marier très-prochainement à Sainte-Monique après avoir réuni tous leurs sous, voyant combien la somme ramassée par elles était encore petite, m'ont donné qui un collier en verre, qui une paire de boucles d'oreilles ; une d'entre elles m'a même apporté sans rougir, car elle est passablement noire, devinez quoi?... un pot de pommade ! ! !

Tout cela s'est vendu à l'encan devant le presbytère à des prix fabuleux, vu le peu de valeur de ces objets. Quel sacrifice pour ces jeunes filles dont la vanité parfois n'est pas le moindre défaut. Le bon Dieu le leur rendra certainement. »

Nous terminerons le récit de ces traits édifiants par la belle maxime de saint François de Sales :

« Faisons comme les abeilles, suçons le miel de toutes les fleurs, c'est-à-dire voyant les belles qualités de chacun, excitons en nous le désir de les imiter. »

V

LE SÉMINAIRE DE ROUEN

Dans notre dernier numéro nous donnions à MM. les élèves du Grand Séminaire de Séez un témoignage de reconnaissance pour l'intérêt qu'ils portent à notre Œuvre. Aujourd'hui nous sommes heureux d'avoir aussi à remercier les élèves du Grand Séminaire d'un autre diocèse de Normandie, le diocèse de Rouen.

L'année dernière ils avaient ménagé une surprise bien agréable à l'un de nos missionnaires sorti de leurs rangs. Encouragés par le pieux et zélé supérieur le R. P. Postel, de la Société des SS. Cœurs, dite *de Picpus*, ces généreux séminaristes avaient organisé une loterie. Ils destinèrent le produit de cette loterie à l'achat d'une chapelle complète et d'une pharmacie portative avec les médicaments les plus nécessaires. Certes, ils ne pouvaient rien offrir de plus précieux et de plus utile à un missionnaire d'Afrique qui doit se livrer non-seulement au ministère spirituel, mais aussi à l'exercice de la charité auprès des Infidèles, pansant leurs plaies et soignant leurs maladies.

Ce don, délicatement choisi et gracieusement offert fut reçu par notre confrère avec joie et reconnaissance. Ce souvenir prouvait aussi que ce missionnaire avait laissé dans son diocèse bien des cœurs amis et sympathiques à notre mission.

Cette année, les élèves du Grand Séminaire ont voulu, avec une émulation toujours croissante, continuer leur œuvre de charité.

De nouveau ils ont organisé une loterie. Quelques élèves distingués par leur piété et leur zèle pour le salut des âmes, avec l'approbation de leur digne Supérieur, se mirent à la tête de cette pieuse entreprise. En peu de temps, plusieurs milliers de billets sont placés; des lots sont offerts et le résultat de cette loterie atteignit près de 1,000 fr. qui furent envoyés au Petit Séminaire Arabe, à Saint-Laurent d'Olt, Aveyron.

Nous ne saurions nous dispenser de manifester publiquement notre reconnaissance pour cette industrieuse aumône. Que toutes les personnes qui ont contribué au succès de cette loterie, et en particulier les élèves du Grand Séminaire et leur vénéré Supérieur, reçoivent donc ici nos remerciements les plus sincères.

VI

LE PETIT SÉMINAIRE DE LANGRES (Haute-Marne)

Nous avons reçu de MM. les Elèves de troisième du Petit Séminaire de Langres, une offrande de 40 fr., produit d'une collecte faite en commun, et la gracieuse petite poésie que nous donnons à la suite, où l'un d'entre eux fait parler un charmant langage à un petit Arabe, orphelin.

LE RÊVE D'UN PETIT ENFANT.

Je m'étais endormi dans les bras de ma mère,
    Et je rêvais comme rêve un enfant,
Quand une faible voix me dit tout bas : « Mon frère !
» Comme toi je voudrais reposer doucement.
» Pour le petit Arabe il n'est point de caresses :
    » De ses parents il est abandonné.
      » Depuis le jour où je suis né
    » Je n'ai goûté que douleurs, que tristesses.
» Souffrant de faim, de froid, qu'allais-je devenir ?
» Sans l'espoir d'un beau ciel il me fallait mourir ;
» L'aumône de ta main m'a conservé la vie,
» Et ton sort maintenant ne me fait plus envie.
» Comme toi, je connais Jésus, le bon Sauveur,
» Et je sais que Marie est une douce mère
    » Pour les enfants qui sur la terre
    » Sont délaissés par des parents sans cœur.
» Oh ! merci mille fois, merci pour ton aumône
» Que je vais prier Dieu pour toi, pour qu'il te donne
    » Sur la terre des jours heureux.
» Adieu, mon frère, adieu ! Nous nous verrons aux cieux ! »

VII

OEUVRE DES MISSIONNAIRES.

ARRIVÉE DE NOVICES ET ADOPTIONS.

Depuis la publication du dernier numéro du bulletin, sont entrés au Noviciat des Missions du Sahara, à la Maison-Carrée.

MM. Michel (Pierre), du diocèse de Mende.
    Augier (Jules), — Belley.
    Hirt (Jean), — Nancy.
    Facy (Jean), — Le Puy.
    Faure (Julien), — Le Puy.
    Gruat (Charles), — Rodez.
    Menard (Marcel), — Angers.
    Ruellan (Eugène), — Angers.
Et comme Frère catéchiste.
M. Triay (Raphaël), — d'Alger.

ADOPTIONS DE MISSIONNAIRES.

Nous avons reçu pour l'adoption de Missionnaires.

De Melle Laure P., à Chambéry. 800 fr.
De la communauté du Bon-Sauveur de Caen. 800 fr.
De M. K..., à Paris, par l'OEuvre des Ecoles d'Orient. 800 fr.

Ces adoptions sont appliquées au P. Roger, au P. Menard et au P. Delattre.

Dans le numéro précédent, c'est le P. Moles, qui aurait dû être inscrit pour l'adoption de M. Delassus-Fumery, au lieu de M. Kermabou dont le nom a été mis par erreur au lieu de celui du P. Moles.

La divine Providence continue à donner à notre OEuvre des Missionnaires des marques visibles de sa protection. — Un prêtre du diocèse de Lyon, l'abbé D..., nous écrit pour nous prévenir que, désirant faire ses bonnes œuvres avant de mourir, il a résolu d'être lui-même son exécuteur testamentaire. En conséquence, dit-il, j'ai à votre disposition la somme de 6,000 fr. dont l'intérêt sera consacré à payer la pension d'un Novice Missionnaire à la

Maison-Carrée, à perpétuité. Que Dieu répande ses plus abondantes bénédictions sur ce généreux bienfaiteur.

De Madame de la Corbière, à Cellettes, pour l'Œuvre des Villages d'Arabes-Chrétiens.   200 fr.

VIII

CORRESPONDANTS DIOCÉSAINS

L'appel que nous avions fait précédemment pour demander des correspondants diocésains a été entendu, et plusieurs personnes dévouées à l'Œuvre de Sainte-Monique ont eu la charité de nous offrir leurs services. Nous espérons, dans l'intérêt de l'Œuvre et pour la commodité des bienfaiteurs, voir augmenter le nombre des personnes qui pourraient, sans trop se charger cependant, centraliser les offrandes qu'on nous destine, soit dans leur diocèse, soit même dans leur paroisse.

On pourra adresser les aumônes en argent ou en nature (layettes pour nouveau-nés, vieux linge, livres, ornements d'église, médicaments, honoraires de messes, etc...) :

A l'Archevêché d'Alger, à Alger.

A la Maison des Missionnaires d'Afrique, 13, avenue Beaucour, rue du Faubourg-Saint-Honoré, 248, à Paris.

Au Bureau des Écoles d'Orient, 12, rue du Regard, à Paris.

A M. l'abbé Payan d'Augery, 84, rue Paradis, à Marseille.

A M. Robert Oheix, avocat à Savenay (Loire-Inférieure).

A M. l'abbé Vachet, missionnaire aux Chartreux, à Lyon.

A M. Léonide Armandet, 31, rue du Bœuf, à Lyon.

A Mme Camille Thiollière, grande Rue, à Saint-Chamond (Loire).

A M. le Chanoine Delesminières à Annecy (Haute-Savoie).

A M. Chenel, rue Saint Jean, à Caen (Calvados).

A M. Collin, 7, rue du Parterre, au Mans.

A M. Le Bas, garde-mine, à Bar-le-Duc.

A M. le comte R. de Buisseret, château de Boisselas, Cellettes (Loir-et-Cher).

A M. Dufresne, chanoine à l'évêché de Montréal.

A MM. Picard et Brown, Directeurs au Séminaire de Montréal.

SAINT-CLOUD. — IMPRIMERIE DE Mme V^e EUG. BELIN.

ŒUVRE DE SAINT-AUGUSTIN

ET DE

SAINTE-MONIQUE

I

*Lettre de Mgr Lavigerie, archevêque d'Alger, délégué apostolique,
à M. le Directeur de l'Œuvre des Ecoles d'Orient.*

Alger, le 20 janvier 1876.

Monsieur le Directeur,

Vous me demandez des nouvelles de nos œuvres, et votre demande est tout à la fois un reproche et une marque d'intérêt auxquels je suis également sensible. Si je vous écris moins, ne croyez pas que ce soit par indifférence. Non, c'est un calcul chez moi que de laisser la parole aux héritiers naturels de mes œuvres et de commencer un silence que la mort rendra un jour complet. Je fais comme l'oiseau qui enseigne à ses petits à se servir de leurs ailes.

Néanmoins, puisque vous me provoquez si aimablement, je viens vous dire où nous en sommes, d'autant plus à l'aise, cette fois, qu'en vous parlant de nos œuvres, je vous parlerai moins de ce que j'ai fait que de ce que font mes fils, les missionnaires d'Alger.

Il y a un an que j'ai constitué leur société d'une manière définitive. Sous la direction immédiate du P. Deguerry, son supérieur et mon vicaire auprès d'elle, elle continue avec les Sœurs des Missions d'Afrique, mes filles, elles aussi, toutes les œuvres commencées.

Celle qui doit vous intéresser le plus, parce que c'est celle à laquelle vous vous êtes d'abord associé, est l'œuvre des Orphelinats indigènes. La voici dans la neuvième année de son existence. C'est vous dire que les enfants ont grandi, et que beaucoup d'entre eux sont déjà des hommes. Il nous en restait encore, cependant, durant cette année, cinq cents et quelques, divisés en plusieurs établissements : le Petit-Séminaire arabe, à St-Laurent-d'Olt, l'orphelinat de Marseille, celui de la Maison-Carrée, celui de Notre-Dame d'Afrique et enfin le grand orphelinat de filles à Kouba qui, à lui seul, en renferme environ deux cents. Partout, nous sommes satisfaits. S'il y a de petites misères, et où n'y en a-t-il pas ? elles sont, grâce à Dieu, peu nombreuses, et les résultats acquis sont considérables.

Je voudrais pouvoir vous faire visiter, de nouveau, ces établissements ; vous verriez quels progrès accomplis déjà, quelle bonne volonté, souvent quels sentiments exquis ! J'ai là sous la main les lettres que m'ont adressées, il y a quelques jours, les enfants de Notre-Dame d'Afrique. Personne n'y a ajouté une seule syllabe. Dites-moi si tous les pères ne seraient pas heureux d'entendre leurs fils exprimer des sentiments comme ceux de la lettre que voici, et qui m'est écrite par l'enfant d'une tribu du Sahara :

Monseigneur,

C'est avec le plus grand bonheur et avec les sentiments de la plus vive affection que nous venons aujourd'hui nous grouper autour de vous pour vous témoigner notre faible mais sincère reconnaissance pour les bienfaits nombreux et incomparables dont vous nous avez comblés jusqu'à ce jour.

Nous nous sentons heureux de pouvoir venir vous remercier des peines et des fatigues que vous avez endurées pour la gloire de Dieu et pour notre salut. Vos soins ont été ceux d'un père et d'un apôtre.

Connaissant plus que jamais le prix d'un si bon Père, nous prierons le Seigneur avec plus de ferveur de vous conserver à notre affection filiale en vous accordant de longs jours.

Nous nous sentons déjà exaucés si nous considérons la bonté de Dieu qui nous a faits chrétiens, préférablement à beaucoup de nos frères, et qui encore naguère nous a accordé la guérison de notre Père, au moment où une maladie l'affaiblissait de jour en jour et nous donnait des craintes terribles. Cependant Dieu ne pouvait pas nous priver sitôt d'un si bon Père. Grâce à Dieu, aujourd'hui toute crainte est dissipée, et nous voulons désormais nous montrer dignes de vous par notre charité à l'égard de nos frères, par notre piété et nos progrès dans la perfection ; ainsi nous espérons faire votre consolation. Daigne le Ciel exaucer nos vœux. Daignez vous-même, notre bien-aimé Père, bénir vos enfants qui demandent à vos pieds avec bonheur votre bénédiction paternelle pour l'année qui commence.   CÉLESTIN BEN MOKHTAR.

Mais les enfants de nos orphelinats ne sont pas les seuls qui excitent notre sollicitude. Un grand nombre, leur éducation finie, ont quitté durant les trois dernières années, ces établissements.

C'est pour eux que nous avons commencé l'Œuvre de nos petits villages d'Arabes-Chrétiens.

Vous en connaissez un déjà, celui de Saint-Cyprien, dont je vous ai plusieurs fois entretenu. Nous en avons fait un second auquel nous avons donné le nom de Sainte-Monique. Il est situé à six kilomètres du premier. Nous aurions bien besoin d'en faire immédiatement un troisième et même un quatrième. L'argent seul nous manque, et vraiment c'est un grand malheur pour nos enfants, et, pour nous, un chagrin véritable.

Le village, c'est, en effet, la sauvegarde de nos enfants. Là, réunis sous les yeux des Missionnaires, se soutenant les uns les autres, s'excitant par l'exemple au travail et aux vertus de la famille chrétienne, ils sont à l'abri des dangers qu'offre de toutes parts, une colonie qui se forme et où les passions se donnent si facilement carrière. Ce sont des oasis au milieu de ce désert brûlé par tant de feux. Là croissent non plus seulement nos fils, mais nos petits-enfants, car je suis depuis longtemps *grand-père*, et vous l'êtes avec moi. La plupart de nos jeunes ménages formés des orphelins adoptés par vous ont déjà des enfants, quelques-uns en ont eu jusqu'à deux et trois, car tout va vite dans ce pays du soleil.

Je voudrais que vous me vissiez lorsque je vais faire visite au village de Saint-Cyprien, entouré de tout ce petit monde, qui m'appelle « Grand-Papa Monseigneur, » et qui me tire, et qui monte sans respect sur mes genoux, pour voir si je n'ai plus de bonbons à distribuer. Je me laisse faire avec joie comme vous pensez, et mêlant les souvenirs païens de mon vieil Homère aux sentiments de l'Evangile, je pense à Andromaque regardant son fils, souriant à travers ses larmes, et je fais comme elle en pensant à la bonté de Dieu qui s'est servie de votre charité pour procurer la vie à tant de créatures innocentes, destinées à servir un jour ses desseins. Il n'y a qu'à l'église que ces petits nous dérangent quelquefois. On ne saurait persuader à leurs mères de ne les y point porter tous, ni à eux d'y cesser leurs cris de joie, de douleur ou de surprise. Les missionnaires se fâchent un peu, surtout quand je suis là, car ils craignent que je n'en sois gêné dans mes discours. Mais que sont mes vieux discours à côté de ces cris de l'enfance? Je résiste donc et j'empêche qu'on ne les renvoie. Quelles orgues remplaceraient par leur harmonie les premières impressions de ces petites âmes qui se cherchent déjà sous l'œil de Dieu, et qui lui portent leur premier hommage inconscient, comme ceux des oiseaux qui gazouillent à l'entour et qui célèbrent à leur manière la Providence infinie.

Et ce n'est pas seulement le cœur de Dieu qu'elles atteignent, ce sont encore les cœurs des pères et des mères que pénètrent ces voix de petits enfants. Quoi de plus propre à les faire réfléchir, à leur faire comprendre leur responsabilité, à les fixer dans le bien ! Aussi le jour où nous avons vu naître les premiers enfants dans chaque ménage, avons-nous compris que notre œuvre était assurée. Et nous ne nous sommes pas trompés, grâce à Dieu.

Avec quel bonheur je vous écris ces lignes ! elles seront certainement la meilleure récompense de ceux qui ont répondu dès l'origine à notre appel et au vôtre.

Après le long silence que nous avons gardé vis-à-vis d'eux, — et il était nécessaire, pour ne point parler avant l'heure où les résultats seraient acquis, — nous pouvons leur dire : voilà ce que vous avez fait. Ce ne sont pas seulement des enfants sauvés de la faim et de la mort, ce sont des générations qui commencent et qui vont durer jusqu'à la fin des temps, des générations d'Arabes chrétiens devenus Français, qui vous devront la vie du corps, celle de l'âme, et qui étendront encore par l'exemple le bien que vous leur avez fait.

Malheureusement, je le répète, nous n'avons pu multiplier ces créations autant que nous l'aurions voulu. L'argent nous a manqué pour tant d'œuvres diverses, et les temps mauvais qu'a traversés la France ont encore diminué nos ressources ordinaires. Il a donc fallu se borner.

Nous n'avons pu marier, malgré les secours que l'Assemblée nationale nous a généreusement votés l'année dernière, que cent-vingt de nos enfants, garçons ou filles; et le reste nous devons à notre grand regret nous en séparer et le placer peu à peu, les jeunes gens du moins, car pour les jeunes filles le danger est si grand dans nos villes que les sœurs de la mission veulent les garder, quoi qu'il leur en coûte, et les constituer en béguinage.

Nos jeunes gens, à mesure qu'ils arrivent à l'âge d'homme, sont donc placés comme garçons de fermes ou ouvriers de divers états, lorsque nous n'avons pu les marier faute de ressources.

Si vous saviez combien ceux que l'on place au dehors ont à lutter contre les infamies dont on les assiége! Certains colons, certains Français, baptisés, hélas! mais qui n'ont gardé de leur baptême que ce qu'il en faut pour donner plus de noirceur à leur malice, attaquent la foi de ces jeunes gens, répètent devant eux contre leurs pères adoptifs, les calomnies horribles qui courent aujourd'hui le monde sur l'Église, sur le Clergé catholique.

Nos enfants, musulmans hier, chrétiens aujourd'hui, doivent subir de pareils discours, les combattre; et ils le font, la plupart, je dois le dire, avec l'énergie de l'indignation.

Je viens, à l'occasion du premier jour de l'an, de recevoir un à un, ces jours-ci, ceux qui sont placés aux environs d'Alger. J'ai l'esprit et le cœur tout gros des récits qu'ils m'ont faits avec la candeur de leur âge. Oh! que je voudrais être assez riche pour les reprendre tous, pour les soustraire à de tels contacts, pour les mettre à l'abri dans de nouveaux villages! Comment faire cependant; je ne puis les marier pour les mettre dans la misère, car la misère aussi est une mauvaise conseillère; et, pour acheter des terres, construire une maison, donner le matériel agricole indispensable, il faut tant d'argent!

Pauvres enfants, ils n'ont rien fait pour être moins bien traités que leurs frères! Quelques-uns même les surpassent par leur énergique persévérance et par la bonté de leurs sentiments.

En voici un exemple tout récent, il est d'hier même, et il m'a remué jusqu'au fond de l'âme. Vous le trouverez peut-être bien simple pour être raconté, mais vous vous souviendrez que je suis *grand-père*.

Hier donc, j'ai reçu la visite de l'un de mes enfants établis à Alger. Il se nomme Charles, comme beaucoup d'entre eux qui ont voulu ajouter mon nom à celui que leur donnaient leurs parrains de France. Ce pauvre enfant est estropié, et nous avons dû lui faire apprendre un état compatible avec son infirmité. Il est cordonnier.

Il a commencé tout modestement par être ouvrier, il y aura bientôt trois ans, en sortant de l'orphelinat. Sur ses premiers gages lentement économisés, il a acheté des formes, des outils, un peu de cuir, et le voilà établi à Alger dans une pauvre petite chambre du quartier Arabe.

Grosses déceptions en commençant. Dans son inexpérience des choses, il a travaillé pour des clients qui ne l'ont point payé ; il ne s'est pas découragé, a repris son œuvre, a trouvé de meilleurs clients parmi ses anciens camarades et ses anciens Pères de l'orphelinat, et depuis deux ou trois mois il a un ouvrier pour l'aider dans son industrie. Il est venu me raconter tout cela avec un certain mélange de modestie et d'assurance ; et surtout il m'a parlé de sa conduite chrétienne, de sa fidélité à se rendre à l'église, de ses controverses avec les Français et les Arabes, où j'ai admiré la ferveur de sa foi et la pureté de sa vie ; et enfin, se mettant à genoux devant moi, il m'a dit qu'il avait une grâce à me demander.

« — Mes camarades de l'orphelinat seraient bien contents, et moi encore plus qu'eux, si vous vouliez accepter que je vous fasse une paire de souliers !

— » Comment, une paire de souliers.

— » Oui, que je vous fasse, moi, pour vos étrennes, une paire de souliers, mais de beaux souliers, des souliers vernis ! »

Vous me croirez facilement, j'ai été plus heureux de cette offre si naïvement faite par mon pauvre enfant, que de tout ce que l'on eût pu m'offrir de plus riche. Il a pris mon pied, sans attendre ma réponse qui ne venait pas, parce que je sentais l'émotion qui arrêtait ma voix et que je ne voulais pas paraître attendri, puis la mesure bien prise il s'est relevé triomphant.

« Oh ! comme ils vont être tous contents, m'a-t-il dit, quand ils sauront que Monseigneur veut bien une paire de mes souliers ! »

Je les attends et suis sûr qu'ils ne tarderont pas. Blesseront-ils un peu mes pieds ? je l'ignore, mais je sais bien qu'ils ont déjà blessé doucement mon cœur.

Voilà mon histoire paternelle ! Que ceux qui n'ont point de fils rient de moi s'ils le veulent, bien des pères et des mères m'envieront mon pauvre enfant avec ses pauvres souliers.

Voilà ceux que je suis obligé de laisser sans se marier, exposés à tous les dangers.

Ah! les contes de fée de mon enfance, où de belles dames chargées d'or, portaient à ceux qui les invoquaient les trésors destinés à sécher les larmes ! Il n'y en a donc plus?..... Ce n'est pas à moi cependant qu'il conviendrait de le dire, car j'en connais qui sont déjà venues à mon aide ; et maintenant qu'elles ont tourné ailleurs les regards de leur charité, ai-je le droit de me plaindre d'elles? Non, je ne le fais pas, et puisque je viens de rappeler les fées, je me contente de mettre devant elles, les souliers de mes enfants ; c'est là ce que nous faisions dans nos cheminées, la nuit de Noël...

Que d'hivers passés, depuis, sur ma pauvre tête ! et cependant ces souvenirs y vivent encore, malgré la neige qui la couvre, avec tous les feux du printemps !.

Mais je vois ma lettre s'étendre et vous prouver trop que je prends, malgré tout, les habitudes de la vieillesse.

Il faut donc finir et cependant j'avais à vous parler encore d'œuvres nombreuses créées, en partie, grâces à vos aumônes, et soutenues encore aujourd'hui par votre charité.

La première est la société même de nos missionnaires qui se développe chaque jour. Elle est pour moi un sujet de consolation et de confiance. Son excellent esprit, esprit d'abnégation, d'humilité, de règle, d'obéissance, de dévouement intrépide se maintient et s'affermit, et j'ai la joie de voir tous ses membres lui rester fidèles. Par une grâce spéciale du ciel, aucun d'entre eux ne l'a abandonnée, depuis son origine, malgré tout ce qu'offre de rude une vie de périls et de règle austère. Elle n'a perdu que ceux qui lui ont été ravis par la mort ou ceux, en très-petit nombre, qu'elle a rejetés elle-même après la première épreuve, comme n'ayant pas les qualités qu'elle exige avec raison pour une mission si sainte et si difficile.

Les stations d'apostolat et de charité se multiplient. Déjà elles ont franchi les limites de l'Algérie. Tunis en a une, depuis huit mois, à Carthage, sur le tombeau de saint Louis ; et nous y préparons un nouveau monument chrétien et national à celui qui fut à la fois un grand homme, un grand saint et un grand roi, trois choses dont notre vieille France était féconde, et dont la France actuelle a besoin de se souvenir pour se consoler de tant d'abaissement et de tant d'idiotisme. Le Sahara compte aussi plusieurs stations, et trois de nos missionnaires sont, en ce moment, chez les Touaregs, en route pour Tombouctou, avec l'ordre et la résolution de s'établir définitivement dans la capitale du Soudan, ou d'y laisser leur vie pour l'amour de la vérité.

A cette œuvre s'en rattache une autre, dont je vous ai déjà parlé, et qui est vraiment pour l'intérieur de l'Afrique l'œuvre de l'avenir. Je veux dire l'œuvre du rachat et de l'éducation d'un certain nombre de jeunes nègres qui seront ensuite renvoyés dans leur pays pour en devenir les apôtres et tuer cet esclavage qui les a ravis à l'affection des leurs, et dont la lèpre infâme est tout à la fois la honte et la mort de ces immenses régions si privilégiées de la nature.

Dans ces climats torrides, les Européens ne sauraient vivre aujourd'hui. Ils n'y peuvent être que des initiateurs. Ce sont les Africains eux-mêmes qui doivent régénérer leur pays. C'est parmi eux que doivent naître les hommes destinés à opérer au nom de Dieu, de l'humanité, de la justice, cette grande révolution qui fera entrer tant de peuples inconnus et malheureux dans la grande famille humaine.

C'est ce que tentent nos missionnaires. Ils arrachent, lorsqu'ils en trouvent quelques-uns sur leur chemin, les pauvres enfants noirs à l'horrible captivité dans laquelle ils gémissent. Ils les rendent libres ou les envoient à ceux de leurs confrères qui peuvent les élever, et ceux-ci cherchent à en faire des hommes pour en faire plus tard des chrétiens. Afin de mieux assurer ce résultat en élevant plus haut leur nature, on les applique exclusivement aux travaux de l'esprit, et notre pensée est d'en faire plus tard des médecins, la profession la moins contestée et la plus respectée dans ces pays barbares. S'il se trouve parmi eux quelque grande âme, et tout nous fait espérer qu'il s'en rencontrera, ce sera le salut. Pour des peuples courbés sous tant de maux, en proie à tant de misères, un homme puissant pourrait suffire à allumer de proche en proche l'incendie qui détruira l'esclavage, cause unique de ces abaissements.

A côté des missionnaires, les Sœurs des Missions d'Afrique continuent pour les femmes ce que les Pères font pour les hommes, je veux dire leurs orphelinats, leurs écoles. Elles y joignent en ce moment un hôpital que nous avons fait construire exclusivement pour les Arabes des tribus, dans la plaine du Chélif, à côté de nos villages. C'est une merveille que l'histoire de la création de cet hôpital, et une autre merveille qu'il soit presque payé, car il vaut près de deux cent mille francs. Je vous raconterai cela quelque jour. Mais pour aujourd'hui, je vous entends dire : c'est assez, et ma vieille main qui se fatigue me le dit plus éloquemment que vous.

Voilà donc la situation de nos œuvres. Elle est bonne à tous égards. Nous jouissons de la paix, de la sécurité, de la liberté, telle que nous la pouvons désirer, car il n'est ni prudent ni opportun de faire autre chose que ce que nous faisons, au milieu de populations dont il faut avant tout vaincre les préjugés par des actes. C'est plus long sans doute, mais c'est le seul moyen pratique et efficace d'obtenir un jour un résultat.

Vous serez, je n'en doute pas, heureux de recevoir ces détails. Je le suis également de vous les donner, et de répondre ainsi indirectement à des bruits répandus en France même, ou du moins dans certaines de ces provinces, par une malveillance persévérante, dont la source vous est bien connue.

On m'a écrit récemment de France, en effet, pour me demander s'il était vrai que nos orphelinats se fussent dissous : cela est complétement faux. Nos orphelinats poursuivent et couronnent leur œuvre, établissant les orphelins qui sont devenus des hommes, et mariant dans nos villages ceux d'entre eux que nos ressources nous permettent de marier.

On m'a demandé encore, si les jeunes ménages formés par nous avaient apostasié. Pas un, *pas un seul* d'entre nos jeunes mariés n'a apostasié. Tous, au contraire, nous donnent l'exemple consolant de la persévérance dans leur foi et dans les sentiments qu'elle inspire.

On m'a demandé si nos missionnaires se décourageaient et quittaient leur société. J'ai répondu plus haut à cette troisième calomnie. *Aucun missionnaire n'a de lui même* abandonné l'œuvre depuis son origine ; ceux qui sont partis, en très-petit nombre, ont été renvoyés après une première épreuve jugée défavorable.

On m'a demandé, enfin, si moi-même j'allais accepter en France, pour raisons de santé, la direction d'un nouveau diocèse. J'ai déjà répondu, vous le savez aussi, à ce bruit mensonger.

Mais tant de bruits ne naissent point tout seuls à la fois, *l'homme ennemi* qui les fait naître, les répand et s'en sert pour jeter dans les esprits le découragement et l'incertitude, pour donner à d'autres des prétextes de ne point agir.

Je suis donc heureux d'avoir trouvé cette occasion de rompre mon long silence et de me porter une fois de plus le garant de la vitalité des œuvres que soutiennent nos Missionnaires et nos Sœurs. Pour moi, je me tiens sur la montagne pendant qu'ils combattent dans la plaine, mais je n'en juge que mieux leurs coups, et je puis vous assurer qu'ils sont portés par des mains pleines de vie, et inspirés par des cœurs où Dieu a mis sa force et son invincible amour.

Veuillez croire, monsieur le Directeur, à mes sentiments les plus dévoués et reconnaissants en Notre-Seigneur.

† CHARLES,
Archevêque d'Alger, délégué apostolique.

II

AUX BIENFAITEURS
DES ŒUVRES DE L'APOSTOLAT ALGÉRIEN

Dieu continue d'inspirer aux personnes charitables, la pensée de nous secourir pour nous aider à porter les charges nombreuses qui pèsent sur nous.

Nous remercions du fond de nos cœurs toutes les âmes généreuses qui nous fournissent les moyens de nous dévouer utilement au soulagement et au salut de tant de malheureux infidèles ! Nous prions Dieu de les bénir et de nous accorder d'être les dignes dispensateurs de leurs bienfaits auprès de ces peuples qui sont notre héritage et auxquels nous avons consacré notre vie : qu'elles continuent à nous venir en aide et à nous seconder de leurs aumônes et de leurs prières, et nous serons heureux de leur dire que nos sueurs, notre sang peut-être, ont fait germer des fruits de salut sur cette terre longtemps frappée de stérilité.

Mais nos Bienfaiteurs ne se contentent pas de nous adresser simplement leurs dons ; ils y joignent cette délicatesse exquise et toute chrétienne du cœur qui double la valeur de ce qu'elle donne par la grâce dont elle embaume son offrande. Nous sommes vivement touchés de ces attentions de la charité.

Qu'on nous permette de citer quelques-unes de ces lettres, pour l'édification de nos lecteurs ; nous en prenons trois au hasard et parmi tant d'autres. Nos Bienfaiteurs nous pardonneront cette liberté, c'est pour le bien; et du reste, nous laisserons aux anges seuls, le droit de connaître leurs noms, pour les dire au bon Dieu.

Mon Révérend Père,

Je viens d'apprendre qu'un hôpital arabe se fondait à Saint-Cyprien.

Je ne puis faire beaucoup, car mes nombreuses charges retiennent captifs les élans de mon cœur; mais si vous voulez bien me permettre de vous offrir la somme de 100 fr. pour la fondation d'un lit que j'entretiendrai chaque année, je vous en serai reconnaissante. Que chaque malade y puisse trouver la foi lorsqu'il ne croira pas; que la souffrance y soit soulagée, et que la mort y trouve une éternité bienheureuse.

Veuillez agréer, etc.

Ctesse de S. P.

Très-Révérend Père,

Vous recevrez, ci-inclus, la pension des deux missionnaires que j'ai adoptés, de l'orphelin indigène qui vient de rentrer à votre Noviciat, et le prix de deux petits nègres esclaves que vos Pères pourront racheter, en mon nom, dans cet intérieur de l'Afrique où ils ont déjà pénétré.

Ces apôtres que je prends à ma charge, ces pauvres esclaves que je rachète, sont, à mes yeux, bien plus agréables à Dieu que toutes les statues de bois ou de marbre pour l'achat desquelles on dépense souvent des sommes considérables. Sans blâmer les personnes charitables qui placent là leur argent, j'aimerais bien mieux le voir employé à votre œuvre si catholique et si française!

Mme Ve L. (à Saint-Servan).

Nous regardons comme un devoir de reconnaissance de remercier dans ce *Bulletin* cette généreuse Bienfaitrice qui, outre ses aumônes personnelles, met, depuis plusieurs années, un zèle infatigable à exciter des sympathies en faveur de notre pauvre mission.

Révérend Père,

J'ai l'honneur de vous adresser la somme de deux cents francs pour l'œuvre des orphelins d'Alger, bien que les cinq années de ma souscription en faveur du jeune Louis-Marie Mohammed soient écoulées.

Si mon jeune protégé n'en avait plus besoin vous appliqueriez la somme sur d'autres enfants.

Agréez, etc.

Plusieurs de nos généreux bienfaiteurs ont voulu par une semblable charité, continuer à subvenir aux frais d'éducation chrétienne de leurs jeunes protégés, adoptés pour cinq ans depuis 1870.

Qu'ils en reçoivent ici l'expression de notre gratitude, eux et les conférences de Saint-Vincent de Paul qui, elles aussi, ont bien voulu, dans diverses villes de France, donner cette même marque d'intérêt aux orphelins arabes que leur charité a sauvés.

Un grand nombre d'autres de ces pauvres enfants attendent encore que quelques âmes charitables veuillent bien accepter devant Dieu le mérite de les donner à Jésus-Christ et à l'Église. Nous rappellerons à ceux de nos lecteurs qui ont perdu de vue cette œuvre toute de régénération, dans quelles conditions Mgr Lavigerie a proposé l'adoption de ces pauvres infidèles qui, au malheur de n'avoir plus personne sur la terre, joignent encore celui d'être plongés dans les plus affreuses ténèbres.

Chaque orphelin coûte à l'œuvre à peu près 200 francs par année, jusqu'à ce qu'il soit assez fort et assez habitué aux travaux des champs pour nous permettre de trouver dans son travail de quoi fournir à sa subsistance; c'est environ cinq années qu'il faut attendre avant d'obtenir un résultat si désirable.

Ce serait donc pour chaque enfant qu'on voudrait sauver, une somme de 200 francs à verser pendant 5 ans. Plusieurs personnes peuvent s'associer ensemble pour adopter un de ces petits infidèles, lorsque cette sainte œuvre est trop onéreuse à une seule.

On peut s'adresser pour cela, soit aux Écoles d'Orient, 12, rue du Regard à Paris, soit directement au Supérieur des Missionnaires d'Afrique à Maison-Carrée près d'Alger.

L'enfant adopté serait mis aussitôt en relation avec ses bienfaiteurs. Nous leur enverrions le nom arabe, l'âge, la petite histoire et le portrait photographique de l'orphelin placé sous leur protection spéciale. Ils seraient priés de désigner le nom chrétien qui devra au baptême remplacer son nom arabe, et qu'il commencera à porter immédiatement. Dès qu'il saurait écrire il se mettrait lui-même en rapport avec eux. En un mot, ses parents adoptifs pourraient le suivre de loin durant le temps de son éducation, et le voir arriver ainsi à l'âge où il se suffira par lui-même, où il sera vraiment sauvé.

Quelles sources de grâces et de bénédictions ce jeune mahométan, ainsi racheté et devenu chrétien, attirera sur ses Bienfaiteurs, et sur ceux au nom desquels cette grande grâce de sa régénération lui aura été accordée !

De plus, outre les faveurs spirituelles concédées par le Saint-Siége, et indiquées sur la couverture de ce Bulletin, les personnes, les familles ou les communautés qui prennent ainsi à leur charge un de ces jeunes Arabes pour lui faire donner une éducation chrétienne, sont de droit mises au nombre des *Bienfaitrices* de nos Missions d'Afrique. Ce titre les lie à l'Œuvre à *perpétuité*. Pendant leur vie et après leur mort, ils ont part aux prières et aux bonnes œuvres qui se font dans la Mission, aux mérites de ceux qui y travaillent, et, devant Dieu, au salut de l'enfant qu'ils auront adopté et qu'ils sauveront ainsi de la mort éternelle.

III

LE PETIT SÉMINAIRE ARABE DE SAINT-LAURENT-D'OLT
(AVEYRON).

Nos lecteurs se rappellent que Mgr l'archevêque d'Alger a transféré, il y a un an, le Petit Séminaire indigène qu'il avait établi près d'Alger, à Saint-Laurent-d'Olt, dans le diocèse de Rodez.

Voici une lettre adressée par le P. Supérieur de cet établissement à Mgr Lavigerie, en date du 10 décembre dernier.

Monseigneur,

Vous me demandez des nouvelles de nos petits séminaristes Arabes, je m'empresse de vous satisfaire, avec une joie d'autant plus grande, que les renseignements que j'ai à vous donner sont excellents et propres à consoler votre cœur et celui des personnes généreuses qui s'intéressent à notre œuvre et la soutiennent de leurs aumônes.

Depuis quelque temps nos petits séminaristes Arabes ont redoublé de piété, de régularité et d'ardeur au travail; aussi Dieu s'est-il plu à bénir leurs efforts.

Il y a trois mois, à une fête de la Sainte Vierge, j'ai eu la consolation de recevoir les plus sages d'entre eux dans la Congrégation des enfants de Marie et des Saints Anges gardiens. Cette pieuse distinction a vivement excité leurs progrès dans l'étude et dans la vertu. Tous se sont efforcés d'obtenir de meilleures notes, les uns pour montrer qu'ils sont dignes du glorieux privilége qu'on leur a accordé, les autres pour mériter la même faveur.

La dévotion aux Anges gardiens s'imprime facilement dans le cœur de l'enfant arabe, dont les instincts si religieux conçoivent sans peine l'idée des êtres spirituels. L'Arabe nomade lui-même, n'ignore point l'existence des anges. Si dans l'immensité du désert, il rencontre un de nos Pères, il lui donne un grand *salam alikoum*, (salut à vous), comme s'il s'adressait à plusieurs personnes.

Lorsqu'on lui demande pourquoi, contre la coutume arabe, il emploie le pluriel en parlant à un seul homme : « Le fils d'Adam répond-il, n'est jamais seul, car l'ange de Dieu l'accompagne partout et toujours. »

Quant à nos petits séminaristes Arabes, ils sont persuadés que l'Ange qui montra la source bienfaisante à la mère d'Ismaël, leur père, est venu également leur découvrir la source d'eau vive qui jaillit jusqu'à la vie éternelle.

Leur séjour en France, loin de diminuer leur piété ou de ralentir leur ardeur pour le bien n'a fait, au contraire, que la rendre plus vive. Il leur est si doux de prier sur la terre chrétienne par excellence, dans cette patrie de leur cœur où Dieu leur a suscité des pères et des mères si dévoués et si généreux !

En dehors de la chapelle de la maison, on leur a laissé deux petits appartements qu'ils ont convertis en oratoires. Une aumône généreuse du grand séminaire de Rennes, leur a permis d'acheter un autel sur lequel ils ont placé la statue de leur bonne Mère, la Vierge Marie, *immana Meriem*, et celle de l'Ange gardien. Tout autour, leurs petites mains, avec ce goût exquis et délicat qui caractérise l'enfant dont la piété est le bonheur et le besoin, ont gracieusement entrelacé plusieurs branches de palmier, souvenir de la patrie absente. Ces longs rameaux seront l'ornement de leur oratoire, comme ils sont la plus chère représentation de la terre pour laquelle ils viennent apprendre ici à s'immoler un jour;....

Ils forment, avec quelques textes sacrés redisant en arabe les gloires de la Reine des Anges, tout le décors de ce pauvre sanctuaire. Mais nos jeunes congréganistes viennent le visiter souvent et rivalisent d'ardeur avec les autres élèves, que leur exemple stimule, pour assiéger l'autel. Le sanctuaire est pauvre, bien pauvre, mais nos enfants l'embellissent de leur présence assidue, édifiante et recueillie ; ils l'embaument du parfum de leurs prières et lui donnent un charme bien touchant, surtout lorsqu'on sait qu'ils viennent là d'une manière spéciale prier pour tous ceux qui leur sont chers ou leur font du bien ; pour notre mission, pour leurs parents adoptifs, pour la France et pour l'Eglise. Les prières de nos petits anges présentées au Roi des cieux par les chœurs des Anges du ciel, ne peuvent qu'être bien agréées. Le Père éternel qui fut touché des gémissements du petit Ismaël, ne restera pas sourd aux accents de ses descendants, devenus à leur tour les enfants de Jésus-Christ par le baptême.

Deux traits, en passant, vous feront mieux juger combien leur foi est naïve dans sa vivacité, et combien le séjour de la France leur est utile.

Nos deux jeunes sacristains désespérés de n'avoir en leur chapelle qu'un tronc vide, et par là de ne pouvoir à leur gré orner le tabernacle du Dieu d'amour, ouvrent le tronc et y placent une petite statue de Saint Joseph, en disant : « Voilà, grand Saint-Joseph, vous serez prisonnier tant que vous ne nous procurerez pas vingt-cinq francs pour l'entretien de notre chapelle, » et là-dessus le tronc se referme et Saint Joseph fera de la prison, s'il n'est pas généreux... Plus d'un chrétien eût ri devant cet acte, mais le saint Patriarche ne s'en offensa pas, il fut touché de la confiance de ces orphelins habitués depuis si longtemps à ne vivre que des bienfaits et des secours de la Providence. Bientôt la prison s'ouvrit et la petite statue fut couverte de baisers, les vingt-cinq francs étaient venus, on ne sait trop comment : le grand Econome des cieux avait parlé au cœur d'une de ces personnes charitables comme il s'en trouve tant dans le noble pays de France.

Pendant le Jubilé, les habitants des villages environnants vinrent en procession, sous la conduite de leurs pasteurs, faire une de leurs stations à notre chapelle trop étroite pour contenir toute la foule. Nos enfants voyant un grand nombre de ces bons villageois restés dehors, prier à genoux dans la boue, nous disaient avec admiration et attendrissement : « Oh ! Père, comme les gens de France aiment le bon Dieu ! on ne voit rien de beau comme cela, dans notre pauvre Afrique ; les Français qui y sont ne se mettraient jamais à genoux comme ceux-ci, en regardant le ciel ! »

Pauvres enfants, ils ne se trompent pas. Que de mal et quelle impression pénible font sur les indigènes l'indifférence et l'impiété de tant de nos colons !

Le dortoir du Petit Séminaire ressemble à une chapelle, il semblerait que nos élèves africains veulent tout convertir en oratoire afin de vivre plus près de Dieu et des saints du Paradis. A côté de sa couchette, chacun a disposé, avec le plus d'art possible, les images et les statuettes qui depuis longtemps déjà, viennent récompenser son application et ses progrès dans la vertu. Tous les soirs ils s'agenouillent devant ce modeste reposoir pour remercier une dernière fois le Seigneur, des grâces qu'il leur a accordées pendant la journée et lui demander encore de bénir toutes les âmes charitables qui leur ont donné le pain de l'esprit et du corps. Trop tôt pour leur ferveur, la cloche donne le signal du repos, mais la piété et la reconnaissance de nos enfants les suivra dans leur couchette et dans le sommeil. Ils se coucheront et s'endormiront en priant, en égrenant le chapelet suspendu à leur cou ; c'est entre les bras de la Reine du ciel qu'ils prennent leur repos, c'est entre ses bras qu'ils se réveilleront le lendemain pour prier et travailler encore. Ah ! que Marie, la Reine des Apôtres, exauce les prières de nos petits Arabes, Elle qui ne sait rien refuser à l'enfance et a opéré déjà tant de merveilles par elle, fera retomber, soyons-en sûrs, les élans de ces cœurs en flots d'amour et de bénédictions, sur nos Bienfaiteurs et sur la grande famille d'Ismaël !

Ces petits traits peuvent montrer aux Mères chrétiennes et aux hommes de bien qui nous aident de leurs sympathies, de leurs prières et de leurs aumônes, ce que la charité a déjà obtenu de ces enfants, et ce qu'il est permis d'espérer de leurs dispositions pour un apostolat futur au milieu des peuples de l'Afrique. Sans les bienfaits de notre sainte religion, où seraient-ils maintenant, comment vivraient-ils ? Hélas, comme tant d'autres millions d'enfants sur l'immense continent africain, loin de Dieu, dans la corruption et la mort.

Ils font notre consolation, notre bonheur et l'espérance la plus chère de notre mission. Ces enfants ont en eux le germe de grandes vertus ; leur ardeur que le mahométisme n'a pas eu le temps de tourner au mal, se porte au bien, avec une générosité que rien n'arrête.

Que Dieu les bénisse, les soutienne, leur donne tous les dons de l'esprit et du cœur, qu'il en fasse en un mot des missionnaires zélés et fervents pour la gloire de Dieu et le salut des âmes, l'Afrique a si besoin d'eux !

    Veuillez agréer, etc.

A cette lettre que nous sommes heureux d'offrir aux lecteurs du Bulletin de Sainte-Monique, nous en joignons une autre que le vénérable aumônier de l'hôpital civil de Mustapha, près d'Alger, écrivait dernièrement au R. P. Deguerry. Après avoir exprimé à notre vénéré Supérieur la joie qu'il éprouve à la vue du bien qu'opèrent nos orphelinats et les conversions qu'ils procurent à tant d'âmes abandonnées, même lorsque ces âmes n'ont fait que passer parmi nous, il ajoute :

« Maintenant, mon Très-Révérend Père, voulez-vous que je vous raconte la mort bien chrétienne et bien touchante d'un de vos enfants spirituels, d'un petit orphelin arabe né à Orléansville et âgé de quinze ans, que la Providence nous a amené, comme par la main, dans cet hôpital où il a si saintement franchi le seuil de son éternité. Vous vous rappelez sans doute Abd-el-Kader ben Kaddour ?

« Le 22 novembre dernier, je faisais ma petite tournée dans les salles des malades. J'entre instinctivement et comme par hasard dans la salle Saint Jean. Au premier lit à gauche, je vois un jeune malade haletant, prêt d'entrer en agonie. Il avait l'air d'être travaillé par une forte fluxion de poitrine. Je m'approche de lui ; à la mine je reconnais tout de suite que c'est un Arabe, je jette un regard sur le bulletin qui était au chevet de son lit et je vois qu'à l'article culte, on avait écrit *musulman*. Je ne me déconcerte pas et dis à ce pauvre enfant qui ne pouvait parler qu'avec peine : « Mon petit ami, n'est-ce pas que tu souffres beaucoup ? — Oh ! oui, beaucoup, me répondit-il en français. — Depuis quand es-tu arrivé ? — Depuis hier soir, ajouta-t-il. — Es-tu chrétien ?

» A ces mots, cet enfant fait le signe de la croix, en disant distinctement : « Au nom du Père et du Fils et du Saint-Esprit. — Qui t'a appris cette prière? — Ce sont les Pères. — Tu as donc été dans les orphelinats de Monseigneur. — Oui. — Pendant combien de temps? — Près de quatre ans. — Comment t'appelait-on? — Ferdinand. — Où étais tu placé? — J'ai travaillé dans des fermes à Ben Aknoun et à la Maison-Carrée. — Y a-t-il longtemps que tu as quitté les Pères? — Il y a près de trois ans. — Sais-tu « Notre Père qui êtes aux cieux? » — Oui, et aussitôt il récite lentement cette prière, ainsi que « Je vous salue Marie, » etc. — Tu n'as donc pas oublié tes prières? — Oh! non, je les dis bien souvent... — Si tu es resté si longtemps chez les Pères, tu as dû recevoir le baptême! — Non, j'étais encore trop jeune, on ne m'a pas baptisé. — Veux-tu l'être, et ainsi devenir chrétien? — Oh! je le désire beaucoup; et aussitôt il me fait signe de lui donner mon crucifix que je tenais à la main. Il le baise plusieurs fois et fait encore le signe de la croix. — Je lui rappelle en quelques mots, nos principaux mystères et je l'excite à demander à Dieu pardon de ses péchés. Je lui fais promettre que s'il revient à la santé, il viendra se mettre à votre disposition pour achever de s'instruire et pour que vous le placiez dans quelque endroit, où il ne soit pas exposé à perdre la foi.

» Il accepte cette proposition avec bonheur. Aussitôt, je me mets en devoir de lui administrer le baptême en présence de deux témoins et puis je lui donne le sacrement de pénitence.

» La cérémonie achevée, il me prie de lui donner un crucifix et une médaille pour les suspendre à son cou. Je les lui donnai et il fut content comme un roi. Entre autres choses je lui offris de la confiture, il la refusa, mais me fit promettre de venir le revoir. J'y allai en effet le lendemain, et je le trouvai à peu près dans le même état que la veille, toujours bien souffrant. Il avait de la peine à respirer. Il était calme, tranquille et sans inquiétude, pleinement résigné à la volonté de Dieu, et très-content d'être chrétien. — « J'espère, disait-il, que j'irai bientôt dans le Paradis avec le Bon Dieu. »

» En effet le soir même, le 24 courant, il rendit son âme à Dieu, et j'espère bien le retrouver au ciel...

» Comment ne pas voir dans ce fait et tant d'autres que j'ai vus déjà de mes propres yeux, une faveur signalée de Dieu sur vos en-

fants, sur les petits Arabes recueillis, nourris, élevés et instruits par
la charité chrétienne, et par le zèle dévoué de vos missionnaires? »

Nous donnons cette touchante lettre sans commentaires. Les
œuvres de charité parlent par leurs effets, et leur langage a une
sublimité que la parole humaine ne peut rendre.

IV

UNE SAINTE EN ALGÉRIE (*Suite*) (1).

Parmi les pièces de vers qui ont été lues par les élèves du
Petit Séminaire de Saint-Eugène, lors de la bénédiction de N.-D.
du Ravin, il en est une dont nous tenons à citer le passage suivant,
car il est comme un vœu prophétique qui a eu sa réalisation bien
plus tôt qu'on n'osait le prévoir :

> Et toi, fils de l'Islam, pauvre infortuné frère,
> Pourquoi ne viens-tu pas sur ce sein maternel?...
> Peut-être, un jour, posant ta nomade chaumière
> Au flanc de la colline, auprès du sanctuaire,
> Ton cœur s'ouvrira-t-il à son parfum d'amour.
> O doux espoir! Peut-être un jour
> Te verrons-nous aux pieds de la Vierge chérie;
> Et le Ravin surpris de ces nouveaux accents
> Entendra-t-il tes chants
> Répéter à l'écho ce doux nom de Marie...

L'écho de ce même ravin l'a répété bien souvent, depuis, ce
doux nom qui s'échappait du cœur et de la poitrine de nos jeunes
Indigènes.

Que de fois, en effet, à l'époque où le Séminaire Arabe était
fixé à Saint-Eugène, nos chers enfants ont sollicité la faveur de
venir prier aux pieds de N.-D. du Ravin !

Le vénérable archevêque d'Alger, leur sauveur et leur père, ne
s'est jamais embarqué pour passer en France ou revenir en Afrique, sans que le premier soin de ses enfants ait été d'accourir devant cette grotte vénérée pour chanter, aux pieds de la madone,
l'*Ave Maris Stella*, et supplier cette étoile des mers de conduire à
bon port la nef qui portait leur Père.

(1) Pour nous conformer aux lois de l'Eglise, nous déclarons n'employer dans cette Notice les noms de *saint*, d'inspiration, de miracle, qu'en
soumettant le tout au jugement du Saint-Siége et dans le sens où il est
permis de les employer.

C'était là aussi qu'ils aimaient à venir passer chacune de leurs belles soirées de Mai pour y suivre leurs exercices du mois de Marie, écouter, au murmure du ruisseau et aux chants du rossignol, la lecture qui leur était faite, puis chanter, avec tout l'enthousiasme de leur foi et de leur amour, les louanges de cette mère qu'ils aiment tant depuis qu'ils ont le bonheur de la connaître.

Jamais ils ne sont passés là, en se rendant en promenade, sans aller se mettre à genoux pour offrir leur prière à Marie, puis se relever et chanter ensemble, avec un recueillement profond, le *Sancta Maria, succurre miseris.*

Plusieurs fois Mlle Agarithe nous a montré, à cette époque, les derniers vers cités plus haut, et qu'elle aimait à relire et à conserver avec soin, en nous disant : « Personne alors ne pensait qu'on verrait, après si peu de temps, le spectacle que nous donnent aujourd'hui ces pauvres musulmans convertis. »

Qui peut dire si plus tard, dans le même espace de temps, les Indigènes des tribus éloignées ne quitteront pas, eux aussi, leurs montagnes ou leurs déserts pour venir au Pèlerinage de N.-D. d'Afrique et chanter, comme ces enfants, le *Credo* catholique devant l'autel de Marie!..

*
* *

Cependant le concours à N.-D. du Ravin devenait de jour en jour plus considérable. Les manifestations de la Sainte Vierge à sa fidèle servante se réalisaient. Il fallut songer à lui construire un temple plus vaste, un vrai Pèlerinage où les fidèles pourraient se réunir sans trop d'encombrement. C'est le sommet de cette même colline qui fut choisi pour devenir le piédestal du phare religieux de l'Afrique.

On manquait des ressources nécessaires pour faire tout d'abord un monument digne de la Reine d'Afrique. Mgr Pavy, résolut donc de commencer par une chapelle *provisoire,* espérant laisser à ses successeurs le soin de faire davantage quand la chose deviendrait nécessaire. Nous verrons bientôt qu'il était destiné à compléter son œuvre.

C'est le 2 juillet 1854, année de la proclamation du dogme de l'Immaculée Conception, que le premier coup de pioche fut donné dans les fondations de l'humble sanctuaire.

Mademoiselle Agarithe vint, dès ce jour, s'installer dans une petite cabane, à côté des ouvriers, pour honorer Marie et chercher à la faire aimer davantage, à mesure que les murs de sa chapelle s'élèveraient, et aussi pour vendre des cierges et autres objets de piété, afin d'aider à la construction de l'édifice.

Depuis ce temps, elle ne s'est pas absentée un seul jour de ce poste d'amour et de dévouement qu'elle s'était assigné.

Bien des inquiétudes, bien des lenteurs, bien des difficultés semblaient vouloir entraver l'entreprise à ses débuts. Agarithe qui *savait* le plan de Dieu ne perdit jamais courage. En effet, la chapelle s'éleva peu à peu. Les pèlerins suivaient avec intérêt les progrès de cette construction. Mais l'édifice une fois achevé, il faudrait une statue pour le sanctuaire ; où la prendre ?

Dieu y avait déjà pourvu. Un jour que Mgr Dupuch, premier évêque d'Alger, traversait la France pour l'intéresser à son pauvre diocèse, des dames de Lyon vinrent lui offrir une magnifique statue en bronze sur le gracieux modèle de la *Vierge fidèle* de Mgr de Quélen ; mais à condition qu'elle servirait au premier monument religieux élevé sur la terre d'Afrique pour honorer la Sainte Vierge.

Mgr Dupuch la fit d'abord placer sur son palais d'Alger ; elle n'y resta que quelque temps ; l'autorité inquiète avait peur que ce signe de religion vînt à mécontenter le peuple conquis. Elle fut alors transportée à Staouéli et cédée aux Pères Trappistes qui la placèrent au-dessus de l'entrée de leur monastère avec cette inscription :

POSUERUNT ME CUSTODEM.

C'est cette statue que Mgr Pavy vint un jour réclamer par ces paroles : « Vous avez fait de cette madone la gardienne de votre maison, c'est bien, mais aujourd'hui elle va changer de rôle, je viens vous la demander pour en faire la reine de l'Afrique !... » Les Pères déclarèrent à Mgr que la statue lui appartenait ; mais qu'ils ne feraient pas à leur mère l'injure de la descendre eux-mêmes de la place où ils l'avaient mise pour la renvoyer de leur monastère. L'évêque se chargea donc de cette opération, et le lendemain un chariot amenait sur la montagne de la *Bouzaréah* cette statue que les ouvriers déposèrent sur de la paille pour ne pas l'endommager.

Mademoiselle Agarithe accourut en toute hâte auprès de sa nouvelle Reine qui venait prendre possession de ces lieux jusque-là du domaine de Satan.

Elle ne souffrit pas qu'elle restât plus longtemps sur cette paille. Elle s'empressa de l'environner d'honneur, d'amour et de prières. Elle l'orna de fleurs et de verdure, fit brûler devant elle des lampes et des cierges jusqu'au moment où elle fut solennellement érigée sur son piédestal de marbre, au-dessus de l'autel où Mgr Pavy vint célébrer la première messe du pèlerinage.

Ce jour-là, une récompense bien méritée attendait la pieuse Agarithe qui ne pensait point à ce qui allait arriver : Au moment de la communion, Mgr Pavy, ne voyant pas la fondatrice du pèlerinage au premier rang de la table sainte, l'appela à haute voix au milieu de l'assistance nombreuse des pèlerins, des prêtres, des religieux et religieuses qui se pressaient en foule à cette touchante cérémonie. Elle était, comme toujours, modestement retirée dans un coin de la chapelle, attendant que tout le monde ait passé pour prendre la dernière place au banquet eucharistique. Elle dut s'exécuter à la voix de son évêque qui lui ordonnait d'approcher ; et c'est ainsi que cette humble fille a été la première à recevoir la sainte communion au pèlerinage de Notre-Dame d'Afrique.

C'est le troisième dimanche de septembre, fête de Notre-Dame des Sept-Douleurs, qu'eut lieu la bénédiction de la chapelle provisoire et que cette première messe y fut célébrée.

Cette date resta dans le cœur d'Agarithe, d'abord parce que, à cause des souffrances indicibles de toute sa vie, elle aimait surtout, nous l'avons dit, à honorer Marie sous le vocable de Notre-Dame des Sept-Douleurs ; « et puis, disait-elle, Notre-Dame d'Afrique sera particulièrement la consolatrice des cœurs affligés. » Elle disait vrai : les catholiques d'Algérie et les mères chrétiennes du monde entier en savent quelque chose aujourd'hui, car elles ont là, à l'autel de Sainte-Monique, un centre d'association et de prières perpétuelles. Bien des grâces y ont été obtenues, bien des larmes y ont été essuyées !

Mais le démon ne pouvait voir sans une rage profonde lui échapper ainsi cette terre africaine, où son empire était si bien établi depuis tant de siècles, pour passer au pouvoir de Celle qui devait lui broyer la tête en foulant à ses pieds le croissant.

Comme ces esprits de ténèbres, qui, chassés par Notre-Seigneur, obtinrent de lui la permission de soulever une tempête, le démon eut aussi en cette circonstance le pouvoir d'exercer une dernière fois sa fureur destructive sur la sainte montagne où venait de s'élever le pèlerinage de Marie.

C'était le 10 août 1860, Agarithe était seule aux pieds du Très-Saint Sacrement et de Marie, lorsque tout à coup une bourrasque effroyable se déchaîna sur la montagne déracinant les arbres, enlevant la toiture de la chapelle, emportant au loin ornements, chandeliers, vases sacrés, ne respectant que la statue de Marie qui demeura immobile sur son piédestal.

Le pied de l'ostensoir fut trouvé au bas de la montagne, sur la grève, et les rayons au sommet principal de cette même montagne de Bouzaréah. Mademoiselle Agarithe, la tempête cessée, se releva saine et sauve du milieu de la chapelle, où sans s'en rendre compte, elle était restée prosternée tout le temps, la face contre le pavé. Elle eut toujours depuis la persuasion que c'était le suprême adieu de Satan à ces misérables contrées qu'il avait possédées pendant tant de siècles, mais que l'*astre du matin* venait éclairer et conduire à de nouvelles destinées.

Cependant la foule des pèlerins augmentait chaque jour davantage depuis que la petite chapelle dominait la montagne. A certains jours de fête surtout, le concours devenait tel, qu'une partie des fidèles devaient rester dehors, exposés à toutes les ardeurs d'un soleil brûlant.

Agarithe était heureuse d'une telle affluence, mais elle souffrait de voir que tous ne pouvaient s'agenouiller en même temps aux pieds de leur mère pour faire monter vers elle une prière collective : « La foi, disait-elle, y gagnerait et les grâces n'en seraient que plus abondantes. »

Elle fit part de ses réflexions à Mgr Pavy, qui comprenait lui aussi la nécessité de faire davantage encore ; mais les ressources lui manquaient.

Agarithe dans sa foi vive et simple comme celle des saints, se tourna alors du côté de saint Joseph : « C'était sur la terre le procureur de la Sainte Famille, aimait-elle à répéter : Il a travaillé 30 ans à la sueur de son front pour la faire vivre, il ne peut pas trouver mauvais qu'on s'adresse aujourd'hui encore à sa sollicitude quand on veut honorer ici-bas Jésus et Marie. »

Et dès-lors elle plaça dans sa boutique un tableau de saint Joseph, devant lequel elle entretint constamment une lampe allumée. Il arriva bien quelquefois que cette lampe fut éteinte : c'était lorsque les recettes n'avaient pas été suffisantes au gré de la pieuse Agarithe : « saint Joseph, disait-elle, n'aime pas qu'on lui boude. Il reconnaît vite ses torts et les répare! »

Cette familiarité de notre Sainte avec son Procureur alla même plus loin : voyant ses recettes augmenter de plus en plus dans des proportions qu'elle n'avait pas prévues, elle résolut, « pour l'encourager, de l'intéresser à son petit commerce en lui donnant *le sou par franc* sur ses bénéfices, car, ajoutait-elle, saint Joseph aime à avoir la *bourse* bien garnie pour ses bonnes œuvres. »

Parmi les bonnes œuvres qu'elle mettait ainsi sur le compte de saint Joseph, nous citerons une œuvre de propagande qui lui était bien à cœur, car elle ne pouvait borner son zèle aux limites étroites de sa cellule : c'était de répandre le plus possible autour d'elle de petits opuscules propres à faire grandir la Foi et la piété, jusque dans les cœurs de ceux à qui elle ne pouvait parler elle-même. Elle les donnait gratuitement aux Pèlerins, en leur recommandant de les emporter en souvenir de leur visite à Notre-Dame d'Afrique, et de les lire en commun au sein de leurs familles. Que de foyers algériens ont reçu la visite de ces nombreux et zélés messagers de mademoiselle Agarithe.

Elle préludait ainsi, sans la connaître encore, à l'Association de Saint-François de Sales, que Mgr Lavigerie devait organiser un peu plus tard dans son diocèse, et qui, par une plus grande diffusion de bons livres, produit déjà de si beaux fruits dans cette nouvelle Église d'Alger.

Mais il arriva quelquefois que ses demandes à saint Joseph n'étaient pas exaucées au gré de ses désirs. Lorsque la grâce sollicitée avait de l'importance à ses yeux, elle suivait pour l'obtenir une tactique qui, disait-elle, lui avait toujours réussi. Elle commençait une neuvaine; au bout de ce temps, si la grâce n'était pas accordée, saint Joseph était mis à l'amende et sa lampe éteinte, après quoi une seconde neuvaine était faite, à l'issue de laquelle l'amende doublait, ainsi de suite jusqu'à ce que la faveur demandée fût obtenue.

Il nous souvient d'avoir entendu le vénérable Archevêque d'Alger raconter d'elle le trait suivant :

Un jour que, selon sa coutume, Monseigneur s'était arrêté en revenant d'Alger, pour prier Notre-Dame d'Afrique, il annonça à Mlle Agarithe une nouvelle importante concernant le pèlerinage. La pieuse fille ne repondit pas ; mais se tournant vers le tableau de saint Joseph dont la lampe ce jour-là était éteinte, elle lui dit, en allongeant l'index de la main droite. « Ah ! ah ! vous avez eu peur, saint Joseph ! »

— « Que signifie cette parole, mon enfant, dit l'Archevêque, et en quoi saint Joseph est-il mêlé à notre affaire?

— Il y a longtemps, Monseigneur, que je lui demandais de réaliser ce que vous venez de m'annoncer. Voilà bien des neuvaines que j'ai faites à cette intention, et par conséquent bien des amendes que j'ai dû lui infliger et qui ont doublé chaque fois ; il ne lui reste en caisse que quelques sous. Demain il eût été obligé de faire des dettes pour me payer. J'étais bien sûre qu'il n'en viendrait pas à cette extrémité ! »

Cependant le bon saint Joseph exauça la confiance d'Agarithe au delà de toute prévision. Les bénéfices de ses ventes produisirent une somme relativement importante que la pauvre fille fut heureuse de déposer entre les mains de Mgr Pavy. « Voilà pour la première pierre, lui dit-elle, commencez le monument, et il faudra bien que saint Joseph fournisse de quoi l'achever. »

L'Evêque d'Alger se décida donc à compléter son œuvre : il résolut d'élever à Notre-Dame d'Afrique un monument digne d'elle, et capable de contenir la foule si nombreuse qui, les jours de fête, se pressait déjà autour de la Madone. Une commission fut nommée pour discuter ce projet, approuver les plans et en assurer l'exécution. La plume et la parole de l'Evêque d'Alger firent connaître à la France cette sainte entreprise ; et, pour la réaliser, le vénérable Evêque n'hésita pas de prendre plusieurs fois l'escarcelle du quêteur.

Il est mort à la peine, et, peut-être des suites des nombreuses fatigues qu'il s'était imposées en quêtant pour cette œuvre, qui fut une des principales de son épiscopat.

Dieu ne lui donna pas la consolation de voir sa belle entreprise complétement achevée. Il mourut en regardant les blanches coupoles de la basilique que surmontait déjà la croix, et en recommandant à la vénération de son clergé la sainte fille qui avait tant fait pour ce pèlerinage.

(La suite au prochain Bulletin.)

V

LE R. P. BOULANGER, MISSIONNAIRE D'AFRIQUE.

Les œuvres de Dieu ne s'accomplissent qu'au prix de durs labeurs et de douloureuses épreuves. Depuis le jour où notre chère mission est née des héroïques efforts du vénérable archevêque d'Alger, de nombreux sacrifices ont marqué notre début dans le rude sillon de l'apostolat Africain. Déjà plus d'un généreux enfant de France est venu terminer ici sa vie dans les premiers élans du sacrifice, et n'a laissé de traces de son passage qu'une tombe prématurément ouverte, sur une terre à laquelle il croyait apporter des jours aussi longs que remplis de bienfaits.

Le Père Boulanger vient de nous être ravi, c'est une victime choisie, et digne de nous représenter devant Dieu.

La poitrine atteinte d'une affection qui ne pardonne pas, le P. Boulanger savait que son pèlerinage ici bas ne serait pas long; néanmoins, il s'avançait résigné, content même, vers le terme de son exil.

Il y a quatre ans, à son arrivée à Alger, il vint s'offrir à monseigneur Lavigerie; l'illustre prélat devina du premier coup cette âme d'élite, et il n'hésita pas de l'attacher tout à fait à l'Afrique dont sa charité venait d'entreprendre la régénération. Il fut donc admis, malgré une santé délicate, au noviciat de la mission; et cette vie, si pieusement partagée entre l'étude, le travail et la prière, lui donna bien des jours de bonheur.

Accablé par l'infortune et la souffrance, à un âge encore tendre, son malheur n'avait eu d'égal que sa résignation; mais ces souvenirs avaient laissé dans son âme je ne sais quelle douceur et quelle mansuétude ineffables qui captivaient. C'était comme une poésie vivante de la croix.

Cependant, dès l'abord, on eût pu se méprendre sur son caractère : sous une simplicité d'enfant, il cachait une sagesse de vieillard, et pour peu qu'on s'entretînt avec lui, on était frappé de l'élévation de ses idées, de la maturité de son jugement.

Outre la compagnie de ses frères, le Père Boulanger trouva à la Maison-Carrée de nombreux orphelins arabes. Orphelin et délaissé lui-même dès l'enfance, il ne se rappela ses souffrances et son infortune que pour mieux compatir à tant de maux. Aussi il aima bientôt les Infidèles plus que sa propre vie; avec quelle amertume et quelle désolation ne considérait-il pas le magnifique champ de bataille de l'Afrique presque encore abandonné, tout entier au démon, et pourtant plein de promesses et d'avenir. Il comprenait les immenses difficultés de notre mission, mais il se portait vers elles, avec cette foi qui transporte les montagnes, et il attendait beaucoup de fruits de la nouvelle croisade.

Il disait parfois : « Il en est qui prétendent que les Arabes sont inconvertissables, mais nous ferons mentir ce préjugé; la grâce de Dieu ne nous manquera pas, car c'est Dieu qui nous a appelés de tous les coins de la France, et nous a réunis ici pour travailler à son œuvre. Le Saint-Siége a approuvé et béni notre laborieux début ; notre petit séminaire, nos orphelinats, nos villages d'Arabes nous donnent de l'espoir et des consolations ; ils sont habités non par des Arabes inconvertissables, mais par des Arabes convertis et chrétiens, et des chrétiens même édifiants. »

Comme il était heureux lorsqu'il apprenait que l'influence salutaire de la Croix se faisait déjà sentir sur les sommets de l'Atlas et dans le désert, et que de toutes parts, nos Pères étaient appelés par les indigènes eux-mêmes, et entourés de leurs franches sympathies!

C'est dans ces sentiments qu'il atteignit la fin de son année de probation, après laquelle il fut appelé à prononcer le serment des missionnaires d'Afrique. Nous le laissons raconter lui-même à l'un de ses confrères ce grand événement de sa vie :

« Le 4 Novembre dernier, le jour de la fête de Monseigneur, j'ai fait serment sur les Saints Evangiles de me consacrer jusqu'à la mort au salut des Arabes. Je puis donc désormais me dire missionnaire. Ah ! mon cher ami, priez Dieu que je ne le sois pas seulement de nom. Quel bonheur si je pouvais, comme le Père Charmetant, célébrer un jour le Saint Sacrifice sous une tente, dans l'immensité du désert qu'il parcourt en ce moment. Monseigneur me disait l'autre jour en souriant, qu'il m'enverrait avec lui au Sahara ; mais ma pauvre santé ne me permettra pas ce bonheur ! La grande Kabylie avec ses hautes montagnes, son air vif, ses eaux pures et abondantes me conviendrait mieux peut-être : il me serait si doux de porter le divin flambeau de la foi, à tant de peuples égarés !

» Pour le moment, continuait-il, je suis économe au Petit-Séminaire indigène de la mission, probablement parce que Monseigneur a besoin de tout son monde ailleurs. Je me demande parfois si je ne fais pas un doux rêve en me voyant au milieu de cette jeunesse si pieuse que j'aime déjà de tout mon cœur. »

Il avait pour tous ces orphelins l'attachement d'un père, il n'en parlait qu'avec émotion, il voyait dans cette précieuse pépinière de séminaristes indigènes une des marques les plus frappantes des desseins de la Miséricorde de Dieu sur l'Afrique. Il suivait avec le plus vif intérêt leurs efforts et leurs progrès dans la vertu, et il remerciait Dieu avec attendrissement du consolant spectacle qu'il avait sous les yeux.

Il aimait tant l'Afrique, qu'entrevoir pour elle des jours meilleurs, c'était son plus grand bonheur.

Aussi que n'a-t-il pas fait pour attacher à la mission les sympathies et les cœurs de ceux qui ne la connaissaient pas encore ; toutes ses lettres sont pleines de cette grande et généreuse idée. Mais s'il aimait sa vocation, il en comprenait toutes les charges. « Vous voulez donc être missionnaire, écrivait-il un jour à un de ses amis de France. Oh ! j'en bénis Dieu avec vous, mais soyez persuadé que si vous choisissez la meilleure part, c'est la part du sacrifice et de l'abnégation. Il faut souffrir pour convertir les âmes, et la souffrance est la vie prêtre et celle du missionnaire surtout...

» J'ai là sous les yeux une image du Sacré-Cœur qui m'a toujours frappé. Cette image que vous connaissez représente le cœur de Notre-Seigneur, *du Maître des apôtres,* étreint par une couronne d'épines et transpercé par un glaive : D'une large blessure s'écoulent des flots de sang. Au-dessous se trouve tout ce qui a servi au supplice de la croix, puis, sont autour des lis et des roses et au bas ces sublimes paroles : *Ut vitam habeant.* Regardez-bien cette image, mon cher ami, ce sera dans quelque temps l'image de votre cœur, l'image de ses souffrances : « Ut vitam habeant » afin que ces pauvres peuples reviennent à la vie.

» Préparez-vous donc aux souffrances morales, aux souffrances physiques, à toutes les misères. Notre-Seigneur a dû subir le supplice de la croix pour convertir et sauver le monde. Le disciple n'est pas au-dessus du Maître, et il nous arrivera souvent aussi à nous de nous écrier avec notre divin Modèle : Faites, Seigneur, que ce calice s'éloigne de moi.

» Mais qu'importe que l'on souffre pourvu que les âmes reviennent à Dieu; quand on a l'âme en paix, on est si heureux, même au milieu des peines que volontiers, on s'écrierait avec l'apôtre : « Je surabonde de joie au milieu de mes tribulations. »

Cependant le terme de toutes les aspirations de sa vie allait être atteint, quand cette vie même menaça de nouveau de se briser : Couché sur un lit de douleur, il vit toutes ses espérances sur le point de s'évanouir; il vit la mort s'approcher et couvrir déjà de ses ombres, cette lumière du tabernacle vers laquelle il s'avançait. Néanmoins, il ne fut jamais plus résigné, et il disait : « Si le bon Dieu veut que je meure, je le veux aussi, bien que je regretterais beaucoup d'aller au ciel sans être prêtre.

Tant d'abandon lui obtint de la part du Seigneur la grâce de vivre encore assez pour arriver à la réalisation de sa suprême espérance. C'est le 25 mars 1874 que Mgr Lavigerie le consacra pour jamais à son Dieu par l'onction sacerdotale. Le lendemain les cloches de Notre-Dame d'Afrique, annoncèrent la messe du nouveau prêtre.

Il fut beau, la première fois qu'il parut à l'autel. Sous les habits sacerdotaux, il ressemblait bien plus à une victime parée pour le sacrifice qu'au sacrificateur lui-même. A partir de ce jour, le P. Boulanger put chanter avec le saint vieillard Siméon son cantique d'adieu à cette terre d'exil.

Revêtu du double caractère de prêtre et de missionnaire, il ne put jamais que verser des larmes impuissantes en considérant de loin le champ de l'apostolat. Il avait renoncé à tout pour l'Afrique, il eût voulu porter dans son sein le flambeau de la foi mais il n'en devait connaître que les rivages. Il se lamentait même d'être tenu à des ménagements et des soins particuliers à cause de sa santé. « Vous couchez sur la natte, disait-il à un confrère, oh !

il doit y faire délicieux! demandez donc à Notre-Seigneur que j'y puisse coucher comme vous : il est vrai que ce sacrifice est peut-être la plus grande mortification à laquelle je me puisse exercer. »

Lorsqu'il venait de Saint-Eugène au séminaire de Maison-Carrée, une de ses visites de prédilection était pour le cimetière ; il se plaisait à aller converser avec ses frères morts, et à leur parler de son prochain rendez-vous. Son désir, en effet, depuis qu'il était à la Mission, avait toujours été de reposer sur la terre d'Afrique. Quand le médecin lui eût conseillé de partir pour la France, il fit cette réflexion : « Si je savais laisser mon corps en France, je resterais ici, bien sûr : c'est en Afrique que je veux mourir... » Il était dans les desseins de Dieu de lui refuser même cette consolation.

Sorti d'Alger à la fin de juin, il arriva mourant dans son pays de Lorraine, et le lundi, 5 juillet, nous le trouvons sur un lit funèbre.

Laissons parler ici la personne qui nous a donné le récit de ses derniers moments, elle fut sa seconde mère. « C'était le matin du 5 Juillet; après avoir reçu les derniers Sacrements avec la plus grande piété, il parla encore au milieu de ses prières, de son Afrique, de ses Arabes, de ses Pères de la Mission, de tout ce qu'il aimait, mais bientôt il n'eût plus la force de parler haut et il continua à prier tout bas.

» Vers midi, il me sembla que l'agonie commençait, je récitai l'Angelus, il me regarda, fit le signe de la croix. Je récitai ensuite les prières des agonisants. De temps en temps une plainte s'exhalait de sa poitrine, sans doute pour écarter les difficultés de la respiration, mais quand je lui demandais s'il souffrait il me faisait signe que non. A deux heures du soir, comme Jésus-Christ sur la croix, il poussa un cri et se retourna. Ce fut son dernier mouvement... L'Ange était devant Dieu pour qui il a vécu et souffert.

» La physionomie était restée calme et souriante; étendu comme un lys éclatant de blancheur, il semblait dormir d'un paisible sommeil en rêvant des joies du Paradis. Quand les cloches à toutes volées ont annoncé la mort du prêtre, elles me disaient à moi qu'elles chantaient son bonheur. »

Son enterrement a été un vrai triomphe, sa paroisse natale est venue chercher ses restes en procession. Le Père Boulanger n'avait plus pour ainsi dire de famille en son propre pays ; mais il se trouva ce jour là que tout le monde fut son parent ; une foule nombreuse, recueillie, émue l'escorta à sa dernière demeure ; et quand le prêtre, avant de rendre à la terre ce corps, prit la parole pour rappeler ce qu'avait été notre cher missionnaire, des larmes coulèrent de tous les yeux.

Quant à nous, frère bien-aimé, nos espérances et nos affections vous ont suivi au delà de la mort ! Convié avant nous au banquet de l'agneau, souvenez-vous dans l'ivresse de votre sacerdoce éternel des noms et des œuvres que vous portiez ici-bas au saint autel : votre Afrique, son pasteur, ses missionnaires et tous ceux auxquels vous aviez promis assistance en les devançant au séjour du souverain bonheur.

T. B., missionnaire.

VI

ŒUVRE DES MISSIONNAIRES.

ARRIVÉE DE NOVICES ET ADOPTIONS.

Depuis la publication du dernier numéro du bulletin, sont entrés au Noviciat de la Mission d'Afrique, à la Maison-Carrée.

MM. Levasseur (Charles) du diocèse d'Amiens.
    Anseaume (Arthur) — d'Amiens.
    Deblock (Fortuné) — Cambrai.

Et MM. P. Prat, C. Mathieu et J. Privat, du diocèse de Rodez, au Noviciat des Frères de Saint-Laurent-d'Olt (Aveyron).

ADOPTIONS DE MISSIONNAIRES.

Nous avons reçu pour l'adoption de Missionnaires.

De M. et Mme de Montbrun à Nice. 800 fr.
Anonyme d'Hyères. 800 fr.
De M. Aug. Laurent D... T... par M. Plantier. 800 fr.
De Mme de Vaurion, par l'*Echo de Fourvières*. 800 fr.
De Mme Lemoine, à Bel-Air-Saint-Servan. 500 fr.

Ces adoptions sont appliquées aux RR. PP. Dioré, Vignard, Chevalier, Richard (Louis) et Charbonnier.

Un anonyme, prêtre du diocèse de Belley, a fait à l'Œuvre une fondation de 5,000 fr., pour que les revenus de cette somme soient consacrés à l'éducation chrétienne d'un jeune nègre esclave, racheté par la Mission.

Du même, pour l'entretien d'une novice missionnaire pendant cette année. 200 fr.

D'un anonyme, par M. Georges Plantier, à Paris. 300 fr.
Collecte de Mme C. de M., pour l'Œuvre des Orphelins
    Arabes. 90 fr.
Des associées à l'Œuvre de Sainte-Monique, par Mme Jore,
    présidente des Mères chrétiennes de Rouen. 600 fr.
Legs de Melle Irma Ravot d'Orléans, pour les Orphelinats. 500 fr.
Des Mères chrétiennes de Bamberg (Bavière), par Mme la com-
    tesse de Montjoye, Présidente. 200 fr.

VII

CORRESPONDANTS DIOCÉSAINS

L'appel que nous avions fait précédemment pour demander des correspondants diocésains a été entendu, et plusieurs personnes dévouées à l'Œuvre de Sainte-Monique ont eu la charité de nous offrir leurs services. Nous espérons, dans l'intérêt de l'Œuvre et pour la commodité des bienfaiteurs, voir augmenter le nombre des personnes qui pourraient, sans trop se charger cependant, centraliser les offrandes qu'on nous destine, soit dans leur diocèse, soit même dans leur paroisse.

On pourra adresser les aumônes en argent ou en nature (layettes pour nouveau-nés, vieux linge, livres, ornements d'église, médicaments, honoraires de messes, etc...) :

A l'Archevêché d'Alger, à Alger.
A la Maison des Missionnaires d'Afrique, 248, Faubourg-Saint-Honoré, à Paris.
Au Bureau des Écoles d'Orient, 12, rue du Regard, à Paris.
A M. l'abbé Payan d'Augery, 84, rue Paradis, à Marseille.
A M. Robert Oheix, avocat à Savenay (Loire-Inférieure).
A M. l'abbé Vachet, missionnaire aux Chartreux, à Lyon.
A M. Armanet, 31, rue du Bœuf, à Lyon.
A Mme Camille Thiollière, grande Rue, à Saint-Chamond (Loire).
A M. le Chanoine Delesminières à Annecy (Haute-Savoie).
A M. Chenel, rue Saint-Jean, à Caen (Calvados).
A M. Collin, 7, rue du Parterre, au Mans.
A M. Le Bas, garde-mine, à Bar-le-Duc.
A M. le Cte R. de Buisseret, au Boisselas, près Cellettes (Loir-et-Cher), ou à Versailles, rue d'Anjou, 6.
A M. Dufresne, chanoine à l'évêché de Montréal (Canada).
A M. l'abbé Gapp, curé de Bolsenheim (Basse-Alsace).
A MM. Picard et Brown, Directeurs au Séminaire de Montréal.

ŒUVRE DE SAINT-AUGUSTIN

ET DE

SAINTE-MONIQUE

I

LES TROIS PREMIERS MARTYRS DE LA MISSION DE TOMBOUCTOU.

Nous avons attendu, pour faire paraître le Bulletin d'Avril, d'avoir reçu la nouvelle certaine du martyre de nos trois missionnaires qui, au mois de décembre dernier, se mirent en route pour le Soudan. Ce sont les RR. PP. Marie-Alfred PAULMIER du diocèse de Paris, Philippe MÉNORET du diocèse de Nantes, et Pierre BOUCHAND du diocèse de Lyon.

Ce n'est pas sans un sentiment d'émotion que nos charitables bienfaiteurs apprendront le récent massacre de ces trois apôtres de la mission de Tombouctou.

Dans le Bulletin de janvier, Mgr l'archevêque annonçait lui-même, dans sa magnifique lettre, le départ de nos frères en ces simples paroles : « Trois de nos missionnaires sont en ce moment chez les Touaregs, en route pour Tombouctou, avec *la résolution* de s'établir définitivement dans la capitale du Soudan, ou d'y laisser leur vie pour l'amour de la vérité. »

Ce programme héroïque, ils l'ont rempli simplement, avec leur foi d'apôtre.

Et cependant ils savaient les dangers qui les attendaient et toutes les difficultés d'une telle entreprise. L'eussent-ils ignoré, les indigènes des tribus, au milieu desquelles ils avaient déjà vécu et dont ils étaient sincèrement aimés, le leur auraient appris. A Metlili, en particulier, la population tout entière voulut s'opposer à leur départ : ils n'écoutèrent rien !

Voyant leur résolution inébranlable, le chef des Chambas leur dit d'un air solennel : « Je ne veux pas que votre sang retombe sur moi, ni qu'on puisse jamais me reprocher d'être la cause de votre mort. Je demande donc que vous me remettiez en partant une déclaration écrite attestant que vous vous êtes mis en route malgré moi. » Ils la lui signèrent.

C'est alors qu'un de ces mêmes Chambas, nommé El Hadj, déclara à ses compagnons qu'il allait se faire le guide des trois Pères, afin de protéger ces Marabouts chrétiens qui leur avaient déjà fait tant de bien : « Je les conduirai dans leur périlleux voyage et les ramènerai parmi nous, dit-il à ses compatriotes, ou je mourrai en route avec eux ! » Alors, le chef de sa famille, un vieillard vénérable, le conjura de ne pas affronter de tels dangers : « Attends au moins que je sois mort, ajouta-t-il, et n'abandonne pas ainsi ton père dans sa vieillesse. » Son noble dévouement lui a en effet coûté la vie. »

Le R. P. Deguerry, supérieur des missionnaires, avait voulu se rendre jusque sur les confins de l'Algérie, pour assister à ce départ de nos Pères pour le Soudan. Il revint profondément ému du spectacle qui lui avait été donné. Leur joie de marcher ainsi les premiers à la conquête de ce vaste empire du démon était indescriptible. Après s'être séparé d'eux et leur avoir donné le baiser d'adieu qui devait être le dernier, il les vit remonter joyeux sur leurs chameaux et entonner le *Te Deum* avec tout l'enthousiasme de leur cœur généreux. Il écouta le chant de triomphe de ces vaillants soldats du Christ tant que l'écho de leurs voix put arriver jusqu'à lui. Son regard les suivit encore aussi longtemps qu'il put distinguer la caravane, jusqu'à ce qu'enfin elle eut disparu à ses yeux dans les profondeurs du désert.

Depuis ce jour, le silence le plus complet a régné sur la suite de leur voyage. Bien qu'ils aient pu faire sans encombre la première partie de leur route, rien ne nous est venu d'eux, ni lettres, ni nouvelles, ni renseignements, même indirects. Depuis quelques semaines seulement, le bruit de leur mort commença à circuler parmi les nomades qui habitent le nord du Sahara, mais ce n'étaient encore que de vagues rumeurs.

Aujourd'hui, le doute n'est plus possible. Des chasseurs d'autruches, appartenant aux tribus qui avoisinent In-Salah, ont retrouvé leurs corps à plus de trente journées du littoral, sur les confins Sud du Sahara et en dehors de la route des caravanes. Tout porte à croire que ce sont les Touaregs noirs ou *Isghers,* les plus barbares de tous, qui les ont massacrés.

Nous ne connaissons pas encore tous les détails qui ont accompagné leur mort, mais nous savons qu'ils ont tous trois été décapités. Leur guide a été tué avec eux ; mais d'une manière différente. Il était criblé de blessures, sans doute parce qu'il a voulu vendre chèrement sa vie ; mais sa tête n'était pas séparée du tronc. Quant à nos bienheureux frères, leurs corps ont été trouvés à demi-couchés les uns sur les autres, comme s'ils s'étaient rapprochés pour s'absoudre mutuellement au moment suprême du sacrifice, ou agenouillés pour recevoir les coups de leurs bourreaux.

Le traitement différent infligé au guide et à nos trois missionnaires, indique que ceux-ci ont été massacrés à cause de leur qualité de chrétien, car dans les habitudes musulmanes, la tête n'est pas d'ordinaire tranchée à un mahométan : ce supplice est réservé au chrétien quand il est mis à mort en haine de sa foi.

L'Eglise prononcera un jour sur ce point ; mais en attendant, rien ne nous empêche, à nous qui les avons vus, au premier signal du vénérable archevêque, le délégué du Saint-Siége, courir au devant de tant de périls et d'une telle mort, dans le but unique de porter leur foi à ces peuples nombreux plongés dans de si épaisses ténèbres, rien ne nous empêche, dis-je, de leur donner, dans le sens permis par l'Église, le nom sacré de *martyrs !*

La mission d'Afrique, après moins de huit années d'existence, a le bonheur de voir le sang de ses enfants arroser déjà les champs de son apostolat. C'est plus qu'une prise de possession : c'est la fertilité qui désormais, va succéder, grâce à eux, à l'aridité du désert. Dans le sillon où ils sont tombés, cette semence généreuse donnera avant peu, nous en avons la confiance, une abondante moisson.

Aussi la nouvelle de ce triple martyre a-t-elle été accueillie par tous nos missionnaires avec une explosion d'indicible bonheur. L'avouerai-je? elle m'a rendu triste, car il y a moins de quatre années, j'avais l'insigne faveur de conduire la première caravane de missionnaires qui s'avançait vers le désert. Deux de ces chers martyrs sont mes compagnons de route d'alors. Je n'étais pas digne de rester à leurs côtés jusqu'au bout. Nous étions partis ensemble, et le long de cette route que j'avais ouverte avec eux, ils ont déjà cueilli les palmes du triomphe, et moi, je chemine encore, derrière eux et loin d'eux ! Que la volonté de Dieu soit faite, jusqu'à ce que l'on m'accorde enfin la faveur, si disputée aujourd'hui par tous les membres de notre société, d'aller prendre leur place au fond du désert, pour pénétrer au Soudan, ou mourir comme eux sur la route qui y conduit !

Nous laissons maintenant la parole à notre vénérable Père qui n'a voulu confier à personne le soin de consoler les familles de nos trois martyrs.

CHARMETANT,
Missionnaire d'Afrique.

II

LETTRE DE MONSEIGNEUR L'ARCHEVÊQUE D'ALGER.

Aux pères et aux mères des trois missionnaires Philippe Ménoret, Marie-Alfred Paulmier, Pierre Bouchand, mis à mort au mois de janvier 1876 sur la route de Tombouctou, où ils allaient porter la foi.

Vous avez enfin obtenu la certitude heureuse et cruelle que vous désiriez et que vous redoutiez également. Les lettres que vous écrit le supérieur de nos missionnaires ne peuvent plus vous laisser de doute : vos fils ont souffert la mort pour la cause de Dieu.

Vos cœurs, éclairés par la foi, ont tressailli, je le sais, d'une joie sainte, et vos yeux cependant ont versé des larmes. Ce n'est pas moi qui accuserai ces larmes de faiblesse : Marie a pleuré Jésus sur le Calvaire, et Jésus a pleuré Lazare parce qu'il l'aimait.

Comment pourrais-je défendre à un père, à une mère de pleurer leur fils? Le voudrais-je, d'ailleurs, je ne le pourrais pas sans me condamner moi-même. Ce premier déchirement de la nature, je l'ai ressenti comme vous, car ils étaient mes fils en même temps qu'ils étaient les vôtres. Vous les aviez engendrés à la vie, je les avais engendrés au sacerdoce. Dieu s'était servi de vous pour les donner à la terre, il a daigné se servir de moi, pasteur sans amour, pour les donner au martyre et au ciel.

Oh! qu'ils ont reçu avec plénitude la grâce dont Dieu m'a fait pour eux le dispensateur! Je me rappelle les paroles que je leur adressais, ainsi qu'à leurs frères, il y a deux ans à peine, au jour de la consécration de leur église, de cette église où leurs restes sacrés reposeront un jour. Vous les avez lues peut-être alors, car les journaux les répétèrent, et vous aurez tremblé pour vos fils. Eux seuls ne tremblèrent pas : ils entendaient au fond de leur cœur une voix puissante dont la mienne n'était que le faible écho, et cette voix faisait taire en eux toutes les terreurs :

« Ce qui vous a séduits dans cette mission, leur disais-je, ce sont les périls même qu'elle présente plus qu'aucune autre mission de la terre. L'Afrique, dans ses profondeurs encore mal connues, est, on le sait néanmoins, le dernier asile des barbaries sans nom, de l'abrutissement en apparence incurable, de l'anthropophagie, du plus infâme esclavage.

» Et cependant vous êtes venus, et vous vous êtes engagés à vivre de cette vie et à mourir de cette mort; et vous attendez tous avec impatience le moment d'aborder le champ de bataille, ce champ de bataille de la charité, où vos armes seront vos bienfaits de chaque jour, votre défense la patience et la douceur, votre prédication la force de vos exemples, votre triomphe enfin l'héroïque sacrifice de votre vie.

» Je vous regarde, mes chers enfants, je vois sur vos fronts tout l'éclat de la force et de la jeunesse. Je songe à tout ce que vous avez abandonné, famille, patrie, espérances d'ici bas, et je bénis Dieu, qui garde encore à la terre tant de cœurs qu'un dévouement héroïque et pur peut enflammer. »

Vos fils m'écoutaient; et à ces paroles terribles pour la nature, l'éclat divin du sacrifice illuminait seul leurs regards.

Je me les rappelle encore au jour de leur sacerdoce, alors qu'a-genouillés au pied de l'autel ils écoutaient la demande que l'évêque adresse partout au nouveau prêtre, mais qui, dans une mission comme la leur, revêt un sens si plein de menaces et d'espérances! « Me promettez-vous, et à mes successeurs, le respect et l'obéissance ? » Ils répondaient d'une voix ferme et modeste : « Je le promets! » et ils mettaient, selon le rit sacré, leurs mains entre les miennes, comme pour m'abandonner leur vie en même temps que leur volonté. Ils ont tenu leur sainte promesse. Leur obéissance a été celle du Maître divin dont ils prenaient le joug, l'obéissance jusqu'à la mort!

Quels souvenirs ! et de quel glaive ne percent-ils pas mon âme en songeant qu'ils nous ont quittés et que je leur survis, serviteur inutile : « Absalon, mon fils ! mon fils Absalon, disait David dans une pareille douleur, qui me donnera de mourir pour te rendre à la vie? » Voilà ce que je sens sur leur tombe; et vous qui avez veillé sur leur berceau, puis-je m'étonner que vous les pleuriez avec moi? Pleurez donc, pleurez comme Jacob pleurait Joseph, comme Rachel pleurait ses fils ; mais que vos larmes soient adou-cies par les espérances de la foi.

Et où ces espérances furent-elles plus grandes et plus présentes? où la vie se montra-t-elle jamais plus certaine qu'au sein d'une telle mort?

Ils vivent, vos trois fils martyrs ! Ils vivent en Dieu, pour l'amour duquel ils ont donné leur sang. Ils vivent à jamais dans le souvenir reconnaissant de l'Église, que leur sacrifice a tant honorée.

Et quels traits pleins de charmes ces apôtres, enlevés dès leurs premiers pas dans la carrière, ne garderont-ils pas dans son histoire?

Fleurs sacrées où la blancheur du lis s'allie à la pourpre du martyre, et qui les premières sont venues fleurir et embaumer ces déserts! Le matin, elles s'élevaient brillantes de tout l'éclat de leur beauté; le soir, elles furent tranchées avant l'heure. Nées en-semble, unies entre elles par les liens sacrés de l'amour, elles ne furent pas séparées dans la mort!

C'est ainsi que nous les avons vus ! c'est ainsi que nous garderons leur aimable et douce mémoire, comme David gardait celle de Jonathas !

Oui, nous les avons vus partir pleins d'amour pour Dieu, pleins d'amour pour ces barbares qui allaient leur donner la mort, entonnant, au moment où ils quittaient un sol qui est encore celui de la France, le chant de triomphe de l'Église, dans l'espérance désormais assurée de se sacrifier à leur foi. Les premiers ils répandirent sur ces terres infidèles, dans le divin sacrifice, le sang mystique de l'Agneau, et ils se pressèrent d'y mêler leur sang innocent, semant ainsi dans la mort la résurrection et la vie !

Et pour s'associer ainsi à l'œuvre de la rédemption divine, que n'avaient-ils pas déjà souffert ! Ils avaient quitté le toit paternel, ils avaient vu couler les larmes maternelles, ils s'étaient arrachés à vos embrassements, ils avaient renoncé aux espérances de l'avenir, à la France, à tout ce qu'ils aimaient sur la terre. Ils étaient venus se préparer ici à pénétrer dans l'intérieur de cette Afrique où règnent tous les fléaux, et dont le mahométisme défend les abords, et déjà, en retour de leur dévouement, ils y avaient trouvé les contradictions et les outrages.

Des chrétiens, puis-je le dire sans rougir ? les avaient accusés de vouloir amasser des richesses, alors qu'ils mendiaient avec peine leur pain de chaque jour et celui des pauvres qu'ils nourrissaient. Lorsqu'ils sauvaient de la mort des enfants abandonnés de tous et qu'ils pansaient de leurs mains les plaies hideuses des indigènes, sans leur parler de leur Dieu autrement que par leur charité, on les représentait au monde entier, dans d'infâmes libelles, comme violentant les consciences et préparant les révoltes ! Ils ont entendu parmi nous les cris que poussaient déjà, au temps de S. Jérôme, contre les serviteurs de Dieu, les chrétiens indignes de Jérusalem : « Hors, hors de nos murs cette exécrable race d'hommes ! » Pour eux, ils se taisaient, sachant bien qu'ils répondraient un jour à ces calomnies et à ces cris de la haine par un miracle d'amour !

Ils n'ont pas vu sur la terre, il est vrai, le succès de leurs vœux ; mais ils l'ont préparé et assuré par leur mort.

L'Église ne triomphe pas comme les puissances humaines. Celles-ci ne savent que tuer pour vaincre. L'Église a un secret qui triomphe de toutes les résistances et des fautes mêmes de ses enfants : c'est celui de savoir mourir. Vous l'auriez compris pour vos fils si vous aviez pu voir, comme moi, l'effet produit sur tous leurs frères, les missionnaires africains d'Alger, par la première annonce de leur fin bienheureuse, si vous aviez entendu ces voix vibrantes d'enthousiasme et de foi chanter en chœur l'hymne d'Augustin et d'Ambroise, ce même hymne que vos fils chantaient en allant au devant du martyre !

Et le *Te Deum* chanté, tous juraient de se sacrifier pour une terre qui avait bu le sang de leurs frères, tous demandaient à les suivre dans le combat. Si la porte leur en était fermée d'une part, ils la chercheraient de l'autre, et ils ne s'arrêteraient plus jusqu'à ce qu'ils eussent pénétré au cœur de cet empire de la mort. Ce n'était plus seulement la parole du docteur de Carthage : « Sang des martyrs, semence de chrétiens ! » Le sang de vos fils était visiblement la source désormais intarissable de l'apostolat africain !

Que ces grandes pensées vous consolent donc et vous fortifient ; que la foi, vous prenant sur ses ailes, vous élève au-dessus des sentiments et des défaillances de la nature.

Ils ont souffert sans doute et ils sont morts, mais ils ont lavé dans leur sang les fautes légères qui pouvaient encore ternir leurs âmes ; et aujourd'hui ils obtiennent par leurs prières miséricorde pour nous. Et que vaut la vie qu'ils ont perdue ? Serait-elle la paix et le bonheur sans mélange, elle doit finir ; cela suffit pour en montrer la vaine apparence. Qui pourrait assurer un seul jour de plus à vos fils, s'ils eussent perdu l'honneur du martyre ? Et, eussent-ils vécu, que valent les temps où ils auraient dû vivre ? Les haines furieuses et stupides contre la vérité et contre Dieu même, les conspirations ardentes des méchants, les aveuglements, les universelles défaillances des bons, la boue qui monte et va tout étouffer, les abîmes qui s'annoncent, tout cela est-il pour faire estimer et regretter ce monde, et ne touchons-nous pas aux temps annoncés par le Maître, où les vivants devront envier les morts ?

Mais c'est sur vous-mêmes que vous pleurez surtout, parce que vous ne les verrez plus, ces fils qui devaient vous consoler et soutenir votre vieillesse !

Il est vrai, vous ne les verrez plus ici-bas ; vous ne reverrez plus leurs yeux doux et fermes, leur calme sourire, vous n'entendrez plus leurs voix généreuses, vous ne sentirez plus battre ces cœurs forts et purs. Mais un jour, qui est proche, vous les retrouverez triomphants, brillant d'une éternelle lumière, portant dans leurs mains les palmes de la victoire.

Déjà, lorsqu'ils tombaient sous les coups de leurs bourreaux, avec la joie divine de leur pardonner et de mourir pour eux, la troupe glorieuse des martyrs, leurs devanciers et leurs modèles, préparait la couronne que maintenant ils ont reçue. Associés aux troupes angéliques, ils chantent aujourd'hui leur bonheur auprès du roi suprême pour lequel ils ont tout donné, près d'Étienne, le premier de tous les martyrs, comme ils sont eux-mêmes les premiers martyrs de cette mission nouvelle ; près de Paul, l'apôtre des infidèles, de ce grand Paul qui leur répète ce qu'ils ont si bien réalisé pour eux-mêmes : « un court moment de souffrance est récompensé par une gloire et un bonheur sans fin. »

C'est ainsi que nous les voyons, dès maintenant, des yeux du cœur et de la pensée, et rien ne peut plus désormais nous les ravir.

Et vous, ô mères, dont le glaive a percé plus cruellement le cœur, parce que votre amour est plus profond et plus tendre, rappelez-vous la mère des Machabées exhortant ses fils au martyre, et leur promettant le triomphe. Dieu n'a pas voulu que vous exhortiez vos fils au combat ; il l'a fait invisiblement pour vous. Mais votre foi saura vous adresser à vous-mêmes ces accents touchants et sublimes que nos saints livres nous ont conservés. Elle vous fera comprendre et goûter le bonheur de vos fils et le vôtre, mères sacrées de ces martyrs !

Il faut finir, et cependant je voudrais vous parler encore, car je sens que ces lignes qui vous viendront de la terre où ils sont morts pour Dieu et d'un cœur qui les a aimés, seront douces à votre tendresse. Mais Dieu suppléera à mon impuissance et vous donnera dans sa bonté les seules consolations qui ne finissent point.

Alger, 4 mai 1876.

† CHARLES,
Archevêque d'Alger, délégué apostolique
pour les missions du Sahara.

III

SAINTE MONIQUE ET LES MÈRES CHRÉTIENNES.

C'est le 4 mai que l'Eglise célèbre la fête de sainte Monique, la patronne par excellence des mères chrétiennes, de celles surtout que leur foi fait trembler sur l'avenir de leurs fils. Les temps présents sont si bouleversés ; les générations actuelles naissent et grandissent dans un milieu si sombre, que cette dévotion à la mère d'Augustin semble venir à son heure et vouloir pénétrer de plus en plus au sein des grandes villes de notre pauvre France.

Partout, en effet, et presque dans chaque paroisse, le zèle des pasteurs a pu organiser des associations de dames pieuses, tantôt sous le nom de *Confrérie des mères chrétiennes,* tantôt sous celui d'*Enfants de Marie,* et toujours dans la pensée de réunir dans une prière commune, dans de communes bonnes œuvres, tant de cœurs inquiets que les angoisses maternelles torturent parfois si cruellement.

C'est en face de ces périls de la jeunesse, d'une part, de ces efforts maternels pour les conjurer, d'autre part, qu'est venue la pensée de fonder sur cette même terre d'Afrique, où est née, a vécu et a souffert sainte Monique, dont les prières et les larmes ont donné à l'Eglise le grand évêque d'Hippone, une association générale de toutes les mères chrétiennes du monde entier, qui éprouvent le besoin de confier à cette mère sublime le soin de veiller plus particulièrement sur leurs *Augustins.*

Le Saint-Siége a béni et consacré cette pensée. A peine l'Œuvre de Saint-Augustin et de Sainte-Monique a-t-elle été fondée par l'archevêque d'Alger, que N. S. Père le Pape daignait l'enrichir des indulgences les plus précieuses, telles qu'elles sont indiquées au *verso* de la couverture de ce bulletin.

Comme le centre de la pieuse association a été établie à Notre-Dame d'Afrique, dans le plus vénéré des sanctuaires de la terre de Monique, Sa Sainteté a bien voulu envoyer à Mgr l'archevêque, pour cette basilique, une partie du bras de sainte Monique, C'est près de cette précieuse relique, et à cet autel de sainte Monique que, tous les jours sans exception, une messe se dit aux intentions des mères chrétiennes du monde entier qui font partie de cette association.

Déjà un très-grand nombre de villes, en France et à l'étranger, ont tenu à associer leurs confréries de *mères chrétiennes* ou *d'enfants de Marie*, à l'Œuvre de Sainte-Monique centralisée à Notre-Dame d'Afrique. Elles prennent part ainsi aux prières et bonnes œuvres qui se font chaque jour pour elles, sur cette terre qui fut la patrie de saint Augustin et de son admirable mère. Outre ces rapports généraux entre l'Œuvre et nos associées, que de pauvres *Moniques* nous ont déjà écrit pour demander des neuvaines et des prières spéciales faites à l'autel de leur patronne, que d'actions de grâces nous avons aussi été chargés de lui rendre par ces mères reconnaissantes !

Nous nous adressons aujourd'hui aux pasteurs des paroisses et aux Présidentes des mères chrétiennes qui n'ont pas encore affilié leurs associés à cette Œuvre de Sainte-Monique, afin de les engager à s'y enrôler.

Il suffit simplement pour cela, d'en faire la demande *au Père supérieur de Notre-Dame d'Afrique (près Alger)*, et immédiatement elles prennent part à tous les Saints-Sacrifices, à toutes les indulgences, prières et autres faveurs qui forment comme le trésor spirituel de cette Œuvre.

IV

AVIS A NOS BIENFAITEURS, POUR LES ADOPTIONS D'ORPHELINS.

Le développement progressif de la mission d'Afrique fait qu'entre tant d'œuvres diverses l'œuvre si intéressante des orphelinats arabes est devenue comme une partie accessoire de ce vaste ensemble. Pour faciliter la direction des orphelinats, Mgr l'archevêque d'Alger a donc décidé que les Supérieurs ou Supérieures de ces établissements se mettraient directement en rapport avec les bienfaiteurs et bienfaitrices. En vertu de ces dispositions, les orphelins sont aujourd'hui exclusivement à la charge des missionnaires, et les orphelines à celle des Sœurs de la Mission d'Afrique. En conséquence, lorsque nos bienfaiteurs ont la charité de nous envoyer des offrandes qui sont destinées spécialement aux orphelinats, nous les prions de vouloir bien adresser au P. Supérieur des missionnaires à La Maison-Carrée (près Alger) les secours qu'ils réservent à l'éducation des orphelins arabes; et à la Supérieure de l'orhelinat Saint-Charles de Kouba (près Alger), ceux qu'ils destinent plus spécialement à l'éducation des jeunes filles indigènes. Quant à ceux qui ont l'habitude d'envoyer leurs offrandes au bureau de l'*Œuvre des Ecoles d'Orient*, ils voudront bien continuer à le faire, en indiquant exactement la destination de leurs aumônes.

V

UNE SAINTE EN ALGÉRIE (1).

(*Suite*)

C'est au mois de Novembre 1866, que mourut Mgr Pavy. Quelques mois après Mgr Lavigerie fut appelé de l'évêché de Nancy au siége d'Alger dont il devint le premier archevêque.

(1) Pour nous conformer aux lois de l'Eglise, nous déclarons n'employer dans cette Notice les noms de *saint*, d'inspiration, de miracle, qu'en soumettant le tout au jugement du Saint-Siége et dans le sens où il est permis de les employer.

Avec ce Prélat une ère nouvelle va commencer pour le pèlerinage de Notre-Dame d'Afrique. Les prévisions si souvent manifestées de Mlle Agarithe vont se réaliser : elle va voir se presser dans le vénéré sanctuaire dont elle est la gardienne, de jeunes musulmans devenus néophytes qui dans la douce Mère Marie, *Imana Mariem,* comme l'appellent ces pauvres enfants, viendront saluer et prier la Vierge, Mère de Dieu.

A peine le nouvel Archevêque avait-il pris possession de son siége qu'un voile de mort s'étendait sur l'Algérie où tous les fléaux semblaient s'être successivement déchaînés, pour venir décimer les malheureuses populations indigènes.

Le cœur du premier pasteur dont la devise et les armes sont *charitas,* s'émut de tant de misère à la fois. Il chargea ses prêtres, ses religieux et ses religieuses de ramasser sur les grands chemins les pauvres victimes de l'épouvantable famine. En peu de temps le palais de l'Archevêché fut rempli, et l'établissement provisoire ouvert aux orphelins par les soins du zélé et charitable prélat ne tarda pas à se trouver insuffisant, car il avait commencé l'Œuvre sans aucune autre ressource devant lui qu'une grande confiance en Dieu et dans la charité catholique.

Le vénérable Archevêque n'ayant plus de locaux pour recevoir ces pauvres enfants abandonnés qui chaque jour arrivaient en foule, en prit une partie près de lui, dans sa résidence de Saint-Eugène, tout près de Notre-Dame d'Afrique, où ces enfants demi-barbares voyaient les chrétiens se rendre pour prier. Dès lors ce lieu devint pour eux comme une terre sacrée, et ce monument avec ses formes imposantes, ils s'habituèrent à le vénérer comme le sanctuaire de la Vierge Marie leur Mère, en même temps qu'elle était la Reine de l'Afrique leur patrie.

Tout d'ailleurs les saisissait dans ce pèlerinage, jusqu'à la céleste apparition de cette humble fille à l'air angélique et qui passait son temps à recevoir les pèlerins ou à prier dans le silence du sanctuaire. Bien des fois à cette époque, ces pauvres enfants se demandaient en effet si cette femme si douce, si recueillie, n'était pas un ange que Dieu avait envoyé du ciel pour garder son temple.

Cependant Agarithe se sentait surabonder de joie en voyant grandir et prospérer les Œuvres de l'éminent Archevêque, à qui le Saint-Siége confiait à cette même époque l'immense délégation apostolique du Sahara et du Soudan, délégation qui comprend plus de 50 millions d'infidèles entre les États Barbaresques et les grands lacs du centre de l'Afrique d'une part, et d'autre part, l'Égypte et le Fezzan, jusqu'aux plages de l'Atlantique.

En face de ce champ immense ouvert à son zèle, l'infatigable Prélat fonda tout d'abord, pour cette œuvre spéciale, une société de Missionnaires et une congrégation de femmes.

C'est quelque temps après, le 2 février de l'année suivante, qu'il réunissait dans la chapelle de Notre-Dame d'Afrique, les quatre jeunes Missionnaires accourus les premiers à son appel, les dépouillait de leur costume ecclésiastique pour les revêtir des blancs et longs vêtements arabes. L'un d'eux recevait, ce jour-là même, l'onction sacerdotale des mains du vénérable Archevêque : c'était le premier prêtre de la Congrégation naissante. Tout se fit alors dans le silence, presque dans le mystère, comme il convient à une œuvre d'apostolat qui commence, car tout berceau a besoin de mystère et de silence autour de lui. Une seule personne fut admise à cette touchante cérémonie bien solennelle dans sa simplicité. Ce fut la vieille Agarithe dont le cœur déborda ce jour-là de joies et d'espérances prophétiques, car après la cérémonie elle vint baiser la main nouvellement consacrée du jeune prêtre, toucher son vêtement de Missionnaire, et lui demander à genoux sa première bénédiction; puis elle ajouta : « Vous êtes le premier prêtre, mais bien d'autres viendront après vous, car Dieu a béni ce grain de senevé, destiné à grandir et à fructifier. Avant peu cette petite chapelle sera trop étroite pour contenir ceux que Dieu choisira pour travailler à la conversion de nos pauvres Arabes. »

Elle disait vrai : le grain de senevé à produit un grand arbre qui abrite déjà une partie du désert de son ombre. Après moins de huit années d'existence l'œuvre compte près de 130 Missionnaires exclusivement destinés à l'évangélisation de l'Afrique du Nord.

*
* *

Cependant, dès la première année de son arrivée à Alger, Mgr Lavigerie avait pressé l'achèvement des travaux de Notre-Dame d'Afrique. Il avait hâte de livrer au culte ce magnifique monument élevé à la gloire de Marie. Dans l'espoir de faire honorer davantage cette Reine de l'Afrique par la prière et les splendeurs du culte, il travailla à établir là une communauté de Religieux Prémontrés. Mais ils ne purent y rester que de 1868 à 1873.

Malgré tout le bonheur qu'éprouvait Mlle Agarithe de voir le soin du pèlerinage confié à d'aussi fervents religieux, cette période fut encore pour elle, dans les desseins de Dieu, un temps de rude épreuve, mais d'un genre qu'elle ne connaissait pas encore.

Quand Dieu veut une âme c'est par l'immolation qu'il se l'attache : il lui envoie des flots de souffrances, et c'est par ce canal pénible de la douleur qu'il se communique lui-même plus abondamment.

La souffrance n'est-elle pas véritablement, en effet, le creuset où s'épure le cœur de l'homme. Sans elle la vie terrestre nous ferait oublier que nous sommes fils du ciel; nous perdrions de vue la patrie véritable. Plus Dieu veut s'attacher une âme, plus il lui envoie de tribulations : L'éminente sainteté d'Agarithe a toujours brillé au grand jour pendant sa vie; mais aussi elle a bu largement à cette coupe du sacrifice !

Nous avons vu que cette sainte fille avait, depuis son enfance, connu toutes les souffrances et surtout celles du cœur. Nous en sommes à une époque de sa vie où tout cela n'était plus rien pour elle: peines et sacrifices étaient au contraire des échelons qui l'élevaient graduellement vers Dieu. La souffrance disparaissait et se transformait en joie délicieuse, dès qu'elle avait pu passer quelques instants aux pieds de son Dieu. Elle ne connaissait plus d'autre jouissance que celle de le recevoir fréquemment dans la sainte Communion et de conférer ensuite de longues heures avec lui dans le secret de son cœur et dans le silence du sanctuaire.

Dieu permit qu'un sacrifice, qui a été le plus pénible de sa vie lui fût alors imposé. Il lui fit avoir pour Directeur un religieux qui tout en accordant à cette âme d'élite de faire la sainte Communion chaque jour, l'obligea à quitter la chapelle pour retourner à sa petite boutique un moment après que le prêtre descendait de l'autel. C'est ainsi qu'Agarithe qui aurait tant aimé, comme Madeleine, passer sa vie aux pieds de son bien-aimé, devait borner son action de grâce aux courts instants qui séparent la communion de la fin de la messe, car, une fois dans sa cellule, elle avait à répondre à tous les pélerins, en sorte que souvent il ne lui était plus possible, pendant plusieurs heures, de jouir d'un seul moment de solitude. Cette épreuve dura cinq longues années! Elle a avoué que rien ne lui avait coûté davantage : « C'est peut-être, ajoutait-elle simplement, parce qu'il y a fort peu d'âmes à avoir un aussi grand besoin d'obéissance que la mienne. »

Elle eut, à cette même époque, une autre épreuve qui dura moins, mais qui faillit devenir une crise terrible dans cette vie déjà si tourmentée. Ce même directeur, soit pour l'éprouver, soit parce que Dieu permit cette décision comme un suprême sacrifice que devait endurer sa servante, finit par lui déclarer qu'elle devait quitter ce pélerinage, dont elle avait été la principale fondatrice. Il lui conseilla de rentrer en France dans une communauté, pour y mener un autre genre de vie que celui où Dieu l'avait placée jusque-là. Le coup fut terrible : elle s'y résigna cependant.

Elle vint donc un jour prévenir Mgr l'Archevêque pour lequel elle avait une entière confiance, et qu'elle regardait comme son directeur extraordinaire, que l'obéissance la faisait se retirer, et qu'elle allait retourner à Lyon, pour y finir ses jours. C'est là que Dieu l'attendait pour lui manifester, comme à Abraham, que son obéissance lui suffisait. Sa Grandeur répondit sans hésiter : « Retournez à votre cellule, je vous ordonne de rester où vous êtes. Croyez-le bien, vous serez la dernière à quitter N.-D. d'Afrique! »

La vénération de Mgr Lavigerie a toujours été très-grande pour cette sainte âme. Plusieurs fois, nous lui avons entendu dire cette parole : « J'ai vu bien des gens, et parcouru bien des pays; mais je n'ai jamais rencontré dans ma vie une sainte comme Mlle Agarithe! » Que de fois en venant, selon sa coutume, prier N.-D. d'Afrique pour lui confier les grandes entreprises de son zèle et de sa foi, il s'est arrêté devant la petite boutique pour *ordonner* à la pieuse Agarithe de se mettre en prières à ses intentions : « Dieu et Marie ne sauront rien lui refuser, » disait-il en s'éloignant.

*
* *

Mlle Agarithe continuait à suivre avec les transports d'une sainte joie les développements progressifs des œuvres du grand Archevêque. C'est N.-D. d'Afrique qui a reçu, comme il convenait, les prémices de la moisson que Dieu fait lever sur cette vieille terre, autrefois si chrétienne. Les douze premiers indigènes, orphelins et orphelines, que l'œuvre ait admis au sacrement de la génération, ont reçu là le Baptême des mains de leur Père, Mgr Lavigerie, assisté de l'Evêque d'Oran son suffragant.

En 1872, toujours à N.-D. d'Afrique, et le 4 mai, fête de sainte Monique, quatre de ces jeunes indigènes devenus chrétiens, venaient demander à Monseigneur la bénédiction nuptiale! Ce même jour, Mgr l'Archevêque consacrait solennellement la grande chapelle du pèlerinage : c'était une vraie résurrection des anciennes Églises d'Afrique dans ce premier mariage d'indigènes chrétiens, et dans la consécration de cette basilique qui s'élevait radieuse comme un phare de salut sortant de ruines amoncelées.

Un an plus tard, ce sanctuaire, de plus en plus célèbre, voyait se réunir le premier concile de la nouvelle Eglise d'Afrique si pleine de vie et d'espérances, au sortir de la longue et douloureuse nuit qu'elle vient de traverser. Il s'est produit là un fait bien intéressant, c'est que dans ce Concile, tous les textes employés pour définir ou défendre la foi étaient empruntés aux ouvrages des anciens docteurs africains et toutes les cérémonies, tous les chants sacrés étaient exécutés par des Africains récemment convertis à la foi.

Qu'on nous pardonne de faire ici, en quelques mots cet historique des progrès du pèlerinage. C'est pour montrer combien cette fondation, qui avait été en partie l'œuvre d'Agarithe, avait grandi et prospéré en peu de temps. Nous sommes loin de l'humble Madone déposée par ses pieuses mains dans la petite grotte du ravin, loin même de l'étroite chapelle auprès de laquelle elle a passé la dernière partie de sa vie! C'est aujourd'hui un vaste monument, aux immenses coupoles, et cependant trop étroites à certains jours, pour abriter la foule énorme des pèlerins qui se pressent confiants et recueillis autour de l'image vénérée de leur Mère (1).

(1) Aujourd'hui la chapelle de N.-D. d'Afrique est érigée en Basilique, et sa statue miraculeuse vient de recevoir de N. S. Père le Pape Pie IX, les honneurs du couronnement.

C'est le jour de l'inauguration de ce premier concile d'Afrique que la statue de Marie fut définitivement transportée de la petite chapelle, où elle avait été déposée provisoirement, pour venir sur le trône de gloire qui lui avait été préparé au-dessus du magnifique autel de la chapelle définitive. Des larmes coulèrent ce jour là des yeux de Mlle Agarithe, larmes de bonheur de voir enfin sa mère prendre possession de cette remarquable basilique élevée à sa gloire, larmes de regrets à la pensée que cette Madone vénérée quittait sa modeste et primitive chapelle où elle l'avait tant priée et tant vue honorée par les nombreux pèlerins qui s'y étaient succédé jusqu'à ce jour.

Dieu prit soin de la consoler en lui donnant un dédommagement au sujet de cette même chapelle. Nous avons dit plus haut toute l'affection, toute la confiance, et la dévotion presque familière que notre sainte fille portait au *bon* Saint Joseph, comme elle ne manquait jamais de l'appeler. Une des tâches qu'elle parut se donner pendant la dernière période de sa vie, a été de propager et de répandre le plus possible cette dévotion pour le saint Patriarche. Chose bien remarquable, un jour, bien avant cette même époque, elle envoyait le *Bulletin de Sainte-Monique* à une de ses pïeuses amies qui était en ce moment à Lyon. En ouvrant la brochure, celle-ci trouva un billet écrit de la main de Mlle Agarithe, et qu'elle avait laissé là par mégarde. Voici ce qui s'y trouvait : « J'ai la conviction que la petite chapelle de Notre-Dame d'Afrique sera un jour consacrée au bon saint Joseph ; avant que la chose arrive, j'éprouve le besoin de l'écrire ici. »

En effet, quelque temps après, Monseigneur décida spontanément et sans connaître le désir d'Agarithe que lorsque la statue miraculeuse serait transférée dans la grande chapelle avec les nombreux ex-voto qui remplissaient la chapelle appelée provisoire, celle-ci deviendrait définitivement un sanctuaire dédié à saint Joseph. Peu après, Sa Grandeur y fit placer une statue du protecteur de l'Église universelle et de l'Enfant Jésus avec le Sacré Cœur sur la poitrine.

*
* *

C'est un peu avant l'époque où nous sommes arrivés dans ce récit que furent réalisées d'autres prévisions fréquemment manifestées par Agarithe : l'installation à Notre-Dame d'Afrique d'un des centres principaux de la Société des Missionnaires, fondée par Mgr Lavigerie.

Bien souvent, il nous en souvient, à l'époque où la charge du Petit Séminaire arabe, alors à Saint-Eugène, nous était confiée, elle nous recommandait de conduire le plus fréquemment possible nos chers enfants aux pieds de leur Mère : « Vous venez ici trop peu souvent, nous disait-elle : Notre-Dame d'Afrique, voyez-vous, est le centre naturel de votre Mission. Habituez-vous dès maintenant à vous regarder là comme chez vous ! »

J'avoue que rien ne pouvait alors justifier une telle prévision. Les RR. PP. Prémontrés desservaient le sanctuaire, et avaient établi là un monastère qui avait les apparences de la prospérité. En supposant même qu'ils dussent partir, tout nous eût fait croire que, vu notre petit nombre d'alors, il ne pourrait venir à la pensée de personne de nous offrir de leur succéder. C'est cependant ce qui a eu lieu : les troubles de 1870-71 avaient mis, par diverses causes, cette communauté dans une situation critique. Leur monastère déjà commencé dut rester inachevé. Bientôt la position ne fut plus tenable pour ces religieux : ils durent abandonner la place.

C'est alors que Mgr l'archevêque, d'accord avec le chapitre d'Alger, proposa à la Société des Missionnaires d'Afrique de venir en leur lieu et place. Le nombre de ses membres qui s'accroissait alors de jour en jour, permit à cette Société d'accepter le soin de desservir le pèlerinage, et de grouper là sous le manteau de Marie leur mère, ceux de nos enfants plus avancés dans leurs études, et qui songeaient sérieusement à se préparer à l'apostolat au milieu de leurs frères égarés.

Ce sont ces jeunes Lévites indigènes qui assistent les Missionnaires chargés du pèlerinage. Ils le font avec cette dignité, cette gravité dont le peuple arabe possède si bien le secret. Le spectacle qu'ils offrent ainsi est bien touchant pour les nombreux pèlerins qui visitent ce sanctuaire vénéré de la Reine de l'Afrique, car ils ont là, sous les yeux, de pauvres indigènes plongés, il y a quelques années, dans les ténèbres de l'infidélité, et qui, aujourd'hui, nouveaux Samuels sur les marches du Temple, attendent de devenir les sauveurs de leurs peuples ! Ce sont ceux-là, en effet, qui sont les premiers destinés à renouer la chaîne si longtemps interrompue du sacerdoce catholique parmi les peuples africains.

*
* *

En voyant l'Œuvre de son cher pèlerinage grandir, en même temps que s'affermissaient les œuvres plus récentes encore en faveur des Missions d'Afrique, Agarithe éprouvait comme un besoin de répéter autour d'elle que maintenant son *Nunc dimittis* pouvait être chanté.

Ses forces, en effet, s'affaiblissaient peu à peu ; le travail lui devenait de plus en plus pénible ; ses traits s'altéraient, et son corps si mortifié semblait s'affaisser chaque jour. Sa faiblesse ne lui permettant plus aucune sorte de travail, elle passait presque tout son temps ou devant le T.-S. Sacrement ou dans sa cellule, le plus souvent à genoux dans *son petit coin*, c'est-à-dire derrière la porte de sa boutique qui donnait sur la chapelle de Saint-Joseph. « Si au moins la mort était venue me prendre dans ce petit réduit, disait-elle souvent pendant sa dernière maladie, il me semble que là, j'eusse mieux été à mon poste ! » D'autres fois aussi elle ajoutait : « J'aurais bien désiré mourir en balayant la chapelle, il m'eût été si doux de paraître ainsi devant mon Dieu les armes à la main, dans l'exercice de ces fonctions si honorables d'une servante de Dieu et de Marie ! »

Balayer la chapelle, c'est en effet la chose dont, par esprit de foi, elle se sentait le plus honorée. Elle tenait extrêmement à ce privilége, et elle voulut encore remplir cet office le jour même qu'elle s'est mise au lit ; mais ce fut bien péniblement, car elle dut recommencer à plusieurs reprises. C'est le dernier travail qu'elle ait fait de sa vie.

Sa dévotion pour le saint lieu était extrême. En voyant nos jeunes néophytes arabes baiser quelquefois la porte de la chapelle quand ils venaient à Notre-Dame d'Afrique : « Oh ! comme je comprends ces pauvres enfants, s'écriait-elle, et que j'aime à voir

le besoin qu'ils ont de donner ainsi des témoignages de leur respect à la maison de Dieu ! » Que de fois nous l'avons entendu dire
avec des élans de foi et d'amour qui faisaient du bien : « Que je
voudrais faire brûler des parfums devant N. S. partout où il veut
bien venir reposer ! » A une personne que tourmentait une souffrance physique des plus violentes, elle dit un jour : « Servez-
vous donc pour vous guérir de l'huile qui brûle devant le S. Sacrement. On ne connaît pas assez toutes les vertus que Dieu attache
à cette huile précieuse qui l'honore si bien et le jour et la nuit. »

De toutes les dévotions, celle qu'elle semble avoir cherché à
propager d'avantage, c'est, nous l'avons vu, la dévotion à la sainte
Famille et en particulier à saint Joseph. A la date du 12 mars 1873,
elle écrivait à une de ses amies d'autrefois qui était devenue religieuse : « Chère et tendre amie, ayons grande confiance à saint
Joseph : lorsque j'ai une grâce à obtenir de lui, je promets un
nouvel abonnement au *Propagateur*, et cela me réussit toujours. »
Un peu plus tard, cette même amie qui est Supérieure d'une Communauté et d'un Refuge, lui exposait ses difficultés, Agarithe lui
rappela encore sa recette pour la surmonter : « Le moyen qui me
réussit le mieux, lui écrit-elle encore, c'est de promettre un
abonnement au *Propagateur*, pour faire connaître les grandes
faveurs accordée par la sainte Famille J. M. J. Je donnerai l'abonnement, et toi tu écriras les grâces obtenues. Tu verras que nous
serons exaucées. »

Enfin, deux ans plus tard, le 1ᵉʳ mars 1875, en répondant à son
amie, elle lui disait : « Tous les matins, je demande pour toi force
et courage, et aussi ce dont tu as besoin pour ta nombreuse famille.
Oh ! comme tu dois souffrir, en voyant que malgré toutes vos privations tu as encore des dettes ! Tourmentons ensemble saint
Joseph. Il a souffert lui aussi, il nous comprendra. J'ai la ferme
confiance que son mois ne finira pas sans que tu aies reçu quelques
consolations. »

C'est la dernière lettre qu'elle ait écrite.

Cette sainte fille a écrit bien peu dans sa vie, elle tenait tant
à rester ignorée, et elle vivait si complétement éloignée du commerce du monde ! Nous avons eu cependant la bonne fortune de
lire les lettres qu'elle a écrites à cette amie devenue religieuse, et

avec laquelle elle a consenti à reprendre ses rapports intimes d'autrefois. Nous aimons à en donner ici quelques fragments pour mieux faire connaître cette belle âme dans son intimité.

Voici ce qu'elle écrivait à cette amie en février 1843, la veille de son départ pour le cloître : « Pauvre amie, comme tu as besoin de » forces ; mais celui pour lequel tu quittes tout te rendra tout au » centuple : tu sais bien que Jésus ne se laisse jamais vaincre en » générosité. Prends donc ton âme et ton cœur à deux mains, et, » avec la croix et l'amour de J.-C. brise toutes les chaînes des » amitiés humaines qui t'écrasent de leurs poids ! Tant mieux que » tu sentes vivement les sacrifices que tu as à faire : ton divin » Epoux t'en saura bien plus gré ; cela prouve l'ardeur de ton cœur : » eh bien ! un cœur ardent est capable des plus grandes choses.

» Regardons, bonne amie, cet univers comme une prison. Lais-» sons-nous changer de cachot par notre maître, jusqu'à ce qu'il » lui plaise de nous ouvrir les portes de notre céleste patrie. Si tu » deviens une sainte religieuse, comme je l'espère, ta retraite de-» viendra pour toi le vestibule du ciel. Tout ce que tu laisses de » cher derrière toi, abandonne-le dans le cœur de ton époux, il » en prendra soin ; et puis, toi, marche sans te retourner en ar-» rière. Espérons que si nous nous sommes connues et quittées au » pied de la Croix, nous nous reverrons un jour portées par cette » même Croix sur la montagne de Sion, où, enivrées de délices, » nous ne nous séparerons plus jamais !

» Oui, c'est au Ciel, Pauline, que je te dis à revoir... »

Pendant près de trente ans la Religieuse et sa sainte amie furent séparées, et ne correspondirent plus ensemble. Ce ne fut qu'en 1872 que cette sœur, devenue Supérieure de Communauté, se rappela l'éminente sainteté de sa compagne d'autrefois pour lui demander l'assistance de ses prières, et aussi pour lui confier ses peines, car elle connaissait toute la tendresse et l'excellence du cœur de sa vieille amie.

Ce n'est pas, en effet, par misanthropie ni par esprit chagrin qu'Agarithe avait enseveli sa vie dans un si profond silence, elle ne l'a fait que par vertu et par esprit de sacrifice. Le passage suivant d'une lettre écrite par elle à son amie nous le fait supposer : « J'ai promis, il y a longtemps, de ne jamais plus chercher ma

» consolation dans aucune créature. *Dieu seul sait combien ce sacri-*
» *fice m'a coûté...* Mais puisque Jésus daigne être jaloux de mon
» misérable cœur, je ne dois plus le partager. »

Voici un autre passage de la même lettre : « Sois heureuse, ma
» chère vieille amie, de ce que Dieu a si souvent torturé ton cœur.
» Quand on connaît par expérience les déchirements de l'âme et
» du cœur, oh ! comme on est plus compatissant pour les autres ! »

Elle revient souvent sur cette pensée dans ses lettres : « Dis-
» moi où tu en es de tes chagrins. Tes peines sont mes peines,
» comme tes joies sont mes joies. *Oh qu'il fait bon avoir souffert!*
» Combien on comprend mieux la souffrance de ses frères, surtout
» ces souffrances de l'âme qu'aucune parole ne peut rendre. »

Les âmes! ç'a été la passion de sa vie. Son bonheur était de
trouver une âme à relever, à lui faire prendre courage, à porter à
Dieu. Voici les paroles si apostoliques qu'elle écrivait à son amie
quelques mois avant sa mort : « Courage, chère amie, ne te laisse
» pas abattre : Dieu proportionne les grâces aux besoins; plus
» nous entrons dans la profondeur de notre misère, plus nous nous
» relevons avec amour et confiance.

» Confiance! oh que ce mot est doux à mon cœur et à mes lè-
» vres! Que je voudrais pouvoir parcourir la terre et crier à tout
» ceux qui souffrent : *Confiance,* abandon le plus absolu entre les
» mains de Celui qui gouverne tout! Que de choses j'aurais à te
» dire au sujet de ce doux abandon; comme Dieu sait tirer le bien
» du mal, même quand tout semble perdu pour toujours. Je crain-
» drais de manquer de charité en te révélant des peines qui main-
» tenant me donnent de la joie. Voilà pourquoi je voudrais porter
» tous les cœurs à la confiance en Dieu seul! « D'ailleurs, disait-elle
» dans la même lettre, je crois que dans ces temps où tant d'âmes
» ne prient plus, le bon Dieu est plus prompt à nous donner
» ce que nous lui demandons, principalement les faveurs spiri-
» tuelles. »

A cette passion des âmes se joignait chez elle, on le voit, une
très-grande commisération pour ceux qui souffrent. De tous les
dons que Dieu donna à sa servante, un des plus remarqués a été
en effet de savoir consoler les personnes qui venaient lui faire part
de leurs peines, surtout quand il s'agissait d'une conversion à ob-

tenir. Son cœur et sa grande charité lui inspiraient admirablement ce qui convenait à chacun selon la situation où il se trouvait. Dans ces circonstances, sa mémoire était extraordinaire ; elle reconnaissait une personne après plusieurs années, et se rappelait toutes les ouvertures déjà faites, tous les détails concernant cette âme.

Il y avait surtout une époque de l'année où son âme était comme dans une sainte exaltation : c'était vers l'automne, lorsque commençaient les retraites de communautés religieuses, et les retraites ecclésiastiques : « Que Dieu est honoré en ce moment, aimait-elle à répéter, et que de bien se prépare à l'heure qu'il est pour l'avenir ! »

Quand elle apprenait le retour à Dieu d'une âme égarée, c'était pour elle un jour de fête ; rien n'égalait son bonheur.

Quelque temps avant sa dernière maladie, une personne qui avait mené une vie peu édifiante, mais à l'âme de laquelle Agarithe s'était vivement intéressée, tomba dangereusement malade, et mourut parfaitement en règle avec sa conscience. Elle vint avec empressement l'annoncer à son Directeur, comme une grande faveur qui lui aurait été faite personnellement : « Puisque le bon Dieu a daigné m'accorder cette grâce, dit-elle, je vais bien pouvoir souffrir quelque chose maintenant. »

La souffrance, le sacrifice, la mortification étaient devenus, avec la prière, comme un pain quotidien dont cette âme généreuse ne pouvait plus se passer. Mais elle redoublait encore ses prières et ses austérités quand elle avait une grâce à obtenir en faveur de quelque pauvre âme à laquelle la sienne s'intéressait.

Et cependant son genre de vie ordinaire était des plus mortifiés : elle avait pour lit une simple paillasse, et sa nourriture était des plus pauvres. Elle ne buvait jamais de vin, et, depuis bien des années, la viande n'entrait plus dans ses aliments. Le soir, son habitude invariable était de prendre un peu de pain et d'eau avec un oignon qu'Anna, sa compagne, lui préparait. Ce frugal repas d'anachorète, elle le préférait à tous les festins.

Et cependant, de l'aveu de cette même compagne qui a passé près de quarante années près d'elle, les mortifications d'Agarithe était bien plus intérieures qu'extérieures. En suivant de près cette vie si pure et si fervente, on remarquait qu'elle se passait bien plus dans le ciel que sur la terre, au milieu des Anges qu'avec les humains. La vue seule de ce visage si serein, si angélique, malgré le nuage de tristesse dont nous avons parlé, impressionnait profondément : il y avait là comme un rayon céleste qui portait à penser à l'autre vie.

*
* *

Une âme si étroitement unie à son Dieu, si dégagée de la terre, vivant si complétement des choses du Ciel, devait, au milieu des amertumes de sa vie, goûter les douceurs des familiarités divines. Nous avons entendu dire à Mgr l'Archevêque d'Alger qu'à plusieurs reprises elle lui avait parlé, d'elle-même, des choses considérables qui avaient trait aux intérêts de l'Eglise en Algérie et qu'elle ne pouvait connaître d'une manière naturelle. Aussi la confiance qu'inspiraient au vénérable Archevêque sa sainteté et sa sagesse toutes célestes était si grande, qu'il n'hésita pas à la consulter plusieurs fois dans des cas difficiles.

Une des personnes qui ont le plus vécu dans l'intimité de cette âme d'élite a écrit d'elle ce qui suit : « Notre-Seigneur devait lui parler bien souvent, mais elle ne s'en ouvrait que lorsqu'elle y était forcée. Elle m'en donna un jour la preuve : la voyant préoccupée après la sainte communion, j'insistai pour en connaître la cause, car je savais par elle que cela me concernait. Notre-Seigneur venait de lui dire de me confirmer dans une décision que j'avais à prendre. »

Elle n'était pas sans avoir le pressentiment, on pourrait même dire la révélation de sa fin prochaine. On le comprit à la sainte expansion qu'elle montrait les derniers temps de sa vie, aux personnes de sa connaissance qui s'éloignaient momentanément d'Alger, mais qu'elle ne devait plus revoir à leur retour. Elle laissa même pressentir la chose à une de ses amies intimes qui partait pour Lyon.

Au mois de mai 1875, quand Mgr Lavigerie, brisé par une longue et terrible maladie se mit en route pour l'Europe, afin d'aller prendre un peu de repos à Rome auprès de l'auguste victime du Vatican, Mlle Agarithe s'avança vers la voiture qui l'emportait, et, se mettant à genoux : « Bénissez-moi Monseigneur, s'écria-t-elle, et veuillez demander pour moi une bénédiction spéciale au Saint-Père, car nous ne devons plus nous revoir.

— C'est vrai, répondit Monseigneur en la bénissant, je me sens au bout de ma course !

— Oh ce n'est pas de vous qu'il s'agit, répondit-elle avec assurance.

C'est deux mois plus tard que Monseigneur se rappelant cette scène et apprenant la mort de la sainte fille, comprit tout le sens de cette dernière conversation avec elle.

Cependant ses forces s'affaiblissaient de plus en plus et déclinaient rapidement. Elle en vint à ne plus pouvoir se tenir debout dans sa pauvre boutique. Elle passait son temps à méditer pieusement, assise sur une chaise, car la lecture elle-même lui devenait de plus en plus difficile. Elle voulait cependant demeurer à son poste : son désir, nous l'avons vu, eût été de mourir dans son petit coin ou aux pieds du Saint-Sacrement, c'est son directeur qui, le samedi 25 juin, vint l'obliger à se mettre au lit.

Agarithe sentant qu'elle ne devait plus se relever, demanda elle-même un matelas à sa compagne qui parut toute surprise d'une délicatesse si inaccoutumée : « c'est afin, lui dit la sainte fille, de ne pas paraître extraordinaire sur mon grabat aux personnes qui viendront me voir pendant ma maladie. » Son plus grand souci était d'éviter tout ce qui pouvait la faire remarquer.

(La fin au prochain numéro.)

VI

OEUVRE DES MISSIONNAIRES

ARRIVÉE DE NOVICES ET ADOPTIONS.

Depuis la publication du dernier numéro du bulletin, sont entrés au Noviciat de la Mission d'Afrique, à la Maison-Carrée.

MM. P. Raudabel,　　　　　du diocèse de　Mende.
　　　Joseph Chapin,　　　　　—　　　　d'Angers.
Comme frère coadjuteur, le Bourvellec,　　—　　　Vannes.

D'autres postulants sont au Noviciat des Frères de Saint-Laurent-d'Olt (Aveyron). Nous donnerons leurs noms dans le prochain Bulletin.

ADOPTIONS DE MISSIONNAIRES.

Nos associés savent qu'en donnant une somme de 800 francs, ils entretiennent pour une année un missionnaire en Afrique. Ils deviennent ainsi participants de tous ses travaux et de ses mérites, et même de ceux de son martyre comme cela a eu lieu pour les charitables bienfaiteurs qui avaient adopté les trois martyrs de Tombouctou.

Nous avons reçu pour l'adoption de Missionnaires :
De Mme la vicomtesse Foullon de Doué, de Nancy.　　　800 fr.
Cette adoption est appliquée au R. P. Bertin.

———

Nous sommes heureux de remercier dans ce Bulletin l'association des Mères chrétiennes de Philadelphie de l'appui charitable qu'elle apporte à notre OEuvre. Chaque année elle nous a fait parvenir de généreuses offrandes, et nous venons de recevoir, par l'entremise de l'*OEuvre des Ecoles d'Orient*, son envoi de 222 fr. 25 c. produit des collectes de 1876.

VII

ŒUVRE DES VIEUX MÉTAUX

FONDÉE A MARSEILLE POUR AIDER LES MISSIONNAIRES D'AFRIQUE
DANS LEURS ŒUVRES AU SAHARA.

Eclose naguère à Marseille cette œuvre est née dans le cœur d'une pieuse amie de la Mission Africaine, religieuse à Boulogne-sur-Mer : nous espérons qu'avant peu elle embrassera la France tout entière, et rendra de précieux services aux apôtres du Sahara et du Soudan.

Rien de simple comme *cette œuvre des vieux métaux :* chercher dans sa maison tout ce qui sous.une forme métallique est devenu sans emploi, commençant par la feuille argentée qui recouvre la tablette de chocolat du matin jusqu'au tuyau de plomb perforé de la chaumière ou du château ; en passant par les innombrables variétés de vieilles lampes, chandeliers démodés, batteries de cuisine sans emploi, lits de fer, chenets boiteux, lustres rococo, suspensions brisées, couverts de table défraîchis depuis le métal blanc jusqu'au modeste étain, pot à tabac, tabatière, boîte à thé, cuivres de toutes nuances et sous toutes les formes ; bronzes artistiques endommagés, vieilles cloches et, au besoin, vieux canons, sans oublier les vieux sols et les pièces démonétisées.

Tels sont les éléments multiples de l'œuvre qui, comme on le voit, malgré son humble origine, est destinée à faire beaucoup de bien.

Ces objets une fois trouvés, et quelle est la maison, même la plus pauvre, qui n'en offrira de nombreux spécimens, les faire parvenir tels quels aux divers entrepositaires attitrés, c'est-à-dire aux correspondants diocésains qui figurent à la dernière page du Bulletin de sainte Monique, à moins qu'on ne préfère les brocanter soi-même et en adresser le prix, si modeste fût-il, aux dits correspondants.

Voici quelles sont les espérances de l'œuvre nouvelle.

Parmi les objets ainsi envoyés, quelques-uns, sans doute la moindre quantité, pourront offrir un intérêt pour les amateurs de vieillerie, soit à cause de leur forme antique, soit comme assortissant d'autres similaires dépareillés : l'amateur sera heureux en se passant un caprice artistique de contribuer à une bonne œuvre.

La part la plus considérable ne pourra s'utiliser que pour la refonte, mais si l'on a égard au prix actuel des métaux les plus vulgaires, on peut apprécier de suite ce qu'on réalisera avec ceux consignés dans nos divers dépôts.

Qu'on ne traite pas nos espérances de chimères : la merveilleuse vitalité de l'Œuvre des vieux papiers est là pour dire les revenus certains qui nous sont réservés. Si l'on veut bien se faire chercheur et collecteur pour nous. Les vieux papiers dont le prix de vente est loin d'égaler celui des métaux produisent annuellement à Marseille plus de trois mille francs.

Qu'on juge ce que nous promettent les vieux métaux si l'on veut bien prendre la peine de nous les adresser.

Oui la peine, car nous l'avouons, certaines mains délicates vont s'effrayer de notre projet : comment s'écrieront quelques lecteurs, aller remuer nos galetas poudreux et toucher à nos antiquailles séculaires! Comment? chers lecteurs, vous le ferez, en pensant que cette poussière, mise en branle par charité, vaut mieux que celle que le missionnaire Africain va respirer par amour des âmes dans son Sahara brûlant et que soulève le simoun : vous serez heureux de tousser un instant, pour lui envoyer en bel argent de quoi étancher sa soif, traiter ses ophthalmies causées par les sables et convertir ses chers Arabes.

Car, ne l'oublions pas, ces métaux divers, à mesure que la récolte va s'en généraliser en France produiront de fort jolies sommes à ajouter à celles que mentionne déjà le Bulletin de N.-D. d'Afrique.

Qu'on y songe, quelques méchantes lampes, des chandeliers à base problématique, à solidité douteuse, permettront souvent de payer le rachat de plus d'un nègre, destiné peut-être à devenir un apôtre dans le désert, parmi les tribus nomades.

Un dernier mot sur la convenance de l'œuvre : nul siècle n'a eu plus que le nôtre une existence métallique : nous roulons sur le fer, des chars de bronze, des machines de cuivre nous transportent, l'acier sème la mort à nos côtés, le bronze a multiplié ses ruines, sans parler de celles qui sont imputables à l'argent et à l'or : prenons la dîme de nos métaux envahissants et destructeurs, et obligeons Dieu à bénir ceux qui nous servent par le bon usage que l'on fera en notre nom, de ceux qui ne nous servent plus.

Dès le prochain bulletin, une place sera réservée aux recettes effectuées par *l'œuvre des vieux métaux*.

Déjà un dépôt spécial est ouvert à Marseille, rue Sénac, 56, chez les Dames *Duvally*, toutes dévouées à notre projet.

Allons, pieux lecteurs, le czar de toutes les Russies donnait les canons conquis au combat pour en fondre le beffroi de son Kremlin, portons à l'envi, nos plombs, nos fers et nos cuivres, et en tintant dans la bourse de nos missionnaires, ils feront entendre aux pauvres Arabes le son bien plus doux de la charité.

L'abbé Payan d'Augery,
vicaire général honoraire d'Alger.

VIII

CORRESPONDANTS DIOCÉSAINS

Notre appel pour demander des correspondants diocésains a été entendu, et plusieurs personnes dévouées à l'Œuvre de Sainte-Monique ont eu la charité de nous offrir leurs services. Nous espérons, dans l'intérêt de l'Œuvre et pour la commodité des bienfaiteurs, voir augmenter le nombre des personnes qui pourraient, sans trop se charger cependant, centraliser les offrandes qu'on nous destine, soit dans leur diocèse, soit même dans leur paroisse. *Nous recommandons spécialement au zèle charitable de nos correspondants l'Œuvre si importante des* VIEUX MÉTAUX.

Nos pauvres Missions peuvent trouver là une partie des ressources qui leur sont nécessaires pour accomplir le bien immense qu'il y a à faire au milieu des peuples nombreux auxquels nous sommes envoyés.

On pourra adresser les aumônes en argent ou en nature (layettes pour nouveau-nés, vieux linge, livres, ornements d'église, médicaments, honoraires de messes, etc...) :

Au R.P. Supérieur des Missionnaires, à Maison-Carrée (près Alger.

Au Bureau des Écoles d'Orient, 12, rue du Regard, à Paris.

A M. l'abbé Payan d'Augery, 84, rue Paradis, à Marseille.

A M. Robert Oheix, avocat à Savenay (Loire-Inférieure).

A M. l'abbé Vachet, missionnaire aux Chartreux, à Lyon.

A M. Armanet, 31, rue du Bœuf, à Lyon.

A Mme Camille Thiollière, grande Rue, à Saint-Chamond (Loire).

A M. le Chanoine Delesminières à Annecy (Haute-Savoie).

A M. Chenel, rue Saint-Jean, à Caen (Calvados).

A M. Collin, 7, rue du Parterre, au Mans.

A M. Le Bas, garde-mine, à Bar-le-Duc.

A M. le Cte R. de Buisseret, au Boisselas, près Cellettes (Loir-et-Cher), ou à Versailles, 6, rue d'Anjou.

A M. l'abbé Gapp, curé de Bolsenheim (Basse-Alsace).

A M. Dufresne, chanoine à l'évêché de Montréal (Canada).

A MM. Picard et Brown, Directeurs au Séminaire de Montréal.

LES ORPHELINS DU DÉSERT (*Suite*).

III

Au grand soleil de l'Algérie,
Voyez cette ruche fleurie,
Et ses essaims laborieux!
Mille enfants, dociles abeilles,
Apprennent les douces merveilles
Du travail aux fruits précieux.

Le regard charmé les contemple :
Ils suivent le suave exemple
De Jésus, fils de l'atelier.
C'est un tableau de l'Evangile,
Chacun cherche à se rendre utile
Comme le divin ouvrier,

Le pur dévouement qui les guide
Trouve leur cœur toujours avide
Des grandes leçons de la foi;
Leur front qui porte l'anathème
Est impatient du baptême :
Ils veulent vivre sous sa loi.

Le Père, sage Providence,
Sait pourvoir avec vigilance
A tous les besoins du bercail :
Déjà sous sa douce tutelle
Le goût des plus grands se révèle
Pour l'âpre lutte du travail.

Là-bas, au revers de la plage,
Voyez-vous ce naissant village,
Sa petite église au milieu?
C'est le nid où le bon génie
Place sa jeune colonie,
Calme oasis que chérit Dieu.

Chaque jour, quand paraît l'aurore
Au signal de l'airain sonore,
Hommes, femmes, unis de cœur
Devant l'autel du sacrifice,
Demandent que Dieu les bénisse
Avant de courir au labeur.

Bientôt aux champs ils se dispersent.
Ils labourent, défrichent, hersent,
Ils sèment blés, orges, maïs.
Leur sueur féconde la terre,
La récolte est riche et prospère...
Ils s'attachent à leur pays.

Du jour la clarté s'est éteinte,
La cloche encore une fois tinte,
Rappelant les cœurs au devoir;
Avant de clore la paupière
Le hameau reprend la prière,
Hymne de grâces et d'espoir.

En voyant ces bibliques scènes
L'Arabe des tribus prochaines
S'arrête pensif et rêveur...
C'est comme le rayon d'un phare
Qui l'illumine et le prépare
Au grand réveil de sa torpeur.

(A suivre.)

Saint-Cloud. — Imprimerie de Mme Ve Eug. Belin

ŒUVRE DE SAINT-AUGUSTIN

ET DE

SAINTE-MONIQUE

I

COURONNEMENT DE N.-D. D'AFRIQUE.

Nous sommes heureux d'apprendre à nos lecteurs que le pèlerinage si vénéré de N.-D. d'Afrique, dont l'image se trouve en tête de ce Bulletin, vient de recevoir du Saint-Siége la plus haute expression de son intérêt à tout ce qui touche à la résurrection de la Foi sur cette vieille terre. A la demande de Mgr Lavigerie, l'illustre et saint Pontife Pie IX a érigé la chapelle en Basilique romaine, la première et la seule de tout le continent africain, et en même temps il décrétait le couronnement de la vierge miraculeuse que les nombreux pèlerins viennent y prier.

Mgr l'archevêque s'empressa d'annoncer aux fidèles de son diocèse cette double faveur par une lettre pastorale dont nous citerons les passages suivants :

« C'est un usage antique des Souverains Pontifes de faire couronner » en leur nom les statues de Marie honorées dans les plus célèbres » sanctuaires du monde chrétien. La couronne qu'ils leur décer- » nent est un symbole d'honneur et de reconnaissance pour les » bienfaits que les fidèles y obtiennent en plus grand nombre. Ne » pouvant rien ajouter à sa gloire dans le ciel, le Chef suprême de » l'Eglise donne ainsi, sur la terre, à ses pieuses images, les in- » signes visibles de la souveraineté là où elle se plaît à montrer

» elle-même sa puissance souveraine. Et, afin de donner un plus
» auguste caractère à ce témoignage de piété filiale, il se réserve le
» droit de le décerner seul à la demande des premiers pasteurs.

» C'est ce que Notre Saint-Père le Pape Pie IX a voulu faire pour
» Notre-Dame d'Afrique.

» Il l'a fait, je le sais, avec une double joie ; car, ici, ce n'est pas
» un culte ordinaire que nous rendons à Marie. Son sanctuaire
» s'élève en effet sur les ruines dix fois séculaires du culte ancien
» qui lui était rendu sur ces rivages.

» Que de souvenirs, M. T.-C. F., sont renfermés pour nous dans
» ce nom de Notre-Dame d'Afrique, que lui a donné la piété de notre
» vénéré prédécesseur, créateur de son sanctuaire!

» Notre-Dame d'Afrique, c'est, en effet, non-seulement la reine
» du présent, c'est aussi la reine du passé, la reine des Cyprien,
» des Augustin, des Optat, des Fulgence, des Félicité, des Perpé-
» tue, des Docteurs, des Pontifes, des Martyrs, des Vierges, qui
» ont embaumé cette noble terre du parfum de leurs vertus et de
» leur sang.

» En la couronnant sous ce nom nouveau, c'est donc toute cette
» troupe victorieuse, dont elle est la reine, que nous couronnerons
» avec elle!

» Mais ce n'est pas seulement la statue de Marie que Pie IX a
» voulu honorer de ce symbole de puissance, il a voulu encore
» accorder à son temple un titre nouveau et le mettre par là au
» rang des temples les plus vénérés de la Rome pontificale.

» A Rome, vous le savez, M. T.-C. F., les églises où les Souve-
» rains Pontifes ont établi plus spécialement leur trône, Saint-
» Jean-de-Latran, Saint-Pierre, Saint-Paul-hors-les-Murs, Sainte-
» Marie-Majeure, portent le titre de Basiliques. C'est un titre
» d'honneur qui les place au-dessus de toutes les églises de l'uni-
» vers ; c'est aussi une source de faveurs spirituelles plus étendues,
» car tous les jours de l'année on y peut gagner des indulgences
» plénières, applicables même aux défunts.

» Lorsqu'ils veulent honorer, dans le reste du monde, une église
» plus antique et plus illustre, les Papes lui confèrent le même
» titre et les mêmes priviléges. Ils le font rarement, pour conserver
» un plus grand prix à cet honneur même. Pie IX a encore voulu le

» faire. Il a considéré, sans doute, ce temple, né d'hier, comme re-
» présentant les églises africaines, autrefois si nombreuses, quel-
» ques-unes si magnifiques, et toutes si vénérables par leur
» antiquité.

« Elles étaient dignes de cet honneur, ces vieilles églises ense-
» velies sous les ruines de nos sept cents villes épiscopales, ces églises
» où de si grands hommes prêchèrent la vérité, où périrent dans
» les flammes, sous le fer des Donatistes, des Vandales, des Arabes,
» tant de millions de martyrs, où la vérité catholique fit entendre,
» dans les Conciles les plus illustres de l'antiquité, des accents si
» vigoureux et si pleins de grandeur. Elles sont honorées toutes en-
» semble aujourd'hui dans cette église nouvelle que Pie IX vient
» d'éclairer d'un rayon de leur gloire, comme pour faire renaître
» dans la fille le souvenir de ces églises disparues.

» Deux brefs du Souverain Pontife consacrent ces deux actes de
» sa justice et de sa bonté paternelle. Ils seront publiés tous deux
» solennellement à Notre-Dame d'Afrique, le jour même du cou-
» ronnement, aux vêpres solennelles. Et, à dater de ce jour, Marie
» y portera sa couronne qui lui viendra de Pie IX, son église
» prendra son titre nouveau, et les pieux fidèles qui graviront sa
» colline y trouveront des sources plus abondantes encore de grâces
» et de bénédictions. »

Le vénérable évêque développe de pieuses considérations sur le
culte de Marie, et ajoute :

« Ces pratiques sont celles du genre humain tout entier, et leur
» légitimité est fondée sur notre double nature ; car l'homme étant
» esprit et corps, il est naturel qu'il se serve des choses matérielles
» comme de celles de l'esprit pour s'élever jusqu'à Dieu. Aussi les
» âmes simples, que je louais tout à l'heure, ne sont-elles pas les
» seules à suivre ces pratiques de dévotion que recommande
» l'Église. Nous voyons, dans tous les âges, les esprits les plus
» fermes et les génies mêmes les embrasser sans respect humain,
» et ne pas craindre de se faire ainsi petits et humbles devant Dieu. »

Mgr Lavigerie tient à en citer un exemple, et voici ce qu'il
raconte :

« C'est en 1841 que Bugeaud vint prendre, avec le gouvernement
» de l'Algérie, la direction de la guerre d'Afrique. Les temps étaient

» rudes alors. De toutes parts, les Arabes avaient organisé la résis-
» tance, grâce à nos hésitations de plus de dix années. Nos soldats,
» nos officiers, nos généraux succombaient en grand nombre, ou
» sous les coups non moins redoutables de la maladie. Quelques mois
» auparavant, le général en chef lui-même, Damrémont, avait été
» frappé mortellement sous les murs de Constantine. La famille du
» maréchal, en voyant son chef se préparer à partir, était donc,
» on le comprend, dans de vives angoisses, angoisses d'autant plus
» légitimes que Bugeaud ne s'épargnait pas, et qu'on le savait tou-
» jours le premier au feu. L'une de ses pieuses filles lui demanda,
» la veille de son départ, d'accepter de sa main une médaille de la
» Sainte-Vierge et de lui permettre de la passer à son cou, comme
» une sauvegarde contre tant de périls. Le général, ému de cette
» marque de confiance et de tendresse, accéda aussitôt au désir
» de son enfant. Il lui laissa placer sur sa poitrine, attachée à un
» simple cordon, une petite médaille en argent.

» Le jour même, le général dînait à Périgueux, dans une société
» nombreuse, fort peu chrétienne, comme la société officielle de ce
» temps-là. L'évêque du diocèse s'y trouvait pourtant, et comme
» il exprimait au général son espoir que Dieu protégerait ses
» armes :

» — Ah ! Monseigneur, répondit Bugeaud, je ne suis pas un
» incrédule ; moi aussi j'ai confiance en Dieu, et pour vous en
» donner la preuve, voici une des armes que j'emporte avec moi !

» Et en disant ces mots, le gouverneur de l'Algérie tira de sa
» poitrine la petite médaille d'argent suspendue à son cordon.

» — C'est une médaille de la Sainte-Vierge, dont j'ai promis à
» ma fille de ne plus me séparer !

» Le vieux maréchal a tenu parole. Dans toutes ses guerres
» d'Afrique, la petite médaille de la Sainte-Vierge est restée sur son
» cœur, et Marie s'est plu à récompenser la confiance pieuse de
» l'enfant et l'acte de foi du vieux maréchal. Il sortit sain et sauf
» de tous les périls de ses dix-huit campagnes, où tant de braves
» tombèrent à ses côtés, sous les coups des Arabes. Aussi lorsqu'il
» partit d'Alger, voulut-il garder sa petite médaille en témoignage
» de reconnaissance. Elle était encore suspendue à son cou, lors-
» qu'il mourut, quelques mois après, d'une mort prématurée, dans

-» les sentiments les plus admirables, et c'est seulement après sa
» mort que les mains de sa fille ont repris avec un pieux respect
» l'image de Marie sur la poitrine du vieux soldat.

» Cette médaille, bien pauvre en elle-même, mais si précieuse
» par tous ces souvenirs, je l'ai demandée, obtenue pour le sanc-
» tuaire de Notre-Dame d'Afrique, où sa place est si bien marquée,
» et où elle reposera aux pieds de la Madone, entre l'épée du vieux
» duc de Malakoff et celle du brave Yusuf.

» Je la fais encadrer dans un cercle d'or, sur lequel ceux qui
» viendront visiter Notre-Dame d'Afrique pourront lire ces pa-
» roles :

» Médaille de la Très-Sainte-Vierge, que le maréchal Bugeaud
» a portée sur sa poitrine pendant toutes les guerres d'Afrique et
» qu'il avait encore à son heure dernière.

» Sa pieuse fille, Madame la comtesse Feray d'Isly, des mains
» de laquelle il l'avait reçue et qui l'a reprise après sa mort, l'a
» donnée au sanctuaire de Notre-Dame d'Afrique.

« ALGER, MDCCCLXXVI. »

« Quel meilleur argument pourrait-on opposer au respect hu-
» main de tant d'esprits faibles, et aux ironies de tant d'esprits
» forts ? »

A l'appel de leur archevêque qui les convoquait au couronnement de N.-D. d'Afrique, les fidèles d'Alger et des environs ont
répondu par un nombreux concours. Ce jour-là, les pèlerins
affluèrent par milliers vers la montagne, heureux de témoigner
leur joie, leur reconnaissance et leur amour à la Mère de Dieu,
pour tous les bienfaits dont elle s'est plu à les combler jusqu'à
présent, heureux de venir saluer avec Pie IX et l'Eglise, Marie,
Reine de l'Afrique.

A 4 heures de l'après-midi ; le Révérendissime Père Abbé de la
Trappe de Staouëli, Mgr l'Evêque de Constantine et d'Hippone et
Mgr l'Archevêque d'Alger en ornements pontificaux, entourés d'un
clergé imposant, en chapes, en chasubles, en aubes, et en surplis,
vinrent prendre place sur une grande et superbe estrade, élevée au
bas de la coupole, en face d'Alger et de la mer. Là entre le ciel,

la terre et les flots, un chœur puissant de voix mâles et harmonieuses, prépara par ses chants la foule immense à recevoir la parole de Dieu. Elle lui fut donnée par un Père de la Miséricorde qui nous rappela avec un accent aussi pieux que véhément, les grâces, les merveilles, les joies, les promesses qui ont préparé, amené le couronnement de Notre-Dame d'Afrique, et celles plus nombreuses encore que le couronnement promet pour l'avenir.

On entonna les vêpres, et une magnifique procession, où la couronne d'or de Marie fut portée en triomphe, se déroula le long de la colline en chantant à la Reine des Cieux des psaumes et des hymnes que les flots accompagnaient de leur grande voix, les cloches de leurs ondes sonores et pleines d'allégresse.

Au retour de la procession, le cortége sacré pénétra à grand peine dans le sanctuaire à travers les rangs serrés de la multitude qui remplissait l'enceinte du temple, et en assiégeait les abords.

Du haut de son autel magnifiquement paré, éblouissant de lumière, Marie, à demi voilée par un nuage d'encens, nous apparut comme une vision du ciel. Ah! c'est qu'en effet le ciel allait s'abaisser et s'ouvrir, pour contempler le spectacle incomparable qui nous attendait. Les Anges et les Saints allaient jeter leurs couronnes aux pieds de leur souveraine, une fois de plus victorieuse de Satan et revêtue d'une royauté nouvelle, celle de l'Afrique.

Après la lecture des Bulles qui ordonnaient la cérémonie, Mgr l'Archevêque d'Alger prit la couronne d'or étincelante de pierreries et la présenta religieusement à Mgr l'Evêque de Constantine. Un silence solennel planait sur toute l'assistance et le pontife gravissait lentement les degrés du trône de Marie.

Venez maintenant Saints et Saintes, Docteurs, Vierges, Confesseurs, Martyrs de l'ancienne Afrique, venez des demeures éternelles saluer avec nous la royauté de votre auguste Maîtresse, qui prend de nouveau le sceptre de votre infortunée patrie. Et vous, Frères bien-aimés, qui depuis quelques jours à peine avez déposé devant l'Agneau la palme et les roses de votre martyre, arrêtez une fois encore vos regards sur cet autel, où vous aimiez à offrir à Dieu la Sainte Victime en vous immolant avec Elle aux pieds de Votre Mère, accourez et triomphez, car votre sacrifice héroïque a consacré à la Reine des Apôtres les sables inconnus qu'a fécondés votre sang généreux.

Et Marie avait ceint le diadème et son visage illuminé de célestes clartés rayonnait d'une majesté douce. Oh! qu'Elle était belle notre Mère dans cette attitude sous son manteau virginal d'argent et d'azur, les mains étendues sur nous, pour nous bénir et nous envoyer, nous ses humbles soldats, à la conquête de ce continent immense, dévolu à sa royale maternité. Qu'Elle était belle et qu'Elle était touchante au milieu de nos orphelins indigènes qui servaient à son trône, de nos orphelines Arabes, modestement voilées de blanc et rangées autour de l'autel de Monique, leur mère adoptive. Pieux et chers enfants, prémices fortunées de la domination de N.-D. d'Afrique sur ces rivages, de cette Vierge chérie qu'ils regardaient d'un air suppliant, en songeant à leurs parents, à leurs frères, encore assis à l'ombre de la mort, en chantant avec nous et avec la foule des pèlerins le cantique du sanctuaire :

> Que ta main de Mère
> Brise le cercueil
> Où dort sous la pierre
> Cham et son orgueil.
>
> Que ta pure aurore,
> Astre du matin,
> Nous ramène encore
> Les jours d'Augustin.

Mais cet autel de sainte Monique près duquel se serraient nos orphelins et que l'on avait érigé la veille, c'est l'histoire d'un récent miracle de la grâce, c'est un nouveau fleuron que Marie pressée par la mère d'Augustin, a voulu ajouter à sa couronne. Une dame de haut rang qui avait coutume de venir prier et pleurer là sur les égarements de son fils, fut rencontrée plusieurs fois par Monseigneur, qui aime lui aussi à venir souvent puiser aux pieds de Marie, force et lumière pour la fondation et l'administration de ses grandes œuvres. Le cœur du prélat fut ému de compasion en voyant la douleur et la foi de cette mère ; et, comme ce vieil évêque qui avait autrefois consolé et fortifié Monique, dans sa détresse, il sentit un mouvement intérieur qui le porta à lui adresser un jour ces paroles : « Prenez confiance : je vous le dis de la part de Marie et de Monique, il n'est pas possible que le fils de tant de larmes périsse ! » Et en effet les larmes de la pauvre mère ne tardèrent pas à engendrer de nouveau le fils, mais, cette fois à la vie qui ne finit pas. Le jeune homme est revenu à Dieu, et Dieu a récompensé son retour par une union qui ne cessera plus, car la grâce d'une bonne mort l'a scellée ; et la mère dont le cœur est encore brisé, mais dont la foi est consolée, a voulu donner elle-même l'autel de Monique au sanctuaire de N.-D. d'Afrique. Le sculpteur a su traduire sur la pierre les sentiments de la mère reconnaissante. Il a reproduit avec les suaves affections de Monique et d'Augustin, cet entretien suprême d'Ostie, où la pieuse veuve, une main dans la main de son fils, se sent déjà emportée vers les splendeurs de la cité de Dieu et parle avec transport de ce ravissant rendez-vous dans la patrie des saints.

Ici c'est Augustin qui est parti le premier.... La mère était là encore, pleurant derrière son long voile de deuil, et sentant l'émotion la gagner, et ses forces défaillir au milieu de la foule, en entendant ce passage de l'improvisation qui s'échappa du cœur du vénérable Archevêque, après le couronnement de la Vierge : « O Mères, qui m'écoutez, s'il en est parmi vous qui ont vu mourir entre leurs bras, celui qu'elles aimaient, qu'elles s'adressent à Marie, Elle, la Mère des douleurs qui a vu expirer sur la croix son Jésus, et l'a reçu inanimé, sanglant entre ses bras, Elle leur dira que la douleur et la souffrance sont le chemin de la gloire et du bonheur..... Ne vous contentez donc pas d'avoir placé sur la tête de votre Reine une couronne d'or, car ce n'est là qu'un emblème, mais donnez-lui vos cœurs, voilà ce qu'elle demande de vous, voilà sa véritable royauté. »

Des larmes, des sanglots étouffés accueillirent ce discours ; des mères, et il y en avait là d'illustres et d'infortunées, levaient sur Marie leurs yeux baignés de pleurs et lui disaient mieux que personne, tous les droits qu'elle a de porter le diadème, puisqu'elle a tant souffert pour l'amour de nous. Régnez donc, ô vierge incomparable et au nom de tant de pieuses mères qui vous aiment et consacrent leurs richesses et leur vie à vous faire aimer, sauvez les pauvres mères qui, sur cette terre d'Afrique, pleurent sans vous connaître et sans vous aimer, ni vous, ni votre divin Fils. *Specie tua et pulchritudine tua intende, prospere procede et regna.*

UNE SAINTE EN ALGÉRIE (1).

(*Fin.*)

Pendant sa dernière maladie, les souffrances et les tortures ont été atroces. Cette vie déjà si remplie de douleurs ne semblait vouloir se briser que par la plus longue et la plus pénible des agonies. C'était pitié de voir l'irritation de sa poitrine ; ses mains brûlantes se crispaient sous l'étreinte de la fièvre, son corps ruisselait de sueurs, et elle n'était attentive qu'à une chose : ne rien faire et ne rien dire qui pût exciter la moindre compassion.

« Pour rien au monde, disait-elle quelquefois à son confesseur, je ne céderais ma place à un autre! » Elle lui avoua même, à la fin, qu'elle n'avait pas eu un seul instant d'ennui dans le cours de cette longue et pénible maladie. Tous les remèdes qui lui étaient présentés, elle les prenait avec la plus grande indifférence ; un seul paraissait provoquer davantage ses dégoûts : chaque fois qu'elle en prenait, son cœur semblait vouloir se soulever. Néanmoins elle ne le refusa jamais, seulement elle priait la sœur qui la veillait de l'offrir auparavant à N.-D. des Sept-Douleurs, après quoi elle se sentait plus forte pour vaincre sa profonde répugnance.

Ce qui frappa le plus le missionnaire qu'elle avait pour directeur, et qui l'a assistée pendant sa dernière maladie, c'est son inaltérable patience au milieu des douleurs les plus vives. Il venait la voir régulièrement deux fois par jour. A la visite du soir elle ne manquait jamais de lui demander sa bénédiction : « C'est ma meilleure potion pour passer une bonne nuit, » lui disait-elle

---

(1) Pour nous conformer aux lois de l'Eglise, nous déclarons n'employer dans cette Notice les noms de *saint*, d'inspiration, de miracle, qu'en soumettant le tout au jugement du Saint-Siége et dans le sens où il est permis de les employer.

en souriant. Plusieurs fois la semaine, il lui portait la sainte communion. Dès la veille son âme se consumait de saints désirs : « C'est donc demain, répétait-elle, que je vais recevoir mon Jésus ! »

Le vendredi 16 juillet, fête de N.-D. du Mont-Carmel, la souffrance sembla redoubler d'acuité. On crut donc que Marie avait attendu ce jour-là pour venir chercher sa fidèle servante : « Non, pas aujourd'hui, dit-elle à ceux qui lui parlaient de l'approche des derniers moments. »

Dans la nuit, elle fit un effort en se retournant comme pour chercher une bonne place dans son lit. La sœur de Bon-Secours, qui la veillait, s'en aperçut et lui dit : «Vous êtes mal, n'est-ce pas? Voulez-vous que je vous place mieux? » — « Mon Jésus était bien plus mal sur la croix; laissez-moi où je suis, répondit-elle. » On remarqua qu'elle a demeuré jusqu'à la fin sans vouloir changer de place.

Le lendemain, samedi, elle fit appeler de bonne heure le R. P. Pascal pour se confesser une dernière fois, et lui demander l'autorisation de renouveler sa profession de tertiaire de Saint-François d'Assise, en ce jour qui devait être le dernier de sa vie.

Un des grands bonheurs de son existence avait été, elle le disait souvent, de pouvoir faire profession d'une entière pauvreté comme fille de Saint-François. Cette faveur, car c'en était une très-grande à ses yeux, lui fut refusée bien des années. Monseigneur Pavy, en directeur habile, avait eu soin d'épurer ses désirs même les plus saints, par de nombreuses contradictions dont quelques-unes lui furent souvent très-sensibles; mais elle s'y résigna toujours avec une angélique soumission. De toutes celles qu'elle dut endurer, la plus pénible, sans contredit, fut de voir l'évêque d'Alger, soit pour l'éprouver, soit pour l'empêcher de se livrer à de nouvelles austérités, lui refuser si longtemps le bonheur d'entrer dans la famille de Saint-François.

A la mort de l'évêque, son désir ne fit que s'accroître davantage. La douce pauvreté du séraphique Père l'attirait de plus en plus; mais elle dut attendre plusieurs années encore avant que le tiers-ordre la reçût dans son sein. Elle a souvent avoué que ce jour-là fut un des plus beaux de sa vie. Le renouvellement de sa profession fut la dernière consolation qu'elle se procura sur son lit de mort, quelques heures seulement avant de paraître devant Dieu.

« Je n'oublierai jamais cette pieuse et touchante cérémonie, a » écrit le Père qui l'assistait. Après avoir baisé respectueusement » le livre de ses règles, elle a pris dans ses mains tremblantes le » cierge qui, six ans auparavant, lui avait servi pour sa profes- » sion. On remarquait sur le visage de la mourante une expression » de bonheur indicible ; un sourire angélique se promenait sur ses » lèvres ; j'étais si ému que j'avais peine à réciter les prières, » malgré toute la violence que je me faisais. J'étais si heureux de » voir de si près la mort d'une sainte ! »

C'est ainsi qu'elle s'avançait vers son éternité avec les transfigurations de la foi la plus ardente, de la piété et de la patience la plus admirable.

« J'affirme l'avoir toujours trouvée entièrement unie à N.-S., » continue son directeur, toujours désireuse de souffrir toutes les » croix qu'il plairait au bon Dieu de lui envoyer, et de les souffrir » jusqu'à la fin du monde, si tel était son bon plaisir. Le souvenir » de Jésus crucifié lui rendait douces toutes les souffrances et en- » flammait son courage. En entendant prononcer ce saint nom, » une joie ineffable se peignait aussitôt sur son visage. Au milieu » de ses souffrances, son cœur brûlant d'amour et rempli de con- » solations, semblait savourer d'avance les délices du paradis. » Prenant en main son crucifix, elle baisait avec respect et dévo- » tion les plaies sacrées de notre divin Sauveur : « Oh ! que mon » état est digne d'envie, s'écriait-elle parfois ; que je suis heu- » reuse ! que de grâces, mon Dieu ! » On le voit, cette âme privi- légiée était avide de souffrances, car elle en connaissait tout le prix.

« La pensée de la mort, qui d'ordinaire jette l'angoisse dans l'âme » des mondains, ne trouble nullement les véritables serviteurs de » Dieu. Agarithe vit approcher la sienne avec une joie et un calme » inexprimables : elle n'avait qu'un seul désir, celui de vite s'unir à » son bon maître pour ne jamais plus s'en séparer. J'assure n'avoir » jamais vu une pareille sérénité de visage chez un malade. Mûre » pour le Ciel, tout lui était à dégoût sur la terre. Enfin, elle a vécu » en sainte, elle est morte de même. »

Son recueillement augmentait à mesure que la mort approchait. Elle ne parlait plus, ni ne prêtait plus attention à ce qui l'entourait. Son oraison fut continuelle. Elle semblait converser intérieurement avec Dieu qu'elle avait tant aimé et si généreusement servi. Un moment sa voix sembla s'élever, et on l'entendit prier pour la mission d'Afrique et offrir ses souffrances pour Monseigneur l'archevêque d'Alger. On pense même qu'elle a offert sa vie pour que celle du bien-aimé et indispensable Pasteur soit conservée plus longtemps à son troupeau; et d'ailleurs la santé du vénérable prélat qui, toute l'année, avait inspiré les plus vives inquiétudes, ne commença à s'affermir qu'à cette époque, ce qui lui permit de reprendre avec des forces nouvelles la direction de son immense diocèse et des grandes œuvres qu'avaient enfantées son zèle et sa charité.

C'est le samedi 17 juillet que cette âme si pleine de vertus et de mérites s'est exhalée, avec une dernière prière, de ce corps brisé par les souffrances et par ses longues austérités. La sœur de Bon-Secours, qui pendant trois semaines est restée au chevet de cette édifiante malade, répétait : Dans ma vie j'ai soigné et j'ai vu mourir bien des prêtres, bien des religieuses et bien des personnes pieuses, mais jamais comme cette sainte demoiselle!

A peine la nouvelle de sa mort fut-elle connue qu'un concours considérable de fidèles se succéda à Notre-Dame d'Afrique auprès de ses restes vénérés, pendant les jours qui précédèrent leur inhumation. C'est à Biarritz, où sa santé l'avait obligé de se rendre pour y respirer l'air natal, que Monseigneur l'archevêque fut informé de cette mort. Il s'empressa d'envoyer l'ordre de creuser pour elle un caveau au milieu même de l'ancienne chapelle provisoire devenue la chapelle de Saint-Joseph. C'est là que pendant tant d'années elle avait vécu, prié et adoré.

En attendant que les travaux fussent achevés pour recevoir sa dépouille, son cercueil fut déposé dans un coin du modeste sanctuaire. La piété et la vénération des nombreux pèlerins qui accoururent à son tombeau, entretinrent pendant toute une semaine le luminaire de la chapelle ardente où elle avait été déposée. C'est là en effet que le concours des fidèles afflua d'une manière continue. On venait s'agenouiller auprès de cette bière comme autour d'un autel; et cependant personne n'eut la pensée de prier pour son âme : c'était au contraire pour l'invoquer, pour lui demander des grâces, des faveurs.

La vénération populaire se traduisit de la manière la plus éclatante; on attachait le plus grand prix à posséder quelque chose qui avait été à son usage, on lui faisait toucher des objets de piété, on emportait la terre de son tombeau; on coupait le bois de son cercueil, malgré toute la vigilance exercée; on le couvrait de fleurs ; on allumait des cierges tout autour; on épinglait aux tentures des commissions écrites pour le ciel. Les nombreux fidèles d'Alger et des paroisses voisines avaient admiré la sainteté d'Agarithe pendant sa vie; et ils n'hésitaient pas à venir l'invoquer comme une sainte après sa mort.

Le jour des obsèques qui furent présidées par le vicaire-général d'Alger, en l'absence de Mgr l'archevêque, le concours fut plus considérable encore, et la chapelle beaucoup trop étroite pour contenir la foule qui avait tenu à assister à la cérémonie. Pendant plusieurs heures on se succéda pour venir s'agenouiller à tour de rôle sur le pavé de la petite chapelle. C'est là qu'elle repose sous une dalle de marbre où l'on a gravé cette simple inscription :

Hic

in spem beatæ resurrectionis

requiescit

Margareta Bergesio

quæ

Immaculatæ Virginis Mariæ

in templo suo

per annos P. M. XX

servam fidelem se constituens,

omnibus christianis virtutibus,

humilitate, caritate, pietate

enituit

et bonum Christi odorem

usque ad finem præ se ferens

obdormivit in Domino

die XVII Julii A. C. MDCCCLXXV

Annos nata. P. M. LXVI.

Tanti meriti ne memoria intercidat
R. P. D. Carolus-Martialis Allemand-Lavigerie
Primus Algeriensium archiepiscopus
Inscripto lapide consignandam jussit.

———

« Ici repose, dans l'attente d'une résurrection bienheureuse,
» Marguerite Berger qui, pendant 20 ans, s'est faite la fidèle ser-
» vante de Marie, vierge immaculée, et de son temple : elle a brillé
» par l'humilité, la charité, la piété et toutes les vertus chré-
» tiennes, et, répandant jusqu'à la fin la bonne odeur du Christ,
» elle s'est endormie dans le Seigneur, le 17 juillet 1875, à l'âge
» de 66 ans.

» C'est pour que le souvenir d'une vie si pleine de mérites ne
» périsse point, que Mgr Charles-Martial Allemand-Lavigerie, pre-
» mier archevêque d'Alger, a voulu le faire graver sur la pierre. »

———

Le pieux concours des fidèles à ce tombeau vénéré ne s'est point
ralenti. Les pèlerins de N.-D. d'Afrique, avant de redescendre la
montagne, ne manquent jamais de venir prier un instant sur la
dalle qui recouvre le corps de la servante de Dieu. « Elle a vécu en
sainte, écrivait le R. P. Pascal qui l'a assistée à ses derniers moments, elle est morte en sainte; c'est ma conviction la plus intime. Aussi ne serais-je nullement surpris que Dieu manifestât sa
sainteté par plusieurs miracles. »

Les grâces obtenues et attribuées par ceux qui les ont reçues à
son intercession sont déjà nombreuses. Nous nous contenterons
de transcrire ici, en terminant, une déclaration écrite et signée
par l'Assistante des religieuses de la Doctrine chrétienne qui, une
des premières, a ressenti les effets du crédit de la sainte fille auprès de Dieu.

« Je déclare que, par suite d'une raideur au bras droit, je ne
» pouvais, depuis un an, faire certains mouvements. Soins et re-
» mèdes avaient été impuissants à me guérir; mais, ayant fait
» toucher ce membre au cercueil de la sainte défunte, Mademoi-
» selle Agarithe, le jour de son enterrement, j'ai pu dès le len-

» demain. replier mon bras en arrière, ce que j'attribue à la pro-
» tection de cette âme si digne de vénération.

» Mustapha-Supérieur, le 17 août 1873. »

Sœur Marie-Joseph MEYER,

Religieuse de la doctrine chrétienne.

Peut-être un jour nous sera-t-il donné de faire connaître d'autres faveurs obtenues sur le tombeau déjà si glorieux de l'humble Agarithe, et de montrer ainsi que, même dans notre siècle, et jusque sur cette terre d'Afrique nouvellement rendue à l'Eglise, la génération des saints n'est pas encore éteinte.

L. J.-CHRISTUS.

FIN.

———

III

UNE FÊTE ARABE ET CHRÉTIENNE EN ALGÉRIE

Inauguration de l'hôpital indigène de Sainte-Élisabeth, à Saint-Cyprien des Attafs.

I

LES VILLAGES ARABES CHRÉTIENS.

Les villages arabes chrétiens sont sortis de la famine de 1868, rendue féconde par la charité catholique.

On sait ce qui se passa, à ce moment terrible, dont le souvenir ne s'effacera plus de l'esprit des Arabes algériens. La faim et bientôt la peste enlevèrent, en quelques mois, le cinquième de la population indigène. Ce fut, dans les montagnes, dans les plaines, le long des routes, un affreux et navrant spectacle. Des hommes réduits à l'état de squelettes, des femmes broutant l'herbe des champs, des enfants mourant aux mamelles desséchées de leur mère, d'autres délaissés sur les grands chemins ; et tout cela comme enveloppé

du sombre voile que le fatalisme musulman jette même sur la douleur et sur la mort qu'il semble rendre muettes. Et, au milieu de
ces douleurs, des crimes sans nom dans nos histoires : des pères
et des mères massacrant et dévorant leurs fils ; des frères égorgeant
leurs frères ; tous les liens de la parenté, de l'amitié disparus pour
faire place à une fièvre sauvage qui brillait seule dans les yeux
de ces troupes errantes.

C'eût été l'un des plus lugubres épisodes de notre histoire con-
temporaine, si, au-dessus de ces ténèbres sanglantes, ne se fût
levée avec éclat la charité de la France catholique. Dans ce silence
de mort, un cri se fit entendre, le cri du pasteur appelant la pitié
sur ses brebis, ou celui de Rachel, car le pasteur est mère autant
qu'il est père, pleurant inconsolablement ses fils. A sa voix, de
toutes les parties du monde chrétien, on vit affluer les aumônes,
les vêtements et le pain. L'Etat lui-même chercha à réparer le temps
malheureusement perdu. Ce fut une émulation générale de charité,
de courage, d'héroïsme.

Les prêtres, les Sœurs de tous les ordres, les dames de charité
ayant à leur tête celle qui est aujourd'hui la plus grande dame de
France, les médecins, les soldats, tout le monde se mit à l'œuvre,
bravant la mort, car la peste s'était déclarée. Combien moururent
de ces héros généreux, Dieu seul le sait ! Dans une seule communauté, on a compté vingt-deux Sœurs qui ont pris le typhus et sont
mortes en bénissant Dieu.

L'archevêque d'Alger se multipliait au milieu de toutes ces misères ; mais il avait fait comme son lot spécial des petits enfants
orphelins. Par ses ordres, les prêtres, les sœurs de son diocèse
les recueillaient tous et les lui confiaient. Des comités se formaient
sur les divers points de la province et envoyaient aussi les enfants
qu'ils trouvaient errants en proie à la faim, et bientôt Alger fut
témoin d'un spectacle plein à la fois d'horreur et de pitié.

Chaque jour, sur des mulets dans des prolonges empruntées à
l'armée, on voyait arriver et s'arrêter devant l'archevêché des convois de petits enfants, maigres à un point qu'on n'eût pas cru possible pour des créatures humaines, les bras et les jambes à l'état
de squelettes, le ventre gonflé par l'herbe qu'ils broutaient dans les
champs depuis plusieurs mois, à demi couverts de haillons sor-

dides que les mères mortes ou mourantes n'avaient pu nettoyer ou rapiécer depuis longtemps, exhalant tous une odeur affreuse et fétide, l'odeur mortelle du typhus.

Quelquefois, spectacle lamentable, sur les chevaux, dans les voitures qui portaient ces troupes d'enfants, l'on voyait, parmi les vivants, de petits corps penchés, la tête renversée en arrière, plus pâles encore que les autres, leurs grands yeux ouverts, leurs bras abandonnés et suivant le mouvement saccadé des montures. Ils étaient morts en route, les pauvres petits, morts de faim, de froid, de douleur.

D'autres, c'était le plus grand nombre, portaient, sur leurs visages, les signes de la frayeur la plus violente, dont ils ont depuis naïvement raconté la cause, en riant eux-mêmes de leur terreur. Dans les tribus des montagnes auxquelles ils appartenaient presque tous, et où les préjugés contre les chrétiens et les Français ont encore tout leur empire, les parents, les mères surtout, pour inspirer aux enfants l'horreur des *Roumis*, comme ils nous appellent (et ils ne croient pas si bien dire, car *Roumi*, c'est *Romain*, notre nom de catholiques), leur racontent les mêmes histoires que l'on fait dans nos villages de France sur les loups-garous et les ogres. « Les Français, disent-ils, sucent le sang des enfants, ou tout au moins, quand ils peuvent les prendre et les mener à Alger, ils les jettent à la mer. » A ces récits, leurs cheveux se dressent sur leurs têtes. Aussi essaie-t-on vainement, dans les tribus éloignées, d'attirer les enfants. Dès qu'ils vous aperçoivent, ils s'enfuient en poussant des cris affreux et en criant au secours.

Ici, les orphelins ne pouvaient fuir, mais ils tremblaient de tous leurs membres au moment où ils s'arrêtaient enfin devant la porte de l'archevêché. Leur crainte commençait alors à disparaître en voyant s'avancer vers eux des hommes doux et vénérables, les prêtres, l'archevêque lui-même, qui les prenaient, sales et horribles comme ils étaient, les déposaient doucement à terre et leur faisaient donner ce dont ils avaient le plus besoin : à manger. Pour ces corps épuisés, la nourriture même était encore un danger de mort. Si l'on ne veillait attentivement à ne pas leur en laisser trop prendre, ils étouffaient, ils mouraient.

Il en passa ainsi, en quelques semaines, dans la maison archiépiscopale, deux mille, qui tous furent recueillis et formèrent la famille adoptive de Mgr Lavigerie. On sait ce qu'il a fait pour elle. Il l'a gardée, il l'a élevée, il l'a sauvée, et pour le corps et pour l'âme. Voilà huit ans déjà de cela.

Je ne me propose pas de faire ici leur histoire; je n'ai voulu qu'en rappeler le commencement, car c'est de là que tout est parti, et, pour me servir d'une expression que je lisais, il y a quelques jours, dans un article éloquent du rédacteur en chef de l'*Univers*, « ce coup de foudre a creusé un puits de bénédiction dont les eaux vivifieront tous les déserts. »

Ce n'était pas tout, en effet, que d'élever ces enfants, il fallait assurer leur avenir, dans une colonie où les exemples mauvais sont plus fréquents et ont surtout plus d'audace. Comment les préserver du contact de chrétiens indignes de ce nom? Comment les garantir de la tentation de retoürner dans leurs tribus et d'y reprendre leurs anciennes mœurs ?

C'est ce qui préoccupait, dès l'origine, Mgr Lavigerie lui-même, et il en parlait ainsi dans la lettre, qu'il adressait, en 1869, aux catholiques de France pour l'adoption de ses enfants.

. « J'ai pris, disait-il, des mesures pour les établir un jour les uns après les autres, de façon à ce qu'ils se prêtent un mutuel appui, à ce qu'ils conservent le genre de vie auquel leur éducation les initie. J'ai acheté pour cela des terres, afin d'y créer plus tard des villages d'Arabes chrétiens, absolument comme on crée chaque jour, en Algérie, des villages nouveaux de Français, d'Espagnols , de Suisses, d'Italiens.

» Nous formerons des familles en unissant ensemble nos orphelins et orphelines, nous donnerons à chacune d'elles la quantité de terres qui lui sera nécessaire pour vivre et pour nourrir ses enfants, et, de chaque groupe de vingt, trente, quarante de ces jeunes ménages, nous ferons un village, auquel nous serons heureux de continuer, dans la mesure de nos ressources, notre appui paternel. L'Etat lui-même, nous l'espérons, accordera sa bienveillance à ces créations nouvelles. Il est aussi intéressé que nous à leur réussite, car c'est là le moyen certain et facile de former, en Algérie, un peuple unique et de nous assimiler des races que nous avons domptées sans les plier à nos mœurs, et que nous avons la douleur de voir s'anéantir rapidement sous nos yeux dans leur misère.

» Sans doute, les adultes échappent complétement à notre action, et ils y resteront rebelles; mais si, depuis quarante années, il avait été possible de faire ce que nous faisons, seulement pour les enfants abandonnés qui errent sur nos routes, en demandant l'aumône, quels résultats ne seraient pas déjà obtenus?

» Je suis convaincu que vous tenez la solution pratique, m'écrivait, il y a quelques mois, l'un des plus glorieux chefs de notre armée africaine, et les idées chrétiennes que vous réprésentez sauveront ce pays auquel, envers et contre tout, elles donneront la vie et la lumière. » Nous marchons donc avec confiance, et nous sommes prêts. Les terres sont là qui nous attendent. Nos enfants grandissent; quelques-uns même sont à l'âge d'homme, et l'année ne s'écoulera pas sans que notre premier village soit commencé.

» D'autres suivront, et, dans quelques années, tous nos enfants d'aujourd'hui pourraient être ainsi établis sur divers point du littoral et de l'intérieur dont pour plusieurs j'ai déjà fait le choix.

» Voilà dans leur simplicité mes projets d'avenir.

» Lorsque je les médite le soir dans ma solitude de Saint-Eugène, et que, les yeux fixés sur les profondeurs transparentes du ciel de l'Afrique, je demande à Dieu le temps et la grâce d'achever l'œuvre commencée, je songe doucement que ma tombe serait bien placée devant un de ces paisibles villages où vivront mes enfants. Il me semble que je dormirai mieux le dernier sommeil, au milieu de ceux qui sont vraiment mes fils par la reconnaissance et par la tendresse. Il me semble que ces âmes, auxquelles j'aurai tout sacrifié et que mon ministère aura régénérées, demanderont mieux miséricorde pour les péchés de ma vie. »

Ce qui n'était alors qu'un projet, qui, à tout autre qu'à un évêque, eût semblé d'une réalisation presque impossible, a été fait depuis.

Deux villages sont déjà bâtis et habités par de jeunes ménages d'Arabes chrétiens. Le premier a pris le nom de Saint-Cyprien; ce sont les Conseils de l'Œuvre de la Propagation de la Foi qui le lui ont donné en souvenir du grand évêque et martyr de Carthage. Non-seulement ils ont donné le nom, mais encore ils ont ajouté les dragées du baptême, en sorte que les pieux associés de cette

Œuvre qui liront ces lignes auront la joie de penser qu'ils ont contribué à un si grand bien. A quelques kilomètres de Saint-Cyprien, s'élève le village de Sainte-Monique, placé, celui-là, sous le patronage de la mère de saint Augustin, comme pour mettre en sûreté sous ses ailes maternelles ces autres convertis.

Laissons encore Mgr l'archevêque d'Alger nous faire la description des lieux où il a établi ces oasis chrétiennes, au milieu d'une double barbarie.

« Dans l'une des vallées de l'Algérie, entre deux chaînes de montagnes, dont les unes, s'étendant vers la mer, forment la petite Kabylie de Cherchell, et les autres, montant en amphithéâtre, portent les hauts plateaux du Tell et du Sahara, on aperçoit, depuis quelques mois, du chemin de fer d'Oran à Alger, un village posé sur les premiers contreforts de collines inhabitées. Un fleuve, le Chélif, coule à ses pieds. Une petite rivière le borne à sa droite. Sur son emplacement existait autrefois une colonie romaine, chrétienne, très-certainement, car, en fouillant ses ruines, on y a retrouvé le chapiteau d'une de ses églises.

» Mais, depuis, la barbarie a passé, et elle a fait de cette vallée, aussi peuplée en ces temps-là que le sont aujourd'hui les plus riches vallées de France, ce qu'elle fait partout, la stérilité et la mort. La première fois que je l'ai traversée, il y a six ans, le chemin de fer n'existait pas encore. Je fus frappé du silence profond et majestueux de ces solitudes. Pas un bruit humain ne venait à nos oreilles. La nuit seulement, on entendait, dans les broussailles qui s'étendaient au loin comme une mer sans rivages, le cri aigu du chacal ou de la hyène.

» Aujourd'hui le village, dont je parle, forme comme une oasis au mileu de ce désert.

» Les maisons, séparées les unes des autres et disposées en rues régulières, en sont modestes, mais elles brillent par leur propreté, ce signe aimable de la civilisation. De jeunes plantations d'eucalyptus montrent déjà leur verdure entre les blanches murailles. Une église, humble et blanche comme les demeures qu'elle domine, élève vers le ciel, en signe de conquête pacifique, la croix qui vient rendre la vie à ces contrées courbées depuis plus de dix siècles sous le joug de la mort. Cette croix a la forme d'une croix primatiale en souvenir de saint Cyprien, le primat martyr de Carthage, auquel l'église est dédiée. Devant le village, s'étend un vaste jardin, divisé en lots correspondant au nombre des familles, avec ses cultures fécondées par deux norias creusés dans le sol. Derrière, un parc, entouré de deux murs en terre, où l'en enferme le soir les bœufs destinés aux labours, les vaches et les chèvres qui fournissent le lait. Tout à l'entour, les buissons stériles, les durs palmiers-nains disparaissent pour faire place aux champs de blé. Partout le spectacle du travail, de l'action et de la vie.

» Si vous demandiez à un Européen le nom de ce nouveau village, il vous dirait : C'est Saint-Cyprien du Tighsel. » Le Tighsel est la petite rivière qui le borde. Mais, si vous alliez dans quelqu'une des tribus arabes ou kabyles campées sur la cime des montagnes voisines, et si vous le leur montriez de loin dans la plaine, en leur faisant la même question, ils vous répondraient : « C'est le village des fils du marabout. »

» Le marabout, c'est moi-même. Ils donnent ce nom, dans leur langue, aussi bien aux prêtres catholiques qu'aux ministres de leurs superstitions. Les fils du marabout, ce sont nos orphelins. Les Arabes me regardent comme le père de ces enfants que j'ai sauvés de la mort, et c'est leur usage de donner aux tribus le nom de celui qui les a fondées.

» Dans ce village bâti par nous, nous avons en effet commencé l'établissement de ceux de nos enfants qui sont parvenus à l'âge d'homme. Nous n'avons pas trouvé de moyens plus efficaces de tenir nos promesses vis-à-vis d'eux et d'assurer leur avenir que de les établir à part en les soustrayant également aux dangers du séjour des villes et à celui du contact des Arabes. »

C'était à l'origine de la création des villages, il y a déjà quatre ans, que Mgr Lavigerie écrivait les lignes que nous venons de retracer et qui parurent alors dans quelques journaux catholiques. Mais à ces espérances a succédé la réalité, c'est-à-dire l'affermissement des bonnes dispositions des jeunes mariés, celui de la vie chrétienne dans ces villages d'Arabes et de Kabyles, et enfin la naissance des enfants. Il y a quelques semaines à peine dans une lettre adressée à l'*Univers* et, par son intermédiaire, à toutes les Œuvres qui, comme celle de Sainte-Monique, sont venues à son aide, Mgr l'archevêque d'Alger parlait de ces heureux résultats.

« Le village, c'est, disait-il, la sauvegarde de nos enfants. Là, réunis sous les yeux des missionnaires, se soutenant les uns les autres, s'excitant par l'exemple au travail et aux vertus de la famille chrétienne, ils sont à l'abri des dangers qu'offre de toutes parts une colonie qui se forme et où les passions se donnent si facilement carrière. Ce sont des oasis au milieu de ce désert brûlé par tant de feux. Là croissent, non plus seulement mes fils, mais mes petits-enfants, car je suis depuis longtemps « grand-père. » La plupart de nos jeunes ménages, formés des orphelins adoptés par nous, ont déjà des enfants; quelques-uns en ont eu jusqu'à deux et trois, car tout va vite dans ce pays de soleil.

» Je voudrais que vous me vissiez lorsque je vais faire visite au village de Saint-Cyprien, entouré de tout ce petit monde qui m'appelle « grand-papa Monseigneur », et qui me tire, et qui me monte sans respect sur les genoux, pour voir si je n'ai plus de bonbons à distribuer. Je me laisse faire avec joie, comme vous pensez, et je pense à la bonté de Dieu, qui s'est servi de la charité pour procurer la vie à tant de créatures innocentes, destinées à servir un jour ses desseins. Il n'y a qu'à l'église que ces petits nous dérangent quelquefois. On ne saurait persuader à leurs mères de ne les y point porter, ni à eux d'y cesser leurs cris de joie, de douleur ou de surprise. Les missionnaires se fâchent un peu, surtout quand je suis ici, car ils craignent que je n'en sois gêné dans mes discours. Mais que sont mes vieux discours à côté de ces cris de l'enfance? Je résiste donc, et j'empêche qu'on ne les renvoie. Quelles orgues remplaceraient par leur harmonie les premières impressions de ces petites âmes qui se cherchent déjà sous l'œil de Dieu, et qui lui portent leur premier hommage inconscient, comme ceux des oiseaux qui gazouillent à l'entour et qui célèbrent à leur manière la Providence infinie.

» Et ce n'est pas seulement le cœur de Dieu qu'elles atteignent, ce sont encore les cœurs des pères et des mères que pénètrent ces voix de petits enfants. Quoi de plus propre à les faire réfléchir, à leur faire comprendre leur responsabilité, à les fixer dans le bien?

» Aussi, le jour où nous avons vu naître les premiers enfants dans chaque ménage, avons-nous compris que notre œuvre était assurée. Et nous ne nous sommes pas trompés, grâce à Dieu.

» Avec quel bonheur je vous écris ces lignes ! Elles seront certainement la meilleure récompense de ceux qui ont répondu dès l'origine à notre appel et au vôtre.

» Après le long silence que nous avons gardé vis-à-vis d'eux, — il était nécessaire pour ne point parler avant l'heure où les résultats seraient acquis, — nous pouvons leur dire : « Voilà ce que vous avez fait. Ce ne sont pas seulement des enfants sauvés de la faim et de la mort, ce sont des générations qui commencent et qui vont durer jusqu'à la fin des temps, des générations d'Arabes chrétiens devenus Français, qui vous devront la vie du corps, celle de l'âme, et qui étendront encore par l'exemple le bien que vous leur avez fait. »

Mais, comme il arrive d'ordinaire, l'œuvre des villages arabes chrétiens ne s'est pas faite seule. Elle a donné bientôt naissance à une autre œuvre qui en est le complément naturel, celle d'un asile pour toutes les misères si nombreuses chez les indigènes ; et ainsi s'est créé, à Saint-Cyprien, l'hôpital de Sainte-Élisabeth.

II

HÔPITAL DE SAINTE-ELISABETH.

Rien de plus efficace, pour les orphelins eux-mêmes, devenus des hommes, que la création des villages arabes chrétiens. Mais ils devaient avoir encore un autre résultat : frapper l'esprit des indigènes, en leur montrant, comme l'écrivait, il y a quelques années, à Mgr Lavigerie, l'un des généraux qui ont commandé la province d'Alger, « des Arabes réunis et heureux à l'ombre de la croix. »

Les bons rapports ne tardèrent pas, en effet, à s'établir avec les indigènes du voisinage. Plusieurs des jeunes mariés retrouvèrent leurs familles et se mirent en relations avec leurs tribus. Les oncles, les cousins, les grands parents vinrent visiter Saint-Cyprien et s'émerveillèrent de ce qu'ils virent. — Jamais, disaient-ils aux jeunes indigènes de Saint-Cyprien, jamais vos pères eux-mêmes, s'ils avaient vécu, ne vous auraient traités comme le grand marabout des chrétiens. » Mgr l'archevêque a rapporté une parole semblable dans une de ses lettres publiques.

De ces rapports chaque jour plus fréquents avec une société où les misères de toutes sortes et les maladies les plus affreuses font tant de ravages, devait donc naître bientôt l'œuvre nouvelle.

Mgr Lavigerie a placé à la tête de ses villages, pour les diriger pacifiquement et en être les pasteurs, des missionnaires de l'admirable Société qu'il a fondée pour les Missions d'Afrique.

Or, parmi leurs règles, ces missionnaires en ont une rebutante à la nature, mais singulièrement propre à faire autour d'eux une impression salutaire, celle de soigner de leurs propres mains tous les malades qui se présentent à leurs demeures. Avec les plaies hideuses des Arabes, leur saleté native, leur manque absolu de soins, il faut certes du courage pour un tel ministère ; mais, ce courage, l'amour de Dieu et des âmes le donne et le soutient.

A Saint-Cyprien, comme dans toutes les autres stations, les missionnaires commencèrent donc à soigner les malades.

« Une des maisons du village, placée en dehors des autres, dit Mgr Lavigerie dans une de ses lettres, est destinée à secourir ces pauvres infirmes. Une pharmacie y est installée. La bonté simple et patiente surtout des missionnaires, et disons-le aussi, la gratuité des remèdes, y attirent les Arabes des montagnes environnantes. On en apporte même de fort loin, en croupe, sur des mulets ou sur des chevaux. Ils entrent et on les soigne. A certains jours où ils sont plus nombreux, les Pères les rangent en ordre au dehors, et, s'agenouillant devant eux sur la terre nue, ils pansent leurs plaies.

» C'est vraiment un touchant spectacle, que celui que présentent ainsi, dans toutes les stations où ils résident, nos jeunes missionnaires. Les indigènes eux-mêmes les admirent, sans les comprendre encore, il est vrai. — « Pourquoi font-ils cela ? disent-ils entre eux. Nos pères et nos mères eux-mêmes ne le feraient point. »

» Un officier français d'un rare mérite, mort prématurément depuis, me disait un jour : — « Vraiment, en voyant ces Pères, avec leur costume oriental, entourés de ces pauvres indigènes, on croirait assister à une scène de l'Evangile. C'est ainsi que les malades devaient entourer Jésus-Christ et ses apôtres, dans la Judée. »

» N'est-ce pas d'ailleurs du Sauveur des hommes qu'il est écrit :
« Il a été envoyé aux pauvres... Il a guéri les malades ? » Et encore : « Il guérissait toutes les maladies et toutes les infirmités
du peuple. »

» Notre-Seigneur faisait, il est vrai, des miracles de puissance ;
mais renoncer à tout, à son pays, à ceux que l'on aime, à un avenir
brillant peut-être, pour venir, ici, vivre pauvre, outragé souvent,
et il faut le dire, par les mauvais chrétiens surtout, se faire le serviteur des pauvres barbares, soigner leurs plaies les plus rebu-
tantes, n'est-ce pas un miracle de charité ?

» Les Arabes l'entrevoient. Ils sont pleins de respect pour nos
missionnaires. Ils ne se contentent pas de leurs remèdes. Ils leur
demandent leurs bénédictions et le secours de leurs prières, et ils
leur disent quelquefois : — « Tous les chrétiens seront damnés,
mais vous autres, vous ne le serez pas. Vous êtres croyants au
fond de votre cœur. Vous connaissez Dieu et vous faites plus de
bien que nous. »

Bientôt, la renommée aidant, il ne suffit plus de distribuer des
remèdes ou de faire des pansements à Saint-Cyprien ; il fallut
parcourir les tribus dispersées sur les montagnes voisines. Les
femmes, qui s'étaient d'abord tenues à l'écart pour obéir aux préjugés musulmans, vinrent à leur tour. Nouvelle difficulté ; les Pères
missionnaires ne pouvaient les soigner eux-mêmes. Mgr Lavigerie
envoya, dans le village, des Sœurs de la Congrégation des Missions d'Afrique, aussi fondée par lui. Elles firent, pour les femmes
indigènes, ce que les Pères faisaient pour les hommes.

Il manquait toujours quelque chose cependant : c'était le
moyen, non pas de soigner en passant les Arabes malades, mais de
garder ceux à qui la route était trop pénible ou qui avaient besoin de
soins prolongés. Que faire ? Les renvoyer, c'était les vouer à la mort ;
les garder, c'était impossible, la place manquait, et, en les entassant
on risquait de créer, pour le village même, un foyer d'infection.

L'indication était manifestement providentielle, et c'est ainsi
que la pensée d'un hôpital s'imposa d'elle-même. Elle vint d'abord
au vénérable archevêque, qui suit d'un œil attentif la marche progressive de son œuvre, afin de ne manquer aucune occasion et d'être
toujours prêt à l'appel de Dieu.

Mais où trouver l'argent nécessaire pour construire un hôpital? Où trouver l'argent plus tard indispensable pour subvenir aux frais du service des malades, à l'entretien des Sœurs, des employés, des médecins?

Ces questions préoccupaient l'esprit de Mgr Lavigerie, et il ne voyait pas le moyen pratique de les résoudre, lorsque la Providence lui envoya un secours puissant du côté où il eût semblé devoir le moins l'attendre.

La division militaire d'Alger a l'honneur d'avoir à sa tête un homme de bien dans tout ce que ce mot renferme de noble et de vrai.

Type de l'honneur et du courage militaires, d'une intelligence vive et large, d'une activité sans égale et en même temps d'un sens pratique et sûr, chrétien sans ostentation mais sans compromis, le général Wolff est dans l'armée le digne émule des Bedeau, des de Sonis, des de Ladmirault. Jeune encore, il est certainement appelé, si la France doit se retrouver sur les champs de bataille, à de glorieuses destinées.

Il y prélude en réorganisant, avec autant de zèle que de succès, la province d'Alger, tant au point de vue militaire qu'au point de vue administratif, menant de front l'instruction des officiers dans ses conférences, la création d'une académie militaire, la fondation des villages. Nul mieux que lui ne connaît les indigènes, qu'il a administrés pendant vingt-cinq années, avec cette rare fortune d'avoir toujours été pour eux un objet de respect, d'estime et d'affection. De son côté, il aime les Arabes, et il comprend à merveille que le rôle de la France chrétienne, après les avoir subjugués, est de les amener insensiblement à elle et de chercher, dans leur assimilation progressive, les éléments d'une colonisation autochthone et puissante.

Le général avait donc vu avec sympathie les courageux et difficiles essais de l'archevêque. Il admirait son zèle et sa prudence. Il savait, en particulier, les sympathies des Arabes pour l'œuvre charitable des missionnaires envers les malades des tribus qui environnent Saint-Cyprien. Lui-même émit donc un jour, devant Mgr Lavigerie, la pensée qu'il conviendrait de favoriser cette tendance des indigènes et de faire pour eux, près de ce village, un hôpital permanent.

— C'est un territoire tout indiqué, disait-il à Mgr Lavigerie ; les Arabes s'y regardent comme chez eux. Ils sont au milieu des leurs, on les y reçoit bien, ils y viennent avec plaisir. Il faut y faire un hôpital. Ce sera une œuvre chrétienne, mais ce sera en même temps une œuvre d'heureuse politique qui, sans pouvoir froisser en rien aucun indigène, produira sur le grand nombre le meilleur effet d'apaisement et d'attraction. D'ailleurs, c'est le génie de la France de gagner par les bienfaits les peuples qu'elle a vaincus.

On devine aisément comment Mgr Lavigerie accueillit l'expression de pensées qui, sous une forme naturellement différente, répondaient si bien à ses constants désirs. Il dit au général Wolff qu'il était prêt, qu'il donnait volontiers sur l'heure les terrains nécessaires à la création d'un hôpital et de ses dépendances, mais il ajouta qu'une chose essentielle lui manquait, l'argent.

— Et combien faudrait-il pour construire un hôpital suffisant?

— Le moins, général, que l'on dût compter pour une seule aile, qui ne serait qu'une portion de l'établissement définitif, c'est cent mille francs.

— Eh bien, si M. le Gouverneur y consent, je vous donnerai une partie de cette somme. Nous avons depuis quinze ans, dans la caisse de la division, trente-huit mille francs, résultat d'une souscription faite lors du voyage de l'empereur pour la création d'un établissement de bienfaisance en faveur des indigènes. On n'a jamais pu arriver à un plan pratique pour l'emploi de cette somme. Si elle vous est donnée, la charité fournira bien le reste. »

Tout se passa ainsi. Le général Chanzy, gouverneur général, agréa, avec sa bienveillance ordinaire pour les intérêts des indigènes, les projets du général Wolff. Mgr Lavigerie se mit à l'œuvre. Il a voulu bien faire, selon son habitude, comptant que la Providence ne l'abandonnerait pas. Tout dans l'hôpital nouveau, est vraiment remarquable d'élégance et de confort, construction en style mauresque, ameublements, accessoires. Mgr l'archevêque tenait à montrer par là aux indigènes son respect et son amour pour les pauvres. Aussi les indigènes étaient-ils fort étonnés lorsqu'ils voyaient l'hôpital s'élever avec ses colonnades, ses riches faïences qui garnissent les salles, ses bains, son grand jardin.

— C'est pour un prince, tout cela ! disaient-ils.

« — Non, leur répondait-on. C'est pour les Arabes pauvres et malades.

— Et les Arabes ne paieront pas dans cette maison.

— Non, ils ne paieront pas.

— Est-ce bien vrai? » ajoutaient-ils; et, lorsqu'on leur avait sérieusement affirmé qu'il en serait ainsi, ils levaient les mains au ciel en signe d'ébahissement.

Enfin, après deux ans environ de travaux au commencement de cette année 1876, tout était terminé. On conseillait à Mgr Lavigerie de donner à l'hôpital le nom de son patron, saint Charles: mais, par un sentiment de reconnaissance dont on comprendra la délicatesse, il a voulu le nommer Sainte-Élisabeth. C'est le nom d'une sainte dont l'amour pour les pauvres est illustre dans le monde chrétien, et cette sainte est la patronne de la pieuse femme du général Wolff, digne en tout dě ce brave et loyal soldat.

Si ces lignes tombent jamais sous ses yeux, le général nous pardonnera d'avoir ainsi parlé de lui, sans lui en avoir demandé l'autorisation. Nous ne la lui avons pas demandée, parce qu'il nous l'aurait refusée, et cependant c'est pour nous un devoir de faire connaître aux catholiques de France ce que nous devons à cet homme de cœur et de foi sur lequel toutes les bonnes causes peuvent compter.

Telle est la simple histoire de l'hôpital que Mgr l'archevêque d'Alger inaugurait au mois de février dernier dans la plaine du Chélif, éloignée d'Alger de 180 kilomètres.

En France, cela eût effrayé. En Afrique, on est plus enclin aux aventures. Ni la distance, ni la saison des pluies n'avaient arrêté les invités, au nombre de plus de trois cents, ayant à leur tête les chefs les plus élevés de toutes les administrations algériennes : le Directeur général des affaires civiles remplaçant le Gouverneur alors en France, le général Wolff, le préfet, les généraux, le procureur général et les présidents de la cour d'Alger, l'amiral du Quilio, commandant de la marine et tous les autres hauts fonctionnaires qui avaient tenu à honneur de répondre à l'invitation de Mgr l'archevêque. Auprès d'eux, les représentants les plus distingués de la colonie française et européenne qui vient de plus en plus, chaque année, passer l'hiver à Alger; le prince royal de

Hollande, Mme de Lamoricière, veuve de l'illustre général, et une foule d'Anglais catholiques et protestants qui avaient sollicité la faveur d'être admis à voir une fête indigène et à visiter les villages arabes chrétiens.

La fête, donnée par Mgr l'archevêque, devait, en effet, avoir un caractère exclusivement indigène. Dès les semaines précédentes, il avait fait envoyer des invitations aux indigènes de tous les douars des montagnes qui bordent la plaine du Chélif et annoncé qu'il leur offrait une « diffa ». Il n'en fallait pas davantage pour les attirer tous ; aussi savait-on que cavaliers et piétons allaient s'y trouver en grand nombre.

III

LA FÊTE.

I. — D'Alger à Saint-Cyprien.

Le samedi 5 février 1876, à 6 h. 20 m. du matin, le train spécial formé par la gracieuse initiative de l'administration des chemins de fer et qui emporte les invités de Mgr Lavigerie, s'ébranle et prend sa course rapide vers Saint-Cyprien. Il a plu dans la nuit, et, le matin même, il tombe encore d'un ciel gris un brouillard fin qui ressemble bien à de la pluie. C'est un jour d'hiver d'Alger. Peu de voyageurs cependant manquent à l'appel. Le Chélif est presque aussi loin d'Alger que Tours l'est de Paris ; on peut espérer retrouver le soleil en route.

Le train glisse le long de la plage qui borde à l'est la rade d'Alger. Le jour s'est levé sur l'horizon, et l'on aperçoit d'un côté, sur les pentes du Boudjareah, la silhouette de Notre-Dame d'Afrique, de l'autre, sur les hautes collines de Kouba, le grand séminaire diocésain, et Alger dont les feux s'éteignent à l'horizon, et la mer immense, et la Kabylie couverte de neige sur ses pics inaccessibles.

Un moment plus tard, nous saluons la Maison-Carrée. C'est là que Mgr Lavigerie avait établi, comme il le disait, le premier nid de ses orphelins. C'est là qu'il a fondé la Société de ses missionnaires et en a placé le noviciat qui se peuple chaque jour de nouveaux aspirants à l'apostolat. On voit dans la propriété acquise par lui, les bâtiments blancs du séminaire avec leur église romane récemment terminée. C'est là que, se croyant près de mourir, il prononça, il y a quinze mois, ce discours que les journaux d'Algérie et de France ont reproduit et où il faisait son testament dans les termes de la plus touchante éloquence, laissant à ses fils, comme héritage, toutes les œuvres fondées par lui, la promesse des souffrances de chaque jour et la perspective du martyre. Ses enfants pleuraient et priaient en l'écoutant ; mais leurs larmes et leurs prières n'ont pas été vaines. Par la plus étonnante merveille et contrairement à toute attente, il a repris sa santé et sa force des anciens jours, et il conduit de nouveau ses enfants au combat.

Mais voici, dominant le village, la grande maison turque qui lui a donné son nom. C'est, en effet, une belle construction carrée, qui servait de bordj ou de forteresse sous la domination des deys, et qui a gardé la même destination, tant qu'a duré la guerre d'Afrique. Là, s'est produit un de ces actes d'héroïsme chrétien, si nombreux dans notre histoire algérienne, et malheureusement si peu connus.

Au temps où notre conquête commençait à peine et où la Mitidja tout entière était au pouvoir des Hadjoutes, ces terribles ennemis que nous avons eus devant nous pendant vingt années, un détachement de quarante hommes, commandé par un officier, se trouva dans une sortie cerné par une multidude d'Arabes. Incapables de résister, forcés de mettre bas les armes, nos soldats se préparaient à mourir. La guerre était alors sans pitié. Alignés contre la muraille, ils attendaient leur sort, lorsque le chef indigène qui les avaient faits prisonniers leur demanda par un interprète, un renégat celui-là, s'ils voulaient embrasser la loi de Mahomet, leur promettant, à ce prix, la vie sauve et toutes sortes de faveurs chez les Arabes.

— Qu'en pensez-vous, sergent? demanda l'officier au sergent qui était auprès de lui.

— Ils me feront ce qu'ils voudront, mais moi je ne renie pas.

— Ni moi non plus, dit l'officier.

— Ni moi, répondirent du premier au dernier tous ces hommes héroïques.

Un moment après, ils gisaient tous morts, baignés dans leur sang. C'est l'interprète renégat qui a raconté plus tard cette histoire. On regrette, en l'entendant, qu'il ne se soit pas trouvé là, comme dans les premiers siècles, des pieux chrétiens pour recueillir le sang et les ossements de ces martyrs.

(La suite au prochain numéro.)

IV

OEUVRE DES MISSIONNAIRES

ARRIVÉE DE NOVICES ET ADOPTIONS.

Depuis la publication du dernier numéro du Bulletin sont entrés au Noviciat de la Mission d'Afrique, à la Maison Carrée.

M. Rombard (Charles), du diocèse de Nancy.

Et comme Frères Catéchistes :

MM. Bonnater (Antoine),	du diocèse	de Rodez.
Bessière (Jean-Baptiste),	—	—
Clavel (Camille),	—	de Mende,
Couquets (Pierre),	—	de Rodez.
Grousset (Benoît),	—	—
Lacombe (Charles),	—	—
Prat (Prosper),	—	—
Sabrier (Augustin),	—	—
Vareilles (Jean),	—	—
Voyé (Auguste),	—	—

ADOPTIONS DE MISSIONNAIRES.

Nos associés savent qu'en donnant une somme de 800 francs, ils entretiennent pour une année un missionnaire en Afrique. Ils deviennent ainsi participants de tous ses travaux et de ses mérites, et même de ceux de son martyre, comme cela a eu lieu pour les charitables bienfaiteurs qui avaient adopté les trois martyrs de Tombouctou.

Nous avons reçu pour l'adoption de missionnaires :

800 francs de Mme Pepin Lehalleur, de Passy.

800 francs de Mlle de Castelbajac, à Pau, par l'OEuvre des Écoles d'Orient.

Ces adoptions sont appliquées aux RR. PP. Aubert et Gerboin.

Nous avons reçu d'un généreux anonyme par M. Chenel, de Caen, la somme de *quatre mille francs*, pour l'adoption pendant cinq années de deux orphelins, et de deux orphelines.

V

CORRESPONDANTS DIOCÉSAINS

Notre appel pour demander des correspondants diocésains a été entendu, et plusieurs personnes dévouées à l'Œuvre de Sainte-Monique ont eu la charité de nous offrir leurs services. Nous espérons, dans l'intérêt de l'Œuvre et pour la commodité des bienfaiteurs, voir augmenter le nombre des personnes qui pourraient, sans trop se charger cependant, centraliser les offrandes qu'on nous destine, soit dans leur diocèse, soit même dans leur paroisse. *Nous recommandons spécialement au zèle charitable de nos correspondants l'Œuvre si importante des* VIEUX-MÉTAUX.

Nos pauvres Missions peuvent trouver là une partie des ressources qui leur sont nécessaires pour accomplir le bien immense qu'il y a à faire au milieu des peuples nombreux auxquels nous sommes envoyés.

. On pourra adresser les aumônes en argent ou en nature (layettes pour nouveau-nés, vieux linge, livres, ornements d'église, médicaments, honoraires de messes, etc...) :

Au R. P. Supérieur des Missionnaires, à la Maison-Carrée (près Alger.

Au Bureau des Écoles d'Orient, 12, rue du Regard, à Paris.

A M. l'abbé Payan d'Augery, 84, rue Paradis, à Marseille.

A M. Robert Oheix, avocat à Savenay (Loire-Inférieure).

A M. l'abbé Vachet, missionnaire aux Chartreux, à Lyon.

A M. Armanet, 31, rue du Bœuf, à Lyon.

A Mme Camille Thiollière, grande Rue, à Saint-Chamond (Loire).

A Mme veuve Jégou, à Gouzin (Morbihan).

A M. le Chanoine Delesminières à Annecy (Haute-Savoie).

A M. Chenel, rue Saint-Jean, à Caen (Calvados).

A M. Collin, 7, rue du Parterre, au Mans.

A M. Le Bas, garde-mines, à Bar-le-Duc.

A M. le Cte R. de Buisseret, au Boisselas, près Cellettes (Loir-et-Cher), ou à Versailles, 6, rue d'Anjou.

A M. l'abbé Gapp, curé de Bolsenheim (basse Alsace).

A M. Dufresne, chanoine à l'évêché de Montréal (Canada).

A MM. Picard et Brown, directeurs au séminaire de Montréal.

Saint-Cloud. — Imprimerie de Mme V^e EUG. BELIN.

ŒUVRE DE SAINT-AUGUSTIN

ET DE

SAINTE-MONIQUE

UNE MESSE D'ACTIONS DE GRACES EN L'HONNEUR DES TROIS MARTYRS

I

Le 11 octobre a eu lieu dans l'église des Missionnaires d'Afrique, à la Maison-Carrée, une cérémonie bien touchante dont les témoins garderont longtemps le souvenir. Ce jour qui terminait les exercices de la retraite annuelle des Missionnaires, avait été choisi pour l'ordination au sacerdoce de sept nouveaux apôtres, et pour célébrer une messe solennelle d'actions de grâces en l'honneur du glorieux trépas des PP. Paulmier, Ménoret et Bouchand mis à mort au mois de janvier dernier sur la route de Tombouctou.

Nous empruntons le récit de cette fête à une lettre d'un élève du noviciat indigène de Notre-Dame d'Afrique.

...... Nous voilà donc parvenus au jour tant désiré. De bon matin on quitte Notre-Dame d'Afrique pour se rendre à la Maison-Carrée, car la messe solennelle devait commencer à sept heures. C'est par une belle matinée d'octobre où le soleil se levant à l'horizon semblait sortir humide des flots, et dissiper en quelques instants les légères vapeurs de la nuit. Les premiers rayons nuancent le ciel des teintes les plus délicates et répandent la joie sur toute la nature. Tout respire encore la fraîcheur du matin qui dans quelques instants va faire place aux feux ardents du jour.

Tandis que nous nous engageons dans les allées superbes d'eucalyptus qui conduisent au séminaire de la Mission, déjà arrivent les voitures qui amènent les prêtres d'Alger invités à la fête. Les missionnaires, encore dans le recueillement et le silence de la retraite, se promènent isolés sous les cloîtres et dans les allées du jardin en attendant le moment d'aller chercher en procession à sa demeure Mgr l'Archevêque qui présidera lui-même la cérémonie.

Bientôt, le joyeux bruit des cloches rassemble la communauté! La procession se forme et se déroule à travers les sentiers bordés d'arbustes. Dès que Monseigneur apparaît, la croix reprend la marche vers l'église. Les Novices, les Scolastiques et les Missionnaires suivent. Viennent après eux MM. les Chanoines d'Alger et les Vicaires généraux. Les Ordinands aussi, portant sur le bras leurs ornements et un cierge à la main, marchent avec recueillement, et une douce émotion se trahit sur leurs traits. Enfin le vénérable Prélat s'avance, revêtu de ses habits pontificaux et appuyé sur la crosse, symbole de sa charge de premier pasteur.

Arrivé au pied de l'autel, il se rend à son trône et adresse quelques paroles à l'assemblée pour annoncer la lecture du Bref pontifical par lequel sa sainteté Pie IX a bien voulu accorder la célébration d'une messe d'actions de grâces pour remercier Dieu du martyre des trois missionnaires.

Puis la cérémonie de l'ordination commence par l'appel des Ordinands qui répondent tous par le mot *adsum*, je suis présent. Ils s'approchent et s'agenouillent devant le prélat, auprès de l'autel. Celui-ci, assis sur son siége, les interroge, et leur expose en latin les obligations et les fonctions de l'ordre qu'ils vont recevoir. Il leur présente ensuite les insignes de leur dignité et prononce les paroles qui leur confèrent le sacrement. Pour l'ordination des prêtres, tous étaient rangés autour de l'autel, agenouillés avec un saint respect. Le Pontife passant devant eux leur posa les mains sur la tête en silence; les chanoines et les autres prêtres vinrent successivement leur imposer les mains de la même manière et continuèrent à tenir leur main élevée pendant que Mgr l'Archevêque achevait les prières. Nous avons été vivement touchés de ce spectacle plein de grandeur et de mystère.

Alors les nouveaux prêtres, toujours agenouillés autour de l'autel, ont récité à haute voix les prières de la messe en même temps que le prélat; après la communion, il leur adressa encore la parole en latin et termina les cérémonies de l'ordination.

Enfin, la messe étant achevée, Mgr l'archevêque retourna à son siége et prononça quelques paroles qui firent pleurer tous ceux qui étaient présents. Il dit aux nouveaux prêtres que ces mains qu'il venait de poser sur leurs têtes s'étaient reposées, il y a quelques années seulement, sur la tête de leurs confrères martyrs et que peut-être eux aussi seraient appelés à faire le sacrifice de la leur...

Après avoir achevé ces quelques paroles, il entonna l'hyme d'actions de grâce, *Te Deum*, que toutes les voix continuèrent avec l'accent d'un saint enthousiasme. Puis la procession se remit en marche, aux chants de l'*Ave, Maria*, pour reconduire Mgr l'archevêque à sa demeure, et nous revînmes le soir à Notre-Dame d'Afrique, pénétrés du spectacle qui nous avait été donné d'admirer en cette mémorable journée. Il est beau de voir comment l'Église fait ses prêtres et honore ses martyrs.

Joseph Soliman ben Othman.

<hr>

II

LES ORPHELINES ARABES ET L'OEUVRE DE N.-D. DES MISSIONS D'AFRIQUE

Nous recevons de la Supérieure de l'Orphelinat arabe de Saint-Charles de Kouba la notice suivante sur les OEuvres entreprises par la congrégation des Sœurs de N.-D. des Missions d'Afrique, dont le postulat est à Aix (Bouches-du-Rhône) et la maison-mère à Saint-Charles de Kouba (près Alger). Nous nous empressons de la communiquer à nos lecteurs.

Monsieur le Directeur,

Les témoignages de sympathie et de dévouement que nos vénérés protecteurs de France ont bien voulu nous donner directement, cette année, nous autorisent à croire qu'ils accueilleront avec bienveillance et liront peut-être avec intérêt dans votre Bulletin quelques détails sur l'orphelinat Saint-Charles. C'est là que résident leurs petites protégées, celles que, dans leur incomparable charité ils veulent bien nommer leurs filles ! Puissent ces quelques lignes donner un peu de satisfaction aux nobles âmes qui s'intéressent à notre chère mission africaine et en accroître le nombre.

Saint-Charles tel qu'il est, maison de prière et de travail, centre aimé de notre Mission chez les pauvres Arabes, asile de l'innocence, pépinière de nos villages chrétiens, a été conçu dans la pensée de l'illustre Archevêque qui régénère avec tant de bonheur et de succès l'Église d'Afrique, et réalisé par sa charité unie à celle des bienfaiteurs de l'œuvre. Il y a huit ans à peine, le voyageur ou le colon qui parcourait la partie du Sahel où se trouve aujourd'hui notre orphelinat ne rencontrait qu'une immense broussaille, non loin de laquelle il pouvait apercevoir une ferme abandonnée où de grandes charrettes conduisaient de pauvres enfants, tristes victimes de cette famine qui désola l'Algérie et réduisit les Arabes à l'extrémité de la misère. Mais les temps sont bien changés et les choses aussi : grâce à la charité, ces spectres hideux de la famine ont disparu, ou plutôt se sont transformés en de vigoureuses jeunes filles, en de bonnes et grosses petites filles qui travaillent, jouent et prient avec ardeur, gardant en leurs cœurs deux noms sacrés : celui de leur bon papa Monseigneur et de leur bon père adoptif ou de leur tendre mère de France. Toute cette jeunesse a été formée au travail, et le travail rend vigoureux le bras qui s'y livre : j'ai vu sapins, lentisques, oliviers sauvages tomber sous les coups de ces petites mains d'enfants ; j'ai vu ces bras agiles arracher broussailles, disse, aloès ; puis creuser des fossés et planter le sarment dont le fruit précieux, uni à celui de la charité, doit plus tard nourrir les plus jeunes sœurs de la famille ; et, de quelque côté que se porte ma vue, je vois déjà la vigne robuste s'aligner et s'aligner encore.

Quoi, ces petites Arabes, indolentes filles du désert, rebut même de leur race déchue, auraient fait ces merveilles ?

Oui, mais l'Eglise a passé là. Un jour, ces petites filles abandonnées, ouvrirent leurs âmes réchauffées par la flamme céleste du dévouement. Elles virent plus qu'un bienfaiteur dans le saint prélat qui sauvait leurs vies ; elles apprirent et sentirent à la fois qu'il est le représentant de Dieu et son ministre sur la terre ; et elles s'inclinèrent devant lui en demandant le baptême. Cette grâce leur fut accordée à mesure qu'avec l'âge leur intelligence s'ouvrait à nos saints mystères, et que leurs cœurs s'y adhéraient. Puis vint pour les plus grandes le beau jour de la première communion! alors elles crurent à l'amour de Dieu, et la transformation était faite.

Certes, je n'ai pas la prétention de dire que nos enfants soient parfaites : le sang circule encore bien bouillant dans leurs veines ; il leur reste beaucoup de la fierté arabe et de la rudesse primitive, mais quelle foi admirable ! quelle angélique piété, quelle énergie pour le bien ! quelle reconnaissance surtout dans ces cœurs d'enfants !

Dernièrement, une de nos petites filles de douze ans rencontra son frère encore infidèle ; ce furent d'abord des transports de joie de part et d'autre ; mais le frère, en vrai musulman, et ayant peut-être l'intention secrète de vendre bien cher cette charmante petite sœur qui sait coudre, lire, écrire et parler en français, veut absolument l'emmener. Alors la scène change, notre Pauline se met sur la défensive : «*Ma nerohche*, » je n'irai pas ! et le frère de promettre quasi l'univers. — « *Ma nerohche* , » répond la petite Pauline. Le frère, pendant deux mois, vint presque chaque jour tourmenter la pauvre Fathma, lui offrant les meilleures dattes et les plus belles figues ; mais toujours même réponse de l'enfant. Enfin, de guerre lasse il se montre plus menaçant : « Si tu ne viens pas de bon cœur, tu viendras de force. » Petite Pauline répète toujours son « *Ma nerohche*, je n'irai pas, » accompagné de toutes sortes d'exhortations pour persuader son frère d'ouvrir lui-même les yeux à la vraie lumière. Le pauvre garçon partit seul pour sa montagne, et Pauline, après son départ, pleura beaucoup, car elle aimait son frère et son pays. Elle me dit alors : « Maman, si je vais dans ma montagne on voudra me faire renier ma foi, je ne voudrai pas, et alors je serai martyre. Je vous assure, maman, j'ai un pressentiment que si j'y allais, je serais martyre. » Toutes nos enfants sont dans la disposition de Pauline. S'il s'agit de la foi on parle de mourir; de la quitter, jamais !

Quant aux Arabes tous n'ont pas heureusement les sentiments du frère de Fathma. A ce propos je me rappelle l'admirable lettre d'un caïd; s'il demande des nouvelles de l'orpheline dont il se souvient, ce n'est pas pour la réclamer car il sait qu'elle a trouvé un père même meilleur que celui qu'elle a perdu; c'est pour savoir si l'enfant vit, lui garder son petit coin de terre et remercier le grand marabout des chrétiens.

Les occasions de sacrifier à Dieu sa famille et sa vie sont rares, même en Afrique, celles de lui témoigner son amour sont de tous les instants; aussi, suis-je heureuse de parler de la piété de nos enfants, de leur gratitude envers leurs bons protecteurs. Ces deux sentiments, piété et reconnaissance, ne font qu'un dans leurs âmes, car c'est par la prière seulement qu'elles peuvent s'acquitter à l'égard de ceux qui leur ont tout donné pour le corps et pour l'âme et qui les comptent même parmi leurs enfants d'adoption.

Qui verrait sans émotion une communion générale dans notre pauvre chapelle ! Le recueillement, le visage transfiguré de nos pauvres petites ! Toutes sont belles alors, malgré leur teint noir et leurs traits un peu forts. La Communion, voilà leur bonheur et leur joie; l'Eucharistie, voilà leur action de grâces; toutes les fêtes de leurs familles adoptives de France sont ainsi célébrées en Afrique; et si la mort vient frapper leur protecteur ou quelqu'un de ses proches, leurs larmes ne sont pas stériles car la prière et la pénitence les accompagnent, et l'Ange de Dieu peut les porter aux pieds de l'Eternel. En voyant leur foi vive l'émotion gagne le cœur; je me rappellerai toujours ces six petites filles qui m'arrêtèrent dans la cour à l'instant où je croyais voir succomber dans quelques heures, sous l'empire des fièvres du pays, notre Révérende Mère Générale : « Comme tu es triste, maman, me dirent-elles; mais écoute, voilà ce que nous venons de dire au bon Dieu : Mon Dieu, nous ne sommes que des petites filles, nous ne savons pas prier, mais prenez nos vies et laissez-nous notre Maman Générale ! » La prière fut entendue et la mère rendue à ses enfants ! Mais notre bien-aimée Céline Procule, l'une de celles qui m'avaient ainsi parlé, ne tardait pas à rentrer à l'infirmerie, et succombait avant même le parfait rétablissement de celle pour laquelle toutes ces vies avaient été si généreusement offertes. Cette fois, la prière avait été héroïque. Elle l'était aussi celle d'Adélaïde Hamed offrant sa vie pour la persévérance et la perfection de ses petites amies, celle de Marie que ses compagnes appelaient la petite sainte, et qui, accablée d'affreuses maladies que nos climats tempérés et notre France chrétienne ignorent, les offrait pour ses bons parents adoptifs de France qu'elle chérissait. Pauvre ange, je la vois encore se traîner à la chapelle pour communier, car elle ne voulait pas déranger le bon Dieu ! Et cette Mikael Zora qui souriait en mourant, dans la joie d'aller voir son Seigneur ! et toi, ma petite Anna Mariem si charmante et si bonne, qui promettais de baiser pour nous, en arrivant au ciel, la main de Notre-Seigneur, et de saluer la sainte Vierge ; toi qui me demandais si candidement les noms de mes sœurs pour les reconnaître là-haut, et mes commissions pour le paradis ! Charmantes fleurs du ciel, si je prononce un de vos noms, toutes vous m'apparaissez, et je voudrais vous nommer toutes !...

Que ne ferait-on pas pour de telles âmes, que ne tenterait-on pour en conquérir d'autres, qui se perdent en si grand nombre dans cette pauvre Afrique !

Maintenant le champ est ouvert ; la voix qui parle au nom de Dieu, celle du premier pasteur de l'Afrique, a été entendue ; de nombreuses phalanges de vierges sont venues se ranger dans nos murs et s'y préparent, par la prière et la pratique de la vie religieuse à aller évangéliser les pauvres Arabes, à travailler à la régénération de la femme musulmane.

Déjà les avant-postes sont placés : nos Mères et nos Sœurs reçoivent les indigènes musulmans dans l'hôpital et y pansent leurs plaies. Déjà, dans nos deux villages, elles soignent, dans les asiles, les petits enfants de nos Arabes chrétiens et visitent dans leurs gourbis les femmes indigènes, pauvres créatures délaissées qui ne sortiront pas de l'opprobre avant que la croix rayonne sur l'Afrique et que l'Arabe salue Marie mère du Christ, reine du ciel ! Pour hâter ces temps heureux nous désirons ardemment la prochaine aurore du jour qui verra la première maison de nos Sœurs installée en pleine tribu, au milieu des *gourbis*. C'est alors que nous concourrons plus efficacement encore à réhabiliter ce grand peuple, à le conduire au vrai Dieu, en travaillant à le rendre à l'Eglise, notre mère ! Que nos amis dévoués, nos chers bienfaiteurs, que toutes les nobles âmes qui liront ces pages nous secourent de leurs prières et daignent nous aider à réaliser ce vaste plan certainement inspiré d'en haut, mais dont notre faiblesse porte tout le poids !

Outre nos deux cents orphelines de Saint-Charles, nous avons en effet notre nombreux noviciat, et tous les frais généraux de notre établissement de charité en mission ; et voilà que s'impose aujourd'hui à la maison-mère l'érection d'une chapelle devenue indispensable pour une communauté de trois cents personnes, centre d'une Congrégation qui compte déjà plus de cent religieuses missionnaires ! Pour faire face à toutes ces nécessités, notre seule ressource, c'est la charité, la charité dont l'apôtre souhaite aux fidèles de pouvoir mesurer la longueur, la hauteur et la profondeur. Nous avons confiance en elle parce que nous avons confiance en Dieu et en nos bienfaiteurs.

Mère Ste Ignace,
Religieuse de N.-D. des Missions d'Afrique.

III

LA KABYLIE

L'œuvre de la miséricorde divine se poursuit au milieu des tribus kabyles dont nous avons déjà entretenu brièvement nos lecteurs en différentes occasions. Ils apprendront avec plaisir que les bonnes dispositions de ce peuple continuent à l'endroit des missionnaires établis dans les différentes stations. Les villages qui n'en possèdent pas encore apprécient néanmoins leurs soins charitables et dévoués, et les invitent fréquemment à aller aussi se fixer chez eux. Nous avons lieu d'espérer que le charitable concours de nos associés et de nos bienfaiteurs permettra d'y créer encore de nouveaux postes cette année. Dans le but de leur faire connaître mieux ces descendants des illustres chrétiens de l'Afrique qui n'ont point oublié complétement les traditions de leurs pères, nous commençons aujourd'hui la publication d'une consciencieuse et intéressante étude, due aux recherches d'un zélé missionnaire qui a résidé au milieu d'eux.

I. — D'ALGER EN KABYLIE.

Tout d'abord, entendons-nous sur le mot de Kabylie. Il ne s'agit point ici de toutes ces tribus de sang kabyle plus ou moins mêlé, qui vivent éparses au milieu des Arabes, sur tous les pâtés montagneux de nos trois provinces d'Afrique, dans les oasis du Sahara et à travers le Maroc. La Kabylie dont je voudrais parler est uniquement ce réseau de montagnes qu'on nomme *Kabylie du Jurjura, Grande Kabylie,* tout simplement *Kabylie;* vaste quadrilatère, qui commence à moins de vingt lieues est d'Alger, sur la rive droite de l'Isser, un peu avant Dellys, longe la mer jusqu'à Bougie, descend au sud jusqu'au-dessus d'Aumale, des Portes de Fer et de Sétif, et, sur une surface d'environ neuf cent mille hectares, contient près de quatre cent mille âmes de population presque exclusivement kabyle. C'est là, surtout sur le versant nord du Jurjura [1], qu'est le cœur et le foyer de la race. Terre d'étrangetés, on pourrait presque dire de merveilles : étranges le logis et son hôte, l'habitant encore plus étrange que le sol. C'est une con-.

---

1. Le Jurjura (*Djerdjera* ou *Djerdjer* des Kabyles) est la grande chaîne de montagnes qui traverse la Kabylie. Il court, pendant une quinzaine de lieues, parallèlement à la mer, dont il est éloigné de dix lieues environ ; il se courbe alors vers le nord-est, dans la direction de Bougie, et s'abaisse à mesure qu'il se rapproche du littoral. De la chaîne principale se détachent, perpendiculairement à sa direction, de nombreux rameaux ou contre-forts, à crêtes effilées et à flancs abrupts, formant ainsi un massif de montagnes considérable. Ses plus hauts sommets, visibles d'Alger, sont des masses rocheuses, généralement couvertes de neige du mois de novembre au mois de mai ; ils n'ont pas moins de 1,800 mètres d'altitude ; le pic culminant (Lalla-Khadidja) atteint même 2,308 mètres.

trée à part et comme une île dans le territoire algérien ; c'est, dans l'Afrique mahométisée, l'enclave d'un pays, je ne dis pas chrétien, mais moins mahométan et moins barbare.

Au surplus, il n'est pas besoin que nous y trouvions des ruisseaux de lait et de miel. En ce temps de nivellement et d'uniformité, n'est-ce pas déjà un charme raisonnable de rencontrer, à quarante-huit heures de Marseille, quasi à la porte d'Alger, tout un vieux peuple qui a son nom, son histoire, et qui, malgré une vie d'orages et de secousses, est encore à peu près ce qu'il était il y a des siècles ? Rien que pour l'amour du pittoresque, il vaudrait la peine de risquer la course.

La peine, au reste, n'est jamais de la partie que pour la varier et l'égayer ; et si le voyage est en certains endroits malaisé et un peu primitif, plus souvent cependant notre civilisation moderne, qui, dit-on, a des ailes tout comme la science, vous a devancé dans ces parages.

On quitte Alger, non pas encore en chemin de fer, mais commodément en diligence, et une belle grande route, tracée et ferrée comme une route de la métropole, vous conduit tout d'un trait, en douze heures au plus, jusqu'au pied du massif du Jurjura, à Tizi-Ouzou, le seuil même de la pure Kabylie (25 lieues à l'est d'Alger). C'est peut-être un peu prosaïque ; mais l'Algérie n'est-elle pas le pays des contrastes, où civilisation et barbarie, poésie et prose se rencontrent, se touchent, ont l'air de se heurter, en réalité fusionnent à merveille ? Ainsi, maintes fois, presque au départ, dans le faubourg même de Mustapha, une longue file de chameaux entrave la circulation des voitures. Un peu plus loin, à quelques kilomètres seulement de la Maison-Carrée, la voie longera un ramassis de gourbis arabes : huttes sales, misérables, d'une odeur, d'une couleur, d'une physionomie toutes locales. Et qui sait si votre coche (car, pour gravir la montagne, on échange la grosse diligence contre le vieux coche classique, tiré par trois forts mulets), ne sera pas gêné dans sa marche par quelque crue subite d'une rivière fâcheuse, qui n'était peut-être, il y a quelques jours, qu'un lit de sable ou un mince filet d'eau ? Or, pas la plus méchante passerelle en bois ; force est de franchir à gué ce torrent déchaîné : la besogne n'est pas toujours bien aisée, car le courant est rapide et l'eau profonde. Vraiment, les manœuvres auxquelles il faut se livrer pour aborder l'autre rive, ne sont ni de notre temps ni de nos mœurs.

Pourtant, même dans ces endroits difficiles, la civilisation n'est qu'à deux pas. Il suffirait de regarder le fil du télégraphe qui ne cesse de courir le long de la route, pour s'apercevoir qu'on est bien au xixᵉ siècle et en pays honnête. Puis, ne voilà-t-il pas un bataillon de chasseurs qui fait son étape et croise la diligence? Dans cette démarche alerte, dans ces mines joyeuses, dans ces chants et ces rires qui semblent narguer le soleil et la poussière, comment ne pas reconnaître la bonne humeur française? Enfin, car il faut abréger, dans la plaine des Issers, qu'on traverse d'un bout à l'autre, de jolies fermes proprettes, plusieurs villages récemment créés, relevés ou agrandis, font un contraste piquant avec les gourbis des indigènes; c'est bien la France! Hélas! la France, n'était-ce pas elle que dans cette même plaine, au col des Beni-Aïcha, à Palestro, à l'Alma, des bandes féroces cherchaient à étouffer dans le feu et le sang, dans les lugubres journées des 19, 20, 21, 22 avril 1871? et n'est-ce pas encore elle que de nombreuses familles d'Alsace et de Lorraine viennent retrouver là maintenant, en compensation d'une patrie qu'elles n'ont plus dans leurs foyers d'autrefois[1]?

Tizi-Ouzou, que nous avons nommé tout à l'heure, est la cité reine entre ces petits bourgs de fraîche date. *Bordj* turc sous la régence d'Alger, je crois même station militaire sous les Romains, la ville néanmoins paraît être d'hier. Attaquée, vaillamment défendue[2], maltraitée par conséquent dans le soulèvement de 1871, elle

1. D'après les derniers rapports officiels, deux cent soixante-douze familles d'Alsaciens-Lorrains, installées comme colons du gouvernement et du comité de colonisation, ont été réparties dans la province d'Alger, pour la plupart dans des villages situés le long de la grand'route qui va d'Alger à Tizi-Ouzou (rapport de M. Guynemer, membre de la commission des Alsaciens-Lorrains).

2. Retirés dans l'ancien *bordj* turc, qui domine à la fois la petite ville française de Tizi-Ouzou et le village kabyle du même nom, distant seulement de quelques mètres, les défenseurs, dont le nombre n'atteignait pas six cents, soutinrent avec calme et entrain, contre une attaque acharnée, un siége de vingt jours. Ils furent débloqués, le 11 mai, par la colonne du

n'a fait, depuis, que s'accroître et s'embellir. Elle possède aujour-
d'hui : tribunal de première instance, sous-préfecture, plusieurs
cafés, deux hôtels, un bataillon de soldats qui y tient garnison,
même une jolie petite église de paroisse.

Mais laissons là notre petite capitale. Il est temps de passer sur
un théâtre qui ait moins subi le vernis de l'Europe. Encore quelques pas, et nous serons en complète nouveauté d'aspects et de
mœurs. De petits mamelons, des plateaux peu boisés, de vastes
plaines assez désertes, quoique cultivées et fertiles, parsemées
seulement de loin en loin de gourbis, de caravansérails, de fermes
ou de villages de colons, voilà en somme le panorama, de la Mitidja à Tizi-Ouzou. Sauf les jours de marché, où bêtes et gens en-
combrent la voie, on peut parcourir des lieues entières sans rencontrer âme qui vive. On sent qu'on côtoie encore le pays arabe,
toujours un peu mort ou flétri : tout au moins les Kabyles qui habitent ces plaines ne sont pas du pur sang kabyle, ou s'il y a des
traces de vie, elles sont surtout l'œuvre d'une civilisation impor-
tée. Au-delà de Tizi-Ouzou, le changement est frappant.

A gauche, se déroule la vallée de Sebaou, le grand fleuve ou
plutôt le grand torrent de la Kabylie, vallée verte, riante, gracieusement ondulée. A droite, s'élève la montagne, non pas la
montagne taillée d'une pièce et se tenant d'un bloc, mais une
série d'escarpements et de pics plus enchevêtrés que dans aucun
coin de la Suisse : tous flanqués de contre-forts et d'arcs-bou-
tants gigantesques, qui, se détachant parallèlement de leur point
de soudure en guise d'immenses retranchements naturels, viennent par des pentes abruptes s'abattre brusquement dans la
plaine, comme pour braver à leur aise tous les rêveurs de con-
quêtes. Puis, entre les mailles de ce réseau d'un nouveau genre,
des gorges étroites, des ravins fourrés, des précipices à donner
le vertige, des défilés qui, gardés par une poignée d'hommes,
arrêteraient des armées. Tout cela, du reste, joyeux, vivant,

général Lallemand, forte de cinq mille hommes. — La sous-préfecture,
provisoirement installée à Dellys, a dû être, malgré les réclamations de
cette ville, transférée à Tizi-Ouzou, qui a l'avantage d'être un point plus
central.

travaillé, ou au moins laissant à la nature pleine liberté de produire tout ce qui lui plaît. Pas précisément de forêts, mais à chaque pas de riches jardins d'où émergent des bouquets d'arbres tout à fait bibliques, oliviers et figuiers, des figuiers si beaux, que peut-être les envoyés de Moïse n'ont découvert rien de mieux dans la terre de Chanaan (*Num.*, xiii). Et puis, la vigne, non pas la vigne de nos contrées, humble, rasant terre, mais la vigne haute et fière, qui s'enlace comme le lierre autour d'un vieux tronc, s'élance d'un seul jet quelquefois jusqu'à dix mètres de hauteur et retombe pendante en gracieux festons.

Ensuite, à peu près sur chaque piton, au bord de chaque précipice, le plus souvent long et étroit comme la crête qu'il couronne, se dresse un gros village, construit en pierres, couvert de toitures en tuiles rouges, entouré de chemins creux et de haies vives, perché là comme un nid d'aigle. A ce seul aspect, on devine déjà un peuple attaché au sol qu'il habite et accoutumé à vivre sur le pied de guerre, un pays d'attaque, de résistance et de rudes gens. Presque partout, du monde et l'activité du travail ; des bruits de pioche dans les jardins, des allants et venants dans les chemins et les sentiers ; sur les versants, de petits bergers qui se hâtent de quitter leur troupeau de chèvres pour vous regarder passer, et qui, pour peu que vous ne leur fassiez pas visage trop farouche, deviendront vite familiers, presque hardis ; à l'entrée des villages, des groupes de jaseurs blottis contre la muraille, bien tranquilles, bien immobiles, avenants cependant, et qui seraient tout prêts, sans les suites désagréables de la tour de Babel, à lier conversation avec vous. Partout aussi, si vous passez là dans un beau jour de mai, le soleil et sa pleine lumière achèvent d'égayer le spectacle. Vous êtes loin des Alpes à l'aspect sévère, loin des majestueuses Pyrénées ; vous êtes en Kabylie : je ne sais vraiment s'il se peut trouver un coin de terre qui présente au même degré cette combinaison charmante du sauvage, du grandiose et du pittoresque aimable.

II. — FORT-NATIONAL.

(Quelques souvenirs de la conquête de 1857) [1].

La course est assez forte pour arriver à Fort-National : trois ou quatre heures de montée. Mais c'est bagatelle avec une telle nature sous les yeux : le moyen de trouver en sa compagnie les chemins rudes et les heures longues ?

Depuis bientôt vingt ans, les journaux illustrés ou autres ont si souvent décrit Fort-National (auparavant Fort-Napoléon), que tout le monde se souvient au moins d'avoir su autrefois ce que c'est et quelle en est l'histoire.

Le fort, disent les Kabyles dans leur langage expressif, c'est « l'épine plantée dans notre œil. »

On était au mois de mai 1857. Le maréchal Randon, à la tête des trois divisions placées sous son commandement, venait d'enlever en quelques heures, sous les feux croisés de l'ennemi, les cimes réputées les plus inabordables de ces montagnes. L'une des confédérations les plus turbulentes du Jurjura, jusque-là centre de toutes les résistances et foyer de toutes les révoltes, la tribu des Aït-Iraten [2], avait fait sa soumission, loyalement, je veux bien le croire, mais non certainement sans douleur ni sans quelque arrière-pensée de revanche prochaine. Là même, sur ces crêtes, vierges hier encore des pas de l'étranger, elle voyait s'étaler nos tentes et flotter nos drapeaux. C'était dur pour ces

1. Voir notamment, pour les différents détails de cette conquête, outre les dépêches et rapports officiels d'alors, plusieurs récits pleins d'intérêt insérés à cette époque dans le *Moniteur* et l'*Univers*.

2. *Aït*, chez les Kabyles, correspond au *beni* des Arabes : *les enfants de*. A propos de ce nom *Iraten*, il est à remarquer qu'on le rencontre sous la forme *Ira* dans plusieurs épitaphes numidiques datant de l'époque romaine. Or, comme l'énumération des peuplades libyennes laissée par Hérodote donne bon nombre des noms qui se lisent dans ces inscriptions, on voit qu'ils étaient déjà en usage parmi les Libyens dans des temps fort reculés (v. *Journal asiatique*, octobre-novembre 1874, Études berbères par M. J. Halévy) : indice intéressant en faveur de l'antiquité et de la persistance de la race sur le sol même qu'elle occupe encore aujourd'hui.

irréconciliables de vieille trempe, habitués de si longue date à respirer, avec leurs aigles et leurs chacals, le grand air de la liberté !

« Prends le deuil, ô ma tête ! tout est fini ; la poudre ne parle plus. Infortunés Zouaoua[1], l'honneur kabile est mort ! O mes yeux, c'est du sang qu'il faut à vos larmes. L'Alger des Zouaoua est tombée ! Ce qui est arrivé ne s'est pas vu depuis le commencement du monde ! De tous côtés, chacun se réfugiait chez les Aït-Iraten, la confédération puissante. Allons, disait-on, habiter en lieu sûr. Et l'ennemi est tombé sur nos têtes. Le Français, avançant comme les flots d'un torrent, s'est abattu sur nous comme la neige, lorsqu'elle couvre et durcit la terre. Le canon mugit ; les balles tombent serrées comme la pluie, les hommes, comme des branches d'arbres que l'on coupe. Les saints ont disparu d'au milieu de nous. O mes larmes, coulez comme les pluies du printemps, comme les pluies d'orage ! Tu es vaincue, montagne de la victoire, dont les Aït-Iraten sont les plus vaillants guerriers ! »

Ainsi s'exhalaient dans les chansons d'alors les sentiments patriotiques des villages. Cette *Marseillaise* en vaut bien une autre. Seulement, n'était-il pas à craindre que cette mélancolie

---

1. C'est le nom de la confédération la plus importante de la Grande-Kabylie. Type de la race, intrépides au combat autant que durs à la peine, les Zouaoua ont leurs nombreux villages échelonnés sur les parties les plus élevées, partant les plus ingrates, du Jurjura. D'ancienne date, leur nom était populaire à Alger. La pauvreté de leur sol les obligeait à aller chercher fortune dans les plaines et dans les villes ; surtout leur réputation de fantassins éprouvés faisait apprécier leurs services militaires, et la Régence les payait cher pour les enrôler dans sa milice. De là, lorsqu'un arrêté du 1er octobre 1830 créa deux bataillons de soldats indigènes avec cadres français, le nouveau corps reçut le nom de *zouaves* (zouaoua) et fut habillé à la façon des Ottomans. On sait si, depuis, ce nom, ce corps et cet uniforme ont fait belle figure dans l'armée française et bon chemin dans le monde. Bien plus, c'est jusqu'à Rome, sous les drapeaux du pape et toujours à l'honneur, que La Moricière les a conduits. Etrange destinée de ce nom africain et de ce costume à la turque, qui ne semblaient faits d'abord que pour des soldats de Mahomet ! N'est-ce pas là un souvenir à noter dans l'histoire des Kabyles ?

en apparence résignée ne se transformât tout à coup en une tentation de vengeance contre un vainqueur dont on ne connaissait encore que les baïonnettes, les balles et la mitraille? Sans doute la défaite avait jeté beaucoup de cendre sur le feu, mais sur des matières aussi inflammables que le cerveau d'un Kabyle, quelle puissance n'a pas une étincelle! Il importait donc de ne laisser prendre corps à aucune mauvaise velléité, de couper à la racine toute fausse espérance. Il fallait pour cela que la France, qui, parvenue enfin au bout de ses peines, avait certes le droit de se dire : *J'y suis, j'y reste,* traduisît sa pensée dans un langage qui parlât clairement aux yeux du vaincu. De simples tentes, qui du jour au lendemain se plient et s'emportent, auraient laissé le levain subsister et fermenter; seuls, des murs, des bastions, une citadelle, s'implantant sur le terrain même du dernier combat pouvaient signifier nettement qu'on voulait immobiliser sa conquête. Aussitôt résolu, aussitôt fait. Le troupier quitte son mousquet pour la pioche et la truelle, et déjà Fort-National commence à sortir de terre, comme suscité par un coup de baguette.

La valeur de l'argument n'échappait point aux Kabyles, et les chansons qui se répétaient alors dans la montagne, toujours échos fidèles de l'impression nationale, semblaient dire adieu à tout espoir désormais inutile : « L'ennemi s'établit à demeure ! Il bâtit des forts et les remplit de soldats. Le maréchal est le maître de la sagesse; sa tête mûrit les projets. »

Fort-National n'est donc pas autre chose qu'une petite place de guerre, ou, si le mot est trop pompeux, une vaste caserne, solidement assise sur l'une des positions maîtresses du pays (Souk-el-Arba, le marché du quatrième jour des Aït-Iraten). Caserne, du reste, tout à fait perfectionnée ; enceinte de murailles, percée de deux portes monumentales, flanquée d'une quinzaine de bastions et mesurant 2400 mètres de développement, maisons blanches et presque élégantes, rues qui ressemblent à des boulevards, promenades décorées d'arbres, télégraphe, hôpital, parcs d'artillerie, fortin dominant le tout, rien n'y manque de ce qui fait une ville, et une ville de défense ; on n'a même pas oublié l'église, comme en d'autres endroits de l'Algérie, qui trop longtemps n'ont eu pour abriter l'autel que des taudis à faire regretter Bethléem. Quatre bataillons peuvent aisément tenir garnison dans la place, outre cent cinquante ou deux cents civils qui forment la population fixe. Le général commandant la subdivision y a sa résidence, et l'un des cercles de la Kabylie porte le nom du Fort. C'est quasi le Paris de l'endroit : on pourrait rappeler, à défaut d'autres ressemblances, que, dans cette année funeste de 1871, Fort-National soutenait lui aussi avec fermeté un siége de soixante-trois jours, qui vaudra plus tard une belle page à nos annales, si tristes alors en Algérie comme en France[1].

Vraiment, quand après avoir traversé, quelquefois non sans peine, le cours débordé de l'Oued-Aïssi, on arrive à ces régions hantées par les aigles et les gypaëtes (980 mètres au-dessus du

---

1. Bloqué dès le 17 avril, Fort-National ne put être délivré que le 17 juin par les colonnes Lallemand et Cérès, qui combinèrent leur mouvement d'attaque avec une sortie audacieuse des assiégés. Malgré l'insuffisance des moyens, l'inexpérience et la faiblesse numérique des défenseurs, la garnison qui, entre autres troupes, comptait dans ses rangs deux compagnies de mobilisés de la Côte-d'Or, avait fait vaillamment son devoir, non sans éprouver plusieurs pertes sérieuses. Nuit et jour, les Kabyles, retranchés sur les mamelons environnants, faisaient pleuvoir leurs balles sur l'intérieur de la place ; ils étaient même parvenus à établir en batterie deux vieilles pièces qu'ils avaient héritées des Turcs.

Entre tous les souvenirs du siége, la nuit du 21 au 22 mai a fait époque. Excités par leurs marabouts les plus fanatiques, entonnant un chant de guerre religieux avec de véritables cris de sauvages et engageant le feu sur toute la ligne, des bandes innombrables d'insurgés s'élancèrent à l'assaut et, munies d'échelles, tentèrent d'escalader les remparts de vive force ; rien de fantastique comme ces hurlements qui s'élevaient de toutes parts et couvraient presque le bruit de la fusillade, et ce cercle de flammes qui, déchirant l'obscurité de la nuit, s'avançait en enserrant la ville. Les malheureux furent repoussés partout ; plusieurs trouvèrent la mort sur les créneaux mêmes qu'ils essayaient de franchir, et le pied des murailles fut jonché de cadavres.

Puis-je rappeler encore que, par une coïncidence curieuse, en 1871 comme en 1857, ce fut le 24 juin et à Icheriden, fort village des Aït-Iraten, qu'eut lieu l'effort suprême et la dernière défaite de l'ennemi? En 1857, la division Mac-Mahon, qui eut les honneurs de la journée, ne put se rendre maîtresse de la position que par un mouvement tournant; ce fut par un mouvement exactement identique et exécuté à la même place qu'en 1871 nous eûmes raison des rebelles.

niveau de la mer), ce n'est pas sans une agréable surprise qu'on se retrouve là, comme dans un coin égaré de la patrie, en face d'une petite ville européenne, qu'on croirait avoir été transportée toute faite comme un jouet d'enfant. Ce n'est pas sans un certain orgueil qu'on se voit entouré d'uniformes de chasseurs ou de zouaves et qu'on entend le matin, à son réveil, retentir les sonneries les plus connues de nos clairons. Il n'est pas jusqu'aux montagnes, qui ne semblent regarder avec étonnement cette nation téméraire qui a osé attenter à leur majestueuse et antique inviolabilité.

Encore si la France, au jour où elle a emporté ces hauteurs, avait eu des routes pour faire avancer ses 35,000 hommes et son artillerie ! Mais non. Il n'y avait alors que des sentiers, je dirais mieux des échelons, bons tout au plus pour les jarrets des Kabyles ou des chèvres. Les pieds des Romains, des Vandales, des Byzantins, des Turcs, ne les avaient point foulés, ou n'avaient tenté l'escalade que pour leur malheur, et c'est uniquement par ces sentiers impossibles qu'en 1857 la victoire dut se frayer passage. Moins d'un mois après la soumission des tribus, une superbe route, large de 6 mètres, longue de plus de six lieues, qui ferait encore figure convenable à côté de celle du Simplon, commençait à dessiner ses lacets de la plaine au Fort, en dépit des rocs et des précipices. Les Kabyles une fois vaincus et pacifiés, l'armée s'était jetée résolument sur un nouveau genre d'ennemis, les rochers et la terre qui garnissaient les flancs escarpés de la montagne ; elle les avait domptés presque aussi promptement que les hommes. Trajan avait beau conduire à l'arrière-garde de ses légions un ingénieur et un arpenteur, munis de règles, de compas et de cordeaux : Trajan n'aurait fait ici ni plus ni mieux que le maréchal Randon.

Par les temps où nous vivons, où les souvenirs, les souvenirs de guerre surtout, vieillissent vite, qui n'aimerait à se rappeler qu'il y a peu de temps encore, nous renversions des obstacles contre lesquels les cohortes romaines s'étaient brisées, nous enfoncions des portes restées jusque-là obstinément fermées devant tous les maîtres de l'Afrique, devant Abd-el-Kader lui-même [1]. Au surplus, nous

1. Tous les livres qui, à la suite du général Daumas, ont parlé de la Kabylie, ont rapporté ce trait qui date, je crois, de 1839. Tout fier de la

n'avons point à redire plus au long les divers épisodes de cette campagne. Contentons-nous d'inscrire deux dates, peu remarquées dans leurs temps, en apparence fortuites, certainement providentielles et de bon augure. Ce fut le 24 mai 1857, jour ou l'Église fête la sainte Vierge sous le titre de Secours des Chrétiens, que fut donné l'assaut victorieux de cette immense citadelle formée par le massif des Aït-Iraten. Puis, par une heureuse coïncidence, la pose de la première pierre du Fort eut lieu le dimanche 14 juin de cette même année, vingt-septième anniversaire de notre débarquement à Sidi-Ferruch ; c'était en même temps la solennité de la Fête-Dieu. Le corps expéditionnaire célébra cette triple fête au milieu des pompes improvisées de l'Église. Le sacrifice divin fut offert solennellement devant le front des troupes, au bruit des salves de l'artillerie ; l'autel de Jésus-Christ se relevait avec éclat sur une terre qui depuis si longtemps ne le connaissait plus. On se serait cru reporté aux beaux jours du maréchal de Bourmont, à cette matinée mémorable qui fut l'aurore de nos victoires africaines où les seize prêtres qui accompagnaient la flotte célébrèrent la sainte messe en avant des collines de Staouéli. C'était, sciemment ou non, ouvrir cette nouvelle conquête, complément de la première, sous des auspices bénis ; c'était l'alliance séculaire de Jésus-Christ, de Marie et de la France, qui se renouait une fois de plus pour la prise de possession de ce sol inhospitalier. Le cœur chrétien pouvait comprendre dès lors pourquoi la Providence en avait refusé le plein domaine à d'autres : elle le réservait à de meilleures mains. Aussi bien, j'ai ouï dire qu'une ancienne tradition kabyle accréditait ce bruit, que si jamais, ce qu'à Mahomet ne plaise ! la Kabylie devait être domptée, elle le serait par les chrétiens.   J. DUGAS.

(La suite au prochain numéro.)

guerre qu'il soutenait contre la France, Abd-el-Kader songeait alors à étendre son pouvoir sur le Jurjura. Seulement, connaissant l'humeur ombrageuse des gens du pays, il voulut y pénétrer sans bruit, à simple titre de pèlerin. Mais les Kabyles, avec qui il est difficile de jouer de finesse, devinèrent bien vite le fond de ses intentions ; sans plus de façons, ils le prévinrent que si jamais il tentait de revenir chez eux avec des velléités de domination, il serait reçu non plus avec le *kousskouss* blanc de l'hospitalité, mais bien avec du *kousskouss* noir, c'est-à-dire avec de la poudre. L'émir se le tint pour dit.

IV

UNE FÊTE ARABE ET CHRÉTIENNE EN ALGÉRIE

**Inauguration de l'hôpital indigène de Sainte-Élisabeth,
à Saint-Cyprien des Attafs.** (*Suite.*)

Nous sommes entrés dans la Mitidja, et nous dépassons sans
nous arrêter, la quatrième station après Alger, celle du Gué de
Constantine, ainsi nommée parce que c'était là que l'ancienne route
de Constantine traversait à gué l'Harach, le *Favus* des Romains.

Le jour s'est tout à fait levé, et le brouillard a cessé de tomber
en pluie. On voit l'immense plaine toute couverte de cultures où
le blé naissant étend sa teinte verdoyante, sur laquelle tranche le
clocher blanc de l'église de Sidi-Moussa. Déjà, en sortant d'Alger,
dans chaque village, à Hussein-Dey, à la Maison-Carrée, nous avons
remarqué une église neuve, toute brillante de blancheur et qui contraste étrangement avec le triste état où restent encore, sauf la
cathédrale, qui est loin d'être belle, les églises d'Alger. Nous allons
en trouver partout jusqu'à la fin du voyage, à Chébli, à la Chiffa,
à Mouzaïaville, à El-Affroun, à Ameur El-Aïn, à Affreville, à Du-
perré, à Sainte-Monique, à Saint-Cyprien. Il y a six ans seulement,
tous ces villages en étaient dépourvus. Obligés d'aller au plus pressé,
les évêques d'Alger avaient dû se contenter de placer des prêtres
dans les divers centres ; et, manquant de ressources nécessaires,
ils avaient accepté pour le culte des abris provisoires. La province
d'Alger, plus pauvre que les deux autres provinces, était encore
plus mal partagée, car, pour quatre-vingt-douze paroisses, elle ne
comptait pas trente églises en 1869. D'après le système suivi jusqu'alors, l'Etat ne pouvait construire que deux églises tous les
trois ans, et, le nombre des paroisses se multipliant avec la création des centres, on ne pouvait jamais espérer voir des églises en
nombre suffisant. Ce fut alors que Mgr Lavigerie s'adressa à la
fois au clergé et aux fidèles.

Il encouragea le zèle des curés, obtint des colons des matériaux et de la main-d'œuvre, du gouvernement quelques subsides, que les votes de l'assemblée veulent lui retrancher aujourd'hui ; et ainsi, en cinq années, il est parvenu à faire bâtir trente-cinq églises convenables, élégantes même, qui dominent les villages et montrent au loin la croix comme une espérance et un signe de vie, au sein de notre belle colonie.

Bouffarick, cinq minutes d'arrêt ! Ce cri me tire de mes réflexions. Le ciel se dégage de plus en plus et permet à la vue de s'étendre sur le paysage. On aperçoit, à travers les arbres, le grand et riche village qui est en train de devenir une ville. C'est à Bouffarick que le P. Brumauld, dont le nom est resté populaire, avait transporté son orphelinat composé d'enfants de Paris, ramassés, après les terribles journées de juin, dans les ruisseaux de la capitale, fils de transportés, destinés à une guerre sans fin contre la société et que le bon Père prenait pour en faire des hommes et des chrétiens, avec le secours de Dieu et de ses frères. Cette œuvre a duré trente ans.

Bouffarick est la gare la plus rapprochée de la Trappe de Staouëli, le plus bel établissement agricole de l'Algérie, avec ceux des Missionnaires de la Maison-Carrée, des Frères du P. Abram à Miserghin, et des Sœurs de la Doctrine chrétienne à Bône. On renouvelle, dans ces maisons, toutes les merveilles des moines qui défrichèrent autrefois l'Europe. Que n'aurait-on pas fait, si on avait eu, dès l'origine, le courage de s'adresser plus nettement à l'influence religieuse ?

On part. Saluons en passant l'église de Beni-Méred et sa colonne monumentale. Elle est élevée en l'honneur du sergent Blandan, cet intrépide enfant de Lyon, qui soutint, avec dix-sept compagnons d'armes, l'assaut furieux de plusieurs centaines de cavaliers arabes, et, par son sang-froid et son courage, permit à la colonne d'expédition de venir à leur aide. Il paya lui-même de la vie l'héroïsme de sa résistance.

Voici Blidah. C'est une ville de 12,000 âmes, avec la plus belle église du diocèse, bâtie sous l'épiscopat de Mgr Pavy et son collége des Basiliens qui donne, ainsi que le collége des Jésuites d'Alger, tous les deux fondés par Mgr Lavigerie, l'instruction secondaire aux enfants des familles chrétiennes. Sept évêques de France, à la tête desquels se trouvait le vénérable et intrépide cardinal Donnet, alors déjà archevêque de Bordeaux, vinrent, à Blidah, en 1841, sur l'invitation de Mgr Dupuch de pieuse et douce mémoire, consacrer la mosquée que le maréchal Valée avait donnée aux catholiques.

A l'horizon se montrent les clochers de nouveaux villages. Ce sont ceux qui furent détruits de fond en comble par le tremblement de terre de 1867; mais ils sont, depuis longtemps, reconstruits. Nous traversons Mouzaïaville, autrefois ville épiscopale. Je me souviens d'avoir vu, au musée d'Alger, l'épitaphe d'un de ses évêques; elle m'a touché par la simplicité de son caractère doux et grave :

ICI REPOSE DANS LE CHRIST

NOTRE PÈRE DE SAINTE MÉMOIRE

L'ÉVÊQUE RESTITUTUS

QUI FUT MASSACRÉ DANS LA GUERRE DES MAURES

IL NOUS A PRÉCÉDÉS DANS LA PAIX

Nous quittons la Mitidja pour traverser, durant deux heures environ, les gorges pittoresques qui la séparent du Chélif. On ne se croirait plus en Afrique. A droite et à gauche, par les échappées des gorges, de hautes montagnes en ce moment chargées de neiges; au fond de la vallée, un torrent qui roule ses eaux grossies par l'hiver; partout, sur les collines, des bois de chênes-verts, de pins, d'oliviers séculaires; de loin en loin, des gourbis arabes avec quelques éclaircies où sont les terres de labour. Rien de plus frais, de plus paisible, de plus gracieux. Enfin nous gravissons la pente rapide qui nous mène au haut des collines d'où l'on découvre le Chélif. Un long tunnel de trois kilomètres, et nous voilà sous un ciel nouveau. Plus un nuage, plus de brumes; le soleil d'Afrique dans toute sa splendeur dore les pics du Zaccar, les riches plaines du Bled-Ismaël, les monts lointains où se trouvent les forêts de chênes de Teniet-el-Haad, et enfin le fleuve qui serpente comme un ruban argenté au milieu de toutes ces magnificences; c'est la plaine du Chélif où Saint-Cyprien est bâti.

Elle était autrefois peuplée de villes et de villages sans nombre. C'était la route maîtresse qui conduisait de Carthage aux colonnes d'Hercule. Les Romains l'avaient donc soigneusement fortifiée et colonisée, et, chose particulièrement intéressante, le christianisme paraît y avoir eu sa vie publique, plus tôt que dans les autres parties de l'Afrique.

Voici ce que j'ai entendu raconter à Mgr l'archevêque.

Pendant qu'il était à Rome, en 1870, à l'époque du Concile du Vatican, Monseigneur se trouvant à l'audience du Saint Père, Pie IX lui dit tout à coup :

— Ah! vous savez que vous avez, dans votre diocèse, l'église authentiquement datée la plus ancienne du monde chrétien?

— Mais non, Très-Saint Père, je l'ignore, et je suis bien heureux de l'apprendre de la bouche de Votre Sainteté.

— Je ne puis pas bien vous donner le détail de tout cela, dit le Souverain-Pontife; mais allez trouver de ma part M. de Rossi, le conservateur des Catacombes, il vous l'expliquera.

M. de Rossi fit connaître à Mgr Lavigerie que, d'une inscription relevée sur le pavé en mosaïque de l'ancienne église épiscopale d'*Oppidum Tingitii*, aujourd'hui Orléansville, il résultait qu'elle avait été commencée l'an 283 de la province d'Afrique, qui correspond à l'an 323 de l'ère chrétienne et par conséquent aux années qui suivirent immédiatement la conversion de Constantin. De cette église, il reste encore tout le pavé en mosaïque, les murs à la hauteur de deux mètres, et les places très-apparentes de l'autel et du siége de l'évêque; tout cela sous la terre dont on l'a soigneusement recouverte pour ne pas l'exposer à la destruction. Mais ce n'en est pas moins la plus précieuse et la plus ancienne relique de l'art chrétien et surtout de la foi chrétienne dans le monde, « car aucune église actuelle, pas même à Rome, disait M. de Rossi, n'a une telle antiquité. » Ajoutez, détail plein d'intérêt, que cette antique église était dédiée aux apôtres saint Pierre et saint Paul.

Chose consolante, c'est là aussi que commence aujourd'hui la résurrection de l'Église parmi les indigènes dans les villages arabes chrétiens, et c'est à l'un des actes de cette résurrection que nous allons assister.

Nous approchons, en effet, du terme du voyage. Déjà, depuis une trentaine de kilomètres, nous ne voyons plus ni villes, ni villages. Nous sommes en plein pays arabe. Sur les montagnes qui, à droite et à gauche, bordent la plaine, sur les bords du fleuve, dans les bois d'oliviers qui précèdent les Attafs, nous apercevons seulement des douars indigènes, dont les femmes et les enfants regardent curieusement passer notre train. Pas un seul homme; ils sont tous partis pour assister à la grande fête, dont on parle depuis longtemps sur tous les marchés. Au loin, sur quelques pics, les marabouts ou chapelles musulmanes, élevés à la mémoire des *Santons* et surtout de Sidi Abd-el-Kader El Djilali, pèlerin du xiie siècle, et le grand saint du pays.

Enfin, à midi précis, par un temps splendide, nous voyons poindre à l'horizon, sur notre gauche, les maisons d'un village, avec le clocher qui les domine; puis gracieusement posé sur une colline, un monument mauresque aux nombreuses colonnades de pierres. C'est l'hôpital de Sainte-Élisabeth.

LA FÊTE.

II. — L'arrivée.

Le spectacle qui se déroule à nos yeux est plein de vie. D'un côté, le village de Saint-Cyprien avec ses maisons simples, mais brillantes de blancheur et de propreté, et son clocher surmonté de la croix archiépiscopale. De l'autre, un vaste camp arabe formé des tentes de tous les cavaliers, au nombre de plus de mille, qui sont venus assister à la fête avec leurs aghas et leurs caïds. Au-dessus du camp et du village, l'hôpital paré pour son jour de fête, orné de drapeaux de toutes couleurs et précédé d'une avenue d'arcs de triomphe et de fleurs. Sur le dernier plan, des montagnes brunes en demi-cercle dominées au loin par le pic blanc de l'Oua-ransenis. Tout cela animé par la foule des Arabes qui accourent vers la voie ferrée, au débouché des sentiers lointains, et qui font retentir l'air de leurs cris et du son aigre et doux de leurs *ghasbas* (flûtes indigènes). Des deux côtés de la voie, dans la vaste plaine, les cavaliers arabes, leurs fusils au poing, se tiennent immobiles.

Tout d'un coup, sur un signal de leurs chefs, ils s'élancent, de toute la vitesse de leurs chevaux, vers le train, puis, arrivés près de nous, tirent sur nos portières, s'enfuient et reviennent en poussant des cris de guerre. Qu'est-ce donc? Les Arabes trouvent-ils là l'occasion unique de massacrer d'un seul coup toutes les autorités de la colonie? Les dames poussent des cris affreux, les hommes étonnés regardent. Au bout d'un instant plus de doute : c'est la bienvenue que ces guerriers nous souhaitent en hommes de guerre; c'est l'attaque simulée de notre train. Rien de plus entraînant, de plus pittoresque que cette mêlée d'hommes, de poudre, de cris, de chevaux qui se cabrent et qui hennissent.

Le train s'est arrêté. Les invités descendent, à la suite du général Wolff, qui, en sa qualité d'administrateur du territoire militaire, a seul juridiction sur le territoire de Saint-Cyprien. Voici le maire qui s'avance avec ses deux adjoints, l'un français, l'autre musulman, et le conseil municipal composé mi-partie de musulmans et mi-partie de chrétiens donnant ainsi la preuve visible de l'accord qui règne entre les Arabes chrétiens des villages de Saint-Cyprien et de Sainte-Monique, et les Arabes musulmans des tribus environnantes réunis en une seule commune. Au moment où le maire adresse au général quelques mots de bienvenue, le canon tonne, et éveille les grands échos des montagnes, les quatre cloches du village font entendre leur carillon argentin, et de longues traînées de coups de feu partent de tous les rangs des Arabes, tandis que les fifres jouent et que les femmes poussent leurs *you! you! you!* perçants, mélange étourdissant des bruits les plus divers, mais qui tous annoncent l'allégresse.

C'est avec cet accompagnement que les trois cents invités se dirigent vers l'hôpital et parcourent les mille mètres qui les séparent de l'avenue. Le prince royal de Hollande ouvre la marche, à la droite du général qui donne le bras à Mme de Lamoricière. Nous suivons tous, entre deux haies de cavaliers indigènes, dont les chevaux tressaillent au bruit de la poudre, mais que contiennent des mains et des genoux de fer. Nous entrons dans l'avenue, qui conduit par une pente douce au sommet de la colline où l'hôpital est bâti. Nous passons sous les arcs de triomphe, pendant que les cavaliers se rangent en un immense demi-cercle et que la foule se précipite pour remplir l'espace laissé libre.

Les terrasses qui surmontent les galeries de la façade de l'hôpital nous présentent un spectacle inattendu.

Sur une estrade, dominée par un dais de velours rouge et d'or, Mgr l'archevêque d'Alger, arrivé à Saint-Cyprien dès la veille, est debout en habits pontificaux, la mitre en tête, la crosse en main, sa croix archiépiscopale tenue devant lui par un indigène, tandis que quatre autres, avec leur burnous blanc et leurs chechias rouges, soutiennent les montants du dais. Autour de l'archevêque, cinquante prêtres, vêtus de drap d'or ou de l'habit blanc des missionnaires, sont rangés immobiles comme des statues.

Dès que la foule s'est approchée, Mgr Lavigerie entonne l'hymne à l'Esprit-Saint, que le clergé continue avec une majestueuse lenteur. Puis, il bénit l'édifice, et, se tournant vers les montagnes, aux quatre points du ciel, il donne d'une voix vibrante, la bénédiction solennelle. A ce moment, le canon tonne de nouveau et les cloches reprennent leur concert.

Jamais les témoins de cette scène ne pourront l'oublier. Ces contrées naguère encore si profondément plongées dans les ténèbres, cette résurrection qui commence, ces foules indigènes respectueuses et émues, ces prêtres avec leurs ornements sacrés, cet évêque apôtre bénissant, au nom de l'Église, les plaines habitées jadis par des chrétiens, et semblant, au nom de la France, les évoquer à la vie, ces villages chrétiens, cet hôpital qui porte sur son fronton cette simple inscription arabe : *Bit-Allah* (Maison de Dieu) ; quel incomparable tableau ! Tous les assistants avaient les larmes aux yeux. Les protestants n'étaient pas les moins émus ni les moins enthousiastes. Le consul général d'Angleterre, le colonel Playfair, répétait à ceux qui l'abordaient : — « Nous avons vu saint Augustin ! »

Cependant Mgr l'archevêque est descendu, suivi de son clergé. Il s'avance vers le général et lui souhaite la bienvenue. Le général remercie l'archevêque, et, après avoir parlé des travaux de la conquête, rappelle que le génie de la France chrétienne a toujours été de gagner, par ses bienfaits et sa générosité, le cœur des vaincus. C'est ce qu'elle fait pour les Arabes de l'Algérie, qu'elle doit peu à peu élever jusqu'à elle. Si elle respecte en eux le sanctuaire de la conscience et s'impose de ne rien faire qui puisse éveiller à cet égard leurs appréhensions, elle peut, elle doit travailler à faire tomber par ses actes les préjugés qu'ils conservent encore. C'est

ce que fait le gouvernement par l'exercice d'une stricte justice,
c'est ce que fait le clergé catholique par l'exercice de la charité,
c'est ce qu'il va faire encore dans cet hôpital ouvert aux misères
nombreuses d'un peuple en dissolution. Le général ne peut qu'ap-
plaudir à de semblables actes qui sont, en même temps que des
actes de charité généreuse, des actes de haute et sage politique.

Mgr Lavigerie répond par l'allocution suivante :

Monsieur le Général,

« Je suis profondément touché de vos éloquentes paroles. Elles
sont pleines de sentiments qui doivent le plus émouvoir le cœur
d'un évêque, la générosité, la charité, l'amour de la France et celui
de ces populations indigènes au service desquelles s'est passée votre
vie, après que votre valeur eut contribué à les soumettre. Vous
avez, en effet, cet honneur et ce bonheur tout ensemble, Monsieur
le Général, que, lorsque vous parlez des Arabes de l'Algérie et du
bien que nous devons leur faire, vos actes sont encore plus éloquents que vos paroles.

» C'est d'ailleurs, Messieurs, un spectacle fait pour nous émouvoir tous que celui de l'inauguration en ces lieux d'un établissement de charité et de paix destiné aux indigènes.

» Ces plaines, ces collines ont été, durant près d'un quart de
siècle, les témoins des plus sanglants et des plus émouvants épisodes de la guerre contre les Arabes. C'est ici que le chef de la
guerre sainte trouvait, dans les cavaliers renommés et intrépides
de la tribu des Attafs, d'ardents auxiliaires qui se soulevaient à
tous ses appels. C'est ici que le seul des héros qui survive encore
de ces premières et grandes luttes, Changarnier, ajouta à son nom,
déjà immortalisé par tant de victoires, la gloire de l'Oued-Fodda.
Du lieu où je vous parle, j'aperçois à l'horizon les sommets de
l'Ouarensenis, et il me semble y voir resplendir le nom de Bugeaud,
celui de Lamoricière, qui l'illustrèrent par tant d'intrépide valeur.
Et, en évoquant en ces lieux, témoins de sa gloire, le souvenir de
ce dernier, je sens tressaillir son ombre magnanime, car elle voit,
pour la première fois au milieu de nous, du séjour de la paix, celles
qui furent l'objet de ses affections les plus saintes, et qui sont au-

jourd'hui celui de nos respectueuses et vives sympathies de catholiques et d'Algériens.

» Mais ces vallées ne nous rappellent pas seulement le souvenir des armes. Elles furent les témoins d'actes non moins grands de généreux héroïsme. C'est ici, en ces lieux mêmes, que se conclut, au plus fort de ces mêlées de chaque jour qui ne laissaient ni paix ni trêve, ce premier échange de prisonniers devenu légendaire dans notre histoire africaine. Captifs d'Arabes fanatisés, s'attendant à chaque moment à leur dernière heure, les colons de la Mitidja enlevés par Abd-el-Kader durent leur salut à l'initiative de Mgr Dupuch. Pieux pontife, dont le nom vient comme une bénédiction sur mes lèvres, car le temps ne fait que mieux briller ses pures vertus, en dissipant les nuages que la plus noire malice, avait amassés autour d'elle ; sainte et douce figure du sacrifice, du dévouement, de l'ignorance absolue des calculs de la terre, qui ne chercha, comme l'Apôtre, qu'à donner tout ce qu'il avait et à se donner lui-même par surcroît. Qu'il eût été heureux d'assister aujourd'hui à l'inauguration de cet asile destiné à soulager les misères de ce pauvre peuple qu'il aimait tant ! Il n'y est pas, il est vrai, mais il est représenté du moins par deux de ceux qui s'associèrent à sa noble pensée et qui, sans souci de leur vie, passant à travers les périls que présentaient les tribus en armes, firent ce voyage, alors si long et si difficile, pour arracher leurs frères au désespoir et à la mort. Ils ont toujours depuis suivi, par des voies diverses, les mêmes sommets du dévouement et de l'honneur ; et, si l'un (1) nous donne dans la vie privée le spectacle de toutes les vertus et de tous les courages, l'autre (2) n'a cessé d'honorer hautement, par son intégrité, sa fermeté, ses lumières, l'administration de ce pays, à la tête de laquelle son mérite l'a porté.

» C'est sous la protection de tels souvenirs que nous avons voulu établir ici, à côté de nos jeunes villages d'indigènes devenus chrétiens, l'hôpital que nous inaugurons aujourd'hui. La croix qui le surmonte ne fait que ressusciter, pour ces plaines et ces montagnes, l'image du passé, car longtemps elles furent couvertes des'

1. M. le comte de Franclieu.
2. M. de Toustain du Manoir, directeur général des affaires civiles.

monuments de la charité et de la foi chrétiennes. Le sol que nous foulons en garde partout les traces dans ses profondeurs, et nous n'aurions pas besoin de creuser beaucoup pour en trouver, dans les âmes des rudes montagnards qui nous entourent, des preuves non moins éclatantes (1). Pauvre troupeau, jadis éclairé de tant de lumières, aujourd'hui errant sans pasteur dans les ténèbres, ballotté de maître en maître, depuis tant de siècles, et dépouillé par la violence de tout ce qu'il avait de plus cher, son nom, sa langue, sa foi !

» Puissions-nous du moins contribuer à soulager sa misère au nom de ce Dieu qui fut celui de ses pères, et qui redevient ici même celui de ses enfants ! Puisse cet hôpital servir surtout de refuge à ceux que leur condition et leur faiblesse rendent plus dignes de pitié, aux malades, aux vieillards, aux femmes ! Nous l'avons placé sous l'invocation d'une sainte dont la charité royale se dépensa tout entière au service de ces déshérités. Mais ce n'est pas le seul souvenir qu'il consacre pour nous ; le nom de sainte Elisabeth nous rappelle les vertus aimables et douces dont votre bienveillante condescendance, Madame (2), et votre initiative pour cette grande œuvre, Monsieur le Général (3), ont pour toujours rattaché la mémoire au bien qui doit se faire ici.

» Ce bien, vous l'avez admirablement défini vous-même. Il ne s'adresse pas seulement aux corps, il s'adresse encore aux cœurs et aux âmes, et, en montrant à cette société qui se dissout la cha-

---

1. Voici comment M. le général Daumas, qui n'était pas un chrétien pratiquant, mais qui connaissait à fond la société indigène, parle des Kabyles dans son livre : *Mœurs et coutumes de l'Algérie* (4° édit., p. 255) :

« Si l'on approfondit spécialement les mystères de la société kabyle, plus on creuse dans ce vieux tronc, plus, sous l'écorce musulmane, on trouve de séve chrétienne. On reconnaît alors que le peuple kabyle, en partie autochthone, en partie germain d'origine, autrefois chrétien tout entier, ne s'est pas complétement transfiguré dans la religion nouvelle. Sous le coup du cimeterre, il a accepté le khoran, mais il ne l'a point embrassé ; il s'est revêtu du dogme ainsi que d'un burnous, mais il a gardé, par dessous, sa forme sociale antérieure, et ce n'est pas uniquement dans les tatouages de sa figure qu'il étale, devant nous, à son insu, le symbole de la croix. »

2. Mme Wolff.

3. M. le général Wolff.

rité de la France chrétienne, il contribuera à faire disparaître les préjugés qui nous séparent encore. Les Sœurs, qui soigneront ici les femmes indigènes, leur parleront un langage plus éloquent que tous les discours ; et, dans cette maison, sur l'entrée de laquelle nous avons fait écrire en leur langue : « Ceci est la maison de Dieu, » ils reconnaîtront bientôt, je l'espère, que ce n'est pas là une vaine parole, et que ces filles de la France catholique, qui viennent s'y dévouer pour eux, sont les filles du Dieu véritable. »

Après cette éloquente improvisation, Mgr Lavigerie invite ses hôtes à faire la visite des salles de l'hôpital. Elles sont brillantes, non-seulement de propreté, mais encore de tout le luxe qui convient à un établissement de cette nature.

La visite terminée, tous les invités montent sur les terrasses de l'hôpital pour assister à la fantasia.

(La fin au prochain numéro.)

V

ŒUVRE DES MISSIONNAIRES

ADOPTIONS DE MISSIONNAIRES.

Nos associés savent qu'en donnant une somme de 800 francs, ils entretiennent pour une année un missionnaire en Afrique. Ils deviennent ainsi participants de tous ses travaux et de ses mérites, et même de ceux de son martyre, comme cela a eu lieu pour les charitables bienfaiteurs qui avaient adopté les trois martyrs de Tombouctou.

Nous avons reçu pour l'adoption de missionnaires :

800 francs de Mlle J. P., par l'*Œuvre des Écoles d'Orient.*

800 francs de M. K..., à Paris, *id.*

800 francs de Mme de Lamoricière.

Ces adoptions sont appliquées aux RR. PP. Jamet, Delattre et Le Roy.

Nous avons reçu d'un prêtre du diocèse de Lyon, M. l'abbé D..., la somme de *mille francs,* pour l'éducation chrétienne de jeunes nègres infidèles.

VI

CORRESPONDANTS DIOCÉSAINS

Notre appel pour demander des correspondants diocésains a été entendu, et plusieurs personnes dévouées à l'Œuvre de Sainte-Monique ont eu la charité de nous offrir leurs services. Nous espérons, dans l'intérêt de l'Œuvre et pour la commodité des bienfaiteurs, voir augmenter le nombre des personnes qui pourraient, sans trop se charger cependant, centraliser les offrandes qu'on nous destine, soit dans leur diocèse, soit même dans leur paroisse. *Nous recommandons spécialement au zèle charitable de nos correspondants l'Œuvre si importante des* VIEUX-MÉTAUX.

Nos pauvres Missions peuvent trouver là une partie des ressources qui leur sont nécessaires pour accomplir le bien immense qu'il y a à faire au milieu des peuples nombreux auxquels nous sommes envoyés.

On pourra adresser les aumônes en argent ou en nature (layettes pour nouveau-nés, vieux linge, livres, ornements d'église, médicaments, honoraires de messes, etc...) :

Au R. P. Supérieur des Missionnaires, à la Maison-Carrée (près Alger.
Au Bureau des Écoles d'Orient, 12, rue du Regard, à Paris.
A M. l'abbé Payan d'Augery, 84, rue Paradis, à Marseille.
A M. le chanoine Durassier, secrétaire général de l'évêché de Nantes.
A M. Robert Oheix, avocat à Savenay (Loire-Inférieure).
A M. l'abbé Vachet, missionnaire aux Chartreux, à Lyon.
A M. Armanet, 31, rue du Bœuf, à Lyon.
A M\ufeffme Camille Thiollière, grande Rue, à Saint-Chamond (Loire).
A Mme veuve Jégou, à Gourin (Morbihan).
A M. le Chanoine Delesminières à Annecy (Haute-Savoie).
A M. Chenel, rue Saint-Jean, à Caen (Calvados).
A M. Collin, 7, rue du Parterre, au Mans.
A M. Le Bas, garde-mines, à Bar-le-Duc.
A M. le Cte R. de Buisseret, au Boisselas, près Cellettes (Loir-et-Cher), ou à Versailles, 6, rue d'Anjou.
A M. l'abbé Gapp, curé de Bolsenheim (basse Alsace).
A M. Dufresne, chanoine à l'évêché de Montréal (Canada).
A MM. Picard et Brown, directeurs au séminaire de Montréal.

LES ORPHELINS DU DÉSERT (*Suite*).

IV

Mais, non loin, que vois-je, qu'entends-je ?
Des groupes de petits enfants
Aux âmes pures, aux fronts d'ange,
Elèvent des cris suppliants.

Leurs yeux sont tournés vers la France
Comme vers un pays sauveur,
Ils rayonnent de l'espérance,
Qui palpite au fond de leur cœur.

Ils disent : « France vénérée,
» Toi qui fus si bonne pour nous
» Achève l'œuvre préparée !
» Nous te prions à deux genoux.

» Puisque nous n'avons plus de mères,
» Et que nous sommes sans secours,
» Pauvres passereaux solitaires,
» Nous voulons être à toi toujours !

» Naguère, quand sur tes rivages
» L'ennemi vint jeter l'effroi,
» Combien sous nos palmiers sauvages
» Nous avons prié Dieu pour toi.

» Nos âmes étaient alarmées
» Et pleines d'un lugubre ennui,
» Pour combattre dans tes armées
» Les aînés d'entre nous ont fui.

» O penser douloureux et sombre !
» Malgré leurs courageux efforts,
» De tes enfants un trop grand nombre
» Sont restés sur le champ des morts !

» Si tu voulais, France chérie,
» Pour adoucir tes maux cuisants,
» Sans que ton amour les oublie —
» Nous remplacerions ces enfants !

» Père, ô vous que le deuil pénètre,
» Vous pouvez par l'adoption
» Sur ces bords en nous voir renaître
» Vos objets de dilection !

(A suivre.)

Saint-Cloud. — Imprimerie de Mme Ve Eug. Belin.

ŒUVRE DE SAINT-AUGUSTIN

ET DE

SAINTE-MONIQUE

I

LETTRE de Mgr Lavigerie, *Archevêque d'Alger, délégué apostolique du Sahara et du Soudan, à M. le chanoine Dauphin, directeur de l'Œuvre des Écoles d'Orient.*

Alger, le 1er janvier 1877.

Mon cher et vénérable ami,

En venant, au commencement de chaque année, vous rendre compte de nos travaux, de nos épreuves, des succès qu'il a plu à Dieu de nous accorder, j'entre d'ordinaire dans le détail de nos œuvres, sachant que c'est là le plus sûr moyen d'intéresser vos associés et aussi de leur exprimer ma reconnaissance en leur faisant mieux apprécier tout ce que leur charité nous a permis d'entreprendre.

J'aurais encore, cette année, une ample moisson de faits touchants et encourageants à leur offrir. C'est l'année où nous avons eu nos premiers martyrs, et que de choses je pourrais vous dire de ces héroïques missionnaires qui sont allés si généreusement à la mort, et qui l'ont supportée si courageusement pour Dieu, malgré les raffinements de cruauté et les dérisions même que leurs bourreaux adressaient à leur foi. Je devrais vous dire ce que nous avons fait pour recouvrer du moins leurs précieux restes, pour reprendre

leur œuvre et la mener, cette fois, je l'espère, à bonne fin. Je voudrais vous parler de nos progrès en Kabylie, des sympathies
chaque jour croissantes qu'y rencontrent nos missionnaires, des
demandes que je reçois de plusieurs de leurs villages, de leur envoyer non plus seulement des Pères pour soigner les hommes,
pour élever les garçons, mais des Sœurs pour donner aussi leurs
soins aux femmes et apprendre à coudre, à lire, à écrire, à prier
aux pauvres petites filles musulmanes, jusqu'à présent si abandonnées.

Vous seriez heureux d'apprendre, dans leur naïf détail, les histoires attendrissantes que m'envoient les Sœurs de notre Hôpital
arabe des Attafs, et les Pères missionnaires de nos villages d'orphelins, qui se peuplent chaque jour d'une nouvelle génération,
et nos Pères du Sahara ou de Carthage; mais je dois renoncer à
la consolation de vous raconter toutes ces choses, pour vous entretenir d'un sujet plus grave et plus triste, car il menace à la fois
toutes nos œuvres, celles du Diocèse et celles de la Mission.

Vous recevrez, sous ce pli, la lettre circulaire que j'adresse au
clergé d'Alger et qui vous fera connaître nos angoisses (1).

Malgré les réclamations réitérées adressées au gouvernement
par les évêques de l'Algérie, et malgré les efforts du gouvernement
lui-même, la chambre des députés vient de nous enlever, d'un seul
coup, plus de la moitié de ce que le diocèse d'Alger recevait de
l'Etat pour ses œuvres. Cela s'est fait presque sans que l'on s'en
aperçût, à la faveur de la division de ces crédits sur divers chapi-
tres du budget. Mais le résultat n'en est pas moins acquis, et nous
nous trouvons dépouillés de telle sorte que tout est compromis à
la fois. Jamais situation ne fut plus douloureuse. Si nous voulons
continuer nos œuvres, c'est la ruine matérielle; si nous les laissons tomber, c'est le déshonneur et la ruine spirituelle. C'est ainsi
que le pieux, le bon Mgr Dupuch fut autrefois conduit à l'abîme,
et quelques-uns espèrent secrètement, peut-être, réduire le premier archevêque d'Alger au même sort que son premier évêque.

Je ne sais si vous avez lu les discussions de la chambre légis-
lative sur le budget des cultes de l'Algérie. C'est en vain que
M. Keller, avec son éloquence et son grand cœur, a fait appel aux
sentiments de l'équité, du patriotisme, qu'il a représenté l'impos-

sibilité de laisser l'Algérie sans secours religieux, sans prêtres, sans églises. C'est en vain que le ministre des cultes a fortement appuyé cet appel : tout a été inutile. Vous connaissez assez les passions impies, les haines, les fureurs même qui se font jour contre l'Église dans notre pauvre pays, pour vous expliquer un tel résultat. La calomnie ne nous a pas manqué : on a parlé des richesses territoriales données par l'État au clergé de l'Algérie, alors qu'il n'en a jamais reçu un seul hectare de terre, de deux cents bourses accordées à nos séminaires, alors que pour les trois diocèses, nous n'en avons en tout que soixante-dix, et tout le reste que vous avez lu. Aujourd'hui, malheureusement, le budget est voté ; le mal est irréparable.

Dans une semblable extrémité, je me suis adressé à mon clergé — c'était ma seule ressource, — ici les colons sont tous pauvres, ils ne viennent en Algérie que parce qu'ils n'ont rien. Comment leur demander quelque chose, lorsque notre seule peine est de ne pouvoir leur donner assez ? Et puis, je vous l'avoue, c'est pour moi, et comme évêque, et comme Français, une insupportable honte que de venir, dans un pays comme celui-ci, peuplé de musulmans, d'étrangers, faire publiquement ressortir les plaies saignantes que nous recevons de la France. Que penseraient-il de nous ? Car eux, ils ont la foi, une foi pleine et robuste, quoique l'objet en soit faux. Ils respectent leur culte, ceux qui le représentent, et ils auraient horreur de nous s'ils savaient où nous sommes descendus.

J'ai entendu, un jour, un musulman d'Alger me raconter avec indignation un procédé outrageant dont il avait été témoin, dans l'une de nos rues, à l'époque de nos plus mauvais jours, contre un des prêtres de la ville, de la part d'un de ces hommes que vous connaissez et qui se font une joie brutale d'insulter à tout ce qui est digne de respect.

« Que nous, musulmans, me disait-il, nous insultions un prêtre chrétien, cela se comprendrait encore, il n'est pas de la même religion que nous ; et cependant nous le respectons parce qu'il croit en Dieu et qu'il le prie ; mais qu'un chrétien et qu'un Français insulte ainsi, devant nous, le prêtre de sa religion et de son pays, c'est ce que je ne comprends pas. Il faut que cet homme soit fou ! »

Hélas ! plût à Dieu que cette folie ne fût pas plus répandue en

France et que le flot n'en montât pas chaque jour davantage, aux regards attristés du monde.

Mais si les infidèles eux-mêmes s'étonnent de l'acte isolé d'un méchant, et s'ils ne l'expliquent que par la folie, que diraient-ils des décisions qui nous enlèvent nos ressources les plus nécessaires et nous infligent ainsi une sorte de réprobation légale, en présence des juifs, des protestants, des musulmans qui, eux, n'ont rien à en souffrir.

C'est ce sentiment de pudeur nationale qui me fait garder le silence, en Algérie, et ne m'adresser qu'à mon seul clergé.

Mais mon clergé que fera-t-il? Il est pauvre lui-même, il est peu nombreux, et déjà ses ressources sont absorbées par toutes les misères qui le sollicitent.

Voilà pourquoi, mon cher et vénérable ami, je vous envoie ma circulaire. Vous verrez si vous devez et si vous pouvez la faire connaître à vos associés. Jamais notre situation n'a été plus digne de l'intérêt des catholiques de France. Ils ont créé nos œuvres par leur charité, ils les ont généreusement soutenues. C'est contre eux, contre leurs sentiments les plus intimes, que sont dirigés les votes qui nous dépouillent et par lesquels, sans doute, on pense tout ruiner et nos œuvres et nous-mêmes.

Il leur appartient de décider s'ils laisseront l'impiété brutale qui se fait jour de toutes parts triompher sans protestation et sans combat, ou si, ne pouvant rien contre une situation qu'ils n'ont point faite, ils n'arrêteront pas, du moins, dans la mesure de leur pouvoir et de leur charité, les maux dont la religion est menacée.

Telle est, mon cher et vénérable ami, la cause dont je vous constitue l'avocat et le juge. Je vous connais, je connais les associés de votre Œuvre. Je sais que notre cause ne peut être confiée à de meilleures mains.

Voyez donc s'il ne vous serait pas possible d'ouvrir une souscription qui m'aide à réparer le tort immense que font à mon diocèse et aux Œuvres qui s'y rattachent les suppressions de secours dont je viens d'être frappé.

Veuillez agréer, etc.

† CHARLES, archevêque d'Alger.

Nous recommandons instamment cette souscription à la charité des lecteurs du *Bulletin de Sainte-Monique*. Les offrandes pourront être déposées à l'Œuvre des Écoles d'Orient, 12, *rue du Regard, à Paris*, ou envoyées directement à Mgr l'Archevêque d'Alger, à *l'archevêché, à Alger*.

LETTRE CIRCULAIRE

De Monseigneur l'Archevêque d'Alger au clergé de son diocèse relativement à la situation faite aux Œuvres diocésaines et aux Séminaires par la récente suppression de crédits qui leur étaient affectés.

Alger, le 1er janvier 1877.

Messieurs et chers Coopérateurs,

Sous le coup des atteintes de la maladie grave qui paralyse en partie, depuis trois ans, l'exercice de mon ministère pastoral, je pensais devoir attendre dans le silence, ce qu'il plairait à Dieu d'ordonner de moi. Ce silence néanmoins, il ne m'est plus possible de le garder aujourd'hui, en présence des dangers qui menacent notre vie diocésaine, et qui, si nous ne pouvions les conjurer, l'atteindraient bientôt, d'une manière irréparable.

J'ai déjà exposé cette situation au gouvernement de la France, qui, dans les débats de nos Assemblées, avait tout fait lui-même, pour la prévenir, et auquel je suis heureux d'exprimer notre gratitude, en l'exprimant aussi aux hommes de cœur qui l'ont soutenue de leurs votes et de leur parole. Mais les nécessités qu'impose l'observation de lois régulièrement votées, les délais qu'exige la présentation de dispositions nouvelles ne lui permettront même plus de venir utilement à notre aide.

Je m'adresse donc directement à vous, Messieurs et chers coopérateurs. Je le fais sans récriminations et sans aigreur contre qui que ce puisse être, uniquement pour remplir vis-à-vis de vous un devoir sacré. Il s'agit, en effet, de vos intérêts plus encore que des miens, puisqu'ils regardent un avenir qui vous appartient tout entier et où tout semble m'annoncer, au contraire, que je n'aurai plus une longue part. Et au-dessus de vous et de moi, il s'agit des âmes qui nous sont confiées, de l'honneur même de la France chrétienne, qui est directement atteint, sur une terre encore musulmane et en présence des étrangers qui nous observent, par les coups portés à un culte que personne, quoi qu'on fasse, ne pourra séparer ici de notre nationalité.

Les derniers votes législatifs viennent, comme vous le savez, d'enlever aux trois diocèses d'Algérie, une partie de leurs ressources, et au seul diocèse d'Alger un ensemble de crédits qui ne s'élève pas à moins de deux cent neuf mille francs, C'EST-A-DIRE PRÈS DE LA MOITIÉ DE SON BUDGET TOTAL ANNUEL (1).

Une semblable mesure, votée trois jours seulement avant l'ou-

---

(1) Les votes récents du Corps législatif viennent, sur le budget de 1877 comparé à celui de 1876, d'enlever aux diocèses de l'Algérie, la somme de 350,000 fr. ainsi répartis :

Au budget de l'Algérie.

Chapitre XIV. — Art. 3. Etablissement des orphelins de la famine	73.000
Chapitre XVII.—Construction d'églises dans les anciens centres..	75.000
Crédits supplémentaires. — Orphelinats diocésains.........	80.000

Au budget des Cultes.

Chapitre VI. — Bourses des Séminaires.................	20.000
Chapitre X *bis*. — Travaux aux édifices diocésains de l'Algérie.	100.000
Total des crédits supprimés......................	350.000

Sur l'ensemble de ces crédits, le diocèse d'Alger, dont les établissements et le clergé sont beaucoup plus nombreux que ceux des deux autres diocèses, perd à lui seul :

Pour l'établissement des orphelins de la famine............	75.000
Pour les orphelinats diocésains........................	48.000
Pour la subvention aux Séminaires.....................	11.000
Pour les édifices diocésains...........................	50.000
Pour la construction des églises.......................	25.000
Total......................	209.000

verture de l'exercice financier, est de nature à mettre toute administration, quelle qu'elle soit, hors d'état de faire honneur aux
engagements contractés par elle, et elle atteint nos œuvres les
plus importantes.

Ainsi, je ne pourrai plus, à mon grand regret, tenir mes promesses pour les constructions d'églises paroissiales dans les anciennes communes qui en sont encore privées. Et cependant jamais entreprise ne fut plus nécessaire. Malgré tout ce que nous
avons fait déjà depuis six années, en construisant avec le concours
de tous et le vôtre en particulier, près de trente églises nouvelles,
quarante-quatre centres de populations et, parmi eux, trente-quatre
où des paroisses sont déjà érigées depuis quinze, vingt, trente et
même quarante années, manquent encore d'églises (1). Cette situation est celle de presque toutes les villes de la province, où les
offices se célèbrent dans d'anciennes granges, comme à Miliana;
dans des corps de garde abandonnés, comme à Aumale; dans des
baraques en planches, comme à Ténez et à Orléansville; dans des
masures, comme à Marengo et à Montenotte, où les fidèles à leurs
places, le prêtre à l'autel, ne peuvent se garantir de la pluie. Que
dire d'Alger lui-même, lorsque les fidèles de Mustapha-Inférieur
peuvent, avec vérité, m'écrire ce qui suit : « Depuis vingt-cinq
» ans que cette paroisse existe, le culte se célèbre dans une misé-
» rable baraque vermoulue depuis longtemps condamnée et que
» la municipalité a dû dernièrement, par mesure de sécurité pu-
» blique, faire soutenir à l'extérieur par d'énormes poutres pour
» en retarder un peu l'inévitable ruine. Mais ce danger qui peut
» devenir tous les jours plus sérieux, n'est pas encore le plus

(1) Voici les noms des anciens centres pour lesquels on n'a pu encore
construire d'églises :

Sainte-Croix, d'Alger, Médéah, Miliana, Mustapha-Inférieur, Orléans-
ville, Bourkika, Bouzaréah, Novi, Oued-el-Alleg, Lavarande, Aïn Sultan,
Matifou, Baba-Hasson, Bir-Rabalou, Birtouta, Aumale, Cherchell, Cité
Bugeaud, Tenez, Laghouat, Tefeschoun, Boghar, Attatba, Crescia, Dal-
matie, El-Achour, Kouba, L'Agha, Marengo, Montenotte, Joinville, Mont-
pensier, Saint-Pierre et Saint-Paul, Bouinan, Bou-Medfa, Pontéba, Sainte-
Amélie, Saint-Ferdinand, Saoula, Souma, Vesoul-Benian, Zurich, La
Ferme, Tapaza.

» grave motif qui nous porte à demander l'intervention de Votre
» Grandeur pour obtenir une église ; le principal motif qui nous
» fait agir est l'inconvenance absolue qu'il y a à laisser ainsi le
» culte catholique dans cet état d'abaissement et de mépris public,
» aux portes d'Alger, sur la route la plus fréquentée de l'Algérie,
» où tous les étrangers peuvent voir la religion réduite à se réfu-
» gier dans une indigne baraque, et cela dans un pays où pas un
» seul des autres cultes ne se trouve dans une pareille misère. Il
» y a là quelque chose de trop blessant non-seulement pour des
» cœurs chrétiens, mais encore pour des cœurs français, pour que
» nous puissions rester indifférents et plus longtemps inactifs en
» présence d'une pareille situation. »

C'est dans cet état de choses, et en présence d'engagements déjà contractés que l'on vient de réduire à vingt-cinq mille francs pour le diocèse d'Alger la somme destinée à la construction de nos églises dans les anciens centres. Vingt-cinq mille francs pour construire quarante-quatre églises ! (1) C'est déclarer qu'on ne les construira jamais.

La condition de nos édifices diocésains est rendue désormais tout aussi précaire. Pour l'entretien de l'Archevêché, de la Cathédrale d'Alger, dont le portail menace ruine, du Séminaire de Kouba, de celui de Saint-Eugène, pour les travaux destinés à achever ces deux derniers établissements, auxquels il reste plusieurs centaines de mille francs de dépenses à faire, nous avons droit en tout, à trente-quatre mille francs, c'est-à-dire au tiers des cent mille francs alloués pour les trois diocèses de l'Algérie.

Notre embarras n'est pas moins grand pour les orphelins de la famine qui nous restent encore, et à qui nous avons dû laisser retirer toute subvention, plutôt que les soumettre, par un acte arbitraire de notre part, à l'application de la loi militaire. Comment les entretenir désormais ? mais surtout comment nous décider à retirer à ceux qui le réclament, l'appui qu'ils ne trouvent qu'en nous ?

(1) On ne parle ici que des centres de population déjà anciens. Beaucoup de centres nouveaux n'en ont pas encore, mais on les construit sur les ressources spéciales de la colonisation.

Enfin, le coup le plus funeste est celui que reçoit notre Séminaire de Saint-Eugène, dont l'existence même est menacée, car nos séminaristes une fois dispersés seront perdus sans retour et le recrutement du clergé tari dans sa source.

En France, l'État n'accorde aucun secours aux Petits-Séminaires. Ils peuvent à la rigueur s'en passer, parce que la charité catholique et les familles y suppléent. Ici ils ne peuvent compter, ni sur les familles, ni sur les fidèles. Voilà pourquoi, dès l'origine, l'État leur est venu en aide, par une allocation directe, comme il a continué de le faire depuis la création des trois diocèses, sous forme de subvention pour les frais généraux. Mais avec cette subvention elle-même vous savez à quelles extrémités nous avons été réduits, comment nous avons dû retrancher, durant cette dernière année, une partie notable de leur nourriture aux élèves du Petit-Séminaire, et comment, même après une mesure aussi désespérée, nous n'en sommes pas arrivés à éviter des dettes.

Aujourd'hui, cette subvention déjà insuffisante nous est retranchée par suite de la suppression de vingt mille francs sur les crédits des Séminaires et nous n'avons plus que les seules bourses fournies par l'État et qui ne sont qu'au nombre de soixante-dix pour toute l'Algérie (1), de trente seulement pour le diocèse d'Alger.

Dans une telle situation, et si nous ne trouvons immédiatement les ressources nécessaires, la fermeture du Petit-Séminaire s'impose à nous. Cette mesure serait, comme je viens de le dire, la destruction du sacerdoce algérien, et voilà pourquoi, Messieurs, avant de prendre une aussi grave décision, je viens vous faire connaître mes embarras, mes angoisses, vous demander un conseil et, s'il le faut, un concours que vous ne me refuserez pas.

Le diocèse d'Alger n'a par lui-même des ressources d'aucune espèce. Il n'a reçu de l'État aucune dotation foncière quelconque qui puisse lui donner des revenus. Il n'en a non plus reçu aucune de la charité privée.

J'avais acquis, il est vrai, en 1868, pour assurer la continuation de nos orphelinats et des autres œuvres de la Mission dont je

---

(1) Et non de *deux cents* comme on l'a dit à la tribune de l'Assemblée, par une erreur sans doute involontaire.

suis chargé comme Délégué apostolique, des propriétés diverses. J'en ai fait, depuis plus de trois ans, aussi bien que des fonds qui me restaient encore, la donation légale et la remise effective à la Société de nos Missionnaires, en lui donnant une existence civile; mais les revenus de ces biens sont encore loin de suffire à leurs œuvres et il faut y ajouter chaque année près de deux cent mille francs, que l'on ne trouve qu'à grand'peine auprès des admirables chrétiens de France ou des associations d'apostolat.

Je sais bien qu'une opinion égarée qui a trouvé son écho jusqu'à la tribune de l'Assemblée, nous représente comme regorgeant de richesses ; j'ai toujours dédaigné de répondre à ces calomnies ; j'ai pensé que, suivant une noble maxime, un évêque doit avoir la patience et la force d'attendre au jugement dernier pour se justifier. Mais la réalité est que nous sommes pauvres, et que mon traitement, qui est maintenant ma seule fortune, suffit à peine aux charges nombreuses qui partout, mais plus ici qu'ailleurs, pèsent sur le chef d'un diocèse.

L'administration diocésaine ne peut donc rien, par elle-même, pour empêcher la destruction de notre Petit-Séminaire.

Faut-il le laisser périr ?

Pesez un moment, avec moi, Messieurs, les conséquences d'une telle résolution.

Dans le courant de l'année qui vient de finir, le diocèse d'Alger a perdu, parce qu'ils sont morts ou parce qu'ils nous ont quittés, quatorze prêtres séculiers employés dans le saint ministère. Or, avec le chiffre actuel de nos séminaristes, nous ne pouvons compter désormais, en moyenne, que sur six prêtres par année. Ce n'est pas même de quoi combler la moitié des vides qui se produisent dans nos rangs. Comment pourvoir aux paroisses des villages nouveaux ? Et si nous n'y pourvoyons pas, comment abandonner sans les secours de la religion, les femmes, les enfants, les malades, les mourants, qui réclament notre ministère ?

Et que dire des étrangers, Espagnols, Italiens, Maltais, dont le nombre augmente sans cesse dans la colonie et menace d'y dépasser bientôt celui des Français. C'est une nécessité non-seulement religieuse et morale, mais encore politique, d'assurer l'exercice de leur culte par un clergé qui ne dépende que de la France. Et cependant, nous voyons déjà un gouvernement étranger obligé, pour fournir à ses nationaux les secours religieux dont ils étaient dépourvus, d'entretenir, à ses frais, à Alger, des prêtres de sa nation. Certes, une telle préoccupation honore grandement le gouvernement de l'Espagne; mais sa conduite n'est-elle pas pour la France une dure leçon, lorsque l'on sait que les prêtres espagnols d'Alger n'ont pas cessé un seul jour de recevoir leurs traitements, sous les gouvernements divers qui se sont succédé dans leur pays, et même lorsque le clergé d'Espagne était privé de toutes ressources.

Si les conditions qui viennent de nous être faites sont maintenues et rendent plus difficile encore la formation d'un clergé local, nous verrons, je le sais, ce précédent bientôt suivi, et les autres nations heureuses de suppléer au défaut de prêtres français par des prêtres qui leur appartiendront : c'est là pour elles, le moyen le plus sûr d'augmenter ici leur influence et surtout d'empêcher la naturalisation de leurs nationaux. L'intérêt de la France, en Algérie, est d'ouvrir largement et gratuitement, au contraire, les portes de ses séminaires aux séminaristes de l'Espagne, de Malte et de l'Italie, à la condition qu'ils se feront Français. Mais non-seulement elle ne donne pas à ses Séminaires les moyens de recevoir des étrangers qui se présentent, elle les rend aujourd'hui insuffisants pour les Français même, et elle sert ainsi doublement les intérêts de nations rivales.

De ce qui précède, Messieurs, je veux dire de l'impossibilité où se trouve le diocèse de suppléer aux secours de l'État qui lui sont brusquement enlevés, et de la nécessité qui s'impose à nous, comme Pasteurs et comme Français, de maintenir nos Séminaires, résulte clairement celle de prélever un nouveau tribut sur notre pauvreté si nous voulons empêcher la dispersion des élèves du sanctuaire.

Certes, c'est, de leur part, un acte de réel courage que de se destiner au ministère ecclésiastique dans ces temps et dans ce pays; et je ne parle pas seulement des épreuves matérielles, nous les avons tous acceptées librement en quittant la Mère-patrie, je parle d'épreuves plus dures encore auxquelles nous ne devions pas nous attendre, des pérsécutions basses de quelques-uns, des outrages d'une presse sans respect d'elle-même et de l'intolérable amertume de ne tenir la croix entre nos mains sur une terre infidèle que pour la voir tristement humiliée.

J'ose le dire, Messieurs, parce que je connais vos sentiments et parce que je vous vois à l'œuvre, le clergé algérien ne méritait pas un traitement semblable. Je ne pense pas qu'il y ait au monde un clergé plus attaché à son pays que l'absence lui rend encore plus cher, plus étranger aux passions et aux luttes des partis, plus dévoué, plus sage, plus modeste, plus identifié aux souffrances, aux sentiments, aux aspirations des populations dont il partage la vie. Exilés volontaires, vous travaillez sans espoir de récompense humaine et, pour presque tous, une mort prématurée vient couronner vos travaux. Je le constatais, avec émotion, aujourd'hui même en parcourant le catalogue du Clergé pour l'année qui commence. Sur 259 prêtres que compte le diocèse d'Alger, quatorze seulement, fait plus éloquent que tous les discours ! atteignent leur soixantième année. Tout le reste meurt à la peine, loin des siens, victime de son dévouement.

Espérons, Messieurs, que la réflexion et une connaissance plus exacte des choses feront comprendre à tous, que la situation du culte catholique en Algérie intéresse directement, comme je l'ai déjà dit, l'honneur de la France. Quoi qu'elle puisse vouloir ou souffrir pour elle-même et dans son propre sein, elle ne saurait vouloir abaisser, au dehors, et à plus forte raison entraver le culte qui, aux yeux de tous, est son culte national. Elle ne saurait souffrir de le voir réduit à recevoir des étrangers les ressources qui lui sont nécessaires, et obligé de laisser sans les secours religieux qu'ils réclament ceux qui ne sont venus ici que sous la promesse solennelle des lois qui les leur garantissaient.

Mais si nous devions être trompés dans notre attente, nous saurions, j'en ai la confiance, continuer à faire tout ce qui est en nous, pour sauver l'honneur du pays dont nous sommes les fils, aussi bien que celui de la religion dont nous sommes les ministres. Nous nous rappellerions pour nous encourager, s'il en était besoin, à ces sacrifices, que plus encore qu'ailleurs, sur une terre étrangère, nous devons après le culte de Dieu garder, comme une seconde religion, le culte de la Patrie.

Et si enfin, après vous être dépouillés volontairement ainsi, vous deviez vous trouver un jour en présence de circonstances plus dures encore, laissez-moi vous le dire aujourd'hui, Messieurs, puisque je ne pourrai plus peut-être vous le dire alors, vous sauriez renouveler les exemples que vous ont laissés sur cette même terre, les prêtres de l'ancienne Église africaine. Ils sacrifiaient à l'honneur de la religion, à la conservation de leur culte, à celle du sacerdoce, à l'entretien des petits et des pauvres les ornements même des autels, et un de leurs plus grands Évêques leur disait que pour lui le Christ n'était jamais plus riche que, lorsqu'après la vente des vases d'or de ses églises, il n'y trouvait que des paniers d'osier pour recevoir son corps et des calices de verre pour verser le sang du sacrifice auquel ce grand homme, dans des temps qui, sous plus d'un rapport, ressemblaient aux nôtres, se préparait ainsi à mêler le sien.

A ces causes et le saint nom de Dieu invoqué, nous prions MM. les Vicaires forains de réunir le clergé de leurs districts le 8 février jour où se tiendra, au lieu du mardi suivant veille des Cendres, la prochaine conférence, afin de délibérer avec lui sur ce qu'il convient de faire dans les circonstances actuelles, relativement au maintien du Séminaire de Saint-Eugène et de nous transmettre, sans délai, le résultat de cette délibération. Pour la faciliter nous leur envoyons sur une feuille séparée, le résumé de la législation canonique sur l'entretien des Séminaires.

Veuillez croire, Messieurs et chers coopérateurs, à mes sentiments les plus dévoués en N.-S.

† Charles, Archevêque d'Alger.

II

UNE FÊTE ARABE ET CHRÉTIENNE EN ALGÉRIE

Inauguration de l'hôpital indigène de Sainte-Élisabeth, à Saint-Cyprien des Attafs. (*Fin.*)

III. La fantasia. — La diffa. — Les bardes.

Du haut des terrasses le panorama est magnifique.

On a devant soi un vaste hémicycle formé par des montagnes dépouillées d'arbres, mais déjà couvertes en partie de la verdure des blés. Le Chélif coule dans la plaine, et, à nos pieds, s'étend le parc de l'hôpital, rempli d'Arabes serrés les uns contre les autres pour voir de plus près tant de choses nouvelles. A notre gauche, rangés en ordre, les mille à douze cents cavaliers qui vont s'élancer dans l'arène. A leur tête, des hommes à fière mine, le regard brillant, le front haut, comme à la veille d'une bataille. C'est le bach-agha Bou-Alem qui règle et commande les mouvements de cette troupe ardente, où les chevaux se lèvent et bondissent à la voix et sous l'éperon de leurs cavaliers. Bou-Alem est le vieux compagnon de guerre d'Abd-el-Kader. Il a fait avec lui les premières campagnes, puis il s'est rallié à la France à laquelle il est resté toujours fidèle. Son mâle visage, sa barbe encore noire, son œil ferme, son corps de fer, sa majestueuse stature semblent annoncer un homme dans toute la vigueur de l'âge, et l'on s'étonne d'apprendre qu'il a plus de soixante et quinze ans. Le premier en selle, avec sa croix de commandeur de la Légion d'honneur qui brille sur sa gandoura blanche, et son burnous splendide rouge et or, il en descendra le dernier.

Le signal est donné. Nous avons sous les yeux le spectacle du combat, tel que le décrivait, il y a quelques mois, Mgr Lavigerie, dans un discours sur l'armée et la mission de la France en Afrique.

« Ces cavaliers arabes, aux longs vêtements blancs soulevés par la course, semblent voler au-dessus des obstacles ; rapides comme l'aigle, brandissant leurs longs fusils, ils se précipitent, arrivent à notre portée, s'arrêtent soudain, tirent et s'enfuient, pour recharger et revenir encore. C'est un immense tourbillon, où hommes et chevaux partagent la même furie et se communiquent leurs passions. « Il s'élance, disait Job en parlant du cheval de l'Arabie, il s'élance dévorant l'espace, dès que retentit le bruit des armes. Il entend le signal du combat, et il dit : Vah ! De loin il sent l'odeur des batailles, il comprend les excitations des chefs, les clameurs de l'armée. » Tel le peignait, il y a cinq mille ans, l'écrivain sacré, tel nos soldats le voient sous leurs yeux, comme une apparition de cet Orient, immobile jusque dans ses ardeurs. »

C'est bien là ce que nous voyons nous-mêmes du haut des galeries de Sainte-Élisabeth. Les cavaliers passent rapides, par groupes nombreux ou par couples isolés, poussant leur cri de guerre, cri guttural et rauque comme celui du tigre dont leur course rappelle les bonds, brandissant leurs fusils qu'ils lancent dans les airs après les avoir tirés et qu'ils reprennent au vol.

Les Arabes ouvrent des yeux d'admiration et d'orgueil. Les plus beaux chevaux, les meilleurs cavaliers, les plus adroits tireurs sont l'objet des cris d'enthousiasme de la foule. Les fifres jouent tous ensemble leur assourdissante musique qui enivre les spectateurs. Certes, si quelqu'un jetait là un vrai cri de guerre, la foule suivrait transportée sans se rendre compte de ses actes. C'est ainsi que se déclare la guerre sainte. Lorsque les esprits sont préparés, la voix d'un marabout, le chant guerrier d'un barde suffit pour précipiter la multitude.

Mais des cris d'effroi s'élèvent des galeries. C'est un cheval qui vient de s'abattre sur son cavalier. La course furieuse de ceux qui le suivent n'en est pas arrêtée. Voilà, pour nos spectateurs étrangers, un homme mort. Mais déjà, à travers le tourbillon de la fantasia, dix Arabes, ont relevé le cheval qui s'enfuit et emporté l'homme qui ne tarde pas à remonter sur son coursier qu'on lui ramène.

Dix fois, durant la fantasia, le même accident se renouvelle : dix fois, il se termine avec le même bonheur. — C'est la *baraka* (la bénédiction), disent les Arabes, c'est Dieu qui protége le grand marabout et ne veut pas de mort chez lui. Il y a, en effet, des

morts dans toutes ces fêtes. Ce jour-là, il n'y a pas même eu un
blessé.

De longs éclats de rires succèdent aux cris d'effroi. C'est un
vieux cavalier qui s'est élancé dans la carrière. Homme, vêtement,
cheval, tout est à l'unisson. C'est le cheik Ben-Moussa, homme à
l'antique et sans prétention, qui a voulu fournir aussi sa course.
Il passe comme envelopé d'un nuage de fine poussière qui sort de
son burnous noir.

— Ohé ! crie la foule indigène, ô Ben-Moussa, est-ce pour se-
couer la poussière de ton burnous que tu es monté à cheval?

Le vieux Moussa laisse dire ; il passe fièrement sur sa rossinante
et paraît insensible aux quolibets. Il est aussi simple dans ses discours que dans sa monture. Il aime beaucoup le village et surtout
Mgr Lavigerie. Il lui disait un jour devant nous : « La première
fois que je t'ai vu, je te prenais pour un marabout comme les
autres, mais, à présent, je vois que tu pourrais à toi seul faire
tourner la moitié du monde. »

Voilà deux heures et demie que les chevaux courent, que les
hommes tirent, que les fifres jouent, que la foule regarde, et que
personne, parmi les Arabes, ne paraît las.

« — Encore ! encore ! disent les cavaliers. Nos chevaux sont
échauffés ; c'est maintenant que la fête sera la plus belle. Montrons
ce que nous pouvons faire. Allons ! allons ! »

Mais l'appétit parle plus haut dans les estomacs européens que
l'enthousiasme dans le cœur des Arabes. Mgr l'archevêque emmène
les invités dans la salle du festin. C'est la salle des festins d'Homère ; car l'archevêque a, ce jour-là, plusieurs milliers d'hôtes
français et arabes à nourrir.

Sur le plateau de la colline qui s'étend derrière l'hôpital, sont
dressés des tentes sans nombre. Au milieu, dans un vaste espace
laissé libre, la cuisine est installée.

Quatre-vingt-six moutons, des bœufs tout entiers, cuisent passés
dans de longues perches. Ce sont des cadeaux faits à l'archevêque
par des amis de son Œuvre. La flamme sort en pétillant des mon-
ceaux de bois entassés sous chaque fourneau improvisé, et enve-
loppe les immenses rôtis, que des Arabes ouvrent de temps en temps

par lanières, avec leurs couteaux pour y mieux faire pénétrer le feu.

Autour de nous, des femmes indigènes préparent sous la tente et portent çà et là d'immenses plats de couscous.

Chacun prend le chemin des tentes où la diffa est servie. On s'assied par terre sur des tapis, et on entame avec ses doigts les plats indigènes.

Pendant que les Français s'installent paisiblement, les Arabes prennent à l'assaut les cuisines ambulantes ; en un clin d'œil, bœufs et moutons sont enlevés, dépecés, emportés. Du couscous pour deux mille personnes, du riz pour quatre mille, dix mille oranges, douze quintaux de figues, complètent ce repas pantagruélique, dont les invités de l'archevêque faisaient généreusement tous les frais.

Bientôt cependant le calme se fait. Les musiciens arabes se répandent au milieu des tentes. Les uns marquent avec leurs instruments la mesure de la danse des nègres. D'autres, plus habiles, suivent les bardes indigènes et accompagnent leur chant.

Sous le portique de l'hôpital, j'aperçois Mgr l'archevêque, qui écoute un de ces trouvères. Je m'approche. Deux indigènes battent en cadence une espèce de tambour de basque ; deux autres, armés de longues flûtes de roseau, jouent, sur un mode plaintif, une mélodie toute primitive. C'est l'air de la ballade improvisée par le trouvère, qui lui-même, tenant à la main un long et étroit tambour, dirige cet orchestre.

Le barde, qui chantait devant Mgr Lavigerie, avait choisi un sujet tout de circonstance : la famine de 1867, où brilla d'un éclat si pur, aux yeux des indigènes, la charité catholique.

Voici cette pièce de poésie arabe. Elle n'est pas d'une littérature parfaite, mais elle a un parfum biblique qui nous a charmés et qui charmera sans doute nos lecteurs. Encore leur manquera-t-il le cadre incomparable de cette scène : les Arabes qui écoutaient, plusieurs en pleurant, l'archevêque qui recevait là, de la part des indigènes, le plus touchant et le plus délicat témoignage de reconnaissance, et cet hôpital et ce paysage et ces souvenirs et ces espérances et ce vieux barde enfin, à la tête blanche, à l'œil de feu, qui cherchait en haut ses inspirations.

REFRAIN.

Toi seul peux nous sauver, ô Dieu !
La famine est venue ;
Toi seul peux nous sauver, ô Dieu !
Nos champs sont nus comme le désert.

Année de malheurs, année de désespoir ;
Pas de blé pour les hommes, pas d'herbe pour les troupeaux ;
Plus de bestiaux près de nos tentes.
Heureux les morts, ils ont trouvé la paix !

Toi seul peux nous sauver, ô Dieu ! etc.

Partout on va et on vient :
L'un marche au midi, l'autre au septentrion ;
Personne ne sait où trouver un asile,
O destin inexorable !

Toi seul peux nous sauver, ô Dieu ! etc.

Fuyons vers la vallée d'Oued Djer.
Que de fugitifs dans ses gorges !
Les cadavres en marquent la route.
Bientôt tous ont perdu courage.

Toi seul peux nous sauver, ô Dieu ! etc.

Allons jusque dans Blidah, la ville lointaine.
Semblables à un vol de sauterelles,
Les Arabes y viennent par tous les sentiers ;
Ses rues sont devenues trop étroites.

Toi seul peux nous sauver, ô Dieu ! etc.

Où êtes-vous, vaillants d'autrefois,
Vous qui partiez dans la nuit,
Coupeurs de routes, voleurs de grands chemins,
Et vous qui enleviez les juments du douar ?

Toi seul peux nous sauver, ô Dieu ! etc.

L'un se vend pour l'armée, l'autre est au loin,
Celui-ci au levant, celui-là au couchant.
Leur tente est devenue solitaire,
Leur foyer est désert.

Toi seul peux nous sauver, ô Dieu ! etc.

Ceux qui restent l'ont vu, ils le diront
(La famine a emporté les autres) :
L'époux, abandonnant son épouse,
S'en allait oublieux de son union.

Toi seul peux nous sauver, ô Dieu ! etc.

Partis le matin de Bou Aalouan,
Ils étaient le soir dans Alger la bien gardée,
Et les plus forts parvinrent
Jusque dans la tribu des Zouaoua.

Toi seul peux nous sauver, ô Dieu! etc.

La moitié mourut sur la terre étrangère
Par la famine et par la peste.
O mort impitoyable,
Tu rendis les cimetières trop étroits !

Toi seul peux nous sauver, ô Dieu! etc.

Les enfants avaient pris la fuite,
N'ayant plus de pain et broutant l'herbe.
Ils n'avaient plus de père et de mère ;
Le grand marabout les a recueillis.

Toi seul peux nous sauver, ô Dieu! etc.

Grand est le bien qu'il leur a fait :
Il leur a servi de père et de mère,
Il les a ramenés dans leur pays,
Il a été miséricordieux. Qu'il soit béni!

Toi seul peux nous sauver, ô Dieu! etc.

O Dieu! Accorde-nous maintenant
De ne plus revoir ces malheurs.
Que notre pays se repeuple comme autrefois!
Que notre douleur soit effacée!

Toi seul peux nous sauver, ô Dieu! etc.

Que ceux qui entendront cette histoire
En soient émus, car c'est la vérité pure.
O mon Dieu! Tu es mon seul refuge ;
Les vrais croyants ont disparu.

Toi seul peux nous sauver, ô Dieu! etc.

Que le Seigneur Dieu fasse miséricorde
A la cendre de celui qui chante ces paroles,
De Bel-Aoufi qui va disparaître
Comme le nuage qu'emporte le vent!

Toi seul peux nous sauver, ô Dieu!
La famine est venue ;
Toi seul peux nous sauver, ô Dieu!
Nos champs sont nus comme le désert.

Pendant que le barde chantait, le soleil baissait vers l'horizon. Il fallait songer au départ.

Mme de Lamoricière avait témoigné le désir d'aller visiter le campement des cavaliers arabes et surtout la tente du vieux Bou-Alem, qui avait autrefois servi sous l'illustre général dont elle pleure la perte. Mgr l'archevêque voulut l'y accompagner, avec le prince royal de Hollande et les autres étrangers d'élite. Bou-Alem, entouré de tous les siens, fils, petits-fils, frères et neveux, presque tous décorés de la Légion d'honneur, les reçut avec la majesté douce et grave qui est ordinaire aux grands chefs arabes. Il offrit le café, qu'on accepta par politesse, et lorsque Mme de Lamoricière et Mgr Lavigerie se levèrent pour sortir, Bou-Alem, s'avançant vers eux, leur dit en arabe ces paroles, qu'il pria M. Féraud, interprète en chef de l'armée d'Afrique, de leur traduire.

« Lorsque j'ai fait parler la poudre dans cette plaine pour la première fois, je l'ai fait, Madame, sous les ordres du général de Lamoricière, pour soumettre le pays, aujourd'hui devenu vieux, je le fais encore, et c'est pour célébrer la conquête de Monseigneur qui a conquis, ici, tous les cœurs par ses bienfaits. »

On ne pouvait mieux clôturer cette fête. On ne pouvait non plus trouver un compliment plus délicat sur les lèvres d'un vieil Arabe.

Du campement indigène on se rendit au village de Saint-Cyprien, où tous admirèrent l'air de bonheur et de santé des pères, des mères et des petits enfants, l'ordre et la propreté des ménages.

Enfin, avant de monter en wagon, on se rendit dans l'humble église du village, où un prêtre, doué d'une voix ravissante, chanta le cantique de l'*Ave Maria* africain, composé en l'honneur de Notre-Dame d'Afrique.

Le peuple entier commence, sur un air suppliant, le chant de l'*Ave Maria*. Le prêtre reprend seul :

I

Chanté par l'Afrique
Qui sort du tombeau,
Que l'hymne angélique
Te semble plus beau !

Ave Maria.

II

Que ta pure aurore,
Astre du matin,

Nous ramène encore
Les jours d'Augustin!
Ave Maria.

III

Que ta main de mère
Brise le cercueil,
Où dort sous la pierre
Cham et son orgueil!
Ave Maria.

IV

Que le fier nomade,
Encore indompté
Cède à la croisade
De la charité!

Ave Maria.

V

Que ce peuple immense,
Errant dans la mort,
Tout entier s'avance
Vers toi... Vers le port!

Ave Maria.

VI

Qu'un rayon de flamme,
Sorti de ton cœur,
Rallume en son âme
L'amour du Sauveur!

Ave Maria.

VII

Que, sous son suaire
Déjà soulevé,
Il entonne, ô mère,
Un jour ton *Ave!*

Ave Maria.

On se figure aisément de quel cœur, après une telle journée, les missionnaires, présents au nombre de plus de quarante, chantaient le pieux refrain.

Ils priaient encore, lorsque la vapeur nous emportait vers Alger. La nuit tombait. Nous apercevions, à l'horizon, l'hôpital de Sainte-

Elisabeth étincelant des feux d'une illumination improvisée, et, au-dessus de lui, la croix tout enflammée qui semblait sortir triomphante des ténèbres.

C'était le résumé et le symbole de la fête à laquelle nous venions d'assister.

LA KABYLIE (*Suite*).

III. — COUP D'ŒIL HISTORIQUE.

Quel était donc ce peuple dont Dieu daignait ainsi nous confier la garde ? Quelle était son histoire ? En quel état le trouvions-nous, au point de vue religieux, politique, social, moral ? Quelles étaient, à côté de ses vices, ses qualités et ses aptitudes ? Quelle facilité pouvait-il offrir ou quelle résistance opposer à l'œuvre que toute nation chrétienne doit exercer sur des vaincus soumis à ses armes, et dans une certaine mesure, à ses lois ? Serait-il plus accessible et plus malléable que l'Arabe, plus voisin de nous par les coutumes et par l'âme, plus disposé à n'avoir avec nous qu'un cœur, qu'une civilisation, qu'une foi ?

On me permettra, pour répondre à ces questions, de ne pas épargner les détails. J'aimerais à faire faire au lecteur ample connaissance avec cette race : louée à l'excès par les uns, dénigrée par d'autres sans assez de ménagement, elle est en tout cas digne à beaucoup d'égards d'attirer l'attention.

On a dit que la Kabylie est la Suisse de l'Algérie. C'est le Liban de l'Afrique, a dit beaucoup mieux Mgr l'archevêque d'Alger, dans son discours éloquent sur *l'armée et la mission de la France en Afrique*[1] : un Liban que l'Europe a délaissé et d'où peu à peu le christianisme a disparu ; qui a, lui aussi, ses montagnes âpres et riches tout ensembles, un peuple laborieux, sobre, plein de courage, qui a été lui encore l'opprimé ; un Liban qui est non-seulement le protégé, mais le sujet de la France, et qui n'étant pas chrétien, mérite peut-être d'autant plus qu'on en prenne souci.

1. Ce discours a été prononcé dans la cathédrale d'Alger, le 25 avril dernier, pour l'inauguration du service religieux dans l'armée d'Afrique.

Est-il besoin d'ailleurs de déclarer qu'on ne trouvera dans ces pages ni discussions politiques ni thèses de savant? Malheureusement les politiques et les savants, quand ils s'occupent d'un peuple, omettent trop souvent de parler de son âme. C'est au prêtre, ou suivant l'expression locale, au *marabout*[1], qu'il appartient de combler cette lacune.

Avant tout, pour connaître cette race un peu à fond, il faut jeter un regard sur son passé. Je ne remonterai pas jusqu'à Salluste et Jugurtha; je m'arrêterai simplement à l'ère chrétienne, d'autant que les pièces nécessaires pour une histoire minutieuse et complète manquent tout à fait. Le temps est un ravageur si impitoyable, surtout quand les Vandales, les premiers et les vrais titulaires du nom, passent avec lui sur un pays. Puis, les Arabes venant là-dessus, et, dans leur rage d'imposer partout la langue de leur Coran, jetant au vent tous les monuments écrits et jusqu'à l'alphabet de la langue autochthone : le moyen de se retrouver dans ces ruines et ces broussailles? Si du moins les Kabyles avaient sur leur propre histoire quelques traditions sérieuses! Mais, hommes positifs, peu soucieux du passé, ils n'ont que de vagues légendes, et des légendes que la plupart ignorent ou qui ne sont guère que des fables. La seule littérature populaire de ces montagnes c'est la chanson, et la chanson aime peu les souvenirs vieillis. D'ailleurs, aucun renseignement dans les historiens des époques byzantine et vandale, notamment dans Procope, l'historiographe de Bélisaire : ils semblent ignorer jusqu'à l'existence de ce bloc montagneux. Même dans les annales romaines et arabes, assez abondantes, quoique partiales, sur le reste de l'Afrique, le Jurjura demeure un point obscur : on sent que ces fiers dominateurs sont loin de l'avoir fouillé.

Toutefois, ce qui se dégage clairement de ces obscurités, c'est que le peuple du Jurjura est bien antérieur à l'élément arabe en Algérie et sort d'un rameau tout différent. A le prendre au fond, il n'est même ni Carthaginois, ni Romain, ni Vandale; c'est un

---

1. L'étymologie du mot *marabout* donne comme signification *attaché, lié*; ce serait donc l'équivalent, pour le sens et la racine, de notre mot *religieux*.

reste certainement authentique de l'ancienne race indigène du nord de l'Afrique, la race berbère [1]. Le Kabyle, c'est le vieux Numide, le descendant des guerriers de Massinissa. Assurément, il ne s'agit pas de prétendre que la race primitive subsiste encore sans aucun mélange de sang étranger. Les simples apparences suffiraient à démentir ici toute thèse extrême. Depuis la taille élancée jusqu'aux formes trapues, depuis le visage ovale, le cou allongé, le nez aquilin, l'œil noir, le teint foncé de l'Arabe, jusqu'à la tête carrée et rapprochée des épaules, jusqu'à l'œil bleu, les cheveux roux ou blonds, le teint blanc et clair du Germain ou du Vandale, on retrouve chez les Kabyles tous les types et toutes les nuances de physionomie. Tout indique qu'il y a là, non unité de souche, mais des couches successives, des débris épars de ces peuples nombreux qui sont venus s'entre-choquer et se mêler sur cette terre africaine; un amalgame de proscrits, de persécutés et de transfuges, peut-être aussi d'aventuriers et de déserteurs. Ce sol tourmenté, ces hauts pitons, ces gorges impénétrables, le naturel belliqueux des habitants, tout invitait cette catégorie d'émigrés à chercher là son asile. Il n'en est pas moins vrai que cet amalgame s'est absorbé dans un vieux fonds tenace, dont les traits essentiels d'autrefois sont demeurés intacts. L'opprimé de tous les âges et de toutes les invasions non-seulement a refusé de subir la langue, les lois, les coutumes de l'agresseur, mais il s'est assimilé quiconque est venu lui demander un abri. D'ailleurs, sans cesse traqué, refoulé, bloqué, jamais jusqu'à nous complétement soumis, le peuple jurjurien a constamment bataillé contre la masse conquérante. Durant de longs siècles, isolé dans ses montagnes (le Mont bardé de fer, comme les Romains l'appelaient (*Mons Ferratus*), protégé par ses rochers, il a pu disputer avec succès à mille naufrages qui menaçaient de l'engloutir, son autonomie, ses franchises, son caractère.

Grâce à cette conservation manifeste, nous pourrons ressaisir quelques fils dans la trame de son histoire.

D'abord, puisque nous ne devons pas remonter jusqu'à Jugurtha, c'étaient sans contredit les ancêtres des Kabyles que ces guerriers

---

1. *Ber*, homme; *berber*, hommes.

numides qui, sous la conduite de Tacfarinas, donnèrent aux légions romaines tant de marches et contre-marches à faire, tant de coups de main à parer, sept années durant (A. 17-24 ap. J.-C.). Tacite, en quelques traits de plume, décrit les diverses péripéties de cette campagne. (*Annales*, l. II, c. LII; l. III, c. XX, XXI, LXXIII, LXXIV; l. IV, c. XXIII, XXIV, XXV.) Au tableau qu'il nous a laissé des instincts d'indépendance et de la tactique de ces *barbares*, il est aisé de reconnaître nos hommes. C'est au cri de liberté que l'agitateur africain rassemble ses partisans et grossit ses forces : *quibus libertas servitio potior*. C'est en semant le bruit que la puissance romaine est à bout de ressources et se trouve déjà assez inquiétée chez elle qu'il enflamme les courages : *rem Romanam aliis quoque ab nationibus lacerari, atque paullatim Africa decedere, ac posse reliquos circumveniri...* Sa manière de combattre, ce n'est pas la grande lutte en rase campagne et en plein soleil; c'est la petite guerre, j'allais dire à la façon des guérillas [1], mieux vaut dire la guerre même qui, pendant tant d'années, dans ce même coin de l'Afrique, a tenu nos généraux en haleine sans parvenir à les rebuter : guerre d'embuscades, de surprises, d'escarmouches, renforcée à l'occasion par le pillage et l'incendie. Il ne s'agit pas d'attaquer de front et de lancer de gros bataillons à découvert; il s'agit de suppléer à la vraie science militaire par la ruse, de diviser et d'éparpiller ses bandes, de harceler sans relâche les flancs et les derrières des colonnes en marche, d'être prompt à battre en retraite et à disparaître, plus prompt encore à revenir à la charge, d'attirer l'ennemi

---

1. Il serait facile de faire des rapprochements, non-seulement pour la manière de combattre, mais pour le caractère, les coutumes, la langue même, entre les Kabyles et les Basques, en tenant compte, bien entendu, de la supériorité morale et sociale qu'aura toujours un peuple resté, depuis de longs siècles, immobile et ferme dans la foi catholique, sur une race demeurée ou devenue plus ou moins barbare. Outre que les régions montagneuses se prêtent toutes à un même genre de lutte, le vent qui passe sur les montagnes ne laisse-t-il pas dans les pays qu'il visite un certain souffle particulier d'indépendance, de résistance et d'énergie? Que de traits de ressemblance frappants on pourrait encore noter entre les tribus du Jurjura et ces populations chrétiennes de l'Herzégovine qui jouent en ce moment une partie si sanglante contre leurs oppresseurs de Constantinople.

dans de longues poursuites inutiles, de fatiguer son ardeur et de déjouer ses calculs : *Spargit bellum ; ubi instaretur, cedens ac rursum in terga remeans; et dum ea ratio barbaro fuit, irritum fessumque Romanum impune ludificabatur.* Trois fois au moins Rome croit la guerre finie et son adversaire battu. C'est peu qu'elle rappelle une de ses légions, comme désormais de trop en Afrique : ses proconsuls et généraux, Camille, Apronius, Blésus, obtiennent comme vainqueurs de l'insurrection les ovations du triomphe officiel et sont acclamés *imperatores* par leurs soldats ; on va jusqu'à élever dans Rome en leur honneur trois statues couronnées de lauriers. Mais le feu n'est qu'assoupi ; trois fois il éclate à nouveau. Ce brigand de Tacfarinas comme l'appelle Tacite, *latro Tacfarinas,* reparaît toujours sur la scène, l'épée en main et le cri de liberté nationale à la bouche, toujours hardi et insaisissable. L'audacieux, lui, ancien déserteur des armées impériales, a même le front de vouloir traiter d'égal à égal avec Sa Majesté Tibère et de lui signifier par ambassadeurs qu'elle ait à abandonner la place de bonne grâce : sans quoi, la lutte s'éternisera. C'est alors que Blésus reçoit de l'empereur la mission de mettre la main sur le rebelle, mort ou vif : *ipsius autem ducis quoquo modo potiretur.* L'effort, si énergique qu'il fut, ne fut point encore décisif. Toute autre stratégie échouant, il fallut, pour réduire ce mystérieux ennemi, prendre le parti que nous devions prendre aussi plus tard, adopter sa propre méthode, d'éparpillement, de surprises, de mouvements tournants. Enfin Tacfarinas est cerné ! Lui mis hors de combat, tout allait comme de soi s'apaiser. Ses troupes n'étaient après tout qu'un ramassis d'hommes sans cohésion solide. Privées de leur tête, elles se débandent ; plus de conseils, plus d'ordre, pas d'armes qui vaillent : comment tenir contre les rangs disciplinés des Romains ? Tous de se laisser saisir, traîner, égorger, comme des troupeaux à la boucherie. *Ab Romanis confertus pedes, dispositæ turmæ, cuncta prœlio provisa : hostibus contra, omnium nesciis, non arma, non ordo, non consilium ; sed pecorum modo trahi, occidi, capi.* Quand au chef, se voyant sur le point d'être pris, il se jette dans la mêlée et échappe à la captivité par la mort.

Je n'ai guère fait que traduire le grand annaliste latin. Ne croirait-on pas lire une page écrite hier, quelque rapport antidaté d'un

Bugeaud ou d'un Mac-Mahon? Il n'y a pas jusqu'aux honneurs décernés prématurément par Rome aux prétendus vainqueurs de la révolte, qui n'aient eu un peu leur pendant dans notre histoire africaine : tant de fois nous avons pensé en avoir fini avec nos étranges adversaires, et le lendemain c'était partie à recommencer!

Selon toute apparence, les alentours de la Kabylie furent l'un des théâtres principaux de la lutte. Nous voyons l'infatigable Numide tantôt s'appuyer sur les places du littoral et tantôt s'esquiver dans le désert; finalement, c'est à Auzia (Aumale), près de vastes fourrés, *vastis circumsaltibus*, que la tragédie se dénoue. Notre Jurjura n'est pas loin. Il est vrai que le nom de la *Montagne de fer* n'est pas prononcé une seule fois dans le récit. Mais ce silence ne prouverait-il pas tout simplement que les aigles romaines n'osèrent pas s'aventurer si haut, qu'elles se contentèrent modestement de la plaine et des vallées, où les postes militaires pouvaient en cas de besoin leur offrir un refuge? Tacite parle même de la cavalerie lancée par Apronius à la poursuite des Numides : qu'auraient pu faire ces chevaux dans les aspérités de la montagne?

A partir de ce long duel entre Rome et Tacfarinas, jusque vers la fin du iiie siècle, inutile d'interroger l'histoire sur nos populations jurjuriennes : elle s'obstine à se taire. Un moment, sous Antonin le Pieux, vers 160, on peut entendre un nouveau bruit d'armes et quelques cris de révolte parmi les Maures de la côte ; mais les malheureux n'aboutissent qu'à se faire repousser jusqu'au pied de l'Atlas[1] et bien vite tout rentre dans le silence. Pour nous retrouver en pays connu, il faut attendre que l'an 297 amène sur la scène le nom des Quinquegentiens (les cinq tribus unies). Cette fois, pas de méprise possible, ces Quinquegentiens étaient incontestablement les pères de nos Kabyles. Outre que leur territoire était situé entre Saldæ (Bougie) et Rusucuru (Dellys), l'emplacement exact de la Grande-Kabylie, l'énumération de ces cinq tribus, laissée par Ammien Marcellin, nous

—————

1. Voir M. de Champagny, *les Antonins*.

donne des noms qui subsistent à peine altérés dans les confédérations actuelles : comment, par exemple, ne pas reconnaître
une parenté entre les *Isaflenses* d'alors et les Flissas d'aujour-
d'hui! Puis toujours cette humeur turbulente que nous connaissons. En 297, il ne fallut rien moins qu'un coup de massue de
Maximien-Hercule pour briser les résistances : et encore? Toujours est-il que l'impérial collègue de Dioclétien dut de sa personne débarquer en Afrique à la tête d'une armée. On ne manque pas d'ailleurs de nous parler des difficultés de l'entreprise,
de la sauvagerie des habitants, des hautes montagnes et des for-
tifications naturelles du pays[1]. Heureusement, Maximien est
Hercule : qui pourrait tenir tête à un tel césar doublé d'un tel
dieu? Aussi, à entendre son panégyriste, Claude Mamertin (car
les rhéteurs, selon la remarque de M. de Champagny[2], sont
hélas! les seuls historiens de cette époque), le nouvel Hercule
aurait exterminé ces barbares; mais, en vérité, quelle confiance
avoir dans des lauriers décernés par de tels hommes? En tout
cas, la victoire, si victoire il y eut, ne fut point définitive.

En 373, sous Valentinien Ier, les Quinquegentiens, toujours
mécontents, s'avisent, à la voix d'un de leurs grands chefs, le
donatiste Firmus, de troubler encore « la majesté de la paix
romaine. » Le comte Théodose, maître de la cavalerie, libéra-
teur de la Bretagne, et certainement à cette heure le plus illustre
général de l'empire, reçoit l'ordre de châtier ces rebelles : tant
la « terreur du nom romain » semblait douter d'elle-même devant
la *terreur* de ces barbares! Outre des légions éprouvées de la
Pannonie et de la Mœsie, Théodose emmène à sa suite quelques
contingents de la Gaule. Il prend terre à Djidjelli (Mauritanie
Sitifienne), et parvient, sans coup férir, jusqu'au pied du Mont
de Fer. Diplomate autant que guerrier, Firmus feint d'abord de
vouloir parlementer, de présenter ses excuses et d'implorer son
pardon. De son côté, Théodose, lui-même, craignant d'avoir à
livrer bataille sur ce terrain si coupé, effrayé surtout, par les re-

---

1 « Ferocissimos populos, inaccessis montium jugis et naturali munitione
fidentes. »

2. *Les Césars du* iiie *siècle.*

traites ardues de l'ennemi et par les défilés perfides qui y conduisent, n'aurait pas été fâché de retarder ou d'éluder tout à fait l'ouverture des hostilités. Mais les Quinquegentiens n'étaient pas gens à se laisser prendre à de belles promesses. Bientôt les négociations sont rompues et l'action s'engage.

On peut lire dans M. de Broglie[1] les épisodes saillants de cette campagne. Elle s'ouvrit vers l'un des points de la petite chaîne de l'Atlas qui avoisinent le plus la mer, dans le territoire de la tribu des Isafliens où Firmus s'était retiré. Ce ne fut pas l'affaire d'un jour, dit M. de Broglie; il ne fallut pas moins de dix-huit mois et de trois expéditions pour rétablir le bon ordre. On voit que l'un des soucis de Théodose, en face de cette contrée accidentée, c'était le transport des convois, partant, le ravitaillement des troupes. Nous n'avons pas à suivre le général romain dans la double pointe qu'il dut pousser « d'abord vers l'ouest, dans les plaines qui s'étendent entre les deux possessions françaises d'aujourd'hui, Milianah et Orléansville; puis vers le sud, à travers le massif abrupt qui domine la ville actuelle de Boghar. » Au reste, en vrai Kabyle qu'il est, insaisissable, rusé, prompt comme l'éclair, toujours en fuite et toujours reparaissant sur les points favorables, si bien qu'il semble se décupler lui-même, déjà notre Firmus s'est dérobé à la poursuite et « a trouvé moyen de regagner vers l'est les montagnes plus voisines de la mer, où l'insurrection avait pris naissance, et qui semblent destinées par la nature à fournir, en tout temps, un asile aux résistances désespérées. Ce fut dans cette retraite, alors occupée par la tribu des Isafliens, et de nos jours habitée par les Kabyles, qui s'y sont défendus si longtemps contre nos armes, que Théodose dut aller le relancer par une troisième campagne, au début de 375. » Comme au temps de Tacfarinas, comme dix-huit siècles plus tard, c'est toujours aux cris de liberté et de haine contre l'oppresseur que le chef anime et entraîne les siens; c'est en poussant des clameurs sauvages à ébranler l'air et à tenir l'agresseur en respect, c'est à la faveur de la nuit, c'est par des retours soudains et

1. *L'Egypte et l'empire romain au* IVe *siècle,* 8e partie, Valentinien et Théodose, t. I.

hardis que ces barbares exécutent leurs plus beaux coups : bref, toujours nos Kabyles.

Cependant, « accablés enfin par la supériorité, non du nombre, mais des armes, les Isafliens plièrent, et Firmus, sur le point d'être livré, prit le parti de s'étrangler lui-même dans sa tente. » Quant au comte Théodose, il put triompher à son aise à Sétif, où il entra en vainqueur. Mais, quelque grand capitaine, quelque vaillant soldat qu'il fût, il trouva que ce succès lui avait coûté assez cher; on n'a qu'à lire Ammien Marcellin pour constater que la Montagne de Fer ne vit point passer le triomphateur sur ses crêtes.

Ce fut le dernier effort tenté par Rome contre ces peuplades, le dernier au moins dont l'histoire nous ait conservé le souvenir.

Sans compter que les armées de l'empire ne sont plus les armées du vieux temps, les Vandales ne sont pas loin : est-il besoin d'ajouter qu'avec eux c'est le silence et l'obscurité qui vont s'étendre plus profonds que jamais sur ce coin de l'Afrique, pour ne s'éloigner définitivement que devant notre conquête française ?

J. DUGAS.

IV

ŒUVRE DES MISSIONNAIRES

ARRIVÉE DE NOVICES ET ADOPTIONS.

Depuis la publication du dernier numéro du Bulletin sont entrés au Noviciat de la Mission d'Afrique, à la Maison-Carrée.

MM.	Normand, prêtre	du diocèse de	Quimper.
	Viven, prêtre	—	Rhodez.
	Jacquin, prêtre	—	Besançon.
	Girault, prêtre	—	Angers.
	Derevier, sous-diacre	—	Bayeux.
	Célestin ben Mokhtar	—	Alger.
	Barthélemy ben Mirah	—	—
	Michel Mohamed	—	—

Sont entrés au Noviciat des Frères coadjuteurs de la mission, à Maison-Carrée :

FF. Amans du diocèse de Rhodez.
Dieudonné —
Henry — Nantes.

ADOPTIONS DE MISSIONNAIRES.

Nos associés savent qu'en donnant une somme de 800 francs, ils entretiennent pour une année un missionnaire en Afrique. Ils deviennent ainsi participants de tous ses travaux et de ses mérites, et même de ceux de son martyre, comme cela a eu lieu pour les charitables bienfaiteurs qui avaient adopté les trois martyrs de Tombouctou.

Nous avons reçu pour l'adoption de missionnaires :

800 francs de M. le baron Gustave de Guerne, à Douai.

800 francs de M. de Lange et un anonyme d'Orléans.

800 francs de M. et Mme de Montbrun, à Nice.

Ces adoptions sont appliquées aux RR. PP. Bridoux, Ménard, Dioré.

Nous avons reçu en outre : d'un curé du diocèse de Lyon, pour l'établissement d'un ménage au village de Sainte-Monique, 1000 francs.

Des Mères chrétiennes de Rouen, par Mme Jore, présidente, 600 francs.

V

CORRESPONDANTS DIOCÉSAINS

Notre appel pour demander des correspondants diocésains a été entendu, et plusieurs personnes dévouées à l'Œuvre de Sainte-Monique ont eu la charité de nous offrir leurs services. Nous espérons, dans l'intérêt de l'Œuvre et pour la commodité des bienfaiteurs, voir augmenter le nombre des personnes qui pourraient, sans trop se charger cependant, centraliser les offrandes qu'on nous destine, soit dans leur diocèse, soit même dans leur paroisse. *Nous recommandons spécialement au zèle charitable de nos correspondants l'Œuvre si importante des* VIEUX-MÉTAUX.

Nos pauvres Missions peuvent trouver là une partie des ressources qui leur sont nécessaires pour accomplir le bien immense qu'il y a à faire au milieu des peuples nombreux auxquels nous sommes envoyés.

On pourra adresser les aumônes en argent ou en nature (layettes pour nouveau-nés, vieux linge pour pansements, livres, ornements d'église, médicaments, honoraires de messes, etc...) :

Au R. P. Supérieur des Missionnaires, à la Maison-Carrée (près Alger.

Au Bureau des Écoles d'Orient, 12, rue du Regard, à Paris.

A M. l'abbé Payan d'Augery, 84, rue Paradis, à Marseille.

A M. le chanoine Durassier, à Nantes.

A M. Robert Oheix, avocat à Savenay (Loire-Inférieure).

A M. l'abbé Vachet, missionnaire aux Chartreux, à Lyon.

A M. Armanet, 31, rue du Bœuf, à Lyon.

A Mme Camille Thiollière, grande Rue, à Saint-Chamond (Loire).

A Mme veuve Jégou, à Gourin (Morbihan).

A M. le Chanoine Delesminières à Annecy (Haute-Savoie).

A M. Chenel, rue Saint-Jean, à Caen (Calvados).

A M. Collin, 7, rue du Parterre, au Mans.

A M. Le Bas, garde-mines, à Bar-le-Duc.

A M. le Cte R. de Buisseret, au Boisselas, près Cellettes (Loir-et-Cher), ou à Versailles, 6, rue d'Anjou.

A M. l'abbé Gapp, curé de Bolsenheim (basse Alsace).

A M. Dufresne, chanoine à l'évêché de Montréal (Canada).

A MM. Picard et Brown, directeurs au séminaire de Montréal.

Saint-Cloud. — Imprimerie de Mme V^e EUG. BELIN.

ŒUVRE DE SAINT-AUGUSTIN

ET DE

SAINTE-MONIQUE

I

Plusieurs journaux de France ont annoncé dans ces derniers temps la nouvelle de la démission de Mgr l'archevêque d'Alger. Cette nouvelle a été, en effet, vraie un moment. Elle ne l'est plus aujourd'hui. Mais comme nous savons que plusieurs de nos associés s'en sont profondément émus dans l'intérêt même de nos œuvres, nous croyons devoir leur donner à cet égard des détails auxquels ils ont droit.

Ils verront que Mgr Lavigerie n'avait, en accomplissant un sacrifice héroïque, qui ne les étonnera pas de la part d'un évêque, d'autre but que de consolider et d'étendre ses œuvres commencées. Notre Saint-Père le Pape n'a pas jugé possible, dans les circonstances actuelles, d'accepter le sacrifice de Mgr l'archevêque d'Alger ; nous n'avons qu'à nous incliner avec bonheur devant la décision d'une si haute sagesse ; mais nous avons la confiance que la seule volonté de l'accomplir attirera sur notre vénérable Père et sur ses œuvres de nouvelles bénédictions de Dieu.

C'est le 1er janvier de cette année que Mgr Lavigerie, alors plus souffrant que de coutume, a fait connaître à ses enfants réunis autour de lui à la Maison-Carrée la résolution qu'il avait prise : « Mes enfants, leur dit-il, je ne crois pas que ma conscience puisse me permettre de vous laisser combattre seuls dans une aussi périlleuse arène. Vous avez eu déjà des martyrs parmi vous. C'est moi qui les ai envoyés au loin sur le champ de bataille. C'est moi qui suis appelé à choisir ceux qui doivent leur succéder. Je ne puis pas, je ne dois pas le faire sans marcher désormais avec eux. Vous avez tout quitté pour vous rendre ici à mon appel, patrie, famille ; moi je n'ai rien laissé, je suis toujours sur mon siége archiépiscopal. Cette pensée me torture, car qu'est-ce qu'un chef d'armée qui ne marche pas à sa tête, et un pasteur qui semble fuir les fureurs des loups. J'ai donc consulté Dieu dans la prière. Mes forces qui s'affaissent semblent être pour moi un signe de sa volonté et je viens de m'adresser au Souverain Pontife pour lui demander de me permettre de laisser mon siége archiépiscopal, de prendre votre habit, votre règle et de partager votre vie et s'il le faut votre mort. »

On s'imaginera aisément notre émotion en entendant de telles paroles. Nos larmes d'attendrissement répondaient pour nous, et cependant nous ne pouvions nous dissimuler que la résolution de notre Père ne pût faire courir à nos œuvres un danger prochain et terrible. Quelles seraient les pensées d'un nouvel archevêque d'Alger? Quelle serait vis-à-vis de lui la situation de son prédécesseur? Et au milieu de tout cela que deviendraient nos missions? Aussi n'osions-nous pas faire de vœux par nous-mêmes. Nous priions seulement Notre-Seigneur d'éclairer le Souverain Pontife qui allait prononcer sur notre sort.

Il a parlé comme nous l'avons dit en commençant, et Mgr Lavigerie qui avait longtemps gardé le silence sur cette réponse vient de la faire connaître au clergé de son diocèse, par des considérations qu'il explique lui-même. Nous reproduisons sa lettre pour nos associés. Ils y ont droit, puisqu'ils s'intéressent si directement à tout ce qui nous touche. Ils seront, comme nous l'avons été, émus d'un si grand dévouement d'une part, d'une si haute et ferme sagesse de l'autre, et avec nous ils en remercieront Dieu.

Voici la lettre adressée par Mgr l'archevêque d'Alger le 12 avril, à MM. les vicaires forains de son diocèse.

LETTRE de Mgr l'Archevêque d'Alger à Messieurs les vicaires forains de son diocèse.

Alger, le 12 avril 1877.

Monsieur et cher Vicaire forain,

Vous savez déjà que vers la fin de l'année dernière, j'ai cru devoir m'adresser au Souverain Pontife, pour lui faire connaître les difficultés, chaque jour croissantes, que j'éprouvais à remplir, par suite de l'altération de ma santé qui paraissait alors gravement atteinte, les obligations de ma double charge d'Archevêque d'Alger et de Délégué Apostolique pour les Missions du Sahara et du Soudan.

Je ne pensais pas pouvoir, sans manquer à ma conscience, laisser en souffrance, comme j'étais souvent contraint de le faire, deux ministères si importants, et étant obligé de choisir, je priais Sa Sainteté, non sans un grand déchirement de cœur, de me décharger du diocèse d'Alger, pour lequel il me semblait plus facile de trouver un bon Pasteur, et de me laisser le titre et les fonctions de Délégué du Saint-Siége pour les Missions que j'ai fondées et que, seul, en conséquence, pour quelque temps encore du moins, je croyais pouvoir diriger dans l'esprit qui a présidé à leurs commencements.

J'avais demandé à Son Em. le Cardinal-Préfet de la S. C. de la Propagande, de qui dépendent nos Missions, de daigner transmettre mon humble supplique à Sa Sainteté, en le priant de me faire connaître la décision qu'elle daignerait prendre.

La réponse qui m'est parvenue, depuis près de deux mois, m'a fait connaître que Notre Saint-Père le Pape Pie IX n'avait pas jugé opportun d'agréer mon sacrifice, et Sa Sainteté me déclare que « c'est une chose agréable à Dieu que je conserve mes doubles fonctions. »

Devant une semblable décision, toute hésitation de ma part était impossible. Je suis fils d'obéissance et je n'ai eu qu'à me soumettre à une volonté qui représente pour moi celle de Dieu. Du reste, ma soumission n'a pas tardé à recevoir sa récompense, puisque ma santé s'est, depuis lors, peu à peu raffermie et m'a permis de reprendre toutes mes occupations.

J'ai donc continué, comme par le passé, l'administration du diocèse, et comme je n'avais pas rendu publique ma détermination précédente, je n'ai pas pensé devoir non plus notifier au clergé la décision de Sa Sainteté. Mais, en présence des faux bruits que ma démarche auprès du Saint-Siége a fait naître sur mes relations avec le gouvernement actuel de l'Algérie, relations qui, comme vous le savez, n'ont pas cessé d'être bonnes de part et d'autre, je crois utile de vous faire connaître confidentiellement les détails de cette affaire, afin que vous puissiez, à l'occasion, les communiquer aux prêtres de votre vicariat, dans la mesure où vous le croirez opportun.

C'est dans ce but, quoique ces pièces soient déjà anciennes, que je vous envoie la copie de la lettre que j'ai écrite à Sa Sainteté, et la traduction de la réponse qu'elle a daigné me faire par l'intermédiaire de Son Em. le cardinal Franchi.

Veüillez croire, mon cher Vicaire forain, à mes sentiments les plus dévoués en Notre-Seigneur.

† CHARLES,
Archevêque d'Alger.

Très-Saint Père,

Le mauvais état de ma santé me crée une situation qui devient de jour en jour plus difficile et m'oblige enfin de recourir à Votre Sainteté pour la prier d'alléger ma charge pastorale.

Indépendamment du diocèse d'Alger dont je porte le poids depuis dix années, Votre Sainteté a daigné me faire conférer par la S. Congrégation de la propagande, avec la qualité de Délégué apostolique, la vaste Mission à fonder au sud des États Barbaresques et jusqu'au centre même de l'Afrique.

Tant que Dieu m'a conservé mes forces j'ai pu suffire, sans de trop graves inconvénients à cette double tâche, mais depuis que la maladie a ruiné ma santé première, je me trouve impuissant à les porter toutes deux comme il faut, et contraint, par conséquent, par ma conscience à renoncer à l'une d'elles.

Après y avoir longtemps pensé devant Dieu, je crois, Très-Saint Père, que c'est l'Archevêché d'Alger, de préférence à la Mission, que je dois remettre entre les mains paternelles de Votre Sainteté.

La Mission est encore faible, comme tout ce qui commence. Elle ne peut donc se passer de la main qui l'a, jusqu'ici, soutenue et dirigée.

Les deux congrégations spéciales que j'ai dû fonder pour un aussi vaste apostolat, ne peuvent non plus vivre et se développer qu'avec mon concours et il me semble, Très-Saint Père, que je me déshonorerais moi-même si je les abandonnais. Elles comptent déjà, à elles deux, près de trois cents membres, elles ont eu leurs premiers martyrs, pourrais-je laisser porter avec justice, d'un évêque catholique, le jugement qui a frappé les Pharisiens de l'Évangile ; *qui dicunt et non faciunt, alligant enim onera importabilia in humeros hominum, ipsi autem digito suo nolunt ea movere.*

J'ose donc prier Votre Sainteté de ne point me séparer d'eux et puisque je ne puis plus à cause de l'état de ma santé et du développement de toutes nos œuvres porter le poids de ma double charge, je lui demande la permission de faire le sacrifice de mon siége archiépiscopal et des honneurs qui l'entourent pour me placer à la tête de mes missionnaires.

Je pourrais ainsi, lorsque le moment favorable me paraîtrait venu d'obtenir du gouvernement français la présentation d'un bon successeur, renoncer canoniquement à ma charge d'archevêque d'Alger en retenant celle de Délégué apostolique pour la Mission du Sahara et du Soudan.

Tout est du reste parfaitement disposé pour cette séparation.

Prosterné aux pieds sacrés de Votre Sainteté, je la supplie de bénir mon sacrifice et surtout de daigner l'agréer, et j'ai l'honneur de me dire avec la plus profonde vénération, de Votre Sainteté, Très-Saint Père, le très-humble, très-obéissant et très-dévoué fils et serviteur,

† CHARLES,
Archevêque d'Alger.

Illustrissime et Révérendissime Seigneur,

J'ai reçu la lettre de Votre Seigneurie, et conformément au désir que vous exprimiez, j'ai présenté au Saint-Père la supplique que vous lui adressiez pour le prier de vous autoriser à vous démettre de votre archevêché, en y ajoutant les raisons que vous donniez pour appuyer votre demande.

Sa Sainteté a été profondément édifiée des sentiments dont est animée Votre Seigneurie, et du vif désir que vous avez de vous consacrer exclusivement au progrès de vos Missions. Elle me charge de vous en adresser en son nom les plus grandes louanges. Mais le Saint-Père, considérant les circonstances actuelles et surtout le grand bien que Votre Seigneurie a fait dans son archidiocèse, vous prie de vouloir bien présentement renoncer à la résolution que vous aviez prise, et continuer à vous occuper des deux charges qui vous sont confiées, vous donnant l'assurance qu'en agissant ainsi vous ferez une chose agréable à Dieu.

Heureux d'avoir ainsi rempli la mission qu'a daigné me confier Sa Sainteté, je me dis de tout cœur, de Votre Seigneurie, le très-affectionné serviteur.

Rome, de la Propagande, le 16 février 1877.

Alex. Card. FRANCHI,
Préfet.

J.-B. AGNOZZI,
Secrétaire.

A Monseigneur C.-M. Allemand-Lavigerie, archevêque d'Alger.

II

Lettres de Mgr l'Archevêque d'Alger sur les veuves chrétiennes.

Nous sommes heureux d'annoncer à nos associées la publication prochaine par la voie de notre Bulletin d'une série de lettres de Mgr l'Archevêque d'Alger sur les *Veuves Chrétiennes.*

Ce travail a été inspiré à Mgr Lavigerie par l'étude des monuments de l'ancienne Afrique chrétienne, qui montrent plus clairement encore que ceux des autres églises des premiers temps du christianisme, ce que fut à cette époque, et surtout pendant l'ère des persécutions, l'admirable institution des Veuves chrétiennes, établie par les apôtres eux-mêmes et dont les règles ont été tracées par saint Paul.

Dans ces temps difficiles où il était impossible aux évêques et aux prêtres de remplir auprès des fidèles les fonctions de leur ministère, l'Église avait établi pour leur venir en aide ce qu'elle appelait l'*ordre des Veuves.* Ces saintes femmes recevaient en effet comme les ministres sacrés l'imposition des mains. Comme eux elles formaient un ordre distinct ayant ses fonctions propres, ses priviléges, ses engagements solennels et jusqu'à nos jours il en est resté des traces dans la liturgie ecclésiastique, car le vendredi saint l'Eglise, en priant pour tous les ministres sacrés et les énumérant tous, nomme d'abord les évêques, puis les prêtres, puis les autres ministres des autels, puis enfin les veuves, et, après elles seulement, le peuple de Dieu. Ce qui prouve qu'elles avaient un rang au-dessus des simples fidèles.

Ces admirables femmes privées de tout appui humain, puisqu'elles avaient perdu leurs maris et qu'elles étaient seules au monde, accomplissaient les œuvres les plus héroïques : Visiter les martyrs et les confesseurs dans leurs prisons et leur porter au péril de leur vie, les secours dont ils avaient besoin et en particulier la Sainte-Eucharistie, visiter et soigner les pauvres et les malades; prendre soin du matériel des églises et du culte sacré; instruire les personnes de leur sexe, les enfants surtout, des vérités de la religion, les préparer au baptême et même le leur donner dans les cas de nécessité.

Telle était la vie de ces saintes femmes. En retour l'Eglise les prenait sous sa protection spéciale, recevait leurs vœux et leurs promesses, leur donnait un habit consacré par ses prières, quoique ne différant pas par leur forme de ceux des laïques, car les veuves ne cessaient pas de vivre dans leurs demeures et de garder extérieurement le même genre de vie.

Qui pourrait dire quels services ces saintes femmes rendirent alors à la religion, combien elles exercèrent de vertus admirables? Les conciles d'Afrique les écrits de Tertullien, de S. Cyprien, de S. Augustin en donnent une idée pour ce qui regarde l'ancienne Église africaine.

C'est là qu'a étudié et reproduit dans des lettres écrites durant ces dernières années à plusieurs pieuses veuves qui cherchent la voie de la perfection dans le monde, où elles sont retenues par leurs devoirs sociaux, Mgr l'Archevêque d'Alger.

Il expose dans ces lettres tout ce qui a trait à la vie des veuves chrétiennes dans l'ancienne Eglise et tout ce qu'elles pourraient renouveler dans l'Eglise actuelle; les consolations de la foi, la dignité sublime du veuvage, les œuvres saintes qu'il permet d'accomplir, les vœux qu'il permet de faire pour rendre toutes les actions plus saintes et plus méritoires, les règles enfin que des veuves ainsi consacrées à Dieu et vivant dans le monde doivent suivre pour se sanctifier.

Après avoir adressé ces lettres à des personnes pieuses qui le consultaient, Mgr l'archevêque d'Alger les a réunies pour en faire comme un corps d'ouvrage, et il a consenti à nous les communiquer et à les laisser publier par notre Bulletin, qui est plus spécialement destiné aux mères et par conséquent aux veuves chrétiennes.

Nous commencerons cette publication dans notre prochain numéro du mois de juillet, et nous la continuerons ensuite sans interruption.

Nous sommes certains qu'une telle œuvre écrite par un évêque catholique qui est aujourd'hui l'un des plus constamment sur la brèche, produira une grande impression sur les âmes auxquelles il s'adresse.

Les temps où nous vivons ressemblent de plus en plus à ceux où se fonda et où fleurit autrefois l'ordre des veuves. La persécution devient partout plus menaçante, la nécessité d'assurer le ministère des âmes par des moyens spéciaux plus claire et plus urgente.

Pourquoi ne verrions-nous pas l'Eglise approuver de nouveau dans sa sagesse et ressusciter une institution qui a produit pour celles qui s'y sont vouées de si merveilleuses vertus, pour les âmes et pour le monde des fruits de salut si abondants. Et si une telle œuvre doit revivre, ne serait-ce pas une bénédiction spéciale pour elle que de reprendre naissance sur la terre et sous le patronage de l'illustre et grande veuve sainte Monique.

Nous recommandons ces pensées à l'attention et aux prières de nos pieuses associées.

III

MISSION DE KABYLIE

Dieu continue à bénir d'une manière bien remarquable la Mission d'Afrique. D'intrépides apôtres s'y présentent nombreux, malgré la rude vie qui les attend. Par suite, l'Œuvre grandit et se développe de plus en plus. C'est ainsi que dans la seule Kabylie nous avons pu, cette année même, ajouter trois nouvelles stations à celles qui y existaient déjà depuis quatre ans.

A côté des nombreuses jouissances réservées au Missionnaire dans cette œuvre de Kabylie, si intéressante à tant de titres, ce dernier y rencontre, dès les premiers jours de son arrivée, des difficultés et des privations dont il est difficile, à distance, de se faire une juste idée.

Aussi avons-nous pensé que nos Associés ne liraient pas sans intérêt la lettre suivante qui rend compte d'une récente installation de trois de nos missionnaires sur un des pics les plus élevés de la chaîne de l'Atlas, et dans une partie de la Kabylie où la Mission n'avait pas encore d'établissement.

Nous avons regretté que cette lettre soit parvenue trop tard pour la faire paraître dans le Bulletin de janvier.

De la tribu des Aït-Menguellath, Janvier 1877.

Mon très-révérend Père,

C'est le 20 novembre dernier que les trois missionnaires destinés à la tribu des Aït-Menguellath sont arrivés au village de Thaourirth où le Père Charmetant et moi les avions précédés. Vous recevrez sans doute avec plaisir quelques détails sur l'installation de ce nouveau poste ; et, comme nous, vous remercierez Notre-Seigneur qui veille avec tant de bonté sur ses ouvriers apostoliques, et veut bien, dans sa miséricorde, applanir devant eux les difficultés et les obstacles. Puissions-nous lui en témoigner notre reconnaissance par un redoublement de zèle et de charité.

On arrive facilement chez les Aït-Menguellath par la route stratégique qui doit relier Fort-National à la province de Constantine par le col de Tirourda. Cette route côtoie, à une altitude moyenne de 950 mètres, l'un des principaux contre-forts du versant nord du Jurjura. Arrivé à peu près à mi-chemin de Tirourda, on quitte la route pour prendre sur la droite le sentier qui conduit aux différents villages de la tribu. Celui que nous habitons est appelé par les Kabyles Thaourirth-en-Thidits (le mamelon de la chienne). Bâti au sommet d'un piton se détachant d'un contre-fort secondaire qui est le territoire des Aït-Menguellath, ce village offre à distance un coup d'œil assez gracieux. On aperçoit de loin ses maisons plus régulières qu'ailleurs et blanchies à la chaux, ainsi que le minaret qui les domine. Mais plus on approche, plus les détails nuisent à l'impression du premier coup d'œil. Les abords du village, boueux et encombrés d'immondices, dénotent que là encore l'ordre et la propreté laissent considérablement à désirer. A l'entrée se trouve la *Tadjemath* (hangar municipal) avec ses gradins de pierres où se réunissent pendant le jour les oisifs pour causer et apprendre les nouvelles; c'est là aussi que se tient l'assemblée du village, les jours de délibération. Malgré l'importance de Thaourirth, sa Tadjemath est toute délabrée et menace ruine. De là partent des ruelles tortueuses et au sol inégal qui conduisent a travers le village. Elles sont si étroites qu'un mulet chargé de deux petites malles a grande peine à y circuler. De temps à autre on rencontre de petits carrefours un peu plus spacieux où les gens du quartier viennent s'accroupir et jaser. La population a un certain air de gaieté et de franchise qu'il est facile de remarquer. Ces pauvres gens ouvraient de grands yeux pour nous examiner et ne tarissaient pas de questions et de conjectures sur notre compte.

Il y avait dans tout cela un certain mélange de défiance, d'étonnement et de sympathie. Dès les premiers jours, nous aurions pu soigner bon nombre de malades qui se présentaient; malheureusement la caisse de médicaments n'était pas encore arrivée et nous dûmes les prier d'attendre quelques jours encore.

L'aspect général de cette partie de la Kabylie est très-pittoresque et produit un assez bel effet d'ensemble qui a tout à la fois un caractère grandiose et sévère. Le climat est plus frais qu'ailleurs, à cause de l'altitude des montagnes et du voisinage des massifs neigeux du Jurjura. Par suite on ne trouve que peu d'oliviers; encore sont-ils disséminés au fond des ravins et des vallées. Les figuiers, les chênes verts et les chênes-liéges y sont aussi de plus petite taille et de moins belle apparence. Seuls les frênes acquièrent un volume plus considérable. Ils sont une des principales ressources du pays; c'est leur feuillage qui fait la nourriture du bétail vers la fin de l'été. Le bois sert à confectionner les produits de l'industrie des *Inechchiben* (tourneurs et sabotiers), à laquelle se livre la tribu des Aït-Menguellath. C'est là aussi que se fabriquent ces larges plats de bois qui ont parfois 90 centimètres de diamètre, dans lesquels on brasse le kouskous, et qui vont se vendre jusque dans le Sahara où les tribus nomades les achètent à grand prix. On y fabrique aussi sur une large échelle les *tikobkaben*, sorte de sabots primitifs que les Kabyles attachent sous leurs pieds, en guise de petites échasses, pour marcher dans la boue et sur la neige. C'est à Thaourirth que nous avons loué provisoirement une maison ou plutôt un gourbi assez misérable d'un nommé Mansour qui avait déjà accueilli chez lui les missionnaires, quand dans leurs courses ils se trouvaient à passer par cette tribu. Comme toutes les maisons kabyles elle n'a qu'une seule pièce d'environ sept mètres de long sur cinq de large, sans fenêtre ni cheminée. Elle se trouvait dans un piteux état de délabrement : quelques heures avant l'arrivée des missionnaires elle servait encore d'étable pour les animaux. La porte formée de deux plateaux à peine dégrossis joignait si peu exactement la muraille de part et d'autre que, pendant plusieurs nuits de suite, les chats et les chiens du voisinage passaient au travers, la nuit, et venaient dévorer nos provisions durant notre sommeil. Il va sans dire qu'elle ne s'opposait pas davantage au passage du froid, du vent ou de la pluie qu'à l'invasion de ces maraudeurs nocturnes. Mais une chose nous était plus pénible que tout cela. Cette résidence, toute provisoire qu'elle était, se trouvait enfoncée dans une petite cour qui est la propriété exclusive de Mansour, en sorte que nous demeurions forcément inaccessibles à une notable partie de la population, c'est-à dire à tous les gens du *sof* (parti) opposé à celui de notre propriétaire. D'après les usages kabyles il eût été non moins malséant qu'humiliant pour eux d'entrer ainsi dans la cour et dans la maison de l'un des personnages les plus influents du sof contraire au leur. J'eus beau leur répéter que les missionnaires venaient au millieu d'eux sans faire acception de personne et qu'ils prodigueraient indistinctement leurs soins à quiconque se présenterait qu'il fut ou non du *sof* de Mansour. Il y a des préjugés et des usages avec lesquels il faut compter en Kabylie : tous mes efforts restèrent sans résultat. Nous dûmes donc chercher une maison plus isolée et plus indépendante. Quinze jours après, nous nous installions dans un autre gourbi situé presque en dehors du village et où les kabyles viennent en toute* liberté.

Notre caisse de médicaments, arrivée après un long retard, nous permit bientôt de soigner et de soulager bien des malades du village même ou des environs. Et nous constatons déjà qu'ils affluent de tous côtés en bien plus grand nombre.

En somme, dans cette tribu, l'accueil a été généralement sympathique, presque dès le début ; et il y a lieu d'espérer que d'ici à peu de temps, surtout lorsque nous aurons pu bâtir une maison convenable, nous pourrons faire beaucoup de bien dans toute cette partie de la Kabylie dont les missionnaires n'avaient pas encore pris possession.

Voici un petit fait qui témoigne en faveur des habitants. Il y a quelques jours, un jeune homme d'un village voisin se trouvait dans notre gourbi avec plusieurs kabyles. Tenté à la vue d'une paire de brodequins qui était dans un coin de la maison, il la glissa furtivement sous son burnous, et sortit quelques minutes après, de l'air le plus dégagé. Mais à peine s'était-il éloigné qu'un autre kabyle s'aperçut de la disparition des brodequins. En un instant cinq ou six de ses compagnons prévenus par lui se mettent à la poursuite du voleur, lui enlèvent les souliers et les rapportent à la maison, indignés de ce qui venait de ce passer. Le lendemain, l'*amin* du village et quelques notables vinrent nous demander s'il fallait punir le voleur, en même temps qu'ils protestaient des sentiments dévoués de tous à notre égard. Je le remerciai en le priant de se contenter de faire une bonne réprimande au jeune étourdi.

Déjà nous aurions pu ouvrir une classe, si nous avions un local convenable pour cela; plusieurs enfants et jeunes gens se sont présentés et demandent à étudier le français. Mais le nouveau gourbi que nous avons loué étant encore plus exigu que le premier, il nous est matériellement impossible de commencer une classe avant que nous ayons bâti.

Tout ce que nous avons pu faire, c'est de séparer un coin de la maison pour y loger Notre-Seigneur, en lui faisant une petite chapelle. A l'aide de toile cirée et de rideaux de cotonnade, nous sommes parvenus à isoler un petit espace qui nous sert d'oratoire et où nous conservons le Saint-Sacrement. On oublie facilement les privations et les incommodités d'une telle installation auprès du Dieu qui a voulu naître dans une étable et qui ne dédaigne pas de partager avec nous notre pauvre habitation. C'est auprès de son tabernacle que le missionnaire va puiser les consolations célestes et le zèle de la charité.

Voilà, mon très-révérend Père, les commencements de la station des Aït-Menguellath : ils permettent d'espérer les meilleurs résultats dès qu'il sera possible d'améliorer l'installation en bâtissant un local convenable pour l'école. Nous espérons que la divine

Providence et la charité catholique nous viendront en aide et nous fourniront les moyens de mettre à exécution nos projets au retour de la bonne saison.

Veuillez agréer, etc.

A. Bresson,
Missionnaire d'Afrique.

IV

LES VILLAGES D'ARABES CHRÉTIENS

ET L'ŒUVRE DE LA PROPAGATION DE LA FOI

Les lecteurs de ce Bulletin se rappellent qu'à l'époque des inondations de Toulouse, nos jeunes colons indigènes du village de Saint-Cyprien-des-Attafs, émus des désastres qui frappaient cette population du midi dont Mgr Lavigerie, leur père adoptif, avait reçu de si généreux secours pendant la famine de 1867-1868, s'étaient empressés de réunir leurs cotisations. Ils purent ainsi prélever sur l'épargne de leur pauvreté une somme de 400 francs pour les malheureux inondés.

Ces jeunes chrétiens ont donné dans cette circonstance un témoignage non douteux de leur charité et aussi de leur vive et profonde reconnaissance pour leurs bienfaiteurs catholiques.

Nous voulons aujourd'hui faire connaître à nos lecteurs un autre fait plus récent, qui met en évidence l'esprit de foi de leurs protégés.

L'Œuvre de la Propagation de la Foi a été établie dès le principe au sein de cette nouvelle population de chrétiens; et ce n'est pas sans une grande joie que nous avons vu l'empressement que tous ont mis à s'y associer. Ils ont tenu à montrer par là combien ils savent apprécier les bienfaits qu'ils en ont eux-mêmes reçus.

Une collecte faite récemment dans les villages de Saint-Cyprien et de Sainte-Monique, sans y voir été annoncée à l'avance, a produit une somme de 200 francs! Cette aumône spontanée attirera certainement sur ces jeunes et intéressantes familles la bénédiction de Dieu, ainsi que sur les personnes charitables qui ont fourni à Mgr Lavigerie les moyens de les établir dans ces récents villages d'Arabes chrétiens.

———

V

Mort du général d'Eudeville. Allocution de Mgr l'archevêque d'Alger.

Le mois dernier, est mort à Alger M. le général d'Eudeville qui commandait le génie en Algérie. Sa mort a été des plus chrétiennes, et Mgr l'Archevêque d'Alger a tenu à lui rendre un solennel hommage en présidant lui-même ses funérailles. Nous croyons devoir reproduire l'allocution prononcée à cette occasion par Mgr Lavigerie.

Elle fera un heureux contraste avec tant de morts et de discours qui sont dans ces tristes temps, un sujet de scandale.

« Mes très-chers Frères,

» Ces pompes inusitées, ces troupes qui remplissent nos rues avec des signes de deuil, et ces chants sacrés de l'Église, et votre présence dans ce temple, tout nous dit que nous ne pleurons pas une mort ordinaire. L'armée perd, en effet, dans le général Eudes d'Eudeville un de ses chefs les plus éminents et les plus respectés, l'Algérie l'un de ceux qui se dévouèrent avec zèle et persévérance à sa naissance laborieuse et à ses progrès, la patrie française un type de l'ancienne loyauté, de l'antique honneur, l'Église enfin un chrétien vraiment digne de ce nom par ses vertus, par la foi courageuse dont il a hautement fait profession durant sa vie et qui a consolé et grandi sa mort.

» Je ne puis développer ces pensées; le temps presse et des voix fraternelles viennent de nous retracer d'ailleurs les traits de cette noble existence consacrée tout entière au devoir. Pour moi, je cherche surtout dans cette tombe entr'ouverte, une consolation et une espérance.

» Une espérance, M. T. C. F., il n'en fut jamais de plus assurée. Jamais une mort plus admirable, plus touchante, plus chrétienne, ne couronna une vie plus utile et plus pure. C'est avec le calme du juste qu'il a vu venir sa dernière heure; c'est avec le courage ferme et simple du soldat chrétien qu'il a écarté lui-même toutes les illusions, qu'il a réglé les affaires de sa charge, de sa famille, de son âme, et jusqu'au détail même de ses funérailles.

» Avec quelle foi, lorsqu'il vit que sa maladie prenait une apparence de gravité qu'elle n'avait pas eu d'abord, il demanda lui-même à recevoir les secours et les consolations de la religion! On lui opposait qu'il n'y avait point encore de danger dans son état, il répondait avec fermeté et douceur qu'il n'est jamais trop tôt pour régler les affaires de sa conscience; et quand il les eut réglées et qu'il eut reçu, au milieu de sa famille éplorée, les sacrements de l'Église, avec quelle tendresse, avec quelle force, avec quel esprit lumineux et calme il parlait aux siens, à son admirable et digne compagne, à ses petits enfants, qui pouvaient à peine le comprendre, de leur séparation dernière, et de ses vœux pour leur avenir, et de ses regrets de les laisser ainsi seuls dans le monde, et de la reconnaissance qu'il emportait pour tout le bonheur qu'ils lui avaient donné!

» Tout, autour de lui, était dans les larmes; lui seul conservait, au milieu de ses souffrances et du mal affreux qui l'oppressait, la sérénité de son âme. Il les consolait; il leur parlait de la vie qui ne finit point; et où, tous, ils se retouveraient un jour pour ne se plus quitter. Il s'adressait à Dieu pour lui confier, lorsqu'il ne serait plus, un si cher dépôt.

» Je l'ai vu, et ce souvenir ne s'effacera plus de ma mémoire, j'ai vu ce père mourant appeler auprès de son lit de mort tous ceux qu'il aimait, me demander de les bénir pour que Dieu leur donnât du courage, me prier de le bénir lui-même pour que sa mort fût sainte : « Je suis chrétien! disait-il, je meurs en chrétien! O Dieu, je vais vers vous ! soyez le père de mes enfants, le consolateur de ma compagne bien-aimée, et, s'adressant à elle, il lui disait : — elle me pardonnera de rapporter ici ses paroles, et de révéler ce secret de leur cœur, — il lui disait : « Nous étions si heureux ! Jamais un nuage n'est venu durant de si longues années, ternir notre bonheur ! Je te remercie de ce bonheur que tu m'as donné. Je ne te demande plus qu'une chose, c'est de rester maintenant près de moi jusqu'à la fin. Nous avons si peu de moments à rester ensemble sur la terre ! Après, tu me verras dans le sein de Dieu. Je continuerai, de là-haut, à penser à toi, à veiller sur toi, sur nos enfants bien-aimés ! »

» Et cette femme, cette mère chrétienne, bien digne d'un tel époux, lui répondait avec une foi, un courage non moins héroïques, — et à ceux qui lui parlaient de la grandeur de cette perte imminente, elle disait doucement : « Dieu nous a donné tant de bonheur ! je ne murmurerai pas contre lui, je me soumettrai à sa volonté sainte, me confiant en sa bonté pour mes enfants et pour moi ! »

» Voilà ce que j'ai vu, M. T. C. F., ce que j'ai entendu aux pieds de ce lit de mort, ce que je répète devant ce cercueil pour honorer à jamais la mémoire de celui qui y commence son dernier sommeil.

» Cher Général, il y a huit jours à peine vous me demandiez pour les vôtres, la bénédiction du ciel, et je voyais avec attendrissement vos lèvres mourantes presser les mains de celui que vous appeliez votre pasteur. La meilleure bénédiction qu'ils puissent recevoir leur viendra de vous. C'est votre mémoire, le souvenir de vos paroles, de vos exemples, de vos vertus qui leur serviront de protection et d'égide devant les hommes et devant Dieu !

» Un moment, il sembla que les vœux réunis de tous ceux qui l'aimaient fissent comme violence au ciel.

» Un mieux soudain se fit sentir qui ranima toutes les espérances. Ce n'était qu'un répit du mal, le répit nécessaire pour donner au père la dernière joie qu'il pût désirer sur la terre, celle de revoir, de bénir, d'embrasser une fois encore, le fils qui allait devenir après lui, comme le second père de ses frères orphelins.

Il vous a attendu, mon cher enfant ! Dieu l'a gardé trois jours pour lui donner la joie de vous revoir, pour donner à votre jeunesse la plus grande, la plus sainte leçon qu'elle pût recevoir. Vous n'oublierez jamais le courage, la patience, la foi, la tendresse d'un si bon père! Comme elles éclatèrent dans ses paroles durant les premières heures que vous avez passées auprès de lui! Quelles touchantes recommandations il vous a faites! Quels conseils il vous a donnés! Quelles promesses vous lui avez faites vous-même! Oh! il faut que rien de ces heures les plus cruelles et les plus graves de votre vie ne disparaisse jamais de votre souvenir. Gardez avec fidélité, avec vénération, la mémoire de votre père. Parlez-en plus tard à vos frères trop jeunes pour savoir encore tout ce qu'ils ont perdu, et donnez à votre mère la seule joie qu'elle puisse avoir désormais sur la terre, celle de voir marcher dans la même voie d'honneur, de foi, de vertu, le fils de celui qu'elle a tant aimé.

» Voilà ce que du fond de cette tombe que nous allons fermer, votre père, mon cher enfant, vous adresse encore par ma voix. Ce que demandent avec moi pour vous, tous ceux qui vous entourent, ici, des sympathies profondes que leur inspirent et votre malheur et le nom de celui que vous pleurez! Que ces sympathies vous montrent quel honneur c'est que d'être le fils d'un homme de bien!

» Et nous, M. T. C. F., tirons aussi du spectacle de cette mort, une leçon suprême. Il vient, il approche, il se précipite, le moment où nous aurons à quitter ce monde, à rendre au juste juge le compte de notre vie. Que ce grand et salutaire exemple nous serve à tous! Ce n'était ni un petit esprit ni un esprit vulgaire que celui qui commandait à l'arme savante de l'armée d'Afrique. Il n'a trouvé son assurance que dans la foi, et la foi qui avait réglé sa vie, a donné à sa mort un caractère de calme, de force, de sainteté, de vraie grandeur, qui la rend pour tous enviable.

» Et maintenant, adieu, cher Général! Vos dépouilles mortelles vont nous quitter, mais votre souvenir nous reste. Il vivra au milieu de nous, dans les rangs de cette armée dont vous avez été l'honneur, dans cette Algérie dont vous avez été l'ouvrier fidèle, dans cette église où nous vous rendons les derniers devoirs de la piété, et où nous vous avions vu si souvent vous mêler à la foule des fidèles, comme le plus humble d'entre eux! Nous y prierons pour vous, pour ceux que vous laissez sur la terre, heureux de vous payer ainsi la dette de notre reconnaissance et de notre religieux respect ! »

VI

LA KABYLIE

III. — COUP D'ŒIL HISTORIQUE. (*Suite.*)

En résumé, on le voit, Rome a pu enserrer étroitement le Jurjura, essayer même de miner et de mordre ses flancs; mais le morceau était dur, dur comme fer, *mons ferratus,* et rien ne prouve qu'elle ait entamé les hautes cimes, rempart suprême de l'indépendance intransigeante. Tout indique plutôt que c'est chez d'autres, non ici, qu'elle a pu justifier sa fière devise :

Parcere subjectis et debellare superbos.

Nul ne nie assurément qu'outre les échelles maritimes de Bougie et de Dellys, elle ait établi çà et là quelques postes fortifiés dans l'intérieur de la Grande-Kabylie; ces barbares étaient trop voisins pour n'être pas gênants, et il fallait bien placer à quelques pas d'eux des grand'gardes pour donner l'éveil à la première alerte. Par exemple, nous savons tous que la vallée du Sebaou et celle de l'Oued-Sahel non-seulement ont été parcourues par les cohortes romaines, mais ont vu s'élever au milieu de leurs moissons quelques-uns de ces postes militaires. L'histoire en désigne quatre autour du Jurjura, avec leur emplacement précis : *limes Audiensis* (Aumale), *limes Tubusubditanus* (Tikla), *limes Taugensis* (Taourga), *limes Bidensis* (Djemâ-Sahridj) [1]. Mais le nom même donné à ces

1. Nous aurons à parler plus tard de cette petite ville de Djemâ-Sahridj (point principal des Aït-Fraoucen); possédant actuellement une station de missionnaires et une école pour les jeunes Kabyles, elle est dans le centre de la Kabylie comme une sentinelle avancée de la civilisation chrétienne et française.

stations avancées, *limes, frontière,* ne dit-il pas qu'au delà c'est terre étrangère et insoumise? Aussi, tandis que des ruines assez nombreuses se rencontrent éparses dans les parties basses du pays, sur la rive droite du Sébaou et sur le littoral, pas une trace sérieuse d'occupation au cœur de la montagne, chez les Zouaoua et les Aït-Iraten.

Du moins, si par ses armes le peuple roi n'a pu renverser la muraille, n'a-t-il pas réussi à l'ébrécher par le voisinage et le contact de la civilisation? Pas même. Cette Rome, puissante et habile, qui s'entendait si bien à façonner le monde à son image, ne s'assimilait guère ce petit monde récalcitrant, tout de fer comme sa montagne. Elle a bien pu contribuer à développer ou à régulariser chez ces enfants de la Barbarie cette vie municipale, dont elle avait positivement la science et que nous avons retrouvée chez nos Kabyles encore si enracinée et si aimée, quoique informe et assez sauvage. Elle a pu contribuer également, en resserrant la zone de leurs franchises, à leur donner des habitudes moins nomades, à leur faire échanger leurs gourbis de boue et de paille (*mapalia*) contre des maisons en pierre. Elle a pu encore, par l'influence de ses exemples et de quelques relations absolument inévitables, mettre en honneur parmi eux la propriété individuelle et ses délimitations rigoureuses, augmenter dans cette race le goût de la culture, du commerce, des voyages, de l'industrie. Mais il y a loin de là à cette absorption que la grande métropole pratiquait ailleurs avec tant d'art, et qui en peu de jours arrivait à faire d'un intraitable Ségusien un Romain suffisamment assoupli. Après plus de quatre siècles de colonisation romaine, Jugurtha, revenant sur la terre de ses pères, aurait reconnu son vieux sang.

A la place des Romains les Vandales peuvent venir. Pour le Jurjura, ce n'est qu'une inondation qui passe, et qui, sur son passage, laisse un peu d'écume et de remous, dans les tribus quelques noms de villages qui rappellent sa trace, *Tandelest, Ouandloaus,* dans les physionomies quelques-uns de ces types du nord dont nous avons dit un mot; mais à tout prendre, pas de lit creusé; la montagne vit s'écouler ce torrent, comme elle en avait vu disparaître tant d'autres, et il n'y a aucune raison de croire que Genséric et ses successeurs aient seulement songé à faire sérieusement connaissance avec des peuplades si peu avenantes.

De l'expédition de Bélisaire et du pouvoir si précaire et si restreint de Constantinople en Afrique je n'ai rien à dire. Parmi les quelques ruines du Bas-Empire trouvées çà et là dans les plaines voisines de la Kabylie, pas un monument qui atteste une conquête.

Hélas! après les soldats de Byzance, ce fut Mahomet qui vint. Tout n'a-t-il pas été dit sur cet immense naufrage où sombra l'Afrique chrétienne? Qu'on ne se figure pas cependant que nos indomptables montagnes se soient laissé tranquillement submerger. Loin de là, dominant le déluge, elles devinrent comme une île et un port de salut pour les vaillants qui purent y aborder, et depuis des siècles le flot vainqueur avait couvert le nord de l'Afrique, quand les Zouaoua étaient encore debout sur leurs rochers, la tête haute et l'arme au poing. C'est au moins dans cette attitude que nous les représente le grand historien des Berbères, l'Arabe Ibn Khaldoun [1] qui écrivait au xive siècle. « Retirés, dit-il, sur leurs montagnes qui sont tellement élevées que la vue en est éblouie, et tellement boisées qu'un voyageur ne saurait y trouver son chemin, ils bravent de là la puissance du gouvernement, et, quand le sultan de Bougie leur réclame l'impôt, ils se révoltent, étant bien sûrs de n'avoir rien à craindre dans leurs retraites. »

Vienne, avec le xvie siècle, la royauté de pillage et de sang inaugurée par les Barberousse : véritable *terreur*, qui pendant trois longs siècles, de 1516 à 1830, pesa non-seulement sur la côte barbaresque, mais sur la mer et sur la chrétienté! Pendant ce temps, les sommets du Jurjura, visibles d'Alger, continuent à se dresser toujours insoumis, comme une menace constante contre cette domination de forbans. En plein gouvernement de la Régence, nous voyons surgir dans l'histoire nationale ces petits rois indépendants de la montagne, les rois de Koukou [2], rois d'élection et de circonstance, sorte de *condottieri,* et de chefs de bandes,

---

1 Traduit par M. le baron de Slane.

2. Endroit célèbre dans les souvenirs kabyles, situé dans la partie du Jurjura qui s'infléchit vers la côte dans la direction du nord-est.

« roitelets sans cour ni train, » dont la seule présence néanmoins dans ce pays de république, prouve qu'on est sur pied de
guerre, qu'on a eu besoin d'une tête pour organiser une défense
ou une attaque. Sans doute, on a à batailler avec les tribus voisines, pour ne pas en perdre l'habitude ; sans doute encore, il
faut enlever aux Espagnols la ville de Bougie, « la petite Mecque »
du moyen âge ; mais il faut aussi se tenir en garde contre le pa-
cha de la Porte et sa milice, et quand il s'agira de marcher contre
Alger, sans l'ombre d'un scrupule, le Kabyle se fera provisoirement l'allié de l'Espagnol et du chrétien contre le Turc.

Les traditions du pays et l'*Afrique* de Marmol, historien espagnol de cette époque, sont pleines de combats durant cette période.
De même au xiie siècle, au xiiie, jusqu'à nous : chroniques locales,
relations des voyageurs, mémoires des religieux voués à la rédemp-
tion des captifs, tout s'accorde à nous montrer les Kabyles continuant à se rire, à l'abri de leurs montagnes, des terribles maîtres
d'Alger. Désespérant de passer leur niveau sur les hauteurs, les
Turcs prirent le parti très-sage de se faire romains, toutefois avec
la cruauté et l'exaction en plus : je veux dire qu'ils se retranchèrent
prudemment dans les vallées et y bâtirent de petites villes forti-
fiées ou *Bordj :* Bordj-Menaïel, Bordj-Sebaou, Bordj-Tizi-Ouzou,
Borj-Boghni (Dra-el-Mizan), Bordj-Bouïra... Dans chacun de ces
forts ils installaient, sous l'autorité d'un caïd, une garnison formée de leur milice ; tout autour ils faisaient rayonner des colonies
militaires, ou *Zmouls*[1], et se tenant en principe sur le pied modeste
de la défense, ils bornaient l'offensive à tendre une main rapace,
soit pour prélever le plus de contributions possible, soit pour attirer à eux par de gras priviléges cette race mal apprise qui ne
daignait pas leur ouvrir l'accès de ses foyers. Ainsi établirent-ils
dans les plaines ou le long des pentes moins élevées, comme auxiliaires de leur gouvernement, j'allais dire de leur exploitation,
leurs fameuses tribus *makhzen*, exemptes d'impôts, vivant de raz-
zias, non-seulement armées et équipées aux frais de la Régence,
mais munies chacune d'un lot de terre. L'amorce n'était-elle pas
tentante pour des amateurs de combats et d'aventures, surtout

---

1. Pluriel de *zmala.*

pour de pauvres gens qui allaient être ou pressurés ou bloqués s'ils résistaient à l'appât? Pour participer à la bonne fortune des *makhzen*, ne valait-il pas la peine de subir l'attache du pouvoir? N'importe, la part levée sur la haute Kabylie pour grossir le contingent de ces tribus, fut toujours assez mince. Pareil au loup de la fable, le Kabyle se défie si fort de tout ce qui ressemble à un collier et imprime une marque de servage! Les affamés, les voleurs, les assassins, tous ceux qui avaient quelque bonne raison de dire adieu à leurs villages, tel fut le ramassis qui fournit le plus de recrues à ces tribus hétérogènes : hommes braves, du reste, et pleins d'audace, d'autant plus aptes à servir le système turc, qu'ils pouvaient tout oser sans risquer de rien perdre. Malgré cela, il ne paraît pas qu'ils aient fait de merveilleux exploits en Kabylie. Dès qu'ils tentaient de faire grimper trop haut leurs chevaux, une grêle de coups les assaillait et les faisait vite repentir de leur essai d'ascension. Puis, quel était dans ces parages l'un des objets importants de ces tribus vassales ? assurer la liberté des communications entre Alger et Constantine. Or, un voyageur du xviiie siècle, Peyssonel, plaisante tout à son aise ces pauvres Turcs, qui souvent, quand ils veulent faire ce trajet, ne savent pas s'ouvrir la chaîne du Jurjura et sont obligés de faire un long contour de cinq ou six journées.

Jusqu'à la dernière heure de la domination du dey, les choses allèrent de la sorte entre Turcs et Kabyles. Que n'avons-nous mieux profité de cet antagonisme!

Nous avions beau être des chrétiens vainqueurs des musulmans, si, dès le 5 juillet 1830, nous avions su faire comprendre aux Kabyles que la bannière blanche de la France et du Christ ne remplaçait sur la Kasbah d'Alger la bannière verte de Stamboul et du prophète que pour les arracher aux griffes des oppresseurs, Turcs ou Arabes ; si, dès ce jour, nous avions eu la pensée patriotique et chrétienne de faire retentir aux oreilles des opprimés notre cri de victoire avec je ne sais quel accent qui en aurait fait un cri de délivrance[1], certes, les chansons des villages n'auraient pas exhalé une plainte sur la chute d'Alger « la bien gardée. » Après tout, les pleurs, si pleurs il y eut, ne furent ni amers « comme des larmes de sang, » ni abondants « comme les pluies de printemps. »

Dès le lendemain du jour où les Zouaoua, perchés sur la pointe de leurs plus hautes crêtes, auraient pu à la rigueur apercevoir, dans le lointain transparent de l'horizon, les flammes qui s'échappaient des débris fumants du fort l'Empereur [2], les soi-disant maîtres de la veille étaient si peu regrettés, que mal avisé eût été le soldat turc qui ne se serait pas empressé d'évacuer son bordj.

En vérité, on ne peut se défendre d'un sentiment d'admiration, puis-je dire de sympathie, pour ces populations, humbles et fières tout ensemble, qui contentes de leurs âpres et étroites montagnes, les ont opiniâtrément défendues contre la longue série des conquérants de l'Afrique ; qui, en dépit d'une situation violente et incessamment menacée, ont su maintenir presque intactes leurs institutions propres et leur langue nationale, alors que la plupart des autres confédérations berbères disséminées sur toutes les parties montagneuses de l'Algérie, perdaient plus ou moins, dans un contact séculaire avec les Arabes, jusqu'au souvenir de leur origine. Assurément, si ces divers conquérants avaient apporté, en échange de franchises trop barbares, une civilisation sérieuse, virile, progressive, on pourrait à bon droit appeler cette opiniâtreté des Kabyles un amour sauvage de l'anarchie. Mais au fond, quels bienfaits leur offrait-on ? *Timeo Danaos et dona ferentes.* Romains, Arabes, Turcs, tous avaient bien quelque titre à être traités de *Grecs* par les Kabyles. Civilisation énervante et délices de Baïa, vie de vagabondage et de pillage, servitude peut-être dorée, mais servitude, tels étaient les beaux présents que ces trois peuples réservaient en fin de compte à leurs vaincus. Qui fera un crime aux Kabyles d'avoir dédaigné ces dons ?

Pourquoi faut-il, hélas ! qu'ils aient perdu le meilleur de leurs biens, la foi de leurs pères, et que nous soyons réduits à les compter sur la liste des peuples musulmans ? Toutefois sont-ils, comme les Arabes, mahométans de vieille roche et de plein cœur ? N'ont-ils pas été chrétiens durant des siècles ? Le christianisme, tout en succombant dans presque toute l'Afrique, ne s'est-il pas

1. Cette pensée a été éloquemment exprimée dans le discours déjà cité de Mgr Lavigerie.

2. Tout le monde connaît cet épisode de l'explosion du Fort-l'Empereur (Charles-Quint), qui fut comme le signal de la capitulation d'Alger.

comme survécu longtemps à lui-même dans ces parages? Ne reste-t-il pas parmi ces peuplades des débris encore visibles de la croix, peut-être des étincelles de vie? Il y a là une série de questions qui méritent, ce me semble, d'être traitées à part.

IV. — LES KABYLES ONT-ILS JAMAIS ÉTÉ CHRÉTIENS? — COUP D'ŒIL SUR LEUR HISTOIRE RELIGIEUSE.

Nous avons dit combien est obscure l'histoire du Jurjura. Pour l'étudier, il eût fallu commencer par le conquérir. Mahomet lui-même, celui de tous les agresseurs étrangers qui a laissé en Kabylie les traces les plus marquées, puisqu'il a fini par y établir sa religion, a plutôt épaissi que percé cette nuit. Pour ce qui est du pays même et de la race qui l'habite, ce n'est pas à une terre peu riche en monuments du vieux temps, ce n'est pas à un peuple essentiellement positif, sans littérature et sans annales, sans une écriture à lui [1], beaucoup plus au fait des fables du village que des histoires de la patrie, que nous pouvons demander de vives lumières sur son propre passé.

Toutefois, si, en dehors de l'islamisme et avant lui, il est un conquérant qui ait partagé avec les Kabyles et les aigles la souveraineté de ces montagnes, ce conquérant, c'est l'Evangile.

Il est vrai que des gens d'esprit, éclairés par un long séjour

---

1. Le kabyle se parle, mais ne s'écrit pas : c'est ce que vous disent les gens du pays. Il n'est pas admissible qu'il en ait toujours été ainsi, que ces populations n'aient jamais eu un système graphique propre à leur langue, qui est un des dialectes du vieux berbère; vraisemblablement, elles avaient le système qu'on retrouve dans les inscriptions libyques. Le fait est qu'aujourd'hui elles ont perdu même le souvenir de son existence; et quand un Kabyle veut écrire, ce qui, du reste, lui arrive rarement, force lui est de recourir aux caractères arabes. Cet anéantissement d'un alphabet national est encore un des chefs-d'œuvre à inscrire à l'actif de l'islam. Seuls entre les peuplades berbères, les Touareg ont pu conserver l'écriture de leur dialecte, que des explorations et des travaux récents nous ont fait exactement connaître; mais quoique de même famille, ce dialecte est très-distinct du kabyle.

au milieu de ces peuplades et parfaitement en position d'en parler avec compétence, ne sont point aussi affirmatifs. A cette question : les Kabyles ont-ils jamais été chrétiens ? l'ouvrage le plus important qui ait été publié de nos jours sur la Kabylie [1]. se contente de répondre : C'est possible, mais rien n'est moins sûr. Et là-dessus, la *Revue scientifique* renchérissant, je veux le croire, sur les intentions de M. Hanoteau et de son collaborateur, non-seulement n'admet pas que l'Évangile ait pénétré autrefois dans ces parages, mais souhaite qu'il n'y vienne jamais ; « Il y a de beaux jours, s'écrie-t-elle dans un accès de verve, que l'on sait à quoi s'en tenir sur la colonisation par les missionnaires? » Ce sont de bien gros mots! heureusement les arguments sont beaucoup plus minces.

Qui sait si les tribus du Jurjura, avant d'être musulmanes, n'étaient pas juives ou païennes et ont jamais passé par le christianisme? Qui sait si les images de la croix qu'on rencontre çà et là chez les Kabyles ne sont pas simplement des dessins de fantaisie? Surtout, ce prétendu souvenir que quelques gens du pays auraient gardé de leur origine chrétienne ne serait-il pas une invention de fraîche date faite par ces rusés montagnards pour flatter les nouveaux maîtres, ou peut-être même l'invention d'un zèle immodéré, qui épie et grossit les moindres mots des Kabyles, pour les exploiter au profit d'une évangélisation prématurée? Voilà ce qu'on nous oppose de plus fort. Après tout, des points d'interrogation qui viennent si tard battre en brèche une tradition ancienne et constante, ne sont pas faits pour l'entamer.

---

1. *La Kabylie et les coutumes kabyles*, par MM. Hanoteau, général de brigade, et Letourneur, conseiller à la Cour d'appel d'Alger. Imprimerie nationale, 1872; 3 volumes grand in-8°. — Cet ouvrage, fruit d'un long séjour dans le pays, de relations quotidiennes avec ces peuplades et des plus patientes recherches, est sans contredit le livre classique sur la Kabylie, et il donne vraiment ce qu'il promet. Seulement, sous prétexte d'écrire sans parti pris et sans préjugé de race, les auteurs n'ont-ils pas oublié plus que de raison qu'ils étaient Français et chrétiens? Pour parler équitablement d'un peuple musulman, il est tout à fait superflu de calomnier sa propre religion.

Si incomplets que soient les monuments, si épars que soient
les souvenirs qui appuient cette tradition, on peut cependant
essayer de réunir et d'interroger ces débris : la tâche en vaut la
peine.

Le IIIe siècle de notre ère n'était pas commencé, que déjà
l'Évangile avait couvert d'évêchés, par conséquent de fidèles,
tout le nord de l'Afrique, la Mauritanie Césarienne et la Mauritanie de Sétif aussi bien que la Numidie et les autres provinces
vassales de l'Empire. La région qui nous occupe ne paraît pas
sous ce rapport plus déshéritée qu'une autre. Cette Kabylie du
Jurjura, qui aujourd'hui, même en prenant ses limites extrêmes,
ne formerait guère en France qu'un seul département, comptait
au moins huit ou neuf diocèses : *Saldæ* (Bougie), *Sitifis*
(Sétif), *Rusucurru* (Dellys), *Rusazuz* (Zeffoun), *Tigisis* (Taourga),
Castellum Tetraportense (col des Beni-Aïcha), *Tubusuptus* (Tikla),
Castellum Medianum (Bordj-Medjana), *Jomnium* (Tigzirt), *Bida
municipium* (Djemâ-Sahridj) [1]. C'était une invasion pacifique,

1. Voir l'*Africa Christiana*, de Morcelli ; *Essai sur l'Algérie chrétienne,
romaine et française*, par Mgr Dupuch, premier évêque d'Alger ; *les Epo-
ques militaires de la Grande-Kabylie*, par M. Berbrugger, conservateur
de la bibliothèque et du musée d'Alger, etc. Les études de géographie
comparée relatives à l'Algérie, poussées dans ces derniers temps avec une
ardeur intelligente par bon nombre d'antiquaires et plusieurs de nos officiers, ont déterminé d'une manière aussi satisfaisante que possible l'emplacement de ces diverses localités romaines demeuré jusque-là très-con-
troversé.

En particulier, la question était restée longtemps douteuse pour la ville
appelée par les anciens *Bida Municipium, Bida Colonia, Limes Bidensis*.
Dans l'ordre civil, Bida, dépendant de la Mauritanie Césarienne, avait un
Præpositus, chef de station, et la *Notice des Evêques* donne un *Episcopus
Bidensis* dans la même province. A cause de la ressemblance des noms, le
Dr Shaw et d'autres savants après lui, avaient cru retrouver Bida dans la
moderne Blidah ; mais M. Berbrugger a tranché la question en faveur de
Djemâ-Sahridj, en se guidant sur l'itinéraire d'Antonin et la carte de
Peutinger. Encore à présent, des gens du pays appellent Djemâ-Sahridj
Djemâ-Blida ou *Bida*. Ce point nous intéresse tout spécialement, parce
que la croix est revenue abriter en cet endroit. non certes une résidence
épiscopale, mais un humble poste de missionnaire perdu au milieu dés infidèles.

Castellum Medianum, également siége d'un évêché et cité dans le récit mais nne invasion plus victorieuse et une conquête mieux assise que ne l'était celle d'un Maximien-Hercule ou de je ne sais quel proconsul de Tibère.

De ces divers siéges épiscopaux, il faut cependant en convenir, aucun ne se trouvait au cœur de la montagne ; relevant des colonies romaines, ils étaient ou échelonnés le long de la côte, ou situés dans quelque vallée ouverte, telle que la vallée du Sebaou. Jusqu'à présent, les fouilles pratiquées dans l'intérieur du Jurjura n'ont amené la découverte ni d'une ruine chrétienne, ni d'aucune autre ruine importante. Mais qu'en conclure? Il est fort probable que, avant d'avoir servi de refuge aux émigrés qui fuyaient le cimeterre des Arabes, ces hautes cimes, âpres, sauvages, souvent visitées par la neige, faites pour les sangliers et les panthères plutôt que pour les hommes, étaient beaucoup moins habitées que de nos jours [1]. Ou si l'on veut y voir dès cette époque cette population serrée qu'on y trouve maintenant, comme maintenant aussi ce ne pouvait être qu'une population pauvre, beaucoup trop pauvre pour donner à son culte ces magnificences qui bravent le temps.

Quoi qu'il en soit, est-il croyable qu'ainsi cernées dans un étroit espace par les successeurs des apôtres, les tribus jurjuriennes se soient obstinées durant des siècles à fermer l'oreille aux échos de la Bonne Nouvelle qui ne pouvaient manquer de frapper leurs montagnes? Il est clair, en effet, que l'Eglise ne restait ni tranquille ni muette, tant qu'elle voyait là, sous ses yeux, ces peuplades asservies par le paganisme. Ce n'a jamais été sa coutume

qu'a laissé Ammien Marcellin sur la campagne de Théodose contre Firmus, avait d'abord été identifié à Médéah, mais il a été ensuite placé avec beaucoup plus de vraisemblance à *Bordj Medjana*, entre Sétif et les Portes-de-Fer. Ce lieu est devenu célèbre dans ces dernières années pour avoir été la résidence du bach-agha Mokrami, l'âme et le chef de la dernière insurrection kabyle, qui fut tué les armes à la main au plus fort de la lutte.

1. Pour donner une idée de la densité de la population actuelle de la Kabylie, le cercle de Fort-National, où la terre est la plus ingrate, puisqu'il renferme dans sa zone les cimes rocheuses et absolument inhabitables du Jurjura, a une population spécifique supérieure à celle de presque tous les départements français; six d'entre eux sont peuplés plus spécifiquement (MM. Hanoteau et Letourneur). Il faudrait aller chercher la Belgique pour trouver ici des proportions comparables.

de se reposer, sans viser à poursuivre ses victoires. L'Eglise
d'Afrique en particulier s'entendait à parler haut et ferme. La note
que lui avait donnée Tertullien, son premier organe, était certes
assez retentissante ; saint Cyprien, saint Optat, saint Augustin
adoucirent le ton, sans le baisser. Les déchirements funestes cau-
sés par le donatisme, la venue des Vandales et le regain de persécutions qu'elle amena, tout cela assurément était peu fait pour
aider la prédication apostolique. Cependant, quand nous voyons
des missionnaires aller, en dépit des obstacles, porter la lumière
de Jésus-Christ jusqu'aux limites de l'occupation romaine, plus
loin peut-être, bien au delà par conséquent de nos possessions
actuelles, chez les *Gétules* (oasis du sud-ouest), à *Cydamus* (Ghadamès), chez les *Garamantes* (l'oasis du Fezzan au sud de la Tripolitaine), et cela déjà au temps de Tertullien, puis au temps de
saint Augustin, sous Justinien, même sous Genséric[1] ; quand nous
voyons des peuples barbares, quelques-uns de même race que nos
Kabyles, de sang aussi bouillant, de tempérament aussi fier, enfin,
tout aussi rebelles à une naturalisation chrétienne, courber
la tête et accepter le baptême ; pouvons-nous supposer que, pendant ces quatre ou cinq siècles, l'Evangile ait laissé, sans l'attaquer et sans le dompter, un bloc de montagnes, situé non pas simplement à la porte, mais dans une enclave de son domaine, d'autant
que le drapeau de la croix ne portait pas dans ses plis, comme
les aigles romaines dans leurs serres, la condamnation de l'indépendance nationale ? « Les Montagnes ou les Portes de fer, » c'est

1. Tertull., *ad Scapulam;* Arnob., *adv. Gentes*, I, 10 ; sous Genséric,
des confesseurs de la foi exilés parmi des Maures païens se font apôtres et
gagnent ces peuplades à Jésus-Christ (Victor de Vite).

Une chronique des Visigoths de l'an 569, parle ainsi des Garamantes et
de peuples maures convertis : *Anno tertio Justini imperatoris. Garamantes per legatos pacem, romanæ reipublicæ et fidei christianæ sociari desi-
derantes poscunt, qui statim utrumque impetrant... — Maccuritarum*
(alias *Mauritarum) gens his temporibus Christi fidem recipit.*

Dans la ville de Ghadamès, il y a encore aujourd'hui une rue appelée la
rue du *Non,* c'est-à-dire de ceux qui refusèrent d'abord d'accepter la religion de Mahomet (*Les Touareg du nord,* par Henri Duveyrier).

Sous Justinien, on envoie aux Maures de la Tripolitaine des missionnaires connaissant leur langage,

bon pour les conquérants humains : l'Evangile ne connaît pas
cela, toutes les nations sont faites pour lui.

C'était, au reste, par mille fissures plus ou moins latentes que
le courant de la foi devait s'infiltrer dans le *Mons Ferratus :* car,
enfin, la cuirasse avait ses défauts. Recueillir, comme le faisait
si largement la Kabylie, les épaves de tous les dominateurs de
l'Afrique, n'était-ce pas très-souvent, dès le iiie siècle ou le ive,
adopter des hôtes déjà marqués du signe de la croix ? Les colonies romaines durent contribuer pour leur grande part à peupler
de chrétiens ce massif qu'elles enserraient de tous côtés. Encore
actuellement, bon nombre de familles kabyles se flattent de sortir
d'une souche européenne ou latine, non-seulement dans les tribus
voisines de la mer et des vallées, comme les Aït-Djennad ou les
Aït-Fraoucen, mais jusque chez les Aït-Iraten perchés autour du
Fort-National. On signale également dans les environs de Bougie
une fraction de tribu appelée *Aït-Rouma,* dont le nom seul suffit à
trahir l'origine [1].　　　　　　　　　　　　J. Dugas.

(La suite au prochain numéro.)

VII

OEUVRE DES MISSIONNAIRES

ARRIVÉE DE NOVICES ET ADOPTIONS.

Depuis la publication du dernier numéro du Bulletin sont entrés au Noviciat de la Mission d'Afrique, à la Maison-Carrée.

MM.	Deniaud, prêtre	du diocèse de	Nantes.
	Boulé, clerc	—	Saint-Brieuc.
	Burtin, —	—	Annecy.
	Meindre, —	—	Lyon.

1. Sous le nom de *Roumi,* les conquérants musulmans entendaient les
chrétiens d'origine étrangère, c'est-à-dire les colons de la race latine et les
Byzantins.

Sont entrés au Noviciat des Frères coadjuteurs de la Mission, à la Maison-Carrée :

MM. Pierre-Henri Cottineau   du diocèse de Nantes.
    Amans-Antoine Delmas   —   Rhodez.
    Dieudonné Moulines   —   —
    Albert Bernon   —   —
    Artémon Galendrin   —   —
    Pierre Barnier   —   Mende.

ADOPTIONS DE MISSIONNAIRES.

Nos associés savent qu'en donnant une somme de 800 francs, ils entretiennent pour une année un missionnaire en Afrique. Ils deviennent ainsi participants de tous ses travaux et de ses mérites, et même de ceux de son martyre, comme cela a eu lieu pour les charitables bienfaiteurs qui avaient adopté les trois missionnaires mis à mort pour la Foi, sur la route de Tombouctou.

Nous avons reçu pour l'adoption de missionnaires :
800 francs de M. d'Ozonville, au Mans.
800 francs de M. Aug.-Laurent D... T... à Paris, par M. Plantier.
800 francs de Mme la vicomtesse Foulon de Doué à Nancy.
800 francs de Mme Clément, du diocèse d'Amiens.
Ces adoptions sont appliquées aux RR. PP. Lourdel, Chevalier, Pinot et Levasseur.

Rectification.— Dans le précédent Bulletin, 800 francs pour l'adoption d'un missionnaire ont été portés au nom de M. le baron Gustave de Guerne. Ils doivent être inscrits ainsi : Diverses personnes de l'arrondissement de Cambrai, par M. l'abbé Crombé.

VII

CORRESPONDANTS DIOCÉSAINS

Plusieurs personnes dévouées à l'Œuvre si catholique et si française de la Mission d'Afrique ont eu la charité de nous offrir leurs services à titre de zélateurs et de zélatrices. Nous osons espérer dans l'intérêt de l'Œuvre et pour la commodité de nos bienfaiteurs, voir s'augmenter le nombre des personnes qui pourraient, sans trop se charger cependant, centraliser les offrandes qu'on nous destine, soit dans leur diocèse, soit même dans leur paroisse.

On pourra adresser les aumônes en argent ou en nature (layettes pour nouveau-nés, vieux linge pour pansements, livres, ornements d'église, médicaments, honoraires de messes, etc...) :

Au R. P. Supérieur des Missionnaires, à la Maison-Carrée (près Alger.)

Au Bureau des Écoles d'Orient, 12, rue du Regard, à Paris.

A M. l'abbé Payan d'Augery, 84, rue Paradis, à Marseille.

A M. le Cte R. de Buisseret, au Boisselas, près Cellettes (Loir-et-Cher), ou à Versailles, 6, rue d'Anjou.

A M. l'abbé Vachet, missionnaire aux Chartreux, à Lyon.

A M. le chanoine Hubert, 3, rue Scribe, à Nantes.

A M. Robert Oheix, avocat à Savenay (Loire-Inférieure).

A Mme Camille Thiollière, grande Rue, à Saint-Chamond (Loire).

A Mme la comtesse Harscouët, à Saint-Brieuc.

A Mme Vve Jégou, à Gourin (Morbihan).

A Mlle Nugue, 2, quai de l'Université, à Rennes.

A M. le Chanoine Laffetay, à Bayeux (Calvados).

A M. Chenel, rue Saint-Jean, à Caen.

A M. Collin, 7, rue du Parterre, au Mans.

A M. Le Bas, garde-mines, à Bar-le-Duc.

A M. le Chanoine Delesminières, à Annecy (Haute-Savoie).

A M. Fages, 8, rue des Lattes, à Montpellier.

A M. l'abbé Rous, Directeur de la *Semaine Religieuse* à Perpignan.

A M. l'abbé Gapp, curé de Bolsenheim (basse Alsace).

A M. Dufresne, chanoine à l'évêché de Montréal (Canada).

A MM. Picard et Brown, directeurs au séminaire de Montréal.

OEUVRE DE SAINT-AUGUSTIN

ET DE

SAINTE-MONIQUE

LETTRES A DES VEUVES CHRÉTIENNES

PAR MGR L'ARCHEVÊQUE D'ALGER

Lettre préliminaire.

Madame et très-chère fille,

Je m'avoue votre débiteur; je vous ai promis de résumer pour vous, mes pensées et mes conseils sur le saint état des veuves chrétiennes et sur le rétablissement, sous une forme appropriée aux temps actuels, de l'ordre vénérable qu'elles formaient dans l'Eglise primitive. J'aurais certes un aussi grand désir que vous-même de m'acquitter de ma dette, car j'espère, avec la grâce de Dieu, qu'un tel travail pourrait être utile à beaucoup d'âmes qui vivent dans le monde et qui cherchent leurs voies. Le difficile est de trouver, au milieu des occupations de mon ministère et des soucis qui l'entourent, le temps et le calme nécessaires pour une telle entreprise.

Ce que je vous en ai dit, de vive voix, et qui vous a fortifiée dans le désir de vous donner tout entière à Dieu, ne venait point de moi. Je l'empruntais à l'histoire des premiers temps de l'Eglise, temps où la foi, celle des femmes surtout, s'éleva à tant d'héroïsme. Je l'empruntais à nos anciens conciles d'Afrique si pleins de sagesse et de lumière, à nos grands docteurs de Carthage, d'Hippone, de Milève, de Ruspe, saint Cyprien, Tertullien, saint Augustin, saint Optat, saint Fulgence, qui comme saint Ambroise , saint Chrysostome, saint Jérôme surtout, ont tracé des leçons si éloquentes et si saintes pour les veuves de leur temps. Ma parole n'était que l'écho de ces voix puissantes toutes pleines de l'esprit de Dieu, et voilà pourquoi elle agissait sur votre esprit et sur votre cœur !

Mais dire ainsi simplement dans un entretien familier ce que je pensais, pour répondre aux préoccupations de votre esprit, aux désirs que vous m'exprimiez d'une vie plus sainte, plus cachée, plus utile, ou écrire, comme vous me le demandez, un ouvrage sur un sujet si grave sont choses qui ne se ressemblent point. Pour la première, il me suffisait de me rappeler mes lectures de chaque jour, et de suivre, comme pas à pas, les besoins de votre âme et la voix de Dieu qui lui parlait ; pour la seconde, il faut de longues études et un travail de compositions dont je n'ai pas le loisir.

Que faire donc, pour ne point manquer à ma promesse et peut-être à mon devoir, s'il plait à Dieu de se servir de moi pour une telle œuvre ?

J'ai pensé, ma chère fille, que le mieux et le plus simple serait de recueillir les lettres que j'ai adressées sur ce sujet, soit à vous, soit à quelques autres pieuses veuves que vous connaissez, puisque vous vous êtes trouvée avec elles sur cette terre d'Afrique qui a été le témoin de votre commune douleur.

Ces lettres, je les ai revues et coordonnées, de manière à ce qu'elles forment un tout suivi, et à ce que rien d'essentiel n'y manque.

Vous n'y trouverez, il est vrai, ni érudition, ni recherche, mais je ne les crois pas nécessaires, et elles pourraient même être nuisibles pour des âmes qui ne veulent que trouver et servir Dieu dans la simplicité de leur cœur.

Cette première lettre servira donc de préface à toutes les autres en vous montrant l'œuvre et l'enchaînement des divers points qui y seront traités.

Je demande humblement à Dieu, ma très-chère fille, comme saint Augustin le disait autrefois à la pieuse et noble veuve Julienne « que ces lettres qui vous sont adressées, mais qui ne sont plus pour vous seule, soient utiles à vous et à celles qui les recevront de vous. » C'est l'unique récompense que j'ambitionne.

Je place, comme vous le verrez en tête de mes lettres, celles qui ont surtout pour objet de consoler les veuves chrétiennes en les rappelant aux pensées de la foi, et de leur montrer à cette lumière divine la grandeur et la sainteté de leur état d'immolation, d'abandon et de faiblesse. Il faut d'abord, en effet, panser les blessures saignantes de leur cœur avant de leur proposer de s'acheminer sur le chemin royal de la perfection, qui est celui du Calvaire, du Calvaire où Marie les a précédées, se tenant debout au pied de la croix, plongée elle aussi dans une mer d'amertume, Marie, le type et le modèle de la veuve chrétienne, Marie qui n'a été associée par son Fils, à sa mission divine, que lorsqu'elle eut perdu Joseph. C'est aussi sur le Calvaire que l'Eglise a pris naissance dans le sang de son époux, aussitôt veuve qu'épouse, selon la belle pensée de saint Augustin. Lisez ce que dit de ce grand mystère du veuvage de l'Eglise, le fils de sainte Monique, vous en serez consolée. Jésus-Christ eût pu, en effet, et il semble même que cela était naturel, faire éclater durant sa vie la puissance qu'il lui donnait. Il ne l'a pas voulu, il a voulu qu'elle fût privée de sa présence, qu'elle fût *veuve* pour faire éclater dans sa faiblesse même et dans son abandon apparent, l'amour qu'il lui portait, et la protection qu'il lui donnait du haut du ciel.

C'est là l'économie merveilleuse de l'action divine dans la loi nouvelle. « Dieu, dit saint Paul, a choisi ce qu'il y a de plus faible selon le monde pour confondre la force. » Ses apôtres ont été des pauvres et des ignorants, et le signe de leur ralliement qui devait être celui de leur triomphe a été un gibet, le gibet des esclaves. Voilà pourquoi les veuves, dont la désolation et la faiblesse avaient toujours paru dans le monde ancien un objet de malédiction et de mépris, occupent, tout d'un coup, une si grande place dans l'ordre de la rédemption, pourquoi Marie est veuve, pourquoi l'Eglise est veuve, pourquoi l'Eglise donne dans son sein à toutes les veuves, une place et une mission d'honneur.

Je me rappelle combien vous avez goûté ces pensées de la foi, alors que je vous les rappelais dans les premiers mouvements de votre inconsolable douleur. Vous les retrouverez dans les premières lettres de ce recueil.

Dans les lettres suivantes, vous verrez comment l'Eglise des premiers temps a réalisé pratiquement dans ses institutions les plus vénérables, dans sa liturgie, dans sa hiérarchie même, cette grande idée de l'honneur et de la mission du veuvage chrétien.

Après avoir consolé sa douleur par les espérances immortelles, elle montrait à la veuve chrétienne, dans sa fidélité même qui survivait à la mort, le moyen le plus sûr d'honorer et de servir tout ensemble, l'époux qu'elle avait perdu, de l'honorer en ne voulant plus après lui d'autre époux que Dieu seul, de le servir en lui obtenant miséricorde par ses bonnes œuvres et par ses prières. C'est ce qu'exprime saint François de Salles dans son aimable et vieux langage : «D'aymer son mari tant qu'il est en » vie, c'est chose assez triviale entre les femmes, mais l'aymer » tant qu'après la mort d'iceluy, on n'en veuille point d'autre, » c'est un rang d'amour qui n'appartient qu'aux vrayes veuves,» c'est-à-dire aux veuves telles que la foi seule les peut faire.

Elevé à cette hauteur, en effet, le veuvage n'est plus une institution de la terre. Dieu seul peut l'élever à une telle hauteur, aussi ne suis-je pas étonné que Tertullien nomme ce veuvage-là un sacerdoce, *sacerdotium viduitatis,* comme pour faire entendre que les vraies veuves offrent à Dieu le perpétuel sacrifice de leur fidélité et de leur amour, et que de même que le prêtre ne peut monter à l'autel qu'après avoir reçu l'ordination sainte, de même la veuve ne s'immole vraiment elle-même que si Dieu la sanctifie par une grâce de choix.

Aussi, l'Eglise inspirée par l'Esprit-Saint, avait-elle dès son origine établi dans son sein, à côté de l'ordre des évêques, des prêtres et des autres ministres, un ordre qu'elle nommait celui des veuves. Celles qui y entraient faisaient profession devant l'évêque de se consacrer désormais à une vie chaste et à la pratique des œuvres chrétiennes, elles recevaient une bénédiction solennelle dont les anciennes liturgies nous ont gardé le texte, sans cesser de vivre dans leurs demeures et au milieu des leurs, sans abandonner même extérieurement les usages du monde, elles se distinguaient cependant par la modestie de leur maintien et celle de leur parure. A l'église, elles occupaient une place à part auprès des vierges consacrées à Dieu. Dans les prières publiques, elles étaient nommées avec honneur comme elles le sont encore aujourd'hui, le vendredi saint, dernier reste de cette antique et vénérable institution, qui a rendu durant les premiers siècles tant d'éminents services et produit tant d'héroïques vertus.

Ces vertus, saint Paul lui-même les avait énumérées, car l'ordre des veuves avait été institué par les apôtres, et saint Paul n'a pas dédaigné d'en tracer les règles, jusque dans le détail, indiquant l'âge auquel on les pourra élire, les conditions qu'elles devaient remplir et surtout les services qu'elles devaient rendre, donner en élevant saintement leurs enfants l'exemple à toutes les mères, rendre aux pauvres les plus humbles services, leur préparer des asiles, consacrer à la prière tous les moments que leur laissait l'accomplissement de leurs autres devoirs et pratiquer toutes les œuvres saintes.

Et quelles œuvres admirables ces premiers temps du christianisme ne leur donnaient-ils pas l'occasion de pratiquer?

Nos Conciles et nos Pères d'Afrique nous permettent de nous en faire une idée. Nous savons par eux qu'elles étaient chargées d'instruire des vérités de la foi les ignorants, surtout les femmes qui demandaient à entrer dans l'Église. Elles ne se bornaient pas à ce ministère, elles allaient porter aux pauvres, dans leurs demeures, les secours que l'Église leur destinait. — Elles les portaient surtout aux veuves, aux orphelins, aux malades. Avec un courage supérieur à leur sexe, elles bravaient les menaces des persécuteurs, pour secourir dans les prisons, les confesseurs et les martyrs, pour leur porter même la sainte Eucharistie, pour les suivre au supplice et recueillir leurs restes, œuvres que les diacres et les autres ministres sacrés ne pouvaient toujours faire et que des femmes pouvaient plus facilement accomplir.

Quelle mission sublime, et qui pourrait dire quels en furent les fruits et quelle part en revient dans l'établissement et le triomphe du christianisme à ces femmes admirables qui se trouvaient partout mêlées à la société payenne, dans leurs familles, dans la cité, dans les maisons des pauvres et presque dans les palais des Césars.

Je voudrais qu'une main pieuse entreprît de tracer cette histoire et réunissant dans un seul tableau tant de traits épars çà et là, à Rome, à Carthage, à Alexandrie, à Antioche, nous permît de constater ce travail latent, perpétuel, irrésistible de tant de grandes chrétiennes, qui furent les apôtres et les martyres de leur foi, j'ai fait relever le catalogue de celles qui sont inscrites au rang des saintes, je le relis, de temps en temps, avec admiration. Je le voudrais entre les mains de toutes les veuves, ce serait vraiment leurs litanies propres; et quoi de mieux fait pour exciter leur courage que le souvenir de tant de femmes qui, après avoir vu briser leurs affections les plus saintes, consacraient leur cœur et leur vie à étendre et à défendre le règne de Dieu.

Remarquons que je parle de consécration *volontaire,* car il ne faudrait pas croire que l'Église appelât indistinctement toutes les veuves chrétiennes à ces grands ministères. Elle se faisait, il est vrai, dans les premiers temps, l'appui et le soutien de toutes les veuves, comme de tous ceux qui étaient faibles et abandonnés, mais elle n'admettait à la servir dans ses œuvres publiques que celles qui voulaient librement se donner à Dieu. Et encore exigeait-elle, avec sagesse, selon le précepte de saint Paul, qu'elles eussent par de longues épreuves, donné des garanties de persévérance et de vertu.

Tel fut l'ordre des veuves durant les siècles où l'Église lutta contre les persécutions sanglantes de ses ennemis. Il survécut aux siècles de paix, quoique prenant peu à peu une forme différente, c'est le temps de sainte Paule, de sainte Eustochie, des deux Mélanie, de Blaisilla, qui cherchaient déjà dans la solitude, un abri contre la corruption du monde romain et les invasions des barbares. Mais bientôt la violence fut partout avec ces maîtres nouveaux. — Des femmes isolées ne furent plus en sûreté contre elle, et les murs seuls des monastères peuvent protéger efficacement leur faiblesse. L'œuvre des Veuves s'affaiblit donc peu à peu vers le viiie siècle, et l'Église elle-même dut l'abolir comme ne répondant plus aux besoins d'une société où le clergé pouvait accomplir librement toutes les fonctions de son ministère, et où l'absence de tout frein créait tant de périls nouveaux.

Mais, depuis, les temps ont marché et sont, si je l'ose dire, retourné sur eux-mêmes. L'ère des persécutions est revenue. Déjà deux fois depuis un siècle les cachots se sont rouverts pour les ministres du sanctuaire, les échafauds se sont dressés pour eux. Lorsque partout les monastères ont été ou sont dispersés par la violence, une immense conspiration inspirée par l'enfer, cherche à ravir aux congrégations religieuses, aux Frères, aux Sœurs, l'éducation des enfants, la tutelle des pauvres, le soin des malades, et ferme aux âmes elles-mêmes les voies de la perfection. Qui sait où nous mènera cette tempête et si nous n'en serons pas réduits à regretter les temps des Néron et des Domitien ? D'autre part, les mœurs publiques qui, dans le moyen âge, rendaient impossible le ministère isolé de la femme, la protégeraient au contraire et lui feraient un rempart aussi sûr que celui des cloîtres.

Dans de telles conditions, pourquoi ne pas rendre à l'Église le concours efficace que les femmes lui donnaient au milieu du monde durant les premiers siècles ? Pourquoi surtout priver du mérite de servir Dieu, dans les voies parfaites, tant d'âmes qui le cherchent et qui veulent lui appartenir, et que des devoirs impérieux retiennent ailleurs ?

On l'a déjà tenté et réalisé pour les vierges, avec l'approbation du Saint-Siége, pourquoi ne le ferait-on pas pour les veuves ? Pourquoi ne ressusciterait-on pas, sous une forme appropriée aux temps présents, l'ordre antique des Veuves tel que le régla saint Paul ?

Je cherche vainement une objection à cette pensée ; je n'en trouve point et j'y trouve, au contraire, des avantages sans nombre pour les âmes, et peut-être le seul moyen pratique pour l'Église de sauver dans un avenir prochain ses œuvres les plus chères.

Déjà, je le sais, quelque chose de semblable a été tenté dans notre France, tentative héroïque par le zèle de celles qui l'ont entreprise et par les sacrifices qu'elles s'imposent [1]. Certes, une œuvre semblable a sa place, et sa place d'honneur dans le dessein général du rétablissement de l'ancienne discipline de l'Église, mais elle ne peut être qu'une exception, proposée seulement à celles qui en sentent l'attrait et qui ont la facilité de le suivre.

1. L'œuvre des *Dames du Calvaire*, fondée à Lyon et établie à Paris et dans quelques autres villes.

Je voudrais, pour ma part, que toutes les veuves chrétiennes qui veulent se consacrer à Dieu puissent le faire sans sortir, si elles ne le veulent pas, de leur genre extérieur de vie, sans cesser d'élever et de diriger leurs enfants, sans quitter leurs familles, trouvant seulement, dans une organisation simple et pratique, la direction dont elles ont besoin et donnant à l'accomplissement de leurs œuvres de mères, de filles, de sœurs, le mérite de leurs vœux.

Lorsque le grand saint Vincent de Paul, en fondant l'ordre des Filles de la Charité, commença, à proprement parler, le rétablissement de l'ancien ordre des Vierges, tel que l'avait connu l'Église aux premiers siècles, comprenant avec la sagesse consommée qui s'unissait chez lui à une charité si ardente et si ingénieuse, comprenant dis-je, qu'à des besoins et à des temps nouveaux, il fallait des règles nouvelles, il ne voulait leur donner, suivant ses belles paroles : « d'autres monastères que les maisons des pauvres, d'autres » cloîtres que les rues des villes et les salles des hôpitaux, d'autre » doctrine que l'obéissance, d'autre voile qu'une sainte modestie. » Je voudrais aujourd'hui des règles semblables pour les veuves consacrées à Dieu, et c'est au doux saint François de Sales, que je les demanderais.

« La nécessité et la simplicité, dit-il en parlant des veuves chrétiennes, sont les deux ornements de leurs habits, l'humilité et la charité les deux ornements de leurs actions, l'honnêteté et la débonnaireté les deux ornements de leur langage, la modestie et la pudicité l'ornement de leurs yeux, et Jésus-Christ crucifié l'unique amour de leur cœur. »

Sans doute, comme je l'ai dit, il faut une organisation et une règle à l'ordre des Veuves, mais je les voudrais aussi simples et aussi larges que possible, permettant à celles qui le voudraient de se réunir et de vivre en commun, pour diriger et soutenir les autres, permettant à celles qui devraient continuer leur genre ordinaire de vie, de le garder en tout, ne leur imposant que de sanctifier leurs actions par la pureté de leurs vues, par l'exercice de la charité et la pratique des œuvres qu'elles pourraient accomplir et surtout par les saintes obligations et le mérite surnaturel de leurs vœux; car, comme le dit encore saint François de Sales, « le vœu ne donne pas seulement à Dieu les œuvres qui sont les

» fruits de notre bonne volonté, mais encore la volonté mesme qui
» est comme l'arbre de nos actions. »

Telles sont, Madame et très-chère fille, les pensées que vous
trouverez rappelées dans les lettres que je vous envoie. Puissent-
elles contribuer à faire éclairer sur la voie qu'elles pourraient
suivre tant d'âmes qui la cherchent au milieu du monde, comme
vous la cherchiez vous-même après avoir perdu celui qui résumait
tous les devoirs et toutes les affections de votre vie, et les conduire
à l'époux divin, qui seul peut remplir et consoler leur cœur.

Sans doute, je n'ai pas tout dit et il pourra rester encore des
points obscurs ou incomplets dans mes lettres, mais je serai heureux de répondre aux questions et aux doutes de celles qui voudraient s'adresser directement à moi, et de leur faire connaître les
moyens pratiques de suivre l'appel de Dieu, s'il se fait entendre à
leur cœur.

Croyez, Madame et très-chère fille, aux sentiments paternels
avec lesquels je reste, en Notre-Seigneur, votre humble et obéis-
sant serviteur,

† CHARLES,
Archevêque d'Alger.

LETTRE PREMIÈRE

CONSOLATIONS.

Madame et très-chère fille,

J'ai tardé, longtemps peut-être, à vous dire la part que je
prends à votre douleur. Après ce coup de foudre qui venait de vous
atteindre, j'ai pensé qu'il n'y avait pas encore de place pour mes
paroles. Il fallait laisser tomber les flots de cette tempête qui vous
submergeaient dans leur amertume et attendre le moment où
votre pauvre âme désemparée pourrait, sans sombrer, supporter
la main du pilote. Dieu seul, je le sais par expérience, ramène
peu à peu le calme dans les cœurs, après de si terribles coups,
et pour le ramener il se sert surtout, avec sa grâce, du silence et
du temps.

J'ai donc respecté son œuvre afin de ne pas substituer ma voix à la sienne, et vous nuire ainsi au lieu de vous servir, car quoique ce soit en son nom que je vous parle, que peut ma faible voix auprès de la sienne. Et maintenant qu'il vous a parlé lui-même, durant ces longues heures où vous étiez anéantie à ses pieds, je viens à mon tour, mêler, de loin, mes paroles et mes larmes aux vôtres.

Je sais tout ce que vous avez perdu. Je le connaissais cet homme excellent qui faisait la joie et l'honneur de votre vie. Je connaissais la noblesse de son caractère, la tendresse de son cœur, et sa foi vive et sa vertu, et ce qu'il avait fait déjà pour servir, comme vous, les plus saintes causes et ce qu'il espérait de faire encore. Je savais la joie et la paix qui régnaient avec lui dans votre demeure. Quand il y était présent tout semblait vivre d'une vie nouvelle, quand le devoir vous l'enlevait, vous disiez il va venir, et vous lui prépariez, pour le retour, ces fêtes de la famille dont vos enfants faisaient les frais avec vous et qui faisaient briller dans ses yeux ces larmes heureuses qui étaient votre joie. Hélas! tout ce bonheur s'est évanoui. Il ne recevra plus les marques de votre tendresse, vos enfants n'auront plus ses caresses paternelles, et quand les tout petits, inconscients encore de la perte qu'ils ont faite d'un si bon père, vous demandent; où est-il? vous ne leur répondez plus que par vos larmes!...

Je sais tout cela, ma chère fille, et à Dieu ne plaise que je nie l'excès de votre malheur. Tout s'y réunit à la fois, et votre vie brisée, et votre précoce veuvage, et votre inexpérience des affaires, et l'éducation de vos enfants rendue plus difficile, et l'incertitude de l'avenir, et le vide affreux de votre cœur, et les lieux mêmes que vous aimiez avec lui, sur lesquels semblent s'étendre depuis qu'il n'y est plus, les ombres du tombeau.

Humainement parlant, je n'y vois point de remède, mais c'est pour cela même, que je veux aujourd'hui élever votre cœur au-dessus de la terre, dégager pour vous la lumière divine qui vous cherche au milieu des ténèbres de votre douleur, puisque la femme est brisée, parler à la chrétienne, dont je connais la foi généreuse et lui dire comment elle peut, comment elle doit reprendre son courage, se relever sur ces ruines et se tenir debout, sur le Calvaire, au pied de la croix.

Et d'abord, ma chère fille, ce n'est pas sur celui que vous avez perdu que vous pouvez pleurer si vous le voyez des yeux de la foi.

S'il eût, comme tant d'autres dans nos tristes temps, vécu dans l'indifférence, dans l'impiété, dans la corruption, vous auriez dû selon l'énergique parole d'un Père le pleurer non-seulement mort mais vivant; mais n'ayant jamais eu d'autres pensées que celles du devoir, ayant couronné par une mort chrétienne toute une vie d'honneur et de vertu, il faut l'estimer heureux non-seulement vivant mais mort.

Pour moi, en me rappelant les derniers moment de sa vie, alors qu'avec tant de calme, de patience, de courage il voyait venir la mort, en me rappelant ces prières pleines de foi au milieu de tant de souffrances, et ces bénédictions qu'il demandait à l'Église, et ce respect touchant avec lequel ses lèvres glacées pressaient la croix de Jésus-Christ, et ces sentiments qu'il fit paraître en recevant son Dieu; en me rappelant son courage dans le suprême sacrifice, sa résignation pour lui-même, qui ne lui laissait de préoccupations que pour votre douleur et celle des siens, je ne puis que redire de lui les paroles de nos Saints Livres : «Heureux les morts qui meurent dans le Seigneur ! »

Comment pleurer sur lui, lorsque nous le savons au sein de l'éternel bonheur ! Est-ce qu'il n'a pas au ciel plus de paix, plus de gloire, plus de lumière qu'il n'en eût jamais pu trouver ici-bas? n'y règne-t-il pas auprès du maître qu'il a servi, dont il a reçu le pardon, dans les bras duquel il est mort. Que désirent si ardemment tous les saints, qu'a désiré saint Paul, le grand apôtre, sinon ce qu'a obtenu maintenant celui que vous aimiez : «*mourir et être avec Jésus-Christ !* »

«*Ne vous affligez donc pas, comme ceux qui n'ont point d'espérance,* » parce que la foi n'est pas dans leurs cœurs; pour vous, vous savez que «*l'œil de l'homme n'a jamais vu, son oreille n'a jamais entendu, son cœur n'a jamais ressenti un bonheur semblable à celui que Dieu donne à ceux qui le craignent.* »

Et ne dites pas; il est mort trop tôt! Pour vous, sans doute, sa mort a été prématurée, mais elle ne l'a pas été pour lui. Il n'est jamais trop tôt d'entrer dans des joies que rien ne peut plus ravir. Nous chantons, dans nos saints offices, le bonheur des enfants qui y sont appelés sans même avoir traversé les combats de la vie ; à proportion, cela est vrai de tous ceux qui les obtiennent. Plus tôt le temps de l'épreuve est écoulé pour eux, plus nous devons les féliciter de leur bonheur ; non-seulement ils sont heureux mais ils ont échappé aux périls où ils auraient pu comme tant d'autres faire un triste naufrage. « Il a été enlevé, disent nos Saints Livres de peur que le mal ne changeât son cœur. » C'est donc un dessein de miséricorde et de bonté de la part de Dieu, que de prendre les âmes pures, et de ne pas les laisser exposées à des entraînements trompeurs.

O femme de peu de foi, si pendant qu'il vivait on fût venu vous dire : il va partir, il va rester durant de longues années peut-être, loin de vous au milieu des fatigues et de périls, mais il vous reviendra plein de gloire, portant un nom immortel, associé à la souveraine puissance, vous l'auriez estimé heureux et vous vous seriez regardée vous-même comme la plus heureuse des femmes. Son absence vous eût semblé douce dans l'espoir d'un si beau retour, et cependant il ne serait revenu que pour perdre un jour par la mort, cette gloire et cette puissance ! Et maintenant que vous êtes séparée de lui pour quelques jours qui vont passer si vite, et que la gloire et le bonheur où il est, au lieu d'être périssables comme ceux de la terre, lui sont assurés pour l'éternité, vous le pleureriez et vous plaindriez son sort !

Mais ce n'est pas sur lui que vous pleurez seulement, c'est sur vous-même. Vous pleurez son amour perdu, vous pleurez la force et l'honneur que vous donnait sa présence, vous pleurez l'appui que votre âme trouvait dans la sienne, vous pleurez cette voix que n'entend plus votre oreille, ces regards que cherchent vainement vos yeux. Vous ne pouvez vous dire que tout cela n'est plus sans qu'un noir nuage chargé de vos larmes n'obscurcisse votre âme désolée. « Ne m'appelez plus Noémi, c'est-à-dire heureuse, dites-vous comme cette veuve de l'Écriture, appelez-moi Mara, car mon âme est remplie d'amertume, mon cœur surabondait de joie et maintenant il est vide. Pourquoi nommez-vous Noémi, celle que le Seigneur a affligée ? »

Mais celle qui parlait ainsi vivait dans les ténèbres de Moab, elle ne connaissait pas comme vous les lumières et les promesses de la foi véritable.

Il vit celui que vous pleurez. Il vous voit, il vous aime, il vous attend. Vous le retrouverez un jour, brillant non plus de la beauté de la terre mais de ces splendeurs divines qui se reflètent dans les saints. Cela ne dépend que de vous. Il ne faut pour le rejoindre, pensée pleine de consolation et de douceur, qu'unir dès maintenant votre amour au sien, c'est-à-dire aimer celui qu'il aime, servir celui qui lui a pardonné, être fidèle à celui qui le couronne de gloire. A cette condition vous êtes sûre de lui plaire, sûre de le revoir, sûre de ne plus le perdre et de vous aimer toujours non pas de l'amour fragile de la terre, mais comme s'aiment les anges du ciel.

Et cette réunion n'en avez-vous pas eu le gage avant même de vous séparer de lui !

Combien d'autres ont vu leurs époux s'éloigner d'elles pour quelques moments en apparence, qui ne les ont pas vus revenir. Au lieu de ceux qui les attendaient, elles ont reçu de quelque champ de bataille une nouvelle courte et brutale : Il est mort ! Et elles n'ont su ni qui avait reçu leur dernier soupir, ni où reposaient leurs dépouilles, ni quels avaient été les derniers sentiments et le dernier cri de leur cœur. Et vous, vous avez pu l'entourer jusqu'à la fin des témoignages de votre tendresse. Vous avez reçu ses derniers conseils, vous avez entendu sa voix mourante rendre hommage à son Dieu et à toutes les grandes causes qu'il regrettait de ne plus pouvoir servir. Vous avez vu vos enfants s'agenouiller auprès de leur père et ses mains affaiblies se lever une dernière fois pour vous chercher et vous bénir avec eux. Vous avez vu sa mort entourée de ces regrets et de ce respect qui honorent la tombe d'un homme de bien, et cette tombe sacrée, vous veillez pieusement sur elle, vous y pouvez aller à toute heure répandre votre cœur, chercher du courage, renouveler vos espérances.

Ainsi Dieu vous donne-t-il dans votre malheur même les marques les plus tendres de sa bonté. Il l'a promis, du reste, dans ses Ecritures, et l'un des titres qu'il aime le plus souvent à prendre dans le texte sacré est celui de « protecteur de la veuve et de l'orphelin.» Vous connaissez ce beau passage d'Isaïe, si éloquemment interprété par saint Augustin dans ses instructions aux veuves chrétiennes. Relisez-le de temps en temps : il vous donnera confiance et courage en vous rappelant quel est celui qui se substitue, si je l'ose dire, auprès de vos enfants, au père qu'ils ont perdu. « Lorsque vous prierez, dit le prophète parlant au nom de Dieu à son peuple devenu infidèle, lorsque vous prierez, je ne vous écouterai pas ; lorsque vous éleverez vos mains vers moi, j'en détournerai mes regards, car vos mains sont couvertes de sang. » Quelles plus terribles menaces, et quel espoir peut-il rester à ces grands coupables ? Ecoutez ce qui suit et vous jugerez de l'amour de Dieu pour vous : « Mais prenez la défense de la veuve et protégez l'orphelin, et alors venez à moi. Quand même vos péchés auraient la couleur de la pourpre, je laverais vos âmes et je les rendrais blanches comme la neige. »

Vous en avez donc la parole de Dieu même. Il veille, il veillera jusqu'à la fin avec prédilection sur vous et sur vos enfants. Et n'avez-vous pas déjà visiblement reçu les marques de sa bonté paternelle ? Il vous semblait que vous ne pouviez pas survivre au coup qui vous avait frappée, et voici que Dieu a invisiblement soutenu votre faiblesse, pansé lui-même votre plaie cruelle, enlevé leur première amertume à vos larmes et fini par rendre douces celles que vous répandez à ses pieds.

Et maintenant, ma chère fille, que vous reste-t-il à faire, et que puis-je vous souhaiter, sinon d'adorer la main de Dieu qui ne vous a point abandonnée et de lui dire la parole de Job, ce modèle de la résignation et de la souffrance : « Dieu me l'avait donné, il me l'a enlevé ; que son saint nom soit béni ! »

Si vous en venez là, comme je l'espère, vous sentirez bientôt une grande paix et, si je l'ose dire, une grande joie, et vous comprendrez la parole de saint Paul, qui, en parlant des veuves chrétiennes, a pu dire : « Il est mieux pour elles d'être ainsi. »

Sans doute cela n'est pas vrai selon le monde. Le monde estime heureuse la femme devant laquelle s'ouvrent les splendeurs de l'avenir, celle qui s'élève parmi ses rivales, celle dont la grâce, l'esprit, la fortune, les titres, la parure, sont l'objet de l'envie, celle que la flatterie prévient ou accompagne, et tout cela tient à son époux. S'il n'est plus, celle qui recherche ces triomphes ne les obtient qu'en perdant le respect de son nom.

Mais c'est cette nécessité même d'une vie cachée et chrétienne dont l'apôtre vous félicite. Vous y trouverez l'immolation et le sacrifice, mais le sacrifice vaut mieux que les joies trompeuses d'ici-bas. Il vous délivrera de tous ces tyrans indomptés qui règnent sur tant d'âmes, et qui auraient peut-être perdu la vôtre. Il vous rapprochera de Dieu, il vous fera goûter près de lui les seules consolations qui ne passent point. Vous laisserez là pour toujours la vaine gloire des mondaines, et en la laissant vous acquerrez la gloire véritable, celle qui vient de la vertu...

Si du sein de Dieu où il repose, celui que vous avez perdu pouvait se faire entendre à vous, il ne vous tiendrait pas un autre langage. Il vous le tenait déjà au moment de la séparation suprême. Combien ne serait-il pas plus éloquent encore, maintenant qu'il connaît bien mieux le peu qu'est ce monde et la solidité des biens éternels. Son seul désir est que vous le compreniez comme il le comprend lui-même ; son seul bonheur, après celui de posséder Dieu, est de le voir servi et aimé par vous, en union avec lui et par amour pour lui.

Il demande pour vous, ma chère fille, cette faveur suprême. Je la demande avec lui, sachant que là seulement vous trouverez désormais la paix et le bonheur que vous avez perdus !

Croyez, Madame et très-chère fille, etc.

———

II

MISSION DU SAHARA

Ouargla, le 5 mars 1877.

Mon très-révérend Père,

Par suite du départ de l'agha et des caïds pour Laghouat, notre courrier est devenu très-irrégulier, et nous sommes obligés,

pour vous faire parvenir nos lettres, d'attendre qu'il se présente
une caravane, vous comprendrez donc le motif de mon retard. Je
reviens aujourd'hui sur les renseignements que je vous ai transmis
précédemment. Ils m'ont été confirmés de tous points par le neveu du caïd des Chamba. Il se trouvait précisément au milieu des
Hoggar lors de la razzia qu'ils ont opérée sur les *Azguer*, l'année
dernière.

« Je revenais à Ouargla, m'a-t-il dit, en compagnie des princi-
» paux chefs des Hoggar qui voulaient renouer avec le pays des
» Français leurs anciennes relations, quand nous apprîmes le mas-
» sacre des marabouts français. Ils venaient d'être mis à mort
» par des Touaregs Azguer revenus d'Alger, et au nombre des-
» quels se trouvait le fils du cheikh Ikhenonkhen des Azguer. A
» cette nouvelle, les Hoggar tinrent conseil sur place. Ils dé-
» plorèrent l'assassinat de ces *inoffensifs voyageurs* et ajoutè-
» rent : « Les Français vont dire maintenant : Les Touaregs sont
» tous Touaregs, c'est-à-dire assassins ; saisissons désormais ceux
» qui nous tomberont sous la main et ne les lâchons plus. — Si
» donc nous allons à Ouargla ou ailleurs, nous autres Touaregs,
» nous serons pris et exécutés. » — Alors, continua le Chaambi,
» ils résolurent d'attendre des circonstances plus favorables. Ils
» me chargèrent seulement de dire à l'agha Said Ben-Driss toute
» leur répulsion pour le crime commis par les Azguer, et d'écrire
» à Alger pour leur obtenir l'*aman* (sauf-conduit), assurant
» qu'ensuite ils cesseraient de s'approvisionner à In-Salah pour
» venir chez vous. Cette résolution prise, ils retournèrent chez
» eux. — Pour moi, je changeai alors de route pour regagner
» Ouargla, et je revins par In-Salah. Les meurtriers étaient dans
» cette dernière ville. Mais, dès que les Oulad Bou-Jouda apprirent
» mon arrivée, ils se hâtèrent de les envoyer à Inguer, craignant
» que je n'informasse l'autorité française du bon accueil que
» les assassins avaient reçu à In-Salah et que par suite une co-
» lonne française ne vînt les châtier. Aussi, je ne fus pas plus
» tôt entré chez El-Hadj Abd-el-Kader, qu'il me dit, croyant sans
» doute m'en imposer : « Ceux qui ont tué les marabouts français
» sont venus ici, mais nous les avons chassés parce que nous
» n'aimions pas ceux qui tuent les Français. »

» Il s'imaginait que je me ferais l'écho de ses paroles auprès de
» l'agha. Mais moi qui savais la fourberie, je ne lui répondis que
» par des paroles évasives. Je savais de plus que les gens d'In-Sa-
» lah (d'une lâcheté proverbiale chez les Touaregs) avaient déjà
» fait partir pour le Sahara, tout ce qu'ils avaient de précieux,
» dans la crainte de l'arrivée d'une colonne française. Je repartis
» ensuite, et quelques jours après mon départ, les Touaregs assas-
» sins rentraient à In-Salah où ils sont depuis en considération,
» mais ils ne peuvent plus retourner au milieu des Touaregs, qui
» les feraient mourir certainement.

« J'ai laissé, continue le Chaambi, deux de mes chameaux aux
» Touaregs en gage de mon retour et je dois aller leur porter la
» réponse donnée à la démarche que j'ai faite pour eux auprès
» de l'agha. Mais je ne sais pas encore comment je pourrais tenir
» ma promesse, car l'agha Saïd ne m'a encore rien dit. Si donc
» tu voulais, toi, te charger de demander l'*aman* aux chefs Hoggar
» et si tu l'obtenais du gouvernement, nous irions ensemble por-
» ter cet *aman* aux chefs Hoggar et certainement ils reviendraient
» avec nous, pour lier avec le pays français des relations qu'ils
» désirent sincèrement. Fais cela, tu le peux facilement, et tu ren-
» dras grand service aux Hoggar et aux Français. Tu seras bien
» reçu des Touaregs en leur apportant l'autorisation de venir faire
» commerce en pays français. »

Voilà textuellement, mon très-révérend Père, la conversation
du Chaambi; voyez s'il y a lieu d'en tirer profit, et de faire des
démarches dans ce sens. Je serai toujours prêt à exécuter vos
ordres à ce sujet.

Je me propose d'ici à quelques jours de parcourir, en compagnie de ce neveu du caïd, les différents campements des Chaamba.

Nous donnons en ce moment beaucoup de remèdes : c'est un
va et vient continuel de malades qui réclament nos soins. Fréquemment aussi on vient nous chercher pour en visiter à domicile.
La classe continue à se faire régulièrement ainsi que tous les exercices prescrits par la règle.

A tous les moments libres, je me donne à l'étude de la langue des
Touaregs, dont j'apprends au minimum vingt mots chaque jour.

C'est un dialecte berbère qui se rapproche du zenatia de Ouargla et du M'zab. Avec l'aide de Dieu et de la persévérance, j'espère arriver à la parler bientôt couramment.

Nous attendons le nouvel agha. On dit que c'est un homme de mérite et qu'il a à cœur le bien de ses administrés. Les indigènes avaient demandé pour moi ce titre d'agha, comme vous savez. Tout en admirant leur simplicité, je n'ai pas été fâché de cette démarche, car enfin c'est une preuve d'estime et de sympathie de la part de la population d'Ouargla pour les missionnaires.

J'ai racheté de l'esclavage, dans une de mes dernières excursions, deux petits négrillons, le frère et la sœur. Tous deux sont fort jeunes et paraissent à peine avoir six à sept ans. Bien que jusqu'ici on ne se soit occupé que du rachat des petits garçons, j'ai cru devoir, d'accord avec mes confrères, procurer le même bienfait de la liberté à cette petite fille. Ces deux pauvres enfants ne pouvaient être séparés. Nés à Bambara, près de Timbouctou, ils ont été pris par des gens de Tombo qui ont saccagé leur pays, égorgé leur père et vendu leur mère à In-Salah. Ils ne savent pas l'arabe. Le petit négrillon, nous le gardons pour l'élever et aussi comme encouragement pour les autres enfants de notre école. Quant à la petite négresse je viens de l'envoyer à Biskra où les Sœurs se feront un bonheur de lui donner leurs soins dévoués. Je crois que vous n'auriez pas hésité à ma place, et je suis persuadé que vous vous réjouirez comme nous de cette nouvelle délivrance [1]. Tous deux me paraissent bien intelligents : le bon Dieu d'ailleurs se chargera de les perfectionner et de compléter sous la douce influence de la grâce, la transformation qui s'opérera en eux par l'effet de l'éducation chrétienne.

Veuillez agréer, etc.

L. RICHARD,
Missionnaire d'Afrique.

---

1. Ces deux enfants sont les quatorzième et quinzième esclaves rachetés par la mission.

III

LES MONTAGNES DE L'AURÈS

Biskra, le 1er mars 1877.

Mon très-révérend Père,

Dans ma dernière lettre, je vous annonçais mon départ pour les Aurès. Malgré le mauvais temps, j'ai pu faire ce voyage assez rapidement et être de retour à Biskra en cinq jours. Le froid, la pluie et la neige auxquels je ne suis plus guère habitué m'ont empêché de prolonger mon séjour dans ces montagnes autant que je l'aurais voulu. Je n'avais pas vu de glace depuis mon départ de France et j'en ai retrouvé avec surprise dans la rivière qui passe près de Tekout, au pied du Djebel R'asira et du Djebel Bené-Bou-Sluman qui font partie du massif de l'Aurès et cela en plein Sahara.

Le *Djebel Aurès*, l'*Aurasius* des Latins, célèbre dans l'histoire de l'Algérie, a au moins un million d'hectares de superficie. Il s'élève près de Batna, à environ 110 kilomètres de Constantine, entre les oasis des Zibans et les Hauts-Plateaux. La partie du massif qui avoisine Batna est couverte de magnifiques forêts de cèdres. Pics déchirés, sommets majestueux, gorges pittoresques et d'une effrayante profondeur, sites grandioses, neiges éternelles, tout contribue à faire de l'Aurès un des plus beaux massifs montagneux du nord de l'Afrique. Cette région est habitée par des Kabyles dits *Chaouïas* et des Arabes berbérisants. On y parle un dialecte berbère analogue, quoique bien distinct, de celui qui est usité dans la grande Kabylie. A la base de l'Aurès, du côté du Sahara, commencent les splendides plantations de palmiers des Zibans.

En suivant la rivière le long de laquelle les villages sont bâtis, j'ai vu divers beaux emplacements pour la fondation d'un poste, mais l'endroit qui m'a le plus frappé, ce sont les trois villages des Oulad Abed, des Oulad Iddir et des Oulad Ben-Accas, placés sur trois mamelons assez rapprochés. Ces villages sont assez importants. Avant d'y arriver on en rencontre trois ou quatre que l'on pourrait visiter facilement en tournée. A quelque distance plus loin se trouve encore un gros village appelé Tilfalfal. Les trois villages mentionnés plus haut et désignés sous le nom d'El-Aarich renferment de nombreuses ruines romaines. J'y ai vu des tronçons de colonnes mesurant près de deux mètres. Dans la construction des maisons kabyles, beaucoup de pierres ont été empruntées aux ruines. A quelques minutes du village on montre l'emplacement d'une maison dont on ne retrouve presque plus rien et que les kabyles appellent *dar-er-roumia* (maison de la Chrétienne). Ailleurs, sur un très-bel emplacement, on voit à fleur de terre les murs d'enceinte d'un ancien marché romain. Il n'y a rien de surprenant que les Romains aient habité et couvert d'établissements cette belle contrée qui est assez à proximité de Lambesse; pour aller de cette dernière ville à Takout, résidence du caïd, il ne faut qu'une journée de voyage à mulet en passant par la montagne. A mon arrivée, les malades se pressaient en foule autour de moi : j'ai distribué les médicaments que j'avais apportés et épuisé ma provision de quinine et de sulfate de zinc.

Les Chaouïas m'ont promis, maintenant qu'ils me connaissent, de venir nous demander nos remèdes et nos soins lorsqu'ils viennent à Biskra, en attendant qu'il nous soit possible de résider à poste fixe chez eux. Le caïd de Takout m'a proposé, lorsque je retournerais le voir à la belle saison, de m'accompagner et de me faire visiter en détail la plus grande partie de l'Aurès. En attendant, je ne négligerai aucune occasion d'entretenir de bons rapports avec ces sympathiques et intéressantes populations. Daigne la Divine Providence nous envoyer de nombreux ouvriers apostoliques pour nous permettre de fonder bientôt chez elles des établissements aussi nombreux et prospères que ceux que nous avons déjà dans la Grande Kabylie.

Agréez, etc.

P. LABARDIN,
Missionnaire d'Afrique, à Biskra.

IV

LETTRE D'UN ORPHELIN ARABE

Nos bienfaiteurs seront heureux de lire la lettre suivante d'un de nos orphelins du petit noviciat de Notre-Dame d'Afrique, près Alger, à trois de ses condisciples plus avancés en âge, qui sont entrés cette année au Noviciat de la Mission à la Maison-Carrée. Nous avons pensé qu'ils pourraient ainsi se rendre compte plus facilement du travail qui s'est opéré dans l'esprit et le cœur de leurs protégés.

« Mes chers Amis,

» Bien que depuis plusieurs mois déjà, vous nous ayez quittés pour aller à la Maison-Carrée où vous vous préparez à l'apostolat au milieu de nos pauvres frères égarés, nous croyons cependant vous faire plaisir en vous envoyant le récit d'une charmante petite cérémonie qui vient d'avoir lieu à notre communauté de Notre-Dame d'Afrique, et qui a été pour nous tous un sujet de douce consolation.

» Depuis longtemps, vous le savez, dans nos moments de loisir nous cultivions un petit jardin derrière notre chapelle ; déjà des fleurs de toute espèce y croissaient en abondance : le lilas, la rose, la violette, embaumaient l'air de leur suave odeur, l'eucalyptus, si faible d'abord, élevait majestueusement la tête vers le ciel et nous fournissait un précieux ombrage ; c'était vraiment pour nous un autre petit paradis terrestre, et le plus grand peintre, après toutes ses peines, eût été moins fier de son tableau. Mais cela ne suffisait pas à des cœurs de futurs missionnaires, il manquait quelque chose à notre ouvrage qui devait nous le rendre plus cher encore, nous voulions faire un bon usage de nos belles fleurs. Et d'ailleurs en allant à la Maison-Carrée nous avions été maintes fois touchés à la vue des missionnaires qui viennent au commencement de leurs récréations s'agenouiller au pied d'une magnifique statue de la sainte Vierge, et lui offrir les quelques instants de délassement qui succèdent à leurs rudes labeurs de la journée.

» Nous fûmes bientôt animés d'une sainte jalousie. Pourquoi, disions-nous en nous-mêmes, ne pas les imiter ? Nous avons plus

qu'eux besoin de la protection de Marie ; chrétiens d'hier, des grâces plus abondantes nous sont nécessaires ; il faut que Marie nous
donne un peu de cet amour ardent qu'elle a pour les âmes afin que,
nous aussi, nous allions annoncer la bonne nouvelle de l'Évangile que nos malheureux frères ignorent encore. Nous voulions
donc avoir aussi notre image de la bonne Mère, qui serait maîtresse de notre parterre aussi bien que de nos cœurs. Un de nos
Pères ayant reçu dernièrement une belle petite statue de la Sainte-
Vierge eut la générosité de nous en faire cadeau.

» Tout joyeux nous nous mettons aussitôt à construire avec
des roseaux et quelques planches le modeste toit qui doit abriter
la Reine des anges. Laissant de côté tout ce qui est de l'art nous
empruntons à la nature ses ornements ; quelques fleurs, un peu
de mousse et de verdure, quelques branches de lierre, voilà toute
la décoration de notre chapelle rustique. C'était bien pauvre, mais
nous nous consolions en pensant à la pauvre étable de Bethléem ;
et puis, disions-nous, Marie est une excellente Mère qui tient
compte de la bonne volonté ! Grâce à nos soins, l'œuvre est bientôt achevée et nous n'attendions plus que le jour où notre Reine
viendrait prendre possession de son parterre. Cet heureux instant
est fixé au 31 mai, après la récréation du soir. On voulait consacrer à Marie les dernières heures du dernier jour de son mois, et
puis, le soir est le moment le plus propice pour la prière ; le calme
de la nuit, ces myriades d'étoiles qui scintillent au ciel, la fraîcheur qui succède aux ardeurs d'un soleil brûlant, le doux murmure des vents, qui font tressaillir le feuillage et semblent en tirer
des chants merveilleux, tout s'unit pour porter la pensée vers les
choses surnaturelles.

» Oh ! comme je me rappelle encore ces moments de mon enfance, où sous le charme des belles nuits du désert, je m'écartais
un peu des tentes de mes parents et pendant que les nombreux
troupeaux de chameaux et de moutons paissaient librement, j'allais m'asseoir près d'un palmier, et là laissant libre cours à mon
imagination enfantine, il me semblait voguer vers des régions
inconnues, vers des cieux plus beaux encore que ceux qui me ravis-
saient d'admiration. Oh ! sans doute sans l'intercession de la sainte
Vierge, le souffle impur du mahométisme eût bientôt desséché ces

nobles aspirations du cœur qui révèlent à l'homme l'existence d'un bonheur spirituel bien au-dessus de toutes les jouissances terrestres. Ce ciel dont j'entrevois maintenant la magnificence aux sublimes clartés de la religion chrétienne, il me semble qu'après Dieu c'est à Marie que je le devrai. Aussi est-ce avec une véritable allégresse que je contribue de tout mon possible à ce qui peut faire honorer la Sainte-Vierge. Oui, la bénédiction d'une de ses statues était pour nous tous un grand sujet de joie.

» Déjà nous étions rassemblés autour de cette bonne Mère quand tout à coup nous craignîmes de voir notre petite fête manquée. En effet, ce qui pourrait peut-être paraître étrange en d'autres pays qu'en Afrique, le ciel, quelques minutes auparavant si calme et si serein, venait en un moment de se couvrir de nuages, de rapides éclairs illuminaient les sommets des monts Bouzaréa et annonçaient un orage prochain. Mais la Reine du ciel veillait sur ses enfants. Malgré l'orage menaçant on commença et le T. R. P. Deguerry, qui par une heureuse coïncidence était venu ce jour-là à Notre-Dame d'Afrique, bénit l'image vénérée de notre bien-aimée Mère. Aussitôt un des Pères entonne le *Salam nedj-mat el bahar*, (*Ave, maris stella*), et tous nous continuons avec l'entrain dont nous sommes capables. Parfois le tonnerre se mêlant à nos voix célébrait lui aussi à sa manière les grandeurs de la Reine du ciel, et de temps en temps on apercevait à la lueur des éclairs la blanche statue de la bonne Mère qui semblait sourire à ses enfants.

» Trois petits nègres arrivés récemment de Tombouctou s'étaient agenouillés tout auprès de la petite hutte de roseaux. Ils étaient là immobiles d'étonnement et semblables à des statues de bronze, le regard fixé sur l'image de la mère de Dieu. Le plus jeune regardait, les larmes aux yeux, le petit Jésus que la Sainte-Vierge tenait entre les bras, et semblait envier le bonheur du divin Enfant reposant doucement sur le sein d'une mère. Pauvres petits ! une main cruelle les avait arrachés aux embrassements maternels pour les rendre esclaves ; mais ils allaient retrouver en Marie une mère puissante qui, elle, ne les abandonnera jamais, et qui leur obtiendra de son divin Fils la liberté bien autrement précieuse de l'âme.

» Le chant était terminé; déjà la pluie commençait à tomber. Cependant nous ne voulûmes pas nous retirer avant d'avoir prié pour la conversion de nos pauvres frères encore assis à l'ombre de la mort. Aussi est-ce du plus profond de notre cœur que nous avons récité la belle prière composée par les soins de Mgr l'archevêque d'Alger, pour demander à Notre-Dame d'Afrique la conversion des musulmans et des autres infidèles d'Afrique.

« Notre-Dame d'Afrique, vous dont le cœur maternel et immaculé est si plein de miséricorde et de compassion, soyez touchée de la profonde misère des musulmans et des autres infidèles de l'Afrique. Souvenez-vous que les âmes de ces pauvres infidèles sont l'ouvrage des mains de votre divin Fils, et qu'elles ont l'honneur d'avoir été créées à son image et rachetées au prix de son précieux sang.

» Ne souffrez pas, ô Mère de miséricorde, que ces misérables et infortunées créatures, qui sont toujours aussi vos enfants adoptifs, continuent à tomber en enfer, au mépris des mérites de Jésus-Christ et de la très-cruelle mort qu'il a soufferte pour leur salut.

» Obtenez-leur la connaissance de notre sainte religion, la grâce de l'embrasser et de la pratiquer fidèlement. Et puisque vous êtes la dame et la souveraine de l'Afrique, ô Reine des Apôtres, daignez vous choisir et envoyer dans ces régions abandonnées des légions de saints missionnaires pour en faire la conquête, les arracher à Satan et les amener dans le bercail de la sainte Eglise, afin que nous soyons tous réunis par la même foi, la même espérance et par le même amour dans votre cœur sans tache et dans le cœur adorable de votre divin Fils, Notre-Seigneur Jésus-Christ, crucifié et mort pour le salut de tous les hommes, et qui, ressuscité plein de gloire, règne en l'unité du Père et du Saint-Esprit dans les siècles des siècles. Ainsi soit-il.

» O Notre-Dame d'Afrique, priez pour les musulmans et les autres infidèles de l'Afrique.

» Notre-Dame d'Afrique, priez pour nous et pour les bienfaiteurs de la Mission [1]. »

1. Ceux de nos pieux lecteurs qui désireraient posséder cette prière pour la réciter et la répandre, peuvent la demander au Père supérieur de N.-D. d'Afrique (près Alger).

» Cette prière à peine achevée, l'orage éclate dans toute sa force ; les enfants se retirent à la chapelle, pénétrés des plus salutaires impressions, non sans une certaine inquiétude que l'orage ne vînt à renverser le faible toit de roseau. Mais notre bonne Mère sait, quand elle le veut, se faire respecter. Le lendemain, les craintes furent dissipées à la vue de notre statue bien-aimée apparaissant toute radieuse et tenant à la main une belle rose rouge encore humide de rosée, qu'elle semblait offrir à ses enfants comme un gage de cette autre rose empourprée du martyre que nous serons peut-être appelés à cueillir un jour sur le champ de notre apostolat.

» Puisse Marie nous obtenir cette grâce à vous et à moi.

» Frédéric MOHAMED-BEN-HAMED. »

<hr>

V

LA KABYLIE

IV. — LES KABYLES ONT-ILS JAMAIS ÉTÉ CHRÉTIENS ? — COUP D'ŒIL SUR LEUR HISTOIRE RELIGIEUSE (*suite*).

Il y a plus. Est-il bien sûr que la conversion de nos Berbères n'ait pas devancé celle de la puissance romaine[1] ? Est-il bien sûr que la question religieuse, la grande question de tous les temps, ne fût pour rien dans cette révolte des Quinquegentiens qui en 297 et 298 contraignit Maximien-Hercule à commettre son auguste majesté avec ces vils barbares ? Un érudit de notre nouvelle Afrique, M. Berbrugger, mort maintenant, n'est pas éloigné de croire[2] que cette prise d'armes n'était autre chose que la réplique indignée faite par la foi chrétienne, non moins que par le bon sens et la fierté indépendante des Africains, à la prétention qu'af-

---

1. Fait en tous cas remarquable, les premières victimes qui donnèrent leur sang en Afrique pour le nom de Jésus-Christ étaient des indigènes : l'*archimartyr* saint Namphanio ou Namphamo et ses compagnons ; le martyrologe romain fête leur mémoire sous le nom de *Martyrs de Madore,* le quatrième jour de juillet.

2. Voyez la *Revue africaine,* mai 1865.

fichait le César demi-dieu de se faire adorer. Il appuie sa conjecture sur la coïncidence de cette sédition avec le martyre du centurion Marcel, mis à mort dans cette même année 298, à Tingis (Tanger) pour avoir refusé l'encens à Maximien[1]. Il faut avouer cependant que l'indice est bien vague.

Ce qui est plus certain, c'est qu'au quatrième siècle les populations du mont de Fer avaient abandonné le paganisme. On se rappelle peut-être ce Firmus, enfant du pays, un moment son maître, que nous avons vu, de 373 à 375, personnifier dans ces montagnes et dans toute la contrée l'insurrection indigène contre la domination de Rome : Firmus était chrétien; triste chrétien, hélas! puisqu'il avait entraîné ses partisans dans la secte farouche des donatistes[2]. Voulait-il par là attiser encore le feu de la lutte nationale en y jetant le feu de la discorde religieuse? C'est probable. Le fait est que, mauvais chrétiens ou non, ni lui ni les siens n'étaient païens, et parmi les siens nous savons qu'il faut compter les tribus *montagnardes* par excellence, les *Jubaleni*, les Zouaoua de nos jours. Des évêques lui tendent la main et implorent sa grâce auprès de Théodose, et, à une époque, la faction de Firmus représente si notoirement la secte des donatistes, que ses hérétiques sont désignés sous le nom de *firmianistes* ou *firmiens* (*Firmiani*)[3].

Ces malheureuses peuplades rentrèrent-elles bientôt dans le giron de l'Église? L'histoire ne le dit pas. On aurait presque le droit de l'espérer en voyant les exemples donnés par la famille de celui qui avait été le boute-feu de la révolte et du schisme. Tandis que Gildon, l'un des nombreux frères de Firmus, persévérait seul dans l'idolâtrie, sa sœur prenait le voile; sa femme et sa fille laissaient la réputation d'une rare piété. Masiézel lui-même, un autre frère du rebelle, était ouvertement un chrétien orthodoxe

1. *Histoire du Maroc*, par M. l'abbé Léon Godard, t. I, p. 259.

2. Ammien Marcellin, XXIX, 5 : — Aurel. Vict., *Epit.* 45; — Zos., IV, 16; — S. Aug., *Epit.*, LXXXVII (édit. Poujoulat).

3. Amm. Marc., *loc. cit.* — Une des confédérations, située sur les parties les plus inabordables du Jurjura, porte le nom de *Aït-Batroun* (les fils de Pierre). Serait-ce pour être restée fidèle, lors de la défection firmianiste, à la foi de Rome et de saint Pierre?

et de bon aloi. Rallié aux Romains et chargé par eux d'aller apaiser ses compatriotes toujours ameutés, il demande qu'on aide son expédition par des prières; il amène de Toscane les premiers moines qu'on ait vus en Afrique; toute la nuit qui précède la bataille, il la passe à prier, et vainqueur d'une multitude innombrable avec une poignée d'hommes, il fait remonter à Dieu et à la protection de saint Ambroise tout l'honneur du succès[1]. Au surplus, lorsque Firmus succombait, le jour béni de Dieu et des hommes n'était plus éloigné, où saint Augustin allait devenir le grand athlète de l'Église africaine et pulvériser sous ses coups le donatisme aux abois. Il est à croire que pour les Jurjuriens égarés ce fut la fin du schisme et de l'hérésie, rien n'indiquant que Genséric ait mieux réussi à leur imposer son arianisme que sa tyrannie politique. Ce n'est point à dire que ce fût un peuple de saints. Que plus d'un vieux Kabyle soit toujours resté païen, que plus d'un chrétien fût un peu païen dans l'âme, je le crois. Outre que le christianisme devait avoir quelque peine à infuser la plénitude de sa séve dans un tel sang, nous ne connaissons que trop les crimes qui attirèrent sur l'Afrique le châtiment suprême de l'invasion étrangère, et quelle invasion! Les Vandales d'abord, puis les Arabes! Mais que ce peuple fût encore, en bloc, païen à l'extérieur, au septième siècle, non! Suivant toutes les probabilités (c'est tout ce que nous donne ici l'histoire), lorsque l'islamisme survint avec la prétention d'occuper ces montagnes, il trouva la croix, non Astarté, pour lui barrer le passage.

Les auteurs arabes attestent le fait sans trop de façons. Le plus accrédité d'entre eux, si toutefois il en est un seul qui mérite plein crédit, Ibn Khaldoun, dit formellement que si la religion des Berbères, comme celle de toutes les grandes nations de l'Orient et de l'Occident fut d'abord le paganisme, cependant sous l'influence des Romains, ils acceptèrent la religion chrétienne[2]. Puis, venant à décrire le caractère moral de cette race, il trace ce

1. Claudien. — Zozime.

2. *Histoire des Berbères*, traduction de l'arabe par M. le baron de Slane (Alger, 1852, t. I, p. 206, 207 et suivantes). Koceïla, ce chef berbère qui dirigea les premières résistances nationales contre l'invasion arabe, était chrétien, et, si sa foi faiblit un moment, elle reparut ensuite dans la lutte.

tableau : « Citons, dit-il, les vertus qui étaient devenues pour les Berbères une seconde nature : leur empressement à s'acqué-rir des qualités louables, la noblesse d'âme qui les porta au premier rang parmi les nations, les actions par lesquelles ils méritèrent les louanges de l'univers : bravoure et promptitude à défendre leurs hôtes et leurs clients; fidélité aux promesses, aux engagements et aux traités; patience dans l'adversité, fermeté dans les grandes afflictions, douceur de caractère, indulgence pour les défauts d'autrui, éloignement pour la vengeance, bonté pour les malheureux, respect pour les vieillards et les hommes pieux, empressement à soulager les infortunes, hospitalité, charité, magnanimité, haine de l'oppression..., dévouement à la cause de Dieu et de sa religion; voilà pour les Berbères une foule de titres à une haute illustration, titres hérités de leurs pères, et dont l'exposition, mise par écrit, aurait pu servir d'exemple aux nations à venir[1]. » Certes, la peinture est flatteuse, et de plus l'artiste est impartial, car il était Arabe. De ces louanges, d'ailleurs, il faut en prendre une part pour nos Kabyles, qui sont de la race. Or, n'y a-t-il pas dans cette énumération des vertus d'une marque absolument chrétienne, telle que la charité et l'éloignement pour la vengeance?

Est-il nécessaire maintenant de demander si les tribus du Jurjura ne professaient pas le judaïsme avant de passer à Mahomet? Que quelques tribus de l'Aurès l'aient professé; que la Kahena, cette héroïne bergère qui, à la fin du viie siècle, opposa au torrent envahisseur une résistance désespérée, ait été juive, au dire d'Ibn Khaldoun[2], cela importe peu à notre affaire : il s'agit uniquement pour nous du Jurjura[3]. Bien moins encore serons-

1. T. I, p. 199 et 200.

2. T. I, p. 208, 213 et 214, 340 et 341 ; t. III, p. 193 et 194. Du reste, M. l'abbé Godard, dans son *Histoire du Maroc*, conjecture que la Kahena devait plutôt être chrétienne; le fait de voir son autorité reconnue et respectée non-seulement par les Berbères, mais par les Romains et les Grecs, en serait un indice.

3. Nous ne disons pas que plusieurs familles de Juifs ne se soient pas introduites dans le Jurjura. Où cette race ne s'est-elle pas glissée? et nous savons d'ailleurs que les portes de la Kabylie s'ouvraient volontiers devant les expatriés et les fugitifs. Ce que nous prétendons, c'est qu'en masse ou

nous déconcerté si l'on nous objecte les noms que portent encore les villages de plusieurs confédérations : *Aït-Moussa* (les fils de Moïse), *Aït-Daoud* (les fils de David), *Aït-Jounès* (les fils de Jonas), etc... Tous ces noms se retrouvent dans des tribus purement arabes et musulmanes. Qui ne sait que Mahomet a pris à l'Ancien Testament bien autre chose que des noms de prophètes? Pas d'autres traces de coutumes ou de religion juive en Kabylie que ces vestiges communs du mosaïsme dont le Coran, fatras indigeste, est assez largement bigarré.

Ce qu'on ne peut contester, c'est que le sang rabbinique, s'il coule dans les veines de nos Kabyles, y a totalement changé de nature. Ce montagnard des Zouaoua, aux allures indociles, au cerveau tenace, cultivateur et campagnard enragé, ne disant adieu à son pauvre village et à son ingrat jardinet qu'avec l'espoir de les retrouver bientôt; par-dessus tout, depuis tantôt deux mille ans que nous le connaissons, si ami du grand air, de la liberté sauvage, des armes, de la chasse aux hommes ou, faute de mieux, aux carnassiers qui l'entourent; quelle ressemblance a-t-il, si ce n'est peut-être l'âpreté au gain et la malpropreté, avec ce juif de l'Algérie, souple, rampant, le plus accommodant des hommes, tout ce qu'il y a de moins martial au monde? N'allez pas, en tout cas, demander à un Kabyle si par hasard il serait fils de juif; vous risqueriez de vous attirer une mauvaise affaire. Lorsqu'en 1847 le maréchal Bugeaud remporta entre Bougie et Sétif la dernière victoire qui devait illustrer son commandement, les chansons du pays pleuraient ainsi la honte de la défaite : « Nos hommes, jadis des lions, portent le bât; serions-nous donc devenus *des tribus de Juifs?* » Voilà quelle est la pensée populaire prise sur le vif. Aussi, qu'on nous permette cette dernière réflexion : il n'est pas d'efforts, nous allons le voir, que

en majorité, les tribus kabyles ne sont pas d'origine juive. Dans une étude sur l'*Histoire des Juifs dans l'Afrique septentrionale*, publiée en 1867 dans le *Recueil des notices et mémoires de la Société archéologique de la province de Constantine*, M. Ab. Cahen, grand rabbin, mentionne quelques tribus ou fractions de tribus, appartenant à ces contrées, qui auraient passé du judaïsme à la religion de Mahomet; mais, parmi elles, il ne cite nullement les tribus du Jurjura.

l'islamisme n'ait tentés pour s'imposer au Jurjura. Or, se serait-il donné tant de peine s'il ne s'était agi que de tribus juives à gagner? Pour lui, le Juif n'est pas une proie qui vaille. Jamais un Juif, eût-il prononcé la formule dans toute la sincérité de son âme, ne sera du bois qui fait le bon musulman, et eût-il répété jusqu'au dernier soupir *qu'il n'y a de Dieu que Dieu et que Mahomet est son prophète*, sa place au paradis serait fort loin d'être assurée. Mais pour un chrétien c'est autre chose. Les bagnes d'Alger et les crocs de fer de ses remparts, que les contemporains de la conquête ont encore pu voir de leurs yeux, le témoignaient assez haut. Ce qui va suivre dira si c'est en juifs ou en chrétiens que les apôtres du croissant ont traité les Kabyles.

J. Dugas.

(*La suite au prochain numéro.*)

VI

ŒUVRE DES MISSIONNAIRES

ARRIVÉE DE NOVICES ET ADOPTIONS.

Depuis la publication du dernier numéro du Bulletin sont entrés au Noviciat de la Mission d'Afrique, à la Maison-Carrée.

MM. Ganachaud, prêtre	du diocèse de Nantes.
Gillouaye, sous-diacre,	— Rennes.
Bornette, clerc-minoré	— Dijon.
Hamard, —	— Angers.

ADOPTIONS DE MISSIONNAIRES.

Nos associés savent qu'en donnant une somme de 800 francs, ils entretiennent pour une année un missionnaire en Afrique. Ils deviennent ainsi participants de tous ses travaux et de ses mérites, et même de ceux de son martyre, comme cela a eu lieu pour les charitables bienfaiteurs qui avaient adopté les trois missionnaires mis à mort pour la Foi, sur la route de Tombouctou.

Nous avons reçu pour l'adoption de missionnaires :
800 francs de Mlles Grosjean, à Servans (Haute-Saône).
800 francs d'une famille de cultivateurs du canton de Merville (Nord).
600 francs d'une personne charitable, par M. l'abbé Vachet, missionnaire aux Chartreux de Lyon.
Ces adoptions sont appliquées aux RR. PP. Ragnet, Molle et Chardron.

Il y a quelques mois, 1,000 francs nous ont été adressés par deux de nos bienfaiteurs du diocèse de Limoges, M. et Mme F. R. C., pour l'établissement d'un nouveau ménage dans nos villages d'Arabes chrétiens.

Nous avons reçu en outre :
Une fondation de 5,000 francs d'un de nos bienfaiteurs, prêtre dans le diocèse de Belley.
1,000 francs d'une famille de cultivateurs, près d'Haverskerque.
500 francs de M. Bourdon, chanoine honoraire d'Aurillac.

VII

CORRESPONDANTS DIOCÉSAINS

Plusieurs personnes dévouées à l'Œuvre si catholique et si française de la Mission d'Afrique ont eu la charité de nous offrir leurs services à titre de zélateurs et de zélatrices. Nous osons espérer dans l'intérêt de l'Œuvre et pour la commodité de nos bienfaiteurs, voir s'augmenter le nombre des personnes qui pourraient, sans trop se charger cependant, centraliser les offrandes qu'on nous destine, soit dans leur diocèse, soit même dans leur paroisse.

On pourra adresser les aumônes en argent ou en nature (layettes pour nouveau-nés, vieux linge pour pansements, livres, ornements d'église, médicaments, honoraires de messes, etc...) :

Au R. P. supérieur des Missionnaires, à la Maison-Carrée (près Alger.)

Au Bureau des Écoles d'Orient, 12, rue du Regard, à Paris.

A M. l'abbé Payan d'Augery, 84, rue Paradis, à Marseille.

A M. le Cte R. de Buisseret, au Boisselas, près Cellettes (Loir-et-Cher), ou à Versailles, 6, rue d'Anjou.

A M. l'abbé Vachet, missionnaire aux Chartreux, à Lyon.

A M. le chanoine Hubert, 3, rue Scribe, à Nantes.

A M. Robert Oheix, avocat à Savenay (Loire-Inférieure).

A Mme Camille Thiollière, grande Rue, à Saint-Chamond (Loire).

A Mme la comtesse Harscouët, à Saint-Brieuc.

A Mme Vve Jégou, à Gourin (Morbihan).

A Mlle Nugue, 2, quai de l'Université, à Rennes.

A M. le chanoine Laffetay, à Bayeux (Calvados).

A M. Chenel, rue Saint-Jean, à Caen.

A M. Collin, 7, rue du Parterre, au Mans.

A M. Le Bas, garde-mines, à Bar-le-Duc.

A M. le chanoine Delesminières, à Annecy (Haute-Savoie).

A M. Fages, 8, rue des Lattes, à Montpellier.

A M. l'abbé Rous, directeur de la *Semaine Religieuse* à Perpignan.

A M. l'abbé Gapp, curé de Bolsenheim (basse Alsace).

A M. Dufresne, chanoine à l'évêché de Montréal (Canada).

A MM. Picard et Brown, directeurs au séminaire de Montréal.

Saint-Cloud. — Imprimerie de Mme Ve Eug. Belin.

ŒUVRE DE SAINT-AUGUSTIN

ET DE

SAINTE-MONIQUE

I

LETTRES A DES VEUVES CHRÉTIENNES

PAR MGR L'ARCHEVÊQUE D'ALGER

Nous continuons la publication de ces Lettres, dont les premières ont paru dans notre précédent numéro, et ont produit une si profonde impression.

LETTRE DEUXIÈME

A une jeune veuve sur l'honneur et les raisons du veuvage chrétien.

Honore les veuves qui sont vraiment veuves !

1. Épître de saint Paul à Timothée, v, 3.

Madame et très-chère fille,

Je bénis Dieu qui vous fait voir dans le coup qui vous frappe, un appel de sa miséricorde et de sa bonté. Je le bénis de ce qu'il relève ainsi votre pauvre cœur brisé, en lui faisant comprendre que son malheur irréparable pour la terre, doit lui servir à se rendre plus digne du ciel. « Il y a en effet comme le disait saint » Fulgence à la noble veuve Galla, une douleur nuisible et une » douleur salutaire. La première abat notre âme, parce qu'elle

» croit que tout secours lui manque à la fois, avec l'appui qu'elle
» a perdu. La seconde la porte à une componction sainte qui lui
» fait repasser au fond de son cœur, les imperfections, les fautes
» de sa vie. — Ces fautes dont le malheur qui l'a frappée est peut-
» être le secret châtiment.

» C'est saint Paul lui-même, ajoute-t-il, qui distingue ces deux
» tristesses, et il a raison de les distinguer, puisque l'une donne
» la mort et l'autre augmente la vie. »

C'est donc cette tristesse salutaire qui est en vous, aujourd'hui.
C'est elle qui réveille votre foi, avec ses consolations et ses espérances, c'est elle surtout qui vous inspire de connaître ce que
Dieu veut de vous et comment vous le pouvez aimer et servir en
continuant d'aimer et de servir celui que vous avez perdu.

Je répondrai à votre demande, non pas dans cette seule lettre; je
n'y pourrais pas tout dire, mais dans celles que je tâcherai de vous
adresser encore selon que la charge qui m'accable m'en laissera
le loisir. Je voudrais vous bien faire comprendre en effet l'honneur, la sainteté, la fécondité surnaturelle du veuvage chrétien,
surtout du veuvage embrassé dans la jeunesse comme vous pouvez l'embrasser vous-même.

Vous me pardonnerez si pour tout dire j'emploie quelquefois
des paroles qui pourraient vous faire croire que je me défie de votre
vertu. Ce n'est pas à vous qu'elles s'adresseront, c'est comme le
disait saint Jérôme à Salvina, cette admirable chrétienne de notre
Afrique, à votre jeune âge qui a besoin de ces lumières et de ces
conseils.

Du reste, en tout ce que je vous dirai, je ne ferai lors même que
je ne les citerai pas, que suivre la doctrine et reproduire les termes
des Pères et des Docteurs de l'Eglise, qui, à la suite de saint Paul
ont enseigné aux veuves « *qu'il est mieux pour elles d'être ainsi.* »

Si vous lisez jamais les lettres admirables de saint Augustin
à Julienne, de saint Jérôme à Furia, à Salvina, à Marcelle, de
saint Fulgence à Galla, de saint Jean Chrysostome à une jeune
veuve dont le nom ne nous est pas resté, les traités de saint Ambroise, de saint Basile sur le veuvage, vous en serez transportée.
Ces grands hommes si saints, si éloquents, si sages ont fait passer
en traits de feu dans ces ouvrages les lumières de l'esprit de Dieu

et les saintes ardeurs de leur foi. Ils n'ont rien écrit de plus beau. Et c'est déjà une chose remarquable que de semblables génies se soient tous attachés à traiter le même sujet, dans des siècles où tant d'autres soins et tant d'autres combats semblaient devoir absorber leur zèle. Il y a là, sans doute, des raisons qui tiennent à leur temps et des succès qui les justifient, car les femmes chrétiennes avaient à remplir alors, comme elles ont à remplir aujourd'hui, et elles remplirent en effet, sous la conduite de si grands maîtres, un rôle admirable dans le développement et le triomphe définitif de l'Eglise sur ses ennemis. Mais il y a aussi dans leurs exhortations et leurs conseils des choses qui sont de tous les temps et de tous les lieux, parce qu'elles tiennent aux racines mêmes du cœur humain et aux aspirations les plus hautes des âmes chrétiennes.

C'est ainsi qu'en exaltant l'honneur du veuvage, ils reconnaissent qu'ils ne sont que l'écho des traditions les plus nobles qui s'étaient conservées jusque dans les ténèbres et les corruptions de l'idolâtrie. Saint Jérôme écrivant à Furia qui était de la grande race des Camille peut lui dire que, depuis plusieurs siècles, c'est la loi presque inviolable des femmes de son sang de repousser un second hymen, et il lui demande si, elle chrétienne, ne se croirait pas déshonorée en se montrant moins généreuse que des payennes ne l'avaient été durant tant de temps. Et est-il besoin du témoignage de Rome, n'y a-t-il pas des peuples barbares, où non-seulement la veuve garde la foi jurée, mais où elle considère comme un honneur de ne pas survivre à son époux ! Et dans notre société même, si dégénérée qu'en soit la vertu, avons-nous besoin de discours pour faire comprendre l'honneur du veuvage saintement gardé, et ne le voyons-nous pas vivant autour de nous ?

Quoi de plus touchant et de plus vénérable que ces chrétiennes presque sans nombre qui, frappées dans leurs affections les plus saintes ont voulu garder leur fidélité à leur époux? Ne pensant pas, après que la moitié d'elles-mêmes était descendue dans la tombe, pouvoir porter d'autres couleurs que celles de la mort, elles se sont enveloppées comme d'un linceul. De la demeure qu'elles avaient partagée avec ceux qu'elles ont aimés, elles ont fait un sanctuaire, où, dans leurs prières, un nom et un souvenir

sacré viennent se placer chaque jour. Si fermes dans leur fidélité
que personne n'a pu même concevoir la pensée qu'elles y pouvaient
renoncer jamais.

Leurs enfants, gages sacrés de l'amour de celui qu'elles pleurent, deviennent désormais les seuls objets de leur tendresse, et,
selon une pensée touchante de saint Jérôme, c'est à eux qu'elles
paient, par leur dévouement maternel, la dette de leur chaste
union. Ils grandissent ces enfants, reproduisent mieux chaque
jour à leurs regards attendris les traits et l'âme de leur père. Ils
deviennent hommes enfin, dignes en tout de celui dont ils portaient le nom, et de celle qui les a formés à la vertu, tout à la
fois sa consolation, sa force et sa gloire.

Je me trouvais, en France, il y a peu de jours, dans un de ces
sanctuaires du veuvage, car c'est vraiment le nom qui convient à
ces asiles sacrés de l'antique fidélité et des antiques mœurs. J'ai
vu la mère vénérable, portant encore, après tant d'années, le deuil
de l'époux perdu. Je l'ai vue entourée de ses fils dont le nom est
le symbole de la foi et de l'honneur chrétiens, de ses filles, modèles de douceur et de piété, de ses petits-enfants, dont le sourire
pur annonce déjà qu'ils suivront de si beaux exemples. J'ai vu
les fils contempler leur mère avec des yeux où brillaient à la fois
la vénération, la reconnaissance et la tendresse, et la mère, répondre à leurs regards par les bénédictions de son cœur. Il me
semblait que, dans cette atmosphère d'affections saintes, de paix,
de devoir austère et doux, il n'y avait qu'une seule âme, tant ces
âmes étaient unies.

Je me rappelais, à ce spectacle, ce que les saints livres disent
de la femme forte, dont je reconnaissais là tous les traits :
« *Ses fils se sont levés, et ils l'ont proclamée bienheureuse!* » et je
demandais à Dieu de ne pas troubler leur bonheur, de conserver
encore longtemps cette noble femme, d'une vertu si tendre et si
ferme, cette mère, cette veuve, vraiment auguste sous ses cheveux
que trois quarts de siècle ont blanchis.

Mais tout finit, hélas! Elle quittera un jour les siens, chargée
de mérites et d'années, et alors, ce ne seront plus seulement ses
fils, dans le secret de leur demeure, c'est un peuple tout entier qui
redira ses louanges, et pour les redire, il n'aura qu'à emprunter

les paroles de saint Paul : « *Elle a été le modèle des veuves, fidèle jusqu'à la fin à Dieu et à son époux. Elle a prié, elle a aimé et élevé ses enfants, elle a entretenu la paix dans sa maison, elle a eu pitié du pauvre.* » C'est au milieu de ces louanges, que ses fils la porteront en pleurant comme on pleure les saints, c'est-à-dire avec la certitude de son bonheur éternel, dans la tombe où dort leur père. Là, elle retrouvera celui après lequel elle n'en a jamais voulu d'autre, et qui, dans le sein de Dieu, louera à son tour la fidélité courageuse et l'honneur qu'elle aura gardés à son nom !

Telles sont les veuves « qui sont vraiment veuves. » Tel est l'honneur dont elles sont entourées même par ceux qui n'imitent pas leur vertu. Ne vous étonnez pas, après cela, que saint Paul ordonne aux évêques en la personne de Timothée, de les honorer dans l'Eglise de Dieu. Est-il rien qui le mérite mieux que le courage et l'abnégation d'une telle vie, et ne comprend-on pas ce que rapporte saint Jérôme que tous les évêques de la Palestine se réunirent pour porter eux-mêmes sur leurs épaules, à sa demeure dernière, près de la crèche de Bethléem, sainte Paule, l'une des premières et des plus illustres Romaines qui offrirent au monde, après que la paix fut rendue à l'Eglise, le spectacle de la fidélité et des vertus surnaturelles du veuvage.

Oh ! que ne m'est-il donné de rendre un jour le même honneur à celles qui viendront reporter à l'Eglise d'Afrique renaissante l'exemple des mêmes vertus !

Mais ces vertus ne sont précieuses que parce qu'elles sont difficiles et que la faiblesse de la nature lutte contre elles au fond du cœur. De là, tant d'hésitations et de défaillances, même dans les âmes qui comprennent le don de Dieu et qui sont sollicitées par sa grâce. C'est à elles surtout que s'adressent les saints docteurs pour les exciter à triompher de leurs incertitudes par la vue, non plus des récompenses et de l'honneur promis à la victoire, mais par celle des périls qui attendent la défaite.

Eh quoi ! leur disent-ils, sur cette tombe à peine fermée, vous allez prendre un second époux ! Sans lui, il vous paraissait que vous ne pouviez plus vivre, et déjà il est oublié ! Cette mémoire que vous vouliez garder avec tant d'amour, vous allez lui être infidèle ! Ce nom que vous portez encore, ce nom qui est le sien, qui est tout ce qui reste de lui sur la terre, vous allez comme l'ensevelir une seconde fois ! En vous le voyant abandonner ainsi, que pourra-t-on croire sinon que vous ne l'avez jugé digne ni d'estime ni d'amour ?

Et ce n'est pas lui seulement que vous déshonorez, ajoute saint Jean Chrysostome, avec son éloquence indignée, c'est vous-même. Vous pouvez oublier peut-être, mais le monde n'oubliera pas. Il se rappellera vos premiers serments, et les jours que vous avez passés ensemble, et sa tendresse, et sa mort prématurée et vos cris déchirants lorsqu'on l'enleva de votre demeure et vos larmes sur sa tombe, et il se demandera si tout cela n'était point une feinte et si vous ne pensiez pas déjà à celui qui va prendre sa place. Vos serviteurs même qui auront été les témoins de votre première union, feront tout bas, s'ils n'osent le faire tout haut, des réflexions, pleines d'amertume, et vos enfants déjà en âge de comprendre l'injure que vous faites à leur père recevront une blessure que rien ne pourra guérir !

Encore, continue le saint, si vous pouviez espérer trouver dans un second époux, l'amour que vous portait le premier, mais vous n'y sauriez compter. La nature même s'y oppose. Elle nous fait toujours mieux aimer ce qui n'appartient qu'à nous seuls. Nous préférons la maison construite pour notre usage à celle qui a été habitée avant nous, nous portons avec dégoût les vêtements qui ont servi à d'autres, à bien plus juste droit, en est-il ainsi de la femme que nous prenons pour compagne ! Comment l'homme pourra-t-il se reposer avec confiance sur l'amour de celle qui oublie l'amour qu'elle avait promis ; qui fait éclater sa joie d'un second hymen dans les lieux mêmes où elle a vu se briser le premier, et qui se réjouit pour ainsi dire d'une mort qui a été la condition nécessaire de ces liens nouveaux. Supposez-le aussi insensible que vous le voudrez, ces lugubres rapprochements ne pourront que douloureusement affecter son âme et le faire douter de vous.

Aussi remarquez-le, toutes les religions, tous les peuples se sont-ils trouvés d'accord pour entourer comme d'un voile de tristesse les noces des veuves, et l'Église elle-même, qui ne les condamne pas cependant par pitié pour la faiblesse humaine, les prive de la pompe qui préside à une première union.

Et en effet, c'est encore la pensée du grand archevêque de Constantinople, quoique les secondes noces ne soient pas contraires à l'essence même du mariage, tel qu'il a été établi de Dieu, il n'en est pas moins vrai qu'elles en affaiblissent le caractère car, selon l'institution divine, le mariage est l'union de l'homme et de la femme, de telle sorte qu'ils ne fassent plus qu'un seul. « *L'homme, dit le texte sacré, abandonnera son père et sa mère, et il s'attachera à son épouse, et ils ne feront plus qu'un seul en deux corps séparés.* » Or, où est cette unité sainte, *image,* dit saint Paul, *de celle qui attache Jésus-Christ à son Église,* chaste et unique épouse de son cœur, pour la femme qui prend un second époux ! Elle ne fait un ni avec le premier ni avec le second. Elle appartient à tous deux, ou pour mieux dire, elle n'appartient plus vraiment à aucun. Comment en se donnant à son second époux gardera-t-elle l'amour du premier, comment sera-t-elle unie au second, alors que l'ombre du premier viendra sans cesse se placer tristement entre eux.

Sa condition sera-t-elle du moins préférable ? tout au contraire, disent à la fois saint Augustin et saint Jérôme ; elle était libre, elle a enchaîné sa liberté. Elle avait la direction de ses enfants, elle la partagera désormais avec un étranger, elle n'avait plus à craindre les périls de la maternité, elle les trouvera de nouveau. Et, ici, j'entends éclater saint Jean Chrysostome : Qu'une femme qui n'a point subi le joug d'un homme, ni les angoisses de l'enfantement ni les mille soucis du mariage entre dans la maison d'un mari, je le comprends encore, puisque c'est un proverbe que la guerre elle-même si affreuse pourtant, attire ceux qui ne l'ont pas expérimentée, mais que celle qui a passé par ces mille épreuves, qui dans le temps même de son union exaltait le bonheur de ne dépendre que de soi, qui a maudit cent fois en secret ce qu'elle nommait ses chaînes, que celle-là après une vie qui, même eût-elle été heureuse, se serait terminée par une si grande douleur, pense à reprendre les mêmes liens, voilà qui ne se peut concevoir.

Et ne pensez pas qu'il excepte celles qui, comme vous, ont vu leur union brisée presque aussitôt que contractée. Il les trouve au contraire plus inexcusables, car, dit-il, si elles avaient vécu longtemps avec un époux, elles auraient au milieu des souvenirs de leurs épreuves, les souvenirs de leurs joies, mais celle qui l'a perdu si tôt, n'a connu que les amertumes profondes des choses d'ici bas, et après de tels commencements comment peut-elle sans trembler vouloir les affronter encore? qui n'accuserait de folie celui qui a naufragé en sortant du port, s'il s'embarquait ensuite sans crainte?

Aussi, après de telles prémisses tous ces grands Docteurs, d'une commune voix sans proscrire les secondes noces, puisque Dieu ne les proscrit pas, s'accordent-ils à leur refuser l'honneur qu'ils donnent au veuvage.

Il faut les entendre s'expliquer avec une liberté et une force de langage que notre fausse délicatesse ne comporte plus, quels sont les motifs secrets qui portent une femme à passer, pour trouver, disent-ils, un homme plutôt qu'un époux, par dessus des inconvénients si graves et des raisons si pressantes, et comment ces empressements à rejeter le veuvage non-seulement témoignent de la faiblesse de leur vertu présente mais font douter encore de leur fidélité passée.

Sans doute, disent-ils, ces motifs secrets on les dissimule sous des prétextes, mais les motifs tout le monde les devine, et les prétextes on les accueille par des railleries.

Vous voulez en prenant un mari, pourvoir plus sûrement à l'administration de vos biens et à la conservation de votre fortune. Mais, répond saint Jean Chrysostome, la nature elle-même se charge de vous confondre. Elle a fait l'homme pour la vie du dehors, pour les magistratures publiques, pour les spéculations du commerce. Elle a fait la femme pour la sage administration de son intérieur et pour l'ordre qui conserve les biens que l'homme a amassés. Or, pour la veuve, il ne s'agit ni de la vie publique ni des spéculations du dehors, il ne s'agit que de ce domaine intérieur auquel la Providence l'a préposée. Combien d'hommes le gouverneront moins bien qu'elle? Combien même n'auront en l'épousant que la pensée secrète de le dilapider et de s'en rendre maîtres! « n'acceptant, c'est un mot cruel de saint Jérôme, votre acte de de mariage, que pour, de la même plume, vous faire écrire votre testament. » Et d'ailleurs, n'y eut-il pas d'autre cause de ruine, désormais tous les intérêts seront divisés dans votre maison, ceux des premiers enfants, ceux du mari, ceux de la mère, ceux des enfants qui vont naître encore, et là, comme toujours, se réalisera la parole de l'Évangile. « *Toute maison divisée contre elle-même tombera bientôt.* »

Mais ce ne sont pas vos biens qui vous préoccupent, c'est l'éducation de vos enfants auxquels il manque un guide sûr : Ah ! dit saint Jérôme, vous en venez donc pour excuser votre mariage, aux raisons mêmes qui devraient à jamais vous en détourner! Vous, mère, vous allez donner à vos fils, non un protecteur mais un ennemi, non un père mais un tyran! La passion qui vous consume vous fera oublier les fruits mêmes de vos entrailles et près de ces petits enfants qui ne comprennent pas tout leur malheur, vous allez revêtir des habits de fêtes pour courir à des noces nouvelles! » Et que n'ajoute-t-il pas avec sa verve terrible pour stigmatiser ce qu'il nomme la honte de telles unions.

Et en vérité, puisque je vous parle de l'honneur du veuvage, où pensez-vous que se trouve l'honneur, dans la mère qui livre ses enfants aux mains d'un homme que la langue de tous les peuples appelle d'un nom flétri, ou dans celle qui ne se fie qu'à la tendresse, à la force, à l'instinct presque divin de l'amour maternel, pour les éclairer, les ramener, en faire des hommes! Pensez-vous que le nom de Monique serait l'objet de notre culte, si elle avait pris un second époux, au lieu de suivre, de sauver Augustin? Pensez-vous que la mère de saint Jean Chrysostome aurait excité, au rapport de ce grand homme, l'admiration des païens eux-mêmes, si elle n'avait pas gardé le veuvage qui lui permit de former son fils. Et toutes ces grandes veuves dont le nom est inscrit au livre des saints, pensez-vous que si elles n'avaient rempli le premier devoir que saint Paul leur impose, celui « d'élever leurs fils, » elles seraient honorées aujourd'hui non-seulement sur la terre mais dans le ciel?

Je viens de parler du ciel, c'est là surtout que doivent se porter vos regards et tendre vos espérances. Jusqu'ici, je m'adressais tout ensemble à votre raison et à votre foi; maintenant c'est à votre foi seule que je m'adresse.

Si le combat vous semble dur, si le sacrifice vous effraie, rappelez-vous la récompense qui leur est promise. Vous servez un maître qui n'engage pas en vain sa parole, et il a promis à ceux qui renoncent pour le suivre aux liens et aux plaisirs de la terre, de les faire asseoir un jour sur son trône, et sur ce trône même il assigne une place d'honneur à celles qui, dès ce monde, auront suivi l'agneau, par la chasteté de leur vie. Le laboureur pour s'encourager à ses rudes fatigues pense à la moisson qu'il doit recueillir, l'homme de guerre, en allant au combat, brave les dangers par l'espoir de la victoire et des honneurs qui la suivent. Vous, ma chère fille, devant les difficultés et les peines du veuvage, pensez à la couronne que vous recevrez un jour. « Pensez, dit saint Jérôme, » qu'un jour l'époux des âmes chastes et pures se lèvera entouré » du chœur des vierges et des saintes veuves, et qu'avec Marie, » sa mère, et avec les anges du ciel, il vous recevra triomphante, » aux portes de l'éternité. »

Plus vous aurez combattu et plus votre gloire sera grande, plus vous aurez souffert, plus votre récompense sera belle. Le mérite en effet n'est pas égal pour toutes. Celle qui perd son époux, dans la vieillesse, alors qu'il lui est facile de persévérer dans le veuvage ne saurait, dit saint Jean Chrysostome, se comparer à celle qui, devenue veuve dans la jeunesse, a surmonté tous les obstacles par crainte et par amour de Dieu, et durant de longues années a voulu n'être qu'à lui seul. Celle-là est vraiment digne d'un double honneur. *« Si donc, le travail vous effraie, que la récompense vous attire,* « et dites-vous sans cesse avec saint Paul : *« un moment, un court moment de tribulation nous assure une éternité de bonheur et de gloire.* »

Et maintenant ma chère fille, c'est à vous de méditer ces paroles dans le silence de votre cœur. Dieu vous inspirera lui-même et vous fera goûter sans paroles, par l'effusion intérieure de sa grâce, ce que j'ai cherché à vous expliquer de l'honneur du veuvage et des raisons de l'embrasser. Je n'ajouterai à tout ceci que trois conseils que j'emprunte à saint Jérôme, à saint Jean Chrysostome, et à saint François de Sales. C'est par eux que tous trois terminent ce qu'ils ont écrit de plus important sur le veuvage. Ces conseils portent chacun, comme vous l'allez voir aisément le cachet propre de leur auteur.

« Pour conclure, dit saint Jérôme, à la veuve Furia, et ne pas » passer les bornes d'une lettre, je ne vous donnerai plus qu'un

» conseil : Pensez, tous les jours, que vous devez mourir, et
» jamais vous ne penserez à vous marier une seconde fois. »

« Ce que je viens d'écrire, dit saint Jean Chrysostome, à une
» jeune veuve, je ne l'ai fait ni parce que je le croyais indispensable
» pour vous, ni parce que je voulais condamner les femmes dont
» la faiblesse ne peut garder le veuvage. J'ai voulu seulement
» porter celles qui le peuvent à ne pas rester attachées à la terre,
» à garder la liberté qui leur a été rendue, à aspirer au ciel, à
» mener ici-bas une vie céleste, et devenues les épouses du Christ
» à ne plus rien faire qui ne soit digne d'un si grand époux. »

Et enfin, voici le conseil du bon saint François de Sales, qui
qui devrait s'écrire en lettres d'or : « La vraye veufve ne doit
» jamais ni blasmer ni censurer celles qui passent aux secondes,
» ou mesme troisièmes et quatrièmes noces, car en certains cas
» Dieu en dispose ainsi pour sa plus grande gloire : Et faut tou-
» jours avoir devant les yeux cette doctrine des anciens, que ni la
» viduité ni la virginité n'ont point de rang au ciel que celui qui
» leur est assigné par l'humilité. »

Croyez, Madame et très-chère fille, etc.

† CHARLES,
Archevêque d'Alger.

LETTRE TROISIÈME

LA SAINTETÉ DU VEUVAGE CHRÉTIEN

Que la veuve soit sainte de corps et d'esprit.
1re Epître de saint Paul aux Corinthiens, VII, 34.

Madame et très-chère Fille,

« Le jour où d'épouse vous êtes devenue veuve, la main paternelle de Dieu loin de se retirer de vous, vous a au contraire fait
sentir son amour, car il ne vous abandonnait pas celui qui vous
ouvrait la voie d'une vie plus sainte. » C'est ce que saint Augustin
écrivait à la sainte veuve Julienne, et sans doute en l'écrivant
il pensait lui-même à sa mère, à cette grande Monique dont le

veuvage avait rendu la sainteté si éclatante et si féconde. Et si vous voulez avoir l'interprétation de ces paroles de l'évêque d'Hippone, demandez-les à notre saint Fulgence. Il vous dira ce qu'il disait à Galla, fille du patrice Symmaque et veuve après moins d'un an de mariage : «En transportant cette vie périssable dans les éternelles demeures, votre époux si jeune encore, mais d'une piété si fidèle, Dieu l'a récompensé de sa vertu et il vous appelle vous même à une vie plus parfaite. Il le délivre des entraves du corps pour le faire vivre dans le ciel avec Jésus-Christ : il vous donne la grâce de ne plus vivre aussi sur la terre que pour ce grand maître et selon les paroles de l'apôtre saint Paul *d'être sainte désormais d'esprit et de corps.* »

Ce serait peu, en effet pour le veuvage, ma chère fille, que d'être honoré, comme je vous ai dit qu'il devait l'être, il doit être saint en même temps qu'il est honorable, ou pour mieux dire il n'est honorable que parce qu'il est saint.

Mais comment est-il saint? c'est là ce que je voudrais vous expliquer aujourd'hui, pour vous le faire aimer, pour vous faire comprendre, selon la pensée de saint Augustin, que la main de Dieu qui paraissait vous frapper n'a fait que vous rapprocher de lui.

Je pourrais m'étendre sur ce sujet si plein d'intérêt pour votre âme, en des considérations presque infinies, mais j'aurai tout dit, lorsque je vous aurai montré que le veuvage patiemment accepté, vous met sur la voie douloureuse que Notre-Seigneur a suivie ; que le veuvage chrétiennement gardé vous élève par la pratique des conseils évangéliques à la perfection même de la vie chrétienne, et enfin que le veuvage, entendu comme l'apôtre l'explique et le règle, vous établit dans l'amour de Dieu qui est à la fois la consommation et la récompense des saints.

Oh! que je voudrais emprunter aux saints eux-mêmes, leur langage et leur cœur, pour vous dire et surtout pour vous faire goûter ces mystères de la bonté et de la grâce divines, mais, si je me traîne, ma chère fille, dans un sujet où il faudrait des ailes, vous ne l'imputerez qu'à moi et vous demanderez à Dieu d'y suppléer intérieurement par les dispositions de votre cœur.

Saint François de Sales définissant la sainteté dit excellemment

« qu'elle est l'Evangile mis en œuvre, n'y ayant non plus de différence entre l'Évangile écrit et la vie des saints qu'entre une musique notée et une musique chantée. » Or, qu'est-ce que l'Évangile,
sinon l'histoire et les enseignements de celui qui, pour notre
amour, est venu volontairement souffrir ici-bas, pour nous montrer la voie qui conduit à la vie. « C'est la croix qui est l'étendard
du ciel, dit l'auteur de l'*Imitation,* car le serviteur n'est pas au-
dessus du maître, ni le disciple au-dessus du docteur.

» Si tu veux régner avec moi (c'est la parole du Seigneur) porte
ta croix avec moi. »

Lors donc que cette lourde et sanglante croix de la mort de votre
cher époux s'est offerte à vous avec ses angoisses, sa douleur,
presque son désespoir, c'est la voie même qu'il a suivie que Notre-
Seigneur vous a montrée, et si vous l'avez patiemment acceptée
vous êtes entrée, à sa suite, sur cette voie royale qui est la voie de
la sainteté.

Je sais que « *ce discours est dur et que peu l'entendent,* » mais je
sais aussi que ceux qui l'acceptent y trouvent bientôt la paix, car
il n'y a dans ce monde de paix véritable que dans la croix humblement et amoureusement portée.

Mais peut-être ne l'avez-vous pas encore acceptée comme il faut.
Peut-être l'avez-vous trouvée trop dure, trop pesante et avez-vous
alors tenté de la repousser.

Hélas ! c'est en vain, vous la soulevez et elle retombe, et en
retombant elle ne vous a que plus douloureusement meurtrie. Et
si vous en êtes là, parfois encore, comme il me le semble par
quelques passages de votre dernière lettre, il en faut sortir, et
pour cela recourir à la prière « *car nous avons,* dit saint Paul, *un
» Pontife qui sait compatir à nos maux, puisqu'il les a tous éprou-
» vés.* »

Lui aussi, un moment, il a trouvé la croix trop lourde et le calice
trop amer. Lui aussi il a dit à son Père, non pas une fois seulement, mais avec des supplications répétées : « *Mon Père, faites
» que ce calice s'éloigne de moi!* »

Et tant qu'il luttait ainsi, son horreur était si vive qu'elle le jetait
dans l'agonie et dans une sueur de sang. Mais lorsqu'il eut prié,
lorsqu'à la fin de sa prière il eut dit tendrement : « *Que votre vo-*

lonté *soit faite et non pas la mienne,* » alors la paix du ciel rentra dans son cœur « *et les anges s'approchèrent pour le servir.* » Il en sera ainsi de vous dès que vous aurez pleinement accepté la croix. Dès que vous aurez dit « *que votre volonté se fasse et non pas la mienne.* » elle vous deviendra douce et salutaire, et vous serez vraiment sur le chemin du ciel, avec Jésus qui sera votre Cyrénéen, c'est-à-dire votre consolateur et votre appui.

O ma fille, vous dira-t-il au plus intime de votre âme, moi-même je t'ai précédée, sur cette voie douloureuse.

Tu n'as plus près de toi celui que tu aimais et dont la vie était ta vie, et moi tous ceux que j'aimais m'ont vendu ou abandonné entre les mains des ennemis qui m'ont mis à mort.

Ton front a perdu sa couronne, le mien a été couronné d'épines.

Ton cœur est transpercé d'un glaive de douleur, le mien a été ouvert par le fer des bourreaux.

Ta faiblesse est maintenant sans défense et moi les pieds et les mains attachés à la croix, je me suis livré sans défense aux outrages et aux coups.

Tu es seule sur la terre et moi j'ai été délaissé de tous et mon Père même a paru m'oublier dans le ciel.

Et cependant quelle différence entre toi et moi ?

Tu es femme, pauvre et fragile, et peut-être même tu m'as offensé, et moi je suis Dieu, la pureté, la sainteté même. Si donc j'ai voulu souffrir c'est pour toi seule que je l'ai fait. J'ai souffert pour t'apprendre le prix de la souffrance. Je suis volontairement monté sur la croix que je n'avais pas méritée, pour t'apprendre à rester du moins à ses pieds et à y attendre la parole que du haut de la croix j'adresse au repentir : « *Aujourd'hui tu seras avec moi dans le Paradis.* » Et en attendant le paradis du ciel, je t'offre si tu le veux, l'adoucissement de tes maux de la terre. Cherche dans mes blessures un refuge pour ta faiblesse, dans mon cœur divin un refuge pour ton cœur, et là, attends en priant pour lui, en pensant à lui, le jour où tu y retrouveras brillant de lumière celui que tu as perdu.

Tel est le langage que vous tiendra, dans les effusions de sa grâce, le Maître divin, et à sa lumière surnaturelle, vous comprendrez la vérité de ces autres paroles qu'il nous adresse dans son Evangile : « *Bienheureux ceux qui souffrent, bienheureux ceux qui pleurent.* » Bienheureux pourquoi? Sinon parce qu'ils suivent les traces de leur maître et qu'en les suivant ils acquièrent chaque jour des mérites nouveaux et de nouveaux droits au ciel.

« Job, écrit saint Fulgence à Galla, Job était heureux lorsqu'il vivait dans l'opulence, il fut plus heureux dans la pauvreté ; — car la pauvreté lui servit à croître dans la justice. — Il était heureux lorsqu'il voyait ses fils l'entourer comme d'une couronne d'honneur, il fut plus heureux lorsqu'il se trouva abandonné de tous ; — car l'abandon des hommes l'attacha uniquement à Dieu. — Il était heureux dans la santé, il fut plus heureux dans la maladie ; — car ses maux le firent croître dans la patience. — Il était heureux dans ses palais de marbre, il fut plus heureux sur son fumier ; — car il y devint plus humble. »

Et vous aussi, ma fille, vous étiez heureuse lorsque votre vie était partagée par celui que vous pleurez aujourd'hui, mais vous êtes plus heureuse encore si, en vous résignant chrétiennement à votre douleur, vous méritez pour lui et pour vous un bonheur éternel. Vous étiez heureuse de l'honneur que vous donnait son nom, vous êtes plus heureuse si les amertumes et l'abandon du veuvage vous font croître dans la patience et dans l'humilité. Vous étiez heureuse d'être l'épouse d'un homme de bien, vous êtes plus heureuse encore si, ayant perdu l'époux de la terre, vous vous attachez à l'époux du ciel. D'un côté, en effet, sont les biens qui passent, de l'autre ceux qui durent éternellement ; d'un côté ce qui flatte les sens et la nature, de l'autre ce qui augmente la grâce et assure la persévérance.

Mais la résignation à votre malheur n'est que le premier pas dans la voie sainte que vous trace l'Evangile. Il y en a un second plus parfait parce qu'il est plus libre.

L'Evangile nous donne, en effet, deux règles distinctes. « La première, dit saint Jérôme, est la loi commune destinée aux serviteurs ; la seconde est la règle de choix destinée à ceux que Dieu aime. » On offense Dieu en n'observant point l'une ; on lui prouve mieux son amour en embrassant l'autre. La première commande absolument, elle dit : *Tu adoreras ton Dieu; tu honoreras ton père et ta mère; tu ne voleras point;* la seconde propose, elle dit : *Si tu veux être parfait, vends tout ce que tu possèdes, et suis-moi.* — « Ici, dit saint Jérôme à la veuve africaine Salvina, toute liberté est laissée : *si tu veux être parfait,* dit le Seigneur. Je n'exige pas, je ne commande pas. Je t'offre seulement la palme du triomphateur, la récompense des parfaits. »

Quand vous êtes devenue veuve par la mort de votre époux, vous n'avez, en vous résignant, que subi la loi commune, celle de l'impuissance humaine devant la tombe et de la soumission de votre volonté à la volonté de Dieu. Cette résignation est sainte, je le reconnais et je viens de vous en donner moi-même les raisons. Mais il y a quelque chose de plus saint, c'est, par le sentiment d'une double fidélité, d'accepter librement et de promettre à Dieu de ne plus avoir désormais d'autre époux. Car ici, ce n'est pas une loi qui vous est imposée, c'est un conseil que vous suivez et qui vous place, non plus dans la voie des chrétiens ordinaires, mais dans la voie des parfaits.

Ce conseil, c'est Jésus-Christ qui vous le donne, ce sont ses Apôtres qui le renouvellent et qui le confirment par leurs enseignements. Notre-Seigneur nous dit, en effet, dans son Évangile que « *ceux qui ne se marient pas sont semblables aux anges du ciel.* » Il nous rappelle que la chasteté est quelquefois imposée par la nature ou par la violence, mais qu'il y a aussi une chasteté que « *l'homme s'impose à lui-même pour gagner le ciel.* » Saint Jean, dans son *Apocalypse,* voit dans le ciel une troupe glorieuse associée de plus près aux chastes délices de l'Agneau, et il lui est dit : « *Ce sont ceux qui ne sont point souillés, ils sont vierges, et ils suivent l'Agneau partout où il va.* »

L'apôtre saint Paul n'est pas moins explicite : « *Il est mieux pour l'homme,* dit-il, *de ne pas avoir de femme,* » et encore : « *Je voudrais que tous les hommes fussent comme moi,* » c'est-à-dire gardassent la virginité, et ailleurs : « *Il est bon de garder la chasteté, cela plaît à Dieu.* » Et en parlant des veuves, il leur conseille de garder leur veuvage, parce que « *il est mieux pour elles de rester ainsi.* » Et c'est après ce conseil pour les veuves qu'il ajoute, afin de lui donner plus de force, qu'en disant cela, « *il croit avoir l'esprit de Dieu.*

C'est donc la pensée du Seigneur, mais vous remarquerez comment il l'exprime. Ce ne sont pas des ordres, ce sont, si je l'ose dire, des souhaits et des désirs : « *Pour la virginité*, dit saint Paul, *je n'ai pas de précepte de Dieu, je ne donne qu'un conseil,* » et ailleurs : « *Celui qui marie sa fille fait bien, et celui qui ne la marie pas fait mieux,* » et enfin : « *Que celui qui peut garder la chasteté ne se marie point, mais que celui qui ne la peut garder se marie. Il vaut mieux se marier que de brûler de feux impurs.* »

Le choix dépend donc de vous, et c'est précisément la liberté du sacrifice qui en fait le mérite devant Dieu.

Mais prenez bien garde, ce sacrifice, Dieu ne l'impose pas à toutes, parce que toutes ne peuvent pas le faire avec sagesse. Saint Paul distingue entre celles qu'il veut voir contracter des liens nouveaux, et celles qui doivent rester chastes. Les premières sont celles à qui l'expérience de leur propre faiblesse doit faire craindre ces chutes, dont triompheraient les ennemis de la foi. Les secondes, celles dont la vertu éprouvée assure la persévérance. Les unes, âmes vulgaires et charnelles, qui se traînent dans les bas fonds; les autres, âmes généreuses, qui tendent sans cesse vers les hauteurs « où l'air est plus pur, le ciel plus voisin, Dieu plus familier. » Ce sont les veuves que loue si délicatement saint François de Sales : « Celles dont l'amour a été pur en leur mariage, et qui, comme les lampes desquelles l'huile est aromatique, répandent un plus grand parfum de vertu et de chasteté, quand leur lumière, c'est-à-dire leur mari, est éteinte par la mort. »

Êtes-vous de ce nombre, ma chère fille, et Dieu vous appelle-t-il à ces voies parfaites?

C'est à vous surtout de me le dire, parce que seule, vous connaissez bien les aspirations qu'il met en vous, et la force que sa grâce donne à votre cœur. Pour moi, à en juger comme je le puis, c'est-à-dire par l'extérieur et par les coups répétés dont il semble vous accabler, il vous veut à lui sans partage. Car pourquoi vous a-t-il ainsi frappée dans les objets les plus chers de votre tendresse, sinon pour vous détacher de tout et surtout de vous-même, car sans ce détachement-là, tous les autres ne sont rien. Vous lui avez résisté si longtemps. Il y a eu tant de frivolités, d'inutilité, de tiédeur et peut-être de vaine gloire dans votre vie !

A mesure donc qu'il vous voyait résister à sa grâce, il a tranché, malgré vos cris, malgré vos révoltes, comme le médecin charitable qui tranche tout ce qui compromet la vie, malgré les cris du malade qu'il veut sauver.

Et pourquoi tranche-t-il tout ce qui vous retient à la terre, sinon pour que vous puissiez monter vers lui, vous donner à lui sans partage, et pratiquer ainsi la suprême et plus sainte loi du veuvage, qui est l'amour unique de Dieu.

Cette loi, c'est saint Paul qui la trace, dans ces courtes et belles paroles que je voudrais voir sans cesse présentes à votre esprit : « *Celle qui a un époux se préoccupe des choses de la terre pour* » *plaire à son époux, mais celle qui l'a perdu ne pense plus qu'aux* » *choses divines afin de plaire à Dieu.* »

L'amour de Dieu, voilà le grand mot, le dernier mot du veuvage chrétien, comme il est le dernier mot de la chasteté des vierges. C'est « *le trésor caché* » dont parle le Saint-Evangile, caché vraiment puisque si peu le connaissent : « *Mais si une femme le trouve,* ajoute le texte sacré, *elle va, elle vend tout ce qu'elle possède et elle achète le champ où ce trésor est enfoui.* »

Et ce trésor, ne vous y trompez pas, c'est Dieu seul qui le révèle. Nos pauvres âmes tant qu'elles sont laissées à elles-mêmes, restent captives dans leurs prisons de boue. Séduites, tour à tour, par tout ce qui les entoure, et aussitôt dégoûtées que séduites, dépouillées, blessées par toutes les ronces du chemin, elles languissent désespérées du néant de ce monde, de son infidélité et de leur propre inconstance.

Mais un jour, par un acte de sa grâce, au milieu de tant de misères, Dieu leur fait apparaître sa beauté, sa bonté sans bornes, ses perfections infinies. « *Ecoute ma fille, leur dit-il, et incline vers moi ton cœur. Renonce aux amours de la terre, et moi le Roi du ciel, je serai épris de ta beauté ; ton âme sera pure et sans tache et un jour je te couronnerai près de moi, dans ma gloire.* »

Les âmes sensuelles entendent ce discours sans le comprendre, mais s'il s'en trouve à côté d'elles à qui parlent les choses d'en haut, elles volent sur les ailes de l'amour jusqu'à l'époux divin qui les a ravies, et là, comme l'épouse des cantiques, elles disent : « *Je l'ai trouvé, je le tiens, je ne le quitterai plus.* » Si cette révélation leur est faite à l'aurore de la vie, elles n'auront pas eu d'autre amour : c'est le chœur des vierges qui chante, avec les anges, les louanges de l'Agneau. Si elle ne vient qu'après les épreuves et les expériences d'ici-bas, c'est le chœur des veuves qui, avec Marie, se presse sur le calvaire au pied de la croix, mais les unes et les autres gardent la gloire de la chasteté : chasteté, en un sens, plus pure chez les vierges, puisqu'elle n'a reçu aucune atteinte, en un sens, plus méritoire chez les veuves, parce qu'elle se détermine en sachant ce qu'elle fait, toutes deux également chères au cœur de l'époux qu'elles ont choisi.

Oh ! ma fille, combien je désire que vous goûtiez ce discours, car ceux-là seuls le goûtent vraiment que Dieu a prévenus et choisis lui-même. Nous ne l'aimons, selon la parole de saint Jean, que « *parce qu'il nous a aimés le premier,* » ou parce que, selon la pensée de saint Augustin, son amour seul nous donne la grâce de l'aimer comme il faut. Mais, cette grâce, nous pouvons l'obtenir par l'humilité et par la prière, en nous rappelant, selon que le dit encore saint Augustin, que nous sommes les « mendiants de Dieu. »

Cette prière, lui-même la met sur nos lèvres dans ses écritures, dans ses psaumes, dans ses cantiques qui sont comme le chant sacré de la chaste union des âmes avec Lui. C'est là que saint Jérôme trouvait les traits de feu dont il enflamma, pour l'amour de la virginité et celui du veuvage, toutes ces grandes dames de Rome « si heureuses, dit saint François de Sales, d'être les filles spirituelles d'un si grand père. » C'est aussi la lecture qu'il leur conseillait sans cesse. Oh ! que les femmes de nos jours gagneraient à suivre ces conseils ! Qu'elles seraient autres bientôt si, au lieu de tant de fades et lâches discours, elles se nourrissaient de la forte et divine nourriture de ces livres sacrés. Elles y trouveraient tous ces élans d'amour par lesquels les chantres inspirés perçaient le Ciel.

« Seigneur, diraient-elles avec le roi prophète, vous qui protégez l'orphelin et qui rendez justice à la veuve, vous qui lui promettez votre appui paternel, votre nom est ma prière à l'aurore, et le soir il est sur mes lèvres avec la douceur du miel.

» N'est-ce pas vous qui êtes désormais la seule lumière de ma vie et le seul repos de mon cœur.

» Ceux qui aiment sur la terre, n'aiment que parce qu'ils attendent quelque récompense, de leur amour, mais vous, ô divin époux de mon cœur, vous m'aimez sans que je puisse rien ni pour votre bonheur ni pour votre gloire.

» Quand je vous ai offensé, vous m'avez aimée jusqu'à mourir pour moi, quand je vous ai délaissé vous m'avez aimée jusqu'à tout laisser pour me suivre et me rapporter sur vos épaules au bercail éternel.

» O Dieu, combien votre puissance est grande ! Mon regard confondu se perd dans les profondeurs de vos œuvres, mais cette puissance infinie me touche moins que votre amour.

» O Dieu, quelle beauté est semblable à la vôtre. Elle fait dans le ciel l'ivresse éternelle des saints, mais cette beauté sans égale me touche moins que votre amour !

» Je veux comme le cerf altéré par les ardeurs du jour, me désaltérer à ses eaux vives. Comme le passereau, je veux m'abriter sous ses ailes ou plutôt je veux que l'amour me donne des ailes pour voler jusqu'à votre amour.

» Là, je trouverai le secours dont a besoin ma faiblesse, la paix que cherche en vain mon cœur. Là je saurai que ceux que vous avez enlevés à la terre, vous aiment et ne désirent que de vous voir aimé. »

Telles sont les pensées que l'Esprit-Saint vous inspirera, celles qui doivent en pénétrant votre cœur, assurer votre persévérance ! Que si le monde et ceux qui le servent voulaient ensuite combattre vos résolutions, vous leur répondriez par ces paroles de saint Ambroise : « Vous m'offrez un époux, moi j'en ai déjà choisi un autre, le vôtre est-il préférable au mien ? Alors je verrai la réponse que j'aurai à vous faire ; mais si celui que vous m'offrez est un homme, tandis que j'ai résolu de ne plus appartenir qu'à Dieu, vouloir m'enlever à cet époux divin, ce n'est plus établir ma fortune, c'est m'envier et m'enlever mon bonheur. »

Ce bonheur, ma chère fille, ne sera point passager comme ceux d'ici-bas parce que l'amour de Dieu qui vous le donnera est sans repentance. Le temps, l'habitude, la vieillesse, tout ce qui détruit les amours de la terre n'a pas de prise sur lui, parce que ce que Dieu aime en vous c'est votre âme, et l'âme ne change et ne vieillit point. Elle est toujours jeune, toujours belle, d'autant plus belle qu'elle a pratiqué plus de vertus et acquis plus de mérites. C'est donc votre âme qu'il faut cultiver, par toutes les œuvres saintes du veuvage pour vous rendre digne de son amour. « C'est, dit saint Augustin, par sa beauté que vous devez lui plaire, c'est sa beauté que vous devez parer avec un saint zèle, car la vérité ne se plaît qu'à la beauté véritable. »

Croyez, ma chère fille, etc., etc.

+ CHARLES,
Archevêque d'Alger.

II

L'ŒUVRE DE SAINT-LOUIS DE CARTHAGE

Sous ce titre la *Gazette du midi* du 4 août, publiait l'article et la correspondance qui suivent. Nos associés les liront avec intérêt.

» Nous recevons de Tunis une très-intéressante correspondance que nous recommandons à l'attention de nos lecteurs. Le beau monument que l'on doit élever sur les lieux qui furent témoins de la mort du meilleur de nos rois de France, attestera sur la terre étrangère notre grandeur nationale. Les croisés, même éprouvés par des revers, attachèrent à notre drapeau une gloire immortelle. De nos jours où notre pays est provisoirement en deuil de son prestige, il sera consolant pour notre patriotisme de faire revivre au loin le nom d'un monarque français qui a élevé la dignité royale au plus haut degré qu'elle ait jamais atteint.

» Et ce témoignage a été rendu à saint Louis par un juge peu enclin à la flatterie pour les rois très-chrétiens, par Voltaire qui a dit de Louis IX : « Il sut accorder une politique profonde avec une justice exacte... Prudent et ferme dans le conseil, intrépide dans les combats, sans être emporté, compatissant comme s'il n'avait jamais été que malheureux, il n'est guère donné à l'homme de pousser la vertu plus loin. »

» L'initiative de cette patriotique et pieuse entreprise appartient à un éminent prélat dont les services rendus à Dieu et à la France ne sont plus à compter; nous avons nommé Mgr Lavigerie dont l'influence morale sur la terre d'Afrique a la puissance d'une armée. »

H. OLIVE.

Tunis, 27 juillet.

Monsieur le rédacteur,

» Vous aurez appris la récente visite de Mgr Lavigerie, archevêque d'Alger, à Tunis; mais vous n'avez pas encore eu, sans doute, de renseignements précis sur le but de cette visite. Je suis à même de vous les donner aujourd'hui.

» Le roi Charles X avait obtenu, en 1830, quelques jours après la prise d'Alger, du gouvernement tunisien un emplacement sur lequel est mort, en 1270, notre grand roi saint Louis avec les représentants les plus illustres de la noblesse française, qui succombèrent comme lui frappés par la peste. Ces précieux souvenirs avaient été complétement abandonnés; il appartenait à la monarchie légitime de les ressusciter et de les consacrer par un monument digne d'eux : c'est ce qu'entreprit Charles X. Mais il tomba avant d'avoir pu achever son œuvre. Après bien des lenteurs, le gouvernement de Juillet réalisant cette pensée fit élever sur le terrain cédé par le Bey une chapelle dédiée à saint Louis, avec les constructions nécessaires à l'habitation d'un aumônier et d'un gardien.

» Ce coin de terre entouré de murs est encore vraiment la France au milieu de ces contrées barbares : le drapeau français y flotte comme dans notre propre pays; malheureusement cette œuvre de réparation a été exécutée dans des proportions tellement mesquines que tous les voyageurs qui la visitent, et les Français surtout, en sont péniblement frappés. M. Victor Guérin, chargé d'une mission officielle en Tunisie il y a quelques années, s'est fait auprès de notre gouvernement lui-même l'éloquent interprète de ces sentiments de pudeur nationale, en demandant que la chapelle du saint roi ne restât pas abandonnée comme elle l'était alors et surtout qu'elle fût construite dans des dimensions moins indignes de sa destination doublement sacrée.

» C'est à ces vœux chrétiens et patriotiques que Mgr Lavigerie a bien voulu répondre; il a commencé par obtenir du gouvernement que le service religieux de la chapelle fût confié aux missionnaires récemment fondés par lui à Alger; il a entrepris ensuite de construire à la place de la chapelle actuelle qui contient à peine quinze personnes une église monumentale sur les murs de laquelle seraient rappelés les noms des familles françaises dont les ancêtres trouvèrent une mort sainte et glorieuse dans ces lieux mêmes, il y a plus de huit siècles.

» Déjà, grâce à la générosité des plus grandes familles de France, à la tête desquelles Mgr le comte de Chambord et les princes de sa maison ont daigné s'inscrire, une partie des fonds nécessaires pour réaliser cette entreprise a été souscrite. C'est pour régler les derniers détails de l'*Œuvre de Saint-Louis*, telle que je viens de l'exposer, que Mgr l'archevêque d'Alger, qui en a été le promoteur, est venu à Tunis : tout a été, me dit-on, définitivement réglé, et on espère que les constructions pourront commencer bientôt. Ce sera un bonheur, même au point de vue matériel, car avec l'affreuse misère qui règne ici cette année, le travail que ces constructions vont donner aux ouvriers sera un bienfait véritable. Du reste, Mgr l'archevêque d'Alger a rencontré dans le gouvernement du bey les dispositions les plus favorables, et vous savez sans doute qu'il a été nommé grand'croix de l'ordre tunisien et décoré par le bey en personne devant la foule des musulmans. Pendant tout le temps de son séjour à Saint-Louis l'archevêque n'a cessé d'être entouré d'une multitude de pauvres indigènes qui venaient réclamer les aumônes du *grand marabout d'Alger*, dont ils avaient entendu raconter les bienfaits vis-à-vis de leurs coréligionnaires de l'Algérie.

» Il en est venu de cinq ou six journées de marche et tous ont rapporté chez eux les marques de la charité du prélat. Vous connaissez la jalousie qui divisa entre eux dans ce pays les représentants des diverses nations étrangères et vous ne vous étonnerez pas dès lors de celle qu'ont montrée, un peu trop à mon sens, les consuls d'Angleterre et d'Italie, à la vue de ces sympathies témoignées à un si haut représentant de la France et de l'Eglise. Mais tout leur dépit sera vain, la France est chez elle à Saint-Louis, elle y est maîtresse d'honorer comme elle l'entend les augustes souvenirs que ce lieu lui rappelle. »

III

Visite de Mgr l'Archevêque d'Alger au Petit Séminaire arabe de Saint-Laurent-d'Olt (Aveyron).

Il y a quelques semaines, Mgr l'Archevêque d'Alger, de passage en France, voulut, malgré les fatigues d'un voyage dans les montagnes du Rouergue, visiter ses enfants arabes du Petit Séminaire indigène de Saint-Laurent-d'Olt.

Depuis trois années déjà ils ont été placés là par Sa Grandeur sous la direction de nos Missionnaires d'Afrique, et dans ce milieu si catholique, afin de mieux assurer leur formation à l'apostolat, où Dieu semble appeler la plupart d'entre eux.

Cette visite longtemps et impatiemment attendue, a versé une joie immense dans ces jeunes cœurs si accessibles aux grands sentiments d'une reconnaissante et filiale affection pour le vénérable prélat qui les a sauvés et qui est devenu leur Père. Selon la coutume qu'ils en ont prise, ils n'ont pas manqué d'écrire tous les détails de cette visite à leurs Frères plus avancés, qui, de Saint-Laurent, ont passé déjà au Noviciat de la Mission, à la Maison-Carrée, près Alger.

Quelques-unes de ces lettres nous ont été communiquées. Comme depuis trop longtemps, nous n'avons pas entretenu nos lecteurs de cette œuvre si importante du Séminaire arabe, nous réunissons ensemble ces différentes lettres pour montrer à nos bienfaiteurs les sentiments actuels de ces pauvres enfants auxquels, depuis plusieurs années, ils se sont si vivement intéressés.

Les Séminaristes arabes de Saint-Laurent-d'Olt, à leurs Frères du Noviciat de la Mission, à la Maison-Carrée.

Saint-Laurent, ce 14 septembre 1877.

Chers Amis et Frères,

« Voici un bien beau jour qui vient de finir, nous ne voulons pas tarder à mettre avec vous notre joie en commun.

» Exilés sur cette belle France que nous aimons comme notre patrie, et séparés depuis trois ans d'un Père tendrement aimé dont nous ne revoyions plus la face, nous gémissions de cet éloignement douloureux, chacun disait dans son impatience : « Hélas ! quand Monseigneur viendra-t-il nous voir ? Quand reverrons-nous notre Père ? » Nous savions que lui aussi, de son côté, souffrait de ce que ses travaux incessants, ses grandes préoccupations et une douloureuse maladie le tenaient si longtemps éloigné de ses enfants :
» Il désirait beaucoup, nous disait-il dans ses lettres, revoir sa
» chère famille de Saint-Laurent. »

» Enfin, le 8 septembre, fête de la Nativité de la Sainte-Vierge, en revenant de promenade, nous trouvâmes au Séminaire un messager de bonheur. Le Père Charmetant venait faire la visite de la Communauté, et servait d'avant-coureur à Monseigneur, car il nous annonça l'arrivée définitive de notre bien-aimé Père pour le mardi suivant.

» Nous accueillîmes cette bonne nouvelle avec une explosion de grande joie. C'est que Monseigneur est tout pour nous : c'est notre père et notre mère, notre sauveur et notre ami ; nous n'avons d'autre famille que lui et ses Missionnaires, d'autre foyer que l'asile de bonheur qu'il nous a donné ; c'est l'Ange envoyé par Dieu à l'Afrique notre patrie, pour la guérir, comme Raphaël fut envoyé pour guérir Tobie.

» Notre premier souci fut de préparer toutes choses de notre mieux, pour le recevoir dignement. Comme des abeilles qui se répandent dans les champs, nous allions, sous la direction de nos Pères, chercher dans les ravins, sur la montagne et le long de la rivière du Lot, assez de verdure et d'arbustes pour faire des arcs de triomphe et orner de guirlandes notre cour et le château qui nous sert de séminaire. Les habitants de Jérusalem apprenant l'arrivée de Jésus-Christ dans leur ville, lui préparaient une réception triomphale ; nous aussi nous voulions recevoir en triomphe notre Père, le représentant de ce même Jésus.

» Grâce au zèle de tous, tout fut près dès la veille. Ces vingt-quatre heures qui nous séparaient de ce tendre Père, eurent pour nous la durée d'un siècle ; la nuit se passa à rêver de lui, et la matinée du lendemain à compléter les derniers préparatifs.

» Un de nos grands regrets était de ne pas avoir des fusils pour faire parler la poudre en son honneur (signe d'allégresse pour l'Arabe), et pour saluer dignement son arrivée. Mais notre pauvreté nous empêchant tout ce luxe de jouissances, nous nous sommes dédommagés en faisant à la hâte quelques pétards de notre façon. Nous mîmes un peu de poudre achetée de nos deniers dans de petites boîtes en carton fortement ficelées. Cet expédient eut un plein succès, car chaque détonation ressemblait à un coup de canon.

» Cependant l'heure fixée pour l'arrivée de Monseigneur approchait. Dans notre impatience, nous descendîmes du séminaire sur la grande route. Le temps était magnifique, l'air tiède et le ciel bleu comme celui de notre Afrique. Il nous semblait que Dieu voulait faire luire ce jour-là le beau soleil de notre pays.

» Nous étions tous là, attendant sur la route notre Père, comme la mère de Tobie attendait son fils, lorsque tout à coup la voiture si impatiemment désirée apparaît à travers le feuillage des arbres. Aussitôt de nombreux pétards éclatent. Chaque coup précipité résonne dans la montagne, qui en même temps renvoie l'écho d'un formidable cri de « *Vive Monseigneur,* » qui s'exhale de nos poitrines. La voiture s'arrête au milieu de nous, elle renfermait notre bien-aimé Père, accompagné de son vénérable ami, Mgr Bourret, évêque de ce diocèse, et qui lui aussi nous entoure d'une affection si paternelle.

» La portière s'ouvrit ; et tous, nous nous précipitâmes aux pieds de notre Père pour recevoir sa bénédiction et baiser cette main qui nous a doublement sauvés, en nous distribuant la nourriture du corps et celle de l'âme.

» Ah ! chers enfants, vous voilà donc ! » nous dit-il en descendant de voiture. Ce sont les premières paroles sorties de sa bouche. En entendant cette voix, je sentis mon cœur battre à coups précipités, et des larmes me vinrent aux yeux. J'éprouvais quelque chose de l'émotion de mon baptême !

» Muets de joie, nous restions à contempler sa face vénérable ; nos yeux demeuraient fixés sur lui, comme s'ils ne pouvaient s'en rassasier. Nous approchions le plus près possible pour mieux le voir. Ses traits étaient les mêmes, mais sa barbe était devenue blanche. Ses regards s'abaissaient sur nous avec la même tendresse et la même bonté qu'autrefois. Il nous reconnaissait tous, et appelait chacun de nous par son nom.

» A ce moment, l'un d'entre nous lut un petit discours, pour chercher à dire ce que nous ne savions exprimer : tout l'amour de nos cœurs pour sa personne vénérée. Pendant cette lecture, le plaisir et les larmes envahissaient à la fois nos âmes attendries.

» Monseigneur répondit par quelques mots adressés en même temps à ses enfants et à la population de Saint-Laurent, qui se pressait derrière nous et se répandait le long du chemin qui monte au village. Puis les deux Pontifes voulurent se rendre à pied au séminaire qui se trouve au-dessus du Lot et de la route, à l'extrémité de la crête où Saint-Laurent est bâti.

» Nous nous pressâmes tous, en montant, autour de notre Père, comme autrefois quand il venait au milieu de nous, lorsque nous étions encore à Saint-Eugène.

» Les deux évêques s'avançaient lentement ; nous étions heureux de les entourer comme une auréole de joie dans leur marche triomphale à travers le village de Saint-Laurent. Comme nous étions fiers de traverser aux côtés de notre Père si grand, cette bonne population qui accourait sur son passage pour venir contempler ses traits et recevoir ses bénédictions.

» A son entrée dans la cour du séminaire, de nouvelles détonations se firent entendre. Là, nous lui fîmes de nouveau un petit discours dans notre belle langue arabe. « Oui, je vous bénis mes enfants, nous répondit-il. Grandissez en âge et en sagesse dans cette sainte maison comme Jésus dans la maison de Nazareth. Soyez de bons séminaristes si vous voulez que Dieu vous choisisse comme apôtres au milieu de vos frères infidèles de la pauvre Afrique. »

» Puis il s'entretint longtemps avec nous, heureux de nous revoir, et nous de l'entendre. Il ressemblait à Notre-Seigneur se promenant au milieu de ses disciples et leur révélant les grandes choses qu'il apportait du Ciel.

» Cependant cette journée si belle touchait à sa fin ! Elle durerait encore si nous eussions eu, comme Josué, le pouvoir d'arrêter le soleil qui s'avançait si vite derrière les crêtes de la montagne voisine.

» Notre séminaire est trop pauvre pour recevoir dignement deux Evêques ; d'ailleurs les principales familles de Saint-Laurent vinrent faire des instances pour avoir l'honneur de donner l'hospitalité aux deux prélats. Ils se rendirent donc au village pour prendre leur repas et passer la nuit, nous promettant de revenir dès le matin le lendemain.

» La nuit me parut longue, car je dormis peu : la joie me tint éveillé. J'avais toujours devant les yeux l'image de ce bon Père, et je revoyais en esprit tout le bien qu'il avait fait à ses enfants.

. » Le lendemain il arrivait de bonne heure pour dire dans notre modeste chapelle la messe de communauté. A la communion, tous nous nous approchâmes de la sainte table pour recevoir de ses mains vénérables la nourriture céleste, comme de petits oiseaux affamés qui se pressent autour de la main qui leur répand du grain pour les nourrir.

» A la fin de la messe, après son action de grâce, il s'assied en face de nous sur un fauteuil placé sur le marchepied de l'autel et nous adresse ces paroles : « J'avais un grand désir, mes chers enfants, de venir manger cette Pâque avec vous : *Desiderio desideravi hoc Pascha manducare vobiscum.* En entendant ces paroles du Sauveur sortir de la bouche de notre Père, je n'ai pu m'empêcher de verser de douces larmes. C'est avec le même attendrissement que j'ai écouté les recommandations si paternelles que son cœur nous adressait : « Moi aussi j'ai souffert, ajouta-t-il, quand il a fallu vous éloigner momentanément de moi et de l'Afrique ; mais c'était pour votre bonheur, afin de mieux vous former, dans cet excellent pays du Rouergue, à la piété et à la science. »

» En l'écoutant nous étions sur le Thabor ; tous, nous nous faisions la réflexion de l'apôtre : comme il fait bon ici ! Plus d'un en effet eût voulu dresser là sa tente près de celle de son père et à côté du Tabernacle.

» A la fin il s'arrêta un instant, puis il ajouta : « Mes enfants, » puisque nous sommes seuls dans cette chapelle, et bien que le » bon Dieu y réside, je vous permets de me demander tout ce que » vous voudrez. Demandez maintenant, car bientôt vous me cher- » cherez et vous ne me trouverez plus ! Je dois partir aujour- » d'hui... »

» Tous gardèrent le silence. Que pouvions-nous demander de plus : Chacun de nous répétait au fond de son cœur la parole de Joseph après avoir retrouvé Jacob : « Je n'ai plus rien à désirer mainte- nant, puisque j'ai revu mon Père ! »

» A la fin, cependant, il y en eut un qui se leva, et pria Mon- seigneur, au nom de ses condisciples qui l'approuvaient de la tête, de vouloir bien prolonger sa visite de quelques jours, si c'était possible, afin de faire durer encore le bonheur que nous éprouvions de le posséder. « Vos sollicitations me touchent, répon- » dit Monseigneur, mais j'ai le regret de ne pouvoir demeurer » plus longtemps : d'ailleurs, ajouta-t-il, dans son langage tout » paternel : Vous ne m'avez donc pas assez vu ? Vous voulez donc » me manger ? Eh bien, puisque votre désir est d'être toujours » près de moi, vous me donnerez chacun un morceau de votre » cœur que j'emporterai pour le mettre aux pieds de Notre-Dame- » d'Afrique ; et je lui dirai : Voyez, bonne Mère, je vous apporte » les cœurs de mes petits Arabes de Saint-Laurent, qui vous » aiment tant. Faites-les vite grandir en âge, en sagesse et en » science, afin que bientôt ils reviennent de France en Afrique, » chanter vos louanges près de vous ! » Tous, nous fîmes un signe de consentement, et notre bien-aimé Père sortit de la chapelle, après nous avoir bénis. »

» Il était attendu déjà par quelques membres des excellentes fa- milles de Saint-Laurent qui toutes daignent nous entourer d'une si grande sympathie. On venait le chercher pour prendre son dernier repas dans le village. Quelques-uns de nos Pères l'y accompa- gnèrent comme la veille.

» C'est après son repas qu'on lui annonça tout à coup l'arrivée d'un autre missionnaire, le P. Chevalier, qui se trouvait en France et allait aussi repartir pour l'Afrique : « Comment se fait-il donc que vous arriviez maintenant, dit Monseigneur, il n'y a point de voiture qui passe par Saint-Laurent à cette heure? » — « Je viens à pied, Monseigneur. » — « Et d'où venez-vous? » — « de Mende, où je suis arrivé cette nuit. Là, j'ai appris que Votre Grandeur était à Saint-Laurent, et qu'elle devait en repartir aujourd'hui. Je me suis mis en route ce matin, à 5 heures, afin d'être sûr de vous y trouver encore, pour venir vous saluer à votre passage. » Cet intrépide missionnaire avait fait 52 kilomètres en moins de huit heures? Émus de son courage, nous avons voulu l'imiter, car, chaque semaine, pendant nos vacances, nous faisons de longues courses pour répondre à de bienveillantes invitations que l'on nous fait, par intérêt pour nous, dans l'Aveyron et la Lozère. Nous partîmes donc pour Mende, à pied, nous aussi, le surlendemain, afin d'y aller saluer le digne évêque de cette ville qui avait eu la bonté de nous inviter à venir passer une journée de nos vacances près de lui. Partis de Saint-Laurent à 4 heures du matin, nous étions à Mende avant midi.

» Cependant, l'heure approchait où notre bien-aimé Père allait se séparer de nous. La tristesse succéda à la joie qui, pendant ces heures trop courtes, avait été inexprimable. Je ne vous en parlerai point ici, car, vous aussi, vous connaissez l'amertume que laisse toujours dans nos cœurs chaque départ de ce bon Père.

» Nous le devançâmes au pont du Lot, qui se trouve au pied du village. La voiture l'attendait déjà. Tous, nous nous pressions, sans rien dire, autour de lui. L'un de nous, les larmes dans les yeux, lui demanda une dernière faveur, non pour lui, mais pour sa pauvre mère infidèle qu'il possède encore et qu'il a laissée en Kabylie pour venir ici apprendre et suivre la vérité : « Monseigneur, dit-il, j'ai appris que les Sœurs de la Mission allaient s'établir dans ma tribu. Veuillez leur demander d'attirer ma pauvre mère auprès d'elles, comme les Missionnaires l'avaient fait pour moi, afin que, peu à peu, la vue des bons exemples qu'elle recevra finisse par lui ouvrir les yeux à la vraie Foi. » — Monseigneur le caressa et le lui promit. Puis il nous donna une dernière bénédiction que nous reçûmes pieusement, mais avec tristesse, comme les Apôtres reçurent celle de N.-S. se séparant d'eux pour aller au Ciel le jour de l'Ascension. Aussitôt après, il monta en voiture et nous dit en s'asseyant : « Adieu, chers enfants ! » et la voiture partit.

» Aux derniers accents de cette voix qui s'éloignait déjà, nos poitrines se gonflèrent, et presque tous baissèrent la tête ; même ceux qui ne pleurent jamais ne purent garder leurs larmes. Il semblait que nos cœurs allaient se diviser par la moitié ; et, cependant, ce tendre Père ne nous quittait que pour retourner dans notre belle patrie et travailler à la rendre chrétienne comme autrefois !

» Nous suivîmes des yeux la voiture, jusqu'à ce qu'une petite colline, où s'engage la route, l'eût dérobée à nos regards. Nous regagnâmes le séminaire sans nous parler les uns les autres, car nous étions tristes. Et cependant nous étions heureux d'une si bonne visite dont le souvenir nous restera toujours. »

IV

ŒUVRE DES MISSIONNAIRES

ARRIVÉE DE NOVICES ET ADOPTIONS.

Depuis la publication du dernier numéro du Bulletin sont entrés au Noviciat de la Mission d'Afrique, à la Maison-Carrée.

MM. Guillet Alexandre, prêtre,	du diocèse de	Nantes.
Mercui, sous-diacre,	—	Rodez.
Leblond Georges, clerc-minoré,	—	Rouen.
Federlen Louis,	—	Strasbourg.
Hassan Clément,	—	d'Alger.
Djelloul Maurice,	—	—
Mohamed Jules,	—	—
Ahmed Georges,	—	—
Et comme Frère coadjuteur :		
Louis Cayron,	—	Rodez.

ADOPTIONS DE MISSIONNAIRES.

Nos associés savent qu'en donnant une somme de 800 francs, ils entretiennent pour une année un missionnaire en Afrique. Ils deviennent ainsi participants de tous ses travaux et de ses mérites, et même de ceux de son martyre, comme cela a eu lieu pour les charitables bienfaiteurs qui avaient adopté les trois missionnaires mis à mort pour la Foi, sur la route de Tombouctou.

Nous avons reçu pour l'adoption de missionnaires :

800 francs de la communauté de Bon-Sauveur de Caen. Cette adoption est appliquée au R. P. Roger.

800 francs de M. M. K., pour l'adoption du P. Delattre.

800 francs de M. O. Cosserat, à Amiens.

V

CORRESPONDANTS DIOCÉSAINS

Plusieurs personnes dévouées à l'Œuvre si catholique et si française de la Mission d'Afrique ont eu la charité de nous offrir leurs services à titre de zélateurs et de zélatrices. Nous osons espérer dans l'intérêt de l'Œuvre et pour la commodité de nos bienfaiteurs, voir s'augmenter le nombre des personnes qui pourraient, sans trop se charger cependant, centraliser les offrandes qu'on nous destine, soit dans leur diocèse, soit même dans leur paroisse.

On pourra adresser les aumônes en argent ou en nature (layettes pour nouveau-nés, vieux linge pour pansements, livres, ornements d'église, médicaments, honoraires de messes, etc.) :

Au R. P. supérieur des Missionnaires, à la Maison-Carrée (près Alger).

Au Bureau des Écoles d'Orient, 12, rue du Regard, à Paris.

A M. l'abbé Payan d'Augery, 84, rue Paradis, à Marseille.

A M. le Cte R. de Buisseret, au Boisselas, près Cellettes (Loir-et-Cher), ou à Versailles, 6, rue d'Anjou.

A M. l'abbé Vachet, missionnaire aux Chartreux, à Lyon.

A M. le chanoine Hubert, 3, rue Scribe, à Nantes.

A M. Robert Oheix, avocat à Savenay (Loire-Inférieure).

A Mme Camille Thiollière, grande Rue, à Saint-Chamond (Loire).

A Mme la comtesse Harscouët, à Saint-Brieuc.

A Mme Vve Jégou, à Gourin (Morbihan).

A Mlle Nugue, 2, quai de l'Université, à Rennes.

A M. le chanoine Laffetay, à Bayeux (Calvados).

A M. Chenel, rue Saint-Jean, à Caen.

A M. Collin, 7, rue du Parterre, au Mans.

A M. Le Bas, garde-mines, à Bar-le-Duc.

ŒUVRE DE SAINT-AUGUSTIN

ET DE

SAINTE-MONIQUE

PATRONNE

DES MÈRES CHRÉTIENNES

Sous la protection de Notre-Dame d'Afrique

Bulletin trimestriel. — N° 16. Octobre 1875.

A l'Œuvre des Ecoles d'Orient,

PARIS, RUE DU REGARD, 12.

Le Bulletin de l'Œuvre sera envoyé régulièrement chaque trimestre :

1° A toutes nos associées ;

2° A tout prêtre reconnu comme directeur de l'Œuvre dans son canton ou même sa paroisse. — Il jouit des priviléges accordés par le Saint-Siége et mentionnés au IV du verso de ce Bulletin.

3° Enfin à tout bienfaiteur de l'Œuvre.

Nota. — Sont BIENFAITEURS : 1° ceux qui ont adopté ou adopteront un orphelin indigène pour cinq ans, ou un missionnaire pour un an.

Chaque jour, et dans toutes les maisons de l'Œuvre, des prières spéciales sont dites aux intentions des *Bienfaiteurs*, par les missionnaires et les néophytes ; ces prières sont *établies à perpétuité*. Les *Bienfaiteurs* ont part en outre aux bonnes œuvres qui se font dans la Mission, aux mérites de ceux qui y travaillent, à toutes les faveurs spirituelles de l'Œuvre, et aux indulgences accordées par le Saint-Père à nos associés.

Les présidentes des Mères chrétiennes qui n'ont pas encore affilié leurs associées à l'œuvre de Sainte-Monique, sont invitées à se mettre en relation avec le Directeur de l'Œuvre, à Notre-Dame d'Afrique, près Alger.

Toute personne qui reçoit le Bulletin est aussi priée d'indiquer les personnes pieuses de sa connaissance à qui le bulletin pourrait être utilement adressé.

LES OFFRANDES ET SOUSCRIPTIONS

peuvent être adressées par la poste

A M. le Directeur de l'Œuvre de Sainte-Monique,

A Notre-Dame d'Afrique, près Alger ;

Ou bien déposées **rue du Regard, 12, à Paris,** au

secrétariat de l'Œuvre des Écoles d'Orient.

PRIÈRES QUI SE FONT DANS L'ŒUVRE

Une Messe se dit, tous les jours, aux intentions des Associés, dans le plus vénéré des sanctuaires de l'Afrique, dans l'église de N.-D. d'Afrique, dont l'image se trouve en tête de ce Bulletin.

Dans ce sanctuaire se trouve, à droite de la statue miraculeuse de Marie, l'autel de sainte Monique ; à gauche, celui de saint Augustin. La bonté de Pie IX a voulu, en consacrant cette pensée, contribuer à rendre ces autels plus vénérables encore. L'illustre Pontife a daigné envoyer à l'archevêque d'Alger, par Mgr l'évêque Sacriste, gardien des plus précieuses reliques de Rome, un morceau du bras de sainte Monique, de ce bras de mère qui s'est levé tant de fois, suppliant, vers le ciel, pour demander la conversion de son fils.

Près de cette sainte relique, et à cet autel, tous les jours de la semaine, sans exception, à huit heures du matin, une messe est célébrée aux intentions des mères chrétiennes du monde entier qui voudront s'associer à cette dévotion pour recommander à Dieu ceux pour qui elles demandent protection et bénédiction en ce monde, pour le prier de pardonner à ceux qui ne sont plus.

Après la Messe, le prêtre célébrant s'agenouille au pied de l'autel, et après avoir dit le *Notre-Père* et *Je vous salue, Marie*, récite la prière suivante : *Sainte Monique, qui avez obtenu par vos larmes et par vos prières la conversion d'Augustin, priez pour toutes les mères qui vous invoquent; priez aussi pour l'Afrique, votre patrie. Ainsi soit-il.*

Le dimanche, le lundi, le mardi, le jeudi et le samedi, les Messes sont dites pour les vivants ; le mercredi et le vendredi pour les morts.

Chaque dimanche, après la bénédiction du Saint-Sacrement, on se rend à l'autel de sainte Monique et on y chante l'antienne et l'oraison de la sainte, à l'intention des Associés, et l'on recommande spécialement aux prières les personnes qui en ont fait la demande. On dit ensuite la prière.

Un cœur de vermeil pouvant contenir des milliers de noms écrits à la main est suspendu au reliquaire qui contient les ossements de Monique. Il a la forme que l'on donne ordinairement dans l'iconographie catholique au cœur de saint Augustin, avec les flammes pures qui le dévorent. Au milieu se trouve gravée cette simple inscription :

IL EST IMPOSSIBLE QUE LE FILS DE VOS LARMES PÉRISSE.

Ce sont les paroles qui fortifièrent autrefois le cœur de Monique. Elles entretiendront l'espérance dans les cœurs de tant de mères, qui sauront que sur cette terre qui fut la sienne, près de ses ossements sacrés, Monique présente à Dieu le nom de leurs enfants.

Pour avoir part à ces prières journalières, pour faire inscrire un nom dans ce cœur d'Augustin, près des reliques et de l'image de sa mère, il suffit d'en faire la demande, par lettre, au Directeur de l'Œuvre à Notre-Dame d'Afrique, près Alger.

ŒUVRE

DE

SAINT-AUGUSTIN ET DE SAINTE-MONIQUE

L'Œuvre de prières et de charité approuvée par N. S. Père le Pape Pie IX et établie à Alger sous le patronage de saint Augustin et de sainte Monique, dans le pieux sanctuaire de N.-D. d'Afrique, a pour but de réunir, dans une association de prières, les mères chrétiennes et les âmes pieuses du monde entier qui s'intéressent à la terre sur laquelle sont nés et ont vécu le grand Évêque d'Hippone et son admirable mère.

Les associés participent en outre par des adoptions, soit d'orphelins indigènes, soit de missionnaires, et aussi par des offrandes volontaires, à la résurrection de la foi dans l'immense mission confiée à la sollicitude pastorale de Mgr l'Archevêque d'Alger, Délégué apostolique du Sahara.

Les faveurs spirituelles auxquelles participent les associés de l'Œuvre sont indiquées en partie au verso de la présente page.

L'Œuvre a, en outre, été bénie et enrichie de nombreuses indulgences par N. S. Père le Pape Pie IX.

Voici les principales de ces indulgences telles qu'elles se trouvent mentionnées dans un Bref adressé à Mgr l'Archevêque d'Alger.

On peut les gagner dès que l'on a été inscrit sur le registre de l'Association.

I. Une Indulgence plénière est accordée aux associés :

1° Le jour de l'entrée dans l'association.

2° Aux fêtes suivantes : *Janvier*, l'Épiphanie de N.-S. — *Février*, Purification de la T.-S. Vierge. — *Mars*, saint Joseph. — *Avril*, Compassion de la T.-S. Vierge. — *Mai*, sainte Monique. — *Juin*, saint Louis de Gonzague. — *Juillet*, sainte Anne. — *Août*, saint Augustin. — *Septembre* N.-D. des Sept-Douleurs. — *Octobre*, les saints Anges. — *Novembre*, Octave de la Toussaint. — *Décembre*, Immaculée Conception.

3° En outre, les jours de la fête du S.-C. de N.-S., du S.-N. de Marie, de sa Nativité.

Les indulgences susdites peuvent être gagnées, pourvu que les associés, se conformant aux règles prescrites en pareil cas, se confessent avec un cœur contrit, reçoivent la sainte communion, visitent le sanctuaire de la Confrérie ou leur église paroissiale, et y prient aux intentions du Souverain Pontife.

II. Toutes ces indulgences peuvent être appliquées aux défunts.

III. Les messes des morts, dites à la prière des associés, à quelque autel que ce soit, serviront à l'âme pour laquelle elles seront offertes, comme si elles étaient dites à un autel privilégié.

IV. Pouvoir est donné pour cinq ans, aux prêtres directeurs de l'œuvre, de bénir en particulier et dans la forme usitée par l'Église, les croix et médailles, en leur appliquant l'indulgence plénière à l'article de la mort, et les chapelets en leur attachant les indulgences dites de sainte Brigitte.

ŒUVRE DE SAINT-AUGUSTIN

ET DE

SAINTE-MONIQUE

PATRONNE

DES MÈRES CHRÉTIENNES

Sous la protection de Notre-Dame d'Afrique

Bulletin trimestriel. — Nº 17. Janvier 1876.

A l'Œuvre des Ecoles d'Orient,

PARIS, RUE DU REGARD, 12.

Le Bulletin de l'Œuvre sera envoyé régulièrement chaque trimestre :

1° A toutes nos associées ;

2° A tout prêtre reconnu comme directeur de l'Œuvre dans son canton ou même sa paroisse. — Il jouit des priviléges accordés par le Saint-Siége et mentionnés au IV du verso de ce Bulletin.

3° Enfin à tout bienfaiteur de l'Œuvre.

Nota. — Sont BIENFAITEURS : 1° ceux qui ont adopté ou adopteront un orphelin indigène pour cinq ans, ou un missionnaire pour un an.

Chaque jour, et dans toutes les maisons de l'Œuvre, des prières spéciales sont dites aux intentions des *Bienfaiteurs*, par les missionnaires et les néophytes ; ces prières sont *établies à perpétuité*. Les *Bienfaiteurs* ont part en outre aux bonnes œuvres qui se font dans la Mission, aux mérites de ceux qui y travaillent, à toutes les faveurs spirituelles de l'Œuvre, et aux indulgences accordées par le Saint-Père à nos associés.

Les présidentes des Mères chrétiennes qui n'ont pas encore affilié leurs associées à l'œuvre de Sainte-Monique, sont invitées à se mettre en relation avec le Directeur de l'Œuvre, à Notre-Dame d'Afrique, près Alger.

Toute personne qui reçoit le Bulletin est aussi priée d'indiquer les personnes pieuses de sa connaissance à qui le bulletin pourrait être utilement adressé.

LES OFFRANDES ET SOUSCRIPTIONS

peuvent être adressées par la poste

A M. le Directeur de l'Œuvre de Sainte-Monique,

A Notre-Dame d'Afrique, près Alger ;

Ou bien déposées **rue du Regard, 12, à Paris,** au secrétariat de l'Œuvre des Écoles d'Orient.

PRIÈRES QUI SE FONT DANS L'ŒUVRE

Une Messe se dit, tous les jours, aux intentions des Associés, dans le plus vénéré des sanctuaires de l'Afrique, dans l'église de N.-D. d'Afrique, dont l'image se trouve en tête de ce Bulletin.

Dans ce sanctuaire se trouve, à droite de la statue miraculeuse de Marie, l'autel de sainte Monique; à gauche, celui de saint Augustin. La bonté de Pie IX a voulu, en consacrant cette pensée, contribuer à rendre ces autels plus vénérables encore. L'illustre Pontife a daigné envoyer à l'archevêque d'Alger, par Mgr l'évêque Sacriste, gardien des plus précieuses reliques de Rome, un morceau du bras de sainte Monique, de ce bras de mère qui s'est levé tant de fois, suppliant, vers le ciel, pour demander la conversion de son fils.

Près de cette sainte relique, et à cet autel, tous les jours de la semaine, sans exception, à huit heures du matin, une messe est célébrée aux intentions des mères chrétiennes du monde entier qui voudront s'associer à cette dévotion pour recommander à Dieu ceux pour qui elles demandent protection et bénédiction en ce monde, pour le prier de pardonner à ceux qui ne sont plus.

Après la Messe, le prêtre célébrant s'agenouille au pied de l'autel, et après avoir dit le *Notre-Père* et *Je vous salue, Marie,* récite la prière suivante : *Sainte Monique, qui avez obtenu par vos larmes et par vos prières la conversion d'Augustin, priez pour toutes les mères qui vous invoquent; priez aussi pour l'Afrique, votre patrie. Ainsi soit-il.*

Le dimanche, le lundi, le mardi, le jeudi et le samedi, les Messes sont dites pour les vivants; le mercredi et le vendredi pour les morts.

Chaque dimanche, après la bénédiction du Saint-Sacrement, on se rend à l'autel de sainte Monique et on y chante l'antienne et l'oraison de la sainte, à l'intention des Associés, et l'on recommande spécialement aux prières les personnes qui en ont fait la demande. On dit ensuite la prière.

Un cœur de vermeil pouvant contenir des milliers de noms écrits à la main est suspendu au reliquaire qui contient les ossements de Monique. Il a la forme que l'on donne ordinairement dans l'iconographie catholique au cœur de saint Augustin, avec les flammes pures qui le dévorent. Au milieu se trouve gravée cette simple inscription :

IL EST IMPOSSIBLE QUE LE FILS DE VOS LARMES PÉRISSE.

Ce sont les paroles qui fortifièrent autrefois le cœur de Monique. Elles entretiendront l'espérance dans les cœurs de tant de mères, qui sauront que sur cette terre qui fut la sienne, près de ses ossements sacrés, Monique présente à Dieu le nom de leurs enfants.

Pour avoir part à ces prières journalières, pour faire inscrire un nom dans ce cœur d'Augustin, près des reliques et de l'image de sa mère, il suffit d'en faire la demande, par lettre, au Directeur de l'Œuvre à Notre-Dame d'Afrique, près Alger.

ŒUVRE

DE

SAINT-AUGUSTIN ET DE SAINTE-MONIQUE

L'Œuvre de prières et de charité approuvée par N. S. Père le Pape Pie IX et établie à Alger sous le patronage de saint Augustin et de sainte Monique, dans le pieux sanctuaire de N.-D. d'Afrique, a pour but de réunir, dans une association de prières, les mères chrétiennes et les âmes pieuses du monde entier qui s'intéressent à la terre sur laquelle sont nés et ont vécu le grand Evêque d'Hippone et son admirable mère.

Les associés participent en outre par des adoptions, soit d'orphelins indigènes, soit de missionnaires, et aussi par des offrandes volontaires, à la résurrection de la foi dans l'immense mission confiée à la sollicitude pastorale de Mgr l'Archevêque d'Alger, Délégué apostolique du Sahara.

Les faveurs spirituelles auxquelles participent les associés de l'Œuvre sont indiquées en partie au verso de la présente page.

L'Œuvre a, en outre, été bénie et enrichie de nombreuses indulgences par N. S. Père le Pape Pie IX.

Voici les principales de ces indulgences telles qu'elles se trouvent mentionnées dans un Bref adressé à Mgr l'Archevêque d'Alger.

On peut les gagner dès que l'on a été inscrit sur le registre de l'Association.

I. Une Indulgence plénière est accordée aux associés :

1º Le jour de l'entrée dans l'association.

2º Aux fêtes suivantes : *Janvier*, l'Epiphanie de N.-S. — *Février*, Purification de la T.-S. Vierge. — *Mars*, saint Joseph. — *Avril*, Compassion de la T.-S. Vierge. — *Mai*, sainte Monique. — *Juin*, saint Louis de Gonzague. — *Juillet*, sainte Anne. — *Août*, saint Augustin. — *Septembre* N.-D. des Sept-Douleurs. — *Octobre*, les saints Anges. — *Novembre*, Octave de la Toussaint. — *Décembre*, l'Immaculée Conception.

3º En outre, les jours de la fête du S.-C. de N.-S., du S.-N. de Marie, de sa Nativité.

Les indulgences susdites peuvent être gagnées, pourvu que les associés, se conformant aux règles prescrites en pareil cas, se confessent avec un cœur contrit, reçoivent la sainte communion, visitent le sanctuaire de la Confrérie ou leur église paroissiale, et y prient aux intentions du Souverain Pontife.

II. Toutes ces indulgences peuvent être appliquées aux défunts.

III. Les messes des morts, dites à la prière des associés, à quelque autel que ce soit, serviront à l'âme pour laquelle elles seront offertes, comme si elles étaient dites à un autel privilégié.

IV. Pouvoir est donné pour cinq ans, aux prêtres directeurs de l'œuvre, de bénir en particulier et dans la forme usitée par l'Eglise, les croix et médailles, en leur appliquant l'indulgence plénière à l'article de la mort, et les chapelets en leur attachant les indulgences dites de sainte Brigitte.

S.-CLOUD. — IMP. DE Mme Ve EUG. BELIN.

ŒUVRE DE SAINT-AUGUSTIN

ET DE

SAINTE-MONIQUE

PATRONNE

DES MÈRES CHRÉTIENNES

Sous la protection de Notre-Dame d'Afrique

Bulletin trimestriel. — N° 18. Avril 1876.

A l'Œuvre des Ecoles d'Orient,

PARIS, RUE DU REGARD, 12.

Le Bulletin de l'Œuvre sera envoyé régulièrement chaque trimestre :

1° A toutes nos associées ;

2° A tout prêtre reconnu comme directeur de l'Œuvre dans son canton ou même sa paroisse. — Il jouit des priviléges accordés par le Saint-Siége et mentionnés au IV du verso de ce Bulletin.

3° Enfin à tout bienfaiteur de l'Œuvre.

Nota. — Sont BIENFAITEURS : 1° ceux qui ont adopté ou adopteront un orphelin indigène pour cinq ans, ou un missionnaire pour un an.

Chaque jour, et dans toutes les maisons de l'Œuvre, des prières spéciales sont dites aux intentions des *Bienfaiteurs*, par les missionnaires et les néophytes ; ces prières sont *établies à perpétuité*. Les *Bienfaiteurs* ont part en outre aux bonnes œuvres qui se font dans la Mission, aux mérites de ceux qui y travaillent, à toutes les faveurs spirituelles de l'Œuvre, et aux indulgences accordées par le Saint-Père à nos associés.

Les présidentes des Mères chrétiennes qui n'ont pas encore affilié leurs associées à l'œuvre de Sainte-Monique, sont invitées à se mettre en relation avec le Directeur de l'Œuvre, à Notre-Dame d'Afrique, près Alger.

Toute personne qui reçoit le Bulletin est aussi priée d'indiquer les personnes pieuses de sa connaissance à qui le bulletin pourrait être utilement adressé.

LES OFFRANDES ET SOUSCRIPTIONS

peuvent être adressées par la poste

A. M. le Directeur de l'Œuvre de Sainte-Monique,

A Notre-Dame d'Afrique, près Alger ;

Ou bien déposées **rue du Regard, 12, à Paris,** au secrétariat de l'Œuvre des Écoles d'Orient.

PRIÈRES QUI SE FONT DANS L'ŒUVRE

Une Messe se dit, tous les jours, aux intentions des Associés, dans le plus vénéré des sanctuaires de l'Afrique, dans l'église de N.-D. d'Afrique, dont l'image se trouve en tête de ce Bulletin.

Dans ce sanctuaire se trouve, à droite de la statue miraculeuse de Marie, l'autel de sainte Monique ; à gauche, celui de saint Augustin. La bonté de Pie IX a voulu, en consacrant cette pensée, contribuer à rendre ces autels plus vénérables encore. L'illustre Pontife a daigné envoyer à l'archevêque d'Alger, par Mgr l'évêque Sacriste, gardien des plus précieuses reliques de Rome, un morceau du bras de sainte Monique, de ce bras de mère qui s'est levé tant de fois, suppliant, vers le ciel, pour demander la conversion de son fils.

Près de cette sainte relique, et à cet autel, tous les jours de la semaine, sans exception, à huit heures du matin, une messe est célébrée aux intentions des mères chrétiennes du monde entier qui voudront s'associer à cette dévotion pour recommander à Dieu ceux pour qui elles demandent protection et bénédiction en ce monde, pour le prier de pardonner à ceux qui ne sont plus.

Après la Messe, le prêtre célébrant s'agenouille au pied de l'autel, et après avoir dit le *Notre-Père* et *Je vous salue, Marie*, récite la prière suivante : *Sainte Monique, qui avez obtenu par vos larmes et par vos prières la conversion d'Augustin, priez pour toutes les mères qui vous invoquent ; priez aussi pour l'Afrique, votre patrie. Ainsi soit-il.*

Le dimanche, le lundi, le mardi, le jeudi et le samedi, les Messes sont dites pour les vivants ; le mercredi et le vendredi pour les morts.

Chaque dimanche, après la bénédiction du Saint-Sacrement, on se rend à l'autel de sainte Monique et on y chante l'antienne et l'oraison de la sainte, à l'intention des Associés, et l'on recommande spécialement aux prières les personnes qui en ont fait la demande. On dit ensuite la prière.

Un cœur de vermeil pouvant contenir des milliers de noms écrits à la main est suspendu au reliquaire qui contient les ossements de Monique. Il a la forme que l'on donne ordinairement dans l'iconographie catholique au cœur de saint Augustin, avec les flammes pures qui le dévorent. Au milieu se trouve gravée cette simple inscription :

IL EST IMPOSSIBLE QUE LE FILS DE VOS LARMES PÉRISSE.

Ce sont les paroles qui fortifièrent autrefois le cœur de Monique. Elles entretiendront l'espérance dans les cœurs de tant de mères, qui sauront que sur cette terre qui fut la sienne, près de ses ossements sacrés, Monique présente à Dieu le nom de leurs enfants.

Pour avoir part à ces prières journalières, pour faire inscrire un nom dans ce cœur d'Augustin, près des reliques et de l'image de sa mère, il suffit d'en faire la demande, par lettre, au Directeur de l'Œuvre à Notre-Dame d'Afrique, près Alger.

ŒUVRE

DE

SAINT-AUGUSTIN ET DE SAINTE-MONIQUE

L'Œuvre de prières et de charité approuvée par N. S. Père le Pape Pie IX et établie à Alger sous le patronage de saint Augustin et de sainte Monique, dans le pieux sanctuaire de N.-D. d'Afrique, a pour but de réunir, dans une association de prières, les mères chrétiennes et les âmes pieuses du monde entier qui s'intéressent à la terre sur laquelle sont nés et ont vécu le grand Evêque d'Hippone et son admirable mère.

Les associés participent en outre par des adoptions, soit d'orphelins indigènes, soit de missionnaires, et aussi par des offrandes volontaires, à la résurrection de la foi dans l'immense mission confiée à la sollicitude pastorale de Mgr l'Archevêque d'Alger, Délégué apostolique du Sahara.

Les faveurs spirituelles auxquelles participent les associés de l'Œuvre sont indiquées en partie au verso de la présente page.

L'Œuvre a, en outre, été bénie et enrichie de nombreuses indulgences par N. S. Père le Pape Pie IX.

Voici les principales de ces indulgences telles qu'elles se trouvent mentionnées dans un Bref adressé à Mgr l'Archevêque d'Alger.

On peut les gagner dès que l'on a été inscrit sur le registre de l'Association.

I. Une Indulgence plénière est accordée aux associés :

1° Le jour de l'entrée dans l'association.

2° Aux fêtes suivantes : *Janvier*, l'Epiphanie de N.-S. — *Février*, Purification de la T.-S. Vierge. — *Mars*, saint Joseph. — *Avril*, Compassion de la T.-S. Vierge. — *Mai*, sainte Monique. — *Juin*, saint Louis de Gonzague. — *Juillet*, sainte Anne. — *Août*, saint Augustin. — *Septembre* N.-D. des Sept-Douleurs. — *Octobre*, les saints Anges. — *Novembre*, Octave de la Toussaint. — *Décembre*, l'Immaculée Conception.

3° En outre, les jours de la fête du S.-C. de N.-S., du S.-N. de Marie, de sa Nativité.

Les indulgences susdites peuvent être gagnées, pourvu que les associés, se conformant aux règles prescrites en pareil cas, se confessent avec un cœur contrit, reçoivent la sainte communion, visitent le sanctuaire de la Confrérie ou leur église paroissiale, et y prient aux intentions du Souverain Pontife.

II. Toutes ces indulgences peuvent être appliquées aux défunts.

III. Les messes des morts, dites à la prière des associés, à quelque autel que ce soit, serviront à l'âme pour laquelle elles seront offertes, comme si elles étaient dites à un autel privilégié.

IV. Pouvoir est donné pour cinq ans, aux prêtres directeurs de l'œuvre, de bénir en particulier et dans la forme usitée par l'Eglise, les croix et médailles, en leur appliquant l'indulgence plénière à l'article de la mort, et les chapelets en leur attachant les indulgences dites de sainte Brigitte.

S.-CLOUD. — IMP. DE Mme V^e EUG. BELIN.

ŒUVRE DE SAINT-AUGUSTIN

ET DE

SAINTE-MONIQUE

PATRONNE

DES MÈRES CHRÉTIENNES

Sous la protection de Notre-Dame d'Afrique

Bulletin trimestriel. — N° 19. Juillet 1876.

A l'Œuvre des Ecoles d'Orient,

PARIS, RUE DU REGARD, 12.

Le Bulletin de l'Œuvre sera envoyé régulièrement chaque trimestre :

1° A toutes nos associées ;

2° A tout prêtre reconnu comme directeur de l'Œuvre dans son canton ou même sa paroisse. — Il jouit des priviléges accordés par le Saint-Siége et mentionnés au IV du verso de ce Bulletin.

3° Enfin à tout bienfaiteur de l'Œuvre.

Nota. — Sont BIENFAITEURS : 1° ceux qui ont adopté ou adopteront un orphelin indigène pour cinq ans, ou un missionnaire pour un an.

Chaque jour, et dans toutes les maisons de l'Œuvre, des prières spéciales sont dites aux intentions des *Bienfaiteurs*, par les missionnaires et les néophytes ; ces prières sont *établies à perpétuité*. Les *Bienfaiteurs* ont part en outre aux bonnes œuvres qui se font dans la Mission, aux mérites de ceux qui y travaillent, à toutes les faveurs spirituelles de l'Œuvre, et aux indulgences accordées par le Saint-Père à nos associés.

Les présidentes des Mères chrétiennes qui n'ont pas encore affilié leurs associées à l'œuvre de Sainte-Monique, sont invitées à se mettre en relation avec le Directeur de l'Œuvre, à Notre-Dame d'Afrique, près Alger.

Toute personne qui reçoit le Bulletin est aussi priée d'indiquer les personnes pieuses de sa connaissance à qui le bulletin pourrait être utilement adressé.

LES OFFRANDES ET SOUSCRIPTIONS

peuvent être adressées par la poste

A M. le Directeur de l'Œuvre de Sainte-Monique,

A Notre-Dame d'Afrique, près Alger ;

Ou bien déposées **rue du Regard, 12, à Paris,** au secrétariat de l'Œuvre des Écoles d'Orient.

PRIÈRES QUI SE FONT DANS L'ŒUVRE

Une Messe se dit, tous les jours, aux intentions des Associés, dans le plus vénéré des sanctuaires de l'Afrique, dans l'église de N.-D. d'Afrique, dont l'image se trouve en tête de ce Bulletin.

Dans ce sanctuaire se trouve, à droite de la statue miraculeuse de Marie, l'autel de sainte Monique; à gauche, celui de saint Augustin. La bonté de Pie IX a voulu, en consacrant cette pensée, contribuer à rendre ces autels plus vénérables encore. L'illustre Pontife a daigné envoyer à l'archevêque d'Alger, par Mgr l'évêque Sacriste, gardien des plus précieuses reliques de Rome, un morceau du bras de sainte Monique, de ce bras de mère qui s'est levé tant de fois, suppliant, vers le ciel, pour demander la conversion de son fils.

Près de cette sainte relique, et à cet autel, tous les jours de la semaine, sans exception, à huit heures du matin, une messe est célébrée aux intentions des mères chrétiennes du monde entier qui voudront s'associer à cette dévotion pour recommander à Dieu ceux pour qui elles demandent protection et bénédiction en ce monde, pour le prier de pardonner à ceux qui ne sont plus.

Après la Messe, le prêtre célébrant s'agenouille au pied de l'autel, et après avoir dit le *Notre-Père* et *Je vous salue, Marie,* récite la prière suivante : *Sainte Monique, qui avez obtenu par vos larmes et par vos prières la conversion d'Augustin, priez pour toutes les mères qui vous invoquent; priez aussi pour l'Afrique, votre patrie. Ainsi soit-il.*

Le dimanche, le lundi, le mardi, le jeudi et le samedi, les Messes sont dites pour les vivants; le mercredi et le vendredi pour les morts.

Chaque dimanche, après la bénédiction du Saint-Sacrement, on se rend à l'autel de sainte Monique et on y chante l'antienne et l'oraison de la sainte, à l'intention des Associés, et l'on recommande spécialement aux prières les personnes qui en ont fait la demande. On dit ensuite la prière.

Un cœur de vermeil pouvant contenir des milliers de noms écrits à la main est suspendu au reliquaire qui contient les ossements de Monique. Il a la forme que l'on donne ordinairement dans l'iconographie catholique au cœur de saint Augustin, avec les flammes pures qui le dévorent. Au milieu se trouve gravée cette simple inscription :

IL EST IMPOSSIBLE QUE LE FILS DE VOS LARMES PÉRISSE.

Ce sont les paroles qui fortifièrent autrefois le cœur de Monique. Elles entretiendront l'espérance dans les cœurs de tant de mères, qui sauront que sur cette terre qui fut la sienne, près de ses ossements sacrés, Monique présente à Dieu le nom de leurs enfants.

Pour avoir part à ces prières journalières, pour faire inscrire un nom dans ce cœur d'Augustin, près des reliques et de l'image de sa mère, il suffit d'en faire la demande, par lettre, au Directeur de l'Œuvre à Notre-Dame d'Afrique, près Alger.

ŒUVRE

DE

SAINT-AUGUSTIN ET DE SAINTE-MONIQUE

L'Œuvre de prières et de charité approuvée par N. S. Père le Pape Pie IX et établie à Alger sous le patronage de saint Augustin et de sainte Monique, dans le pieux sanctuaire de N.-D. d'Afrique, a pour but de réunir, dans une association de prières, les mères chrétiennes et les âmes pieuses du monde entier qui s'intéressent à la terre sur laquelle sont nés et ont vécu le grand Evêque d'Hippone et son admirable mère.

Les associés participent en outre par des adoptions, soit d'orphelins indigènes, soit de missionnaires, et aussi par des offrandes volontaires, à la résurrection de la foi dans l'immense mission confiée à la sollicitude pastorale de Mgr l'Archevêque d'Alger, Délégué apostolique du Sahara.

Les faveurs spirituelles auxquelles participent les associés de l'Œuvre sont indiquées en partie au verso de la présente page.

L'Œuvre a, en outre, été bénie et enrichie de nombreuses indulgences par N. S. Père le Pape Pie IX.

Voici les principales de ces indulgences telles qu'elles se trouvent mentionnées dans un Bref adressé à Mgr l'Archevêque d'Alger.

On peut les gagner dès que l'on a été inscrit sur le registre de l'Association.

I. Une Indulgence plénière est accordée aux associés :

1° Le jour de l'entrée dans l'association.

2° Aux fêtes suivantes : *Janvier*, l'Epiphanie de N.-S. — *Février*, Purification de la T.-S. Vierge. — *Mars*, saint Joseph. — *Avril*, Compassion de la T.-S. Vierge. — *Mai*, sainte Monique. — *Juin*, saint Louis de Gonzague. — *Juillet*, sainte Anne. — *Août*, saint Augustin. — *Septembre* N.-D. des Sept-Douleurs. — *Octobre*, les saints Anges. — *Novembre*, Octave de la Toussaint. — *Décembre*, l'Immaculée Conception.

3° En outre, les jours de la fête du S.-C. de N.-S., du S.-N. de Marie, de sa Nativité.

Les indulgences susdites peuvent être gagnées, pourvu que les associés, se conformant aux règles prescrites en pareil cas, se confessent avec un cœur contrit, reçoivent la sainte communion, visitent le sanctuaire de la Confrérie ou leur église paroissiale, et y prient aux intentions du Souverain Pontife.

II. Toutes ces indulgences peuvent être appliquées aux défunts.

III. Les messes des morts, dites à la prière des associés, à quelque autel que ce soit, serviront à l'âme pour laquelle elles seront offertes, comme si elles étaient dites à un autel privilégié.

IV. Pouvoir est donné pour cinq ans, aux prêtres directeurs de l'œuvre, de bénir en particulier et dans la forme usitée par l'Eglise, les croix et médailles, en leur appliquant l'indulgence plénière à l'article de la mort, et les chapelets en leur attachant les indulgences dites de sainte Brigitte.

S.-CLOUD. — IMP. DE Mme V^e EUG. BELIN.

ŒUVRE DE SAINT-AUGUSTIN

ET DE

SAINTE-MONIQUE

PATRONNE

DES MÈRES CHRÉTIENNES

Sous la protection de Notre-Dame d'Afrique

Bulletin trimestriel. — N° 20. Octobre 1876.

A l'Œuvre des Ecoles d'Orient,

PARIS, RUE DU REGARD, 12.

Le Bulletin de l'Œuvre sera envoyé régulièrement chaque trimestre :

1° A toutes nos associées ;

2° A tout prêtre reconnu comme directeur de l'Œuvre dans son canton ou même sa paroisse. — Il jouit des priviléges accordés par le Saint-Siége et mentionnés au IV du verso de ce Bulletin.

3° Enfin à tout bienfaiteur de l'Œuvre.

Nota. — Sont BIENFAITEURS : 1° ceux qui ont adopté ou adopteront un orphelin indigène pour cinq ans, ou un missionnaire pour un an.

Chaque jour, et dans toutes les maisons de l'Œuvre, des prières spéciales sont dites aux intentions des *Bienfaiteurs*, par les missionnaires et les néophytes ; ces prières sont *établies à perpétuité.* Les *Bienfaiteurs* ont part en outre aux bonnes œuvres qui se font dans la Mission, aux mérites de ceux qui y travaillent, à toutes les faveurs spirituelles de l'Œuvre, et aux indulgences accordées par le Saint-Père à nos associés.

Les présidentes des Mères chrétiennes qui n'ont pas encore affilié leurs associées à l'œuvre de Sainte-Monique, sont invitées à se mettre en relation avec le Directeur de l'Œuvre, à Notre-Dame d'Afrique, près Alger.

Toute personne qui reçoit le Bulletin est aussi priée d'indiquer les personnes pieuses de sa connaissance à qui le bulletin pourrait être utilement adressé.

LES OFFRANDES ET SOUSCRIPTIONS

peuvent être adressées par la poste

A M. le Directeur de l'Œuvre de Sainte-Monique,

A Notre-Dame d'Afrique, près Alger ;

Ou bien déposées **rue du Regard, 12, à Paris,** au secrétariat de l'Œuvre des Écoles d'Orient.

PRIÈRES QUI SE FONT DANS L'ŒUVRE

Une Messe se dit, tous les jours, aux intentions des Associés, dans le plus vénéré des sanctuaires de l'Afrique, dans l'église de N.-D. d'Afrique, dont l'image se trouve en tête de ce Bulletin.

Dans ce sanctuaire se trouve, à droite de la statue miraculeuse de Marie, l'autel de sainte Monique ; à gauche, celui de saint Augustin. La bonté de Pie IX a voulu, en consacrant cette pensée, contribuer à rendre ces autels plus vénérables encore. L'illustre Pontife a daigné envoyer à l'archevêque d'Alger, par Mgr l'évêque Sacriste, gardien des plus précieuses reliques de Rome, un morceau du bras de sainte Monique, de ce bras de mère qui s'est levé tant de fois, suppliant, vers le ciel, pour demander la conversion de son fils.

Près de cette sainte relique, et à cet autel, tous les jours de la semaine, sans exception, à huit heures du matin, une messe est célébrée aux intentions des mères chrétiennes du monde entier qui voudront s'associer à cette dévotion pour recommander à Dieu ceux pour qui elles demandent protection et bénédiction en ce monde, pour le prier de pardonner à ceux qui ne sont plus.

Après la Messe, le prêtre célébrant s'agenouille au pied de l'autel, et après avoir dit le *Notre-Père* et *Je vous salue, Marie*, récite la prière suivante : *Sainte Monique, qui avez obtenu par vos larmes et par vos prières la conversion d'Augustin, priez pour toutes les mères qui vous invoquent ; priez aussi pour l'Afrique, votre patrie. Ainsi soit-il.*

Le dimanche, le lundi, le mardi, le jeudi et le samedi, les Messes sont dites pour les vivants ; le mercredi et le vendredi pour les morts.

Chaque dimanche, après la bénédiction du Saint-Sacrement, on se rend à l'autel de sainte Monique et on y chante l'antienne et l'oraison de la sainte, à l'intention des Associés, et l'on recommande spécialement aux prières les personnes qui en ont fait la demande. On dit ensuite la prière.

Un cœur de vermeil pouvant contenir des milliers de noms écrits à la main est suspendu au reliquaire qui contient les ossements de Monique. Il a la forme que l'on donne ordinairement dans l'iconographie catholique au cœur de saint Augustin, avec les flammes pures qui le dévorent. Au milieu se trouve gravée cette simple inscription :

IL EST IMPOSSIBLE QUE LE FILS DE VOS LARMES PÉRISSE.

Ce sont les paroles qui fortifièrent autrefois le cœur de Monique. Elles entretiendront l'espérance dans les cœurs de tant de mères, qui sauront que sur cette terre qui fut la sienne, près de ses ossements sacrés, Monique présente à Dieu le nom de leurs enfants.

Pour avoir part à ces prières journalières, pour faire inscrire un nom dans ce cœur d'Augustin, près des reliques et de l'image de sa mère, il suffit d'en faire la demande, par lettre, au Directeur de l'Œuvre à Notre-Dame d'Afrique, près Alger.

ŒUVRE

DE

SAINT-AUGUSTIN ET DE SAINTE-MONIQUE

L'Œuvre de prières et de charité approuvée par N. S. Père le Pape Pie IX et établie à Alger sous le patronage de saint Augustin et de sainte Monique, dans le pieux sanctuaire de N.-D. d'Afrique, a pour but de réunir, dans une association de prières, les mères chrétiennes et les âmes pieuses du monde entier qui s'intéressent à la terre sur laquelle sont nés et ont vécu le grand Evêque d'Hippone et son admirable mère.

Les associés participent en outre par des adoptions, soit d'orphelins indigènes, soit de missionnaires, et aussi par des offrandes volontaires, à la résurrection de la foi dans l'immense mission confiée à la sollicitude pastorale de Mgr l'Archevêque d'Alger, Délégué apostolique du Sahara.

Les faveurs spirituelles auxquelles participent les associés de l'Œuvre sont indiquées en partie au verso de la présente page.

L'Œuvre a, en outre, été bénie et enrichie de nombreuses indulgences par N. S. Père le Pape Pie IX.

Voici les principales de ces indulgences telles qu'elles se trouvent mentionnées dans un Bref adressé à Mgr l'Archevêque d'Alger.

On peut les gagner dès que l'on a été inscrit sur le registre de l'Association.

I. Une Indulgence plénière est accordée aux associés :

1° Le jour de l'entrée dans l'association.

2° Aux fêtes suivantes : *Janvier*, l'Epiphanie de N.-S. — *Février*, Purification de la T.-S. Vierge. — *Mars*, saint Joseph. — *Avril*, Compassion de la T.-S. Vierge. — *Mai*, sainte Monique. — *Juin*, saint Louis de Gonzague. — *Juillet*, sainte Anne. — *Août*, saint Augustin. — *Septembre* N.-D. des Sept-Douleurs. — *Octobre*, les saints Anges. — *Novembre*, Octave de la Toussaint. — *Décembre*, l'Immaculée Conception.

3° En outre, les jours de la fête du S.-C. de N.-S., du S.-N. de Marie, de sa Nativité.

Les indulgences susdites peuvent être gagnées, pourvu que les associés, se conformant aux règles prescrites en pareil cas, se confessent avec un cœur contrit, reçoivent la sainte communion, visitent le sanctuaire de la Confrérie ou leur église paroissiale, et y prient aux intentions du Souverain Pontife.

II. Toutes ces indulgences peuvent être appliquées aux défunts.

III. Les messes des morts, dites à la prière des associés, à quelque autel que ce soit, serviront à l'âme pour laquelle elles seront offertes, comme si elles étaient dites à un autel privilégié.

IV. Pouvoir est donné pour cinq ans, aux prêtres directeurs de l'œuvre, de bénir en particulier et dans la forme usitée par l'Eglise, les croix et médailles, en leur appliquant l'indulgence plénière à l'article de la mort, et les chapelets en leur attachant les indulgences dites de sainte Brigitte.

S.-CLOUD. — IMP. DE Mme V^e EUG. BELIN.

ŒUVRE DE SAINT-AUGUSTIN

ET DE

SAINTE-MONIQUE

PATRONNE

DES MÈRES CHRÉTIENNES

Sous la protection de Notre-Dame d'Afrique

Bulletin trimestriel. — Nº 21. Janvier 1877.

A l'Œuvre des Ecoles d'Orient,

PARIS, RUE DU REGARD, 12.

Le Bulletin de l'Œuvre sera envoyé régulièrement chaque trimestre :

1° A toutes nos associées;

2° A tout prêtre reconnu comme directeur de l'Œuvre dans son canton ou même sa paroisse. — Il jouit des priviléges accordés par le Saint-Siége et mentionnés au IV du verso de ce Bulletin.

3° Enfin à tout bienfaiteur de l'Œuvre.

Nota. — Sont BIENFAITEURS : 1° ceux qui ont adopté ou adopteront un orphelin indigène pour cinq ans, ou un missionnaire pour un an.

Chaque jour, et dans toutes les maisons de l'Œuvre, des prières spéciales sont dites aux intentions des *Bienfaiteurs,* par les missionnaires et les néophytes; ces prières sont *établies à perpétuité.* Les *Bienfaiteurs* ont part en outre aux bonnes œuvres qui se font dans la Mission, aux mérites de ceux qui y travaillent, à toutes les faveurs spirituelles de l'Œuvre, et aux indulgences accordées par le Saint-Père à nos associés.

Les présidentes des Mères chrétiennes qui n'ont pas encore affilié leurs associées à l'œuvre de Sainte-Monique, sont invitées à se mettre en relation avec le Directeur de l'Œuvre, à Notre-Dame d'Afrique, près Alger.

Toute personne qui reçoit le Bulletin est aussi priée d'indiquer les personnes pieuses de sa connaissance à qui le bulletin pourrait être utilement adressé.

LES OFFRANDES ET SOUSCRIPTIONS

peuvent être adressées par la poste

A M. le Directeur de l'Œuvre de Sainte-Monique,

A Notre-Dame d'Afrique, près Alger;

Ou bien déposées **rue du Regard, 12, à Paris,** au secrétariat de l'Œuvre des Écoles d'Orient.

PRIÈRES QUI SE FONT DANS L'ŒUVRE

Une Messe se dit, tous les jours, aux intentions des Associés, dans le plus vénéré des sanctuaires de l'Afrique, dans l'église de N.-D. d'Afrique, dont l'image se trouve en tête de ce Bulletin.

Dans ce sanctuaire se trouve, à droite de la statue miraculeuse de Marie, l'autel de sainte Monique ; à gauche, celui de saint Augustin. La bonté de Pie IX a voulu, en consacrant cette pensée, contribuer à rendre ces autels plus vénérables encore. L'illustre Pontife a daigné envoyer à l'archevêque d'Alger, par Mgr l'évêque Sacriste, gardien des plus précieuses reliques de Rome, un morceau du bras de sainte Monique, de ce bras de mère qui s'est levé tant de fois, suppliant, vers le ciel, pour demander la conversion de son fils.

Près de cette sainte relique, et à cet autel, tous les jours de la semaine, sans exception, à huit heures du matin, une messe est célébrée aux intentions des mères chrétiennes du monde entier qui voudront s'associer à cette dévotion pour recommander à Dieu ceux pour qui elles demandent protection et bénédiction en ce monde, pour le prier de pardonner à ceux qui ne sont plus.

Après la Messe, le prêtre célébrant s'agenouille au pied de l'autel, et après avoir dit le *Notre-Père* et *Je vous salue, Marie,* récite la prière suivante : *Sainte Monique, qui avez obtenu par vos larmes et par vos prières la conversion d'Augustin, priez pour toutes les mères qui vous invoquent ; priez aussi pour l'Afrique, votre patrie. Ainsi soit-il.*

Le dimanche, le lundi, le mardi, le jeudi et le samedi, les Messes sont dites pour les vivants ; le mercredi et le vendredi pour les morts.

Chaque dimanche, après la bénédiction du Saint-Sacrement, on se rend à l'autel de sainte Monique et on y chante l'antienne et l'oraison de la sainte, à l'intention des Associés, et l'on recommande spécialement aux prières les personnes qui en ont fait la demande. On dit ensuite la prière.

Un cœur de vermeil pouvant contenir des milliers de noms écrits à la main est suspendu au reliquaire qui contient les ossements de Monique. Il a la forme que l'on donne ordinairement dans l'iconographie catholique au cœur de saint Augustin, avec les flammes pures qui le dévorent. Au milieu se trouve gravée cette simple inscription :

IL EST IMPOSSIBLE QUE LE FILS DE VOS LARMES PÉRISSE.

Ce sont les paroles qui fortifièrent autrefois le cœur de Monique. Elles entretiendront l'espérance dans les cœurs de tant de mères, qui sauront que sur cette terre qui fut la sienne, près de ses ossements sacrés, Monique présente à Dieu le nom de leurs enfants.

Pour avoir part à ces prières journalières, pour faire inscrire un nom dans ce cœur d'Augustin, près des reliques et de l'image de sa mère, il suffit d'en faire la demande, par lettre, au Directeur de l'Œuvre à Notre-Dame d'Afrique, près Alger.

ŒUVRE

DE

SAINT-AUGUSTIN ET DE SAINTE-MONIQUE

L'OEuvre de prières et de charité approuvée par N. S. Père le Pape Pie IX et établie à Alger sous le patronage de saint Augustin et de sainte Monique, dans le pieux sanctuaire de N.-D. d'Afrique, a pour but de réunir, dans une association de prières, les mères chrétiennes et les âmes pieuses du monde entier qui s'intéressent à la terre sur laquelle sont nés et ont vécu le grand Evêque d'Hippone et son admirable mère.

Les associés participent en outre par des adoptions, soit d'orphelins indigènes, soit de missionnaires, et aussi par des offrandes volontaires, à la résurrection de la foi dans l'immense mission confiée à la sollicitude pastorale de Mgr l'Archevêque d'Alger, Délégué apostolique du Sahara.

Les faveurs spirituelles auxquelles participent les associés de l'OEuvre sont indiquées en partie au verso de la présente page.

L'OEuvre a, en outre, été bénie et enrichie de nombreuses indulgences par N. S. Père le Pape Pie IX.

Voici les principales de ces indulgences telles qu'elles se trouvent mentionnées dans un Bref adressé à Mgr l'Archevêque d'Alger.

On peut les gagner dès que l'on a été inscrit sur le registre de l'Association.

I. Une Indulgence plénière est accordée aux associés :

1º Le jour de l'entrée dans l'association.

2º Aux fêtes suivantes : *Janvier,* l'Epiphanie de N.-S. — *Février,* Purification de la T.-S. Vierge. — *Mars,* saint Joseph. — *Avril,* Compassion de la T.-S. Vierge. — *Mai,* sainte Monique. — *Juin,* saint Louis de Gonzague. — *Juillet,* sainte Anne. — *Août,* saint Augustin. — *Septembre* N.-D. des Sept-Douleurs. — *Octobre,* les saints Anges. — *Novembre,* Octave de la Toussaint. — *Décembre,* l'Immaculée Conception.

3º En outre, les jours de la fête du S.-C. de N.-S., du S.-N. de Marie, de sa Nativité.

Les indulgences susdites peuvent être gagnées, pourvu que les associés, se conformant aux règles prescrites en pareil cas, se confessent avec un cœur contrit, reçoivent la sainte communion, visitent le sanctuaire de la Confrérie ou leur église paroissiale, et y prient aux intentions du Souverain Pontife.

II. Toutes ces indulgences peuvent être appliquées aux défunts.

III. Les messes des morts, dites à la prière des associés, à quelque autel que ce soit, serviront à l'âme pour laquelle elles seront offertes, comme si elles étaient dites à un autel privilégié.

IV. Pouvoir est donné pour cinq ans, aux prêtres directeurs de l'œuvre, de bénir en particulier et dans la forme usitée par l'Eglise, les croix et médailles, en leur appliquant l'indulgence plénière à l'article de la mort, et les chapelets en leur attachant les indulgences dites de sainte Brigitte.

S.-CLOUD. — IMP. DE Mᵐᵉ Vᵉ EUG. BELIN.

ŒUVRE DE SAINT-AUGUSTIN

ET DE

SAINTE-MONIQUE

PATRONNE

DES MÈRES CHRÉTIENNES

Sous la protection de Notre-Dame d'Afrique

Bulletin trimestriel. — N° 22. Avril 1877.

A l'Œuvre des Ecoles d'Orient,

PARIS, RUE DU REGARD, 12.

Le Bulletin de l'Œuvre sera envoyé régulièrement chaque trimestre :

1° A toutes nos associées ;

2° A tout prêtre reconnu comme directeur de l'Œuvre dans son canton ou même sa paroisse. — Il jouit des priviléges accordés par le Saint-Siége et mentionnés au IV du verso de ce Bulletin.

3° Enfin à tout bienfaiteur de l'Œuvre.

Nota. — Sont BIENFAITEURS : 1° ceux qui ont adopté ou adopteront un orphelin indigène pour cinq ans, ou un missionnaire pour un an.

Chaque jour, et dans toutes les maisons de l'Œuvre, des prières spéciales sont dites aux intentions des *Bienfaiteurs*, par les missionnaires et les néophytes ; ces prières sont *établies à perpétuité*. Les *Bienfaiteurs* ont part en outre aux bonnes œuvres qui se font dans la Mission, aux mérites de ceux qui y travaillent, à toutes les faveurs spirituelles de l'Œuvre, et aux indulgences accordées par le Saint-Père à nos associés.

Les présidentes des Mères chrétiennes qui n'ont pas encore affilié leurs associées à l'œuvre de Sainte-Monique, sont invitées à se mettre en relation avec le Directeur de l'Œuvre, à Notre-Dame d'Afrique, près Alger.

Toute personne qui reçoit le Bulletin est aussi priée d'indiquer les personnes pieuses de sa connaissance à qui le bulletin pourrait être utilement adressé.

LES OFFRANDES ET SOUSCRIPTIONS

peuvent être adressées par la poste

A M. le Directeur de l'Œuvre de Sainte-Monique,

A Notre-Dame d'Afrique, près Alger ;

Ou bien déposées **rue du Regard, 12, à Paris,** au secrétariat de l'Œuvre des Écoles d'Orient.

PRIÈRES QUI SE FONT DANS L'ŒUVRE

Une Messe se dit, tous les jours, aux intentions des Associés, dans le plus vénéré des sanctuaires de l'Afrique, dans l'église de N.-D. d'Afrique, dont l'image se trouve en tête de ce Bulletin.

Dans ce sanctuaire se trouve, à droite de la statue miraculeuse de Marie, l'autel de sainte Monique ; à gauche, celui de saint Augustin. La bonté de Pie IX a voulu, en consacrant cette pensée, contribuer à rendre ces autels plus vénérables encore. L'illustre Pontife a daigné envoyer à l'archevêque d'Alger, par Mgr l'évêque Sacriste, gardien des plus précieuses reliques de Rome, un morceau du bras de sainte Monique, de ce bras de mère qui s'est levé tant de fois, suppliant, vers le ciel, pour demander la conversion de son fils.

Près de cette sainte relique, et à cet autel, tous les jours de la semaine, sans exception, à huit heures du matin, une messe est célébrée aux intentions des mères chrétiennes du monde entier qui voudront s'associer à cette dévotion pour recommander à Dieu ceux pour qui elles demandent protection et bénédiction en ce monde, pour le prier de pardonner à ceux qui ne sont plus.

Après la Messe, le prêtre célébrant s'agenouille au pied de l'autel, et après avoir dit le *Notre-Père* et *Je vous salue, Marie*, récite la prière suivante : *Sainte Monique, qui avez obtenu par vos larmes et par vos prières la conversion d'Augustin, priez pour toutes les mères qui vous invoquent ; priez aussi pour l'Afrique, votre patrie. Ainsi soit-il.*

Le dimanche, le lundi, le mardi, le jeudi et le samedi, les Messes sont dites pour les vivants ; le mercredi et le vendredi pour les morts.

Chaque dimanche, après la bénédiction du Saint-Sacrement, on se rend à l'autel de sainte Monique et on y chante l'antienne et l'oraison de la sainte, à l'intention des Associés, et l'on recommande spécialement aux prières les personnes qui en ont fait la demande. On dit ensuite la prière.

Un cœur de vermeil pouvant contenir des milliers de noms écrits à la main est suspendu au reliquaire qui contient les ossements de Monique. Il a la forme que l'on donne ordinairement dans l'iconographie catholique au cœur de saint Augustin, avec les flammes pures qui le dévorent. Au milieu se trouve gravée cette simple inscription :

IL EST IMPOSSIBLE QUE LE FILS DE VOS LARMES PÉRISSE.

Ce sont les paroles qui fortifièrent autrefois le cœur de Monique. Elles entretiendront l'espérance dans les cœurs de tant de mères, qui sauront que sur cette terre qui fut la sienne, près de ses ossements sacrés, Monique présente à Dieu le nom de leurs enfants.

Pour avoir part à ces prières journalières, pour faire inscrire un nom dans ce cœur d'Augustin, près des reliques et de l'image de sa mère, il suffit d'en faire la demande, par lettre, au Directeur de l'Œuvre à Notre-Dame d'Afrique, près Alger.

ŒUVRE

DE

SAINT-AUGUSTIN ET DE SAINTE-MONIQUE

L'Œuvre de prières et de charité approuvée par N. S. Père le Pape Pie IX et établie à Alger sous le patronage de saint Augustin et de sainte Monique, dans le pieux sanctuaire de N.-D. d'Afrique, a pour but de réunir, dans une association de prières, les mères chrétiennes et les âmes pieuses du monde entier qui s'intéressent à la terre sur laquelle sont nés et ont vécu le grand Evêque d'Hippone et son admirable mère.

Les associés participent en outre par des adoptions, soit d'orphelins indigènes, soit de missionnaires, et aussi par des offrandes volontaires, à la résurrection de la foi dans l'immense mission confiée à la sollicitude pastorale de Mgr l'Archevêque d'Alger, Délégué apostolique du Sahara.

Les faveurs spirituelles auxquelles participent les associés de l'Œuvre sont indiquées en partie au verso de la présente page.

L'Œuvre a, en outre, été bénie et enrichie de nombreuses indulgences par N. S. Père le Pape Pie IX.

Voici les principales de ces indulgences telles qu'elles se trouvent mentionnées dans un Bref adressé à Mgr l'Archevêque d'Alger.

On peut les gagner dès que l'on a été inscrit sur le registre de l'Association.

I. Une Indulgence plénière est accordée aux associés :

1° Le jour de l'entrée dans l'association.

2° Aux fêtes suivantes : *Janvier*, l'Epiphanie de N.-S. — *Février*, Purification de la T.-S. Vierge. — *Mars*, saint Joseph. — *Avril*, Compassion de la T.-S. Vierge. — *Mai*, sainte Monique. — *Juin*, saint Louis de Gonzague. — *Juillet*, sainte Anne. — *Août*, saint Augustin. — *Septembre* N.-D. des Sept-Douleurs. — *Octobre*, les saints Anges. — *Novembre*, Octave de la Toussaint. — *Décembre*, l'Immaculée Conception.

3° En outre, les jours de la fête du S.-C. de N.-S., du S.-N. de Marie, de sa Nativité.

Les indulgences susdites peuvent être gagnées, pourvu que les associés, se conformant aux règles prescrites en pareil cas, se confessent avec un cœur contrit, reçoivent la sainte communion, visitent le sanctuaire de la Confrérie ou leur église paroissiale, et y prient aux intentions du Souverain Pontife.

II. Toutes ces indulgences peuvent être appliquées aux défunts.

III. Les messes des morts, dites à la prière des associés, à quelque autel que ce soit, serviront à l'âme pour laquelle elles seront offertes, comme si elles étaient dites à un autel privilégié.

IV. Pouvoir est donné pour cinq ans, aux prêtres directeurs de l'œuvre, de bénir en particulier et dans la forme usitée par l'Eglise, les croix et médailles, en leur appliquant l'indulgence plénière à l'article de la mort, et les chapelets en leur attachant les indulgences dites de sainte Brigitte.

A.-CLOUR. — IMP. DE MME V^E ECS BELIN.

ŒUVRE DE SAINT-AUGUSTIN

ET DE

SAINTE-MONIQUE

PATRONNE

DES MÈRES CHRÉTIENNES

Sous la protection de Notre-Dame d'Afrique

Bulletin trimestriel. — N° 23. Juillet 1877.

A l'Œuvre des Ecoles d'Orient,

PARIS, RUE DU REGARD, 12.

Le Bulletin de l'Œuvre sera envoyé régulièrement chaque trimestre :

1° A toutes nos associées ;

2° *A tout prêtre reconnu comme directeur de l'Œuvre dans son canton ou même sa paroisse.* — Il jouit des priviléges accordés par le Saint-Siége et mentionnés au IV du verso de ce Bulletin.

3° Enfin à tout bienfaiteur de l'Œuvre.

Nota. — Sont Bienfaiteurs : 1° ceux qui ont adopté ou adopteront un orphelin indigène pour cinq ans, ou un missionnaire pour un an.

Chaque jour, et dans toutes les maisons de l'Œuvre, des prières spéciales sont dites aux intentions des *Bienfaiteurs,* par les missionnaires et les néophytes ; ces prières sont *établies à perpétuité.* Les *Bienfaiteurs* ont part en outre aux bonnes œuvres qui se font dans la Mission, aux mérites de ceux qui y travaillent, à toutes les faveurs spirituelles de l'Œuvre, et aux indulgences accordées par le Saint-Père à nos associés.

Les présidentes des Mères chrétiennes qui n'ont pas encore affilié leurs associées à l'œuvre de Sainte-Monique, sont invitées à se mettre en relation avec le Directeur de l'Œuvre, à Notre-Dame d'Afrique, près Alger.

Toute personne qui reçoit le Bulletin est aussi priée d'indiquer les personnes pieuses de sa connaissance à qui le bulletin pourrait être utilement adressé.

———

LES OFFRANDES ET SOUSCRIPTIONS

peuvent être adressées par la poste

A M. le Directeur de l'Œuvre de Sainte-Monique,

A Notre-Dame d'Afrique, près Alger ;

Ou bien déposées **rue du Regard, 12, à Paris,** au secrétariat de l'Œuvre des Écoles d'Orient.

PRIÈRES QUI SE FONT DANS L'ŒUVRE

Une Messe se dit, tous les jours, aux intentions des Associés, dans le plus vénéré des sanctuaires de l'Afrique, dans l'église de N.-D. d'Afrique, dont l'image se trouve en tête de ce Bulletin.

Dans ce sanctuaire se trouve, à droite de la statue miraculeuse de Marie, l'autel de sainte Monique ; à gauche, celui de saint Augustin. La bonté de Pie IX a voulu, en consacrant cette pensée, contribuer à rendre ces autels plus vénérables encore. L'illustre Pontife a daigné envoyer à l'archevêque d'Alger, par Mgr l'évêque Sacriste, gardien des plus précieuses reliques de Rome, un morceau du bras de sainte Monique, de ce bras de mère qui s'est levé tant de fois, suppliant, vers le ciel, pour demander la conversion de son fils.

Près de cette sainte relique, et à cet autel, tous les jours de la semaine, sans exception, à huit heures du matin, une messe est célébrée aux intentions des mères chrétiennes du monde entier qui voudront s'associer à cette dévotion pour recommander à Dieu ceux pour qui elles demandent protection et bénédiction en ce monde, pour le prier de pardonner à ceux qui ne sont plus.

Après la Messe, le prêtre célébrant s'agenouille au pied de l'autel, et après avoir dit le *Notre-Père* et *Je vous salue, Marie*, récite la prière suivante : *Sainte Monique, qui avez obtenu par vos larmes et par vos prières la conversion d'Augustin, priez pour toutes les mères qui vous invoquent ; priez aussi pour l'Afrique, votre patrie. Ainsi soit-il.*

Le dimanche, le lundi, le mardi, le jeudi et le samedi, les Messes sont dites pour les vivants ; le mercredi et le vendredi pour les morts.

Chaque dimanche, après la bénédiction du Saint-Sacrement, on se rend à l'autel de sainte Monique et on y chante l'antienne et l'oraison de la sainte, à l'intention des Associés, et l'on recommande spécialement aux prières les personnes qui en ont fait la demande. On dit ensuite la prière.

Un cœur de vermeil pouvant contenir des milliers de noms écrits à la main est suspendu au reliquaire qui contient les ossements de Monique. Il a la forme que l'on donne ordinairement dans l'iconographie catholique au cœur de saint Augustin, avec les flammes pures qui le dévorent. Au milieu se trouve gravée cette simple inscription :

IL EST IMPOSSIBLE QUE LE FILS DE VOS LARMES PÉRISSE.

Ce sont les paroles qui fortifièrent autrefois le cœur de Monique. Elles entretiendront l'espérance dans les cœurs de tant de mères, qui sauront que sur cette terre qui fut la sienne, près de ses ossements sacrés, Monique présente à Dieu le nom de leurs enfants.

Pour avoir part à ces prières journalières, pour faire inscrire un nom dans ce cœur d'Augustin, près des reliques et de l'image de sa mère, il suffit d'en faire la demande, par lettre, au Directeur de l'Œuvre à Notre-Dame d'Afrique près Alger.

ŒUVRE

DE

SAINT-AUGUSTIN ET DE SAINTE-MONIQUE

L'Œuvre de prières et de charité approuvée par N. S. Père le Pape Pie IX et établie à Alger sous le patronage de saint Augustin et de sainte Monique, dans le pieux sanctuaire de N.-D. d'Afrique, a pour but de réunir, dans une association de prières, les mères chrétiennes et les âmes pieuses du monde entier qui s'intéressent à la terre sur laquelle sont nés et ont vécu le grand Evêque d'Hippone et son admirable mère.

Les associés participent en outre par des adoptions, soit d'orphelins indigènes, soit de missionnaires, et aussi par des offrandes volontaires, à la résurrection de la foi dans l'immense mission confiée à la sollicitude pastorale de Mgr l'Archevêque d'Alger, Délégué apostolique du Sahara.

Les faveurs spirituelles auxquelles participent les associés de l'Œuvre sont indiquées en partie au verso de la présente page.

L'Œuvre a, en outre, été bénie et enrichie de nombreuses indulgences par N. S. Père le Pape Pie IX.

Voici les principales de ces indulgences telles qu'elles se trouvent mentionnées dans un Bref adressé à Mgr l'Archevêque d'Alger.

On peut les gagner dès que l'on a été inscrit sur le registre de l'Association.

I. Une Indulgence plénière est accordée aux associés :

1° Le jour de l'entrée dans l'association.

2° Aux fêtes suivantes : *Janvier*, l'Epiphanie de N.-S. — *Février*, Purification de la T.-S. Vierge. — *Mars*, saint Joseph. — *Avril*, Compassion de la T.-S. Vierge. — *Mai*, sainte Monique. — *Juin*, saint Louis de Gonzague. — *Juillet*, sainte Anne. — *Août*, saint Augustin. — *Septembre* N.-D. des Sept-Douleurs. — *Octobre*, les saints Anges. — *Novembre*, Octave de la Toussaint. — *Décembre*, l'Immaculée Conception.

3° En outre, les jours de la fête du S.-C. de N.-S., du S.-N. de Marie, de sa Nativité.

Les indulgences susdites peuvent être gagnées, pourvu que les associés, se conformant aux règles prescrites en pareil cas, se confessent avec un cœur contrit, reçoivent la sainte communion, visitent le sanctuaire de la Confrérie ou leur église paroissiale, et y prient aux intentions du Souverain Pontife.

II. Toutes ces indulgences peuvent être appliquées aux défunts.

III. Les messes des morts, dites à la prière des associés, à quelque autel que ce soit, serviront à l'âme pour laquelle elles seront offertes, comme si elles étaient dites à un autel privilégié.

IV. Pouvoir est donné pour cinq ans, aux prêtres directeurs de l'œuvre, de bénir en particulier et dans la forme usitée par l'Eglise, les croix et médailles, en leur appliquant l'indulgence plénière à l'article de la mort, et les chapelets en leur attachant les indulgences dites de sainte Brigitte.

S.-CLOUD. — IMP. DE Mme V^e EUG. BELIN.

ŒUVRE DE SAINT-AUGUSTIN

ET DE

SAINTE-MONIQUE

PATRONNE

DES MÈRES CHRÉTIENNES

Sous la protection de Notre-Dame d'Afrique

Bulletin trimestriel. — N° 24. Octobre 1877.

A l'Œuvre des Écoles d'Orient,

PARIS, RUE DU REGARD, 12.

Le *Bulletin de l'Œuvre* sera envoyé régulièrement chaque trimestre :

1° A toutes nos associées ;

2° A tout prêtre reconnu comme directeur de l'Œuvre dans son canton ou même sa paroisse. — Il jouit des priviléges accordés par le Saint-Siége et mentionnés au IV du verso de ce Bulletin.

3° Enfin à tout bienfaiteur de l'Œuvre.

Nota. — Sont Bienfaiteurs : 1° ceux qui ont adopté ou adopteront un orphelin indigène pour cinq ans, ou un missionnaire pour un an.

Chaque jour, et dans toutes les maisons de l'Œuvre, des prières spéciales sont dites aux intentions des *Bienfaiteurs,* par les missionnaires et les néophytes ; ces prières sont *établies à perpétuité.* Les *Bienfaiteurs* ont part en outre aux bonnes œuvres qui se font dans la Mission, aux mérites de ceux qui y travaillent, à toutes les faveurs spirituelles de l'Œuvre, et aux indulgences accordées par le Saint-Père à nos associés.

Les présidentes des Mères chrétiennes qui n'ont pas encore affilié leurs associées à l'œuvre de Sainte-Monique, sont invitées à se mettre en relation avec le Directeur de l'Œuvre, à Notre-Dame d'Afrique, près Alger.

Toute personne qui reçoit le Bulletin est aussi priée d'indiquer les personnes pieuses de sa connaissance à qui le bulletin pourrait être utilement adressé.

LES OFFRANDES ET SOUSCRIPTIONS

peuvent être adressées par la poste

A M. le Directeur de l'Œuvre de Sainte-Monique,

A Notre-Dame d'Afrique, près Alger ;

On rue du Regard, 12, à Paris, au secrétariat

de l'Œuvre des Écoles d'Orient.

PRIÈRES QUI SE FONT DANS L'ŒUVRE

Une Messe se dit, tous les jours, aux intentions des Associés, dans le plus vénéré des sanctuaires de l'Afrique, dans l'église de N.-D. d'Afrique, dont l'image se trouve en tête de ce Bulletin.

Dans ce sanctuaire se trouve, à droite de la statue miraculeuse de Marie, l'autel de sainte Monique ; à gauche, celui de saint Augustin. La bonté de Pie IX a voulu, en consacrant cette pensée, contribuer à rendre ces autels plus vénérables encore. L'illustre Pontife a daigné envoyer à l'archevêque d'Alger, par Mgr l'évêque Sacriste, gardien des plus précieuses reliques de Rome, un morceau du bras de sainte Monique, de ce bras de mère qui s'est levé tant de fois, suppliant, vers le ciel, pour demander la conversion de son fils.

Près de cette sainte relique, et à cet autel, tous les jours de la semaine, sans exception, à huit heures du matin, une messe est célébrée, aux intentions des mères chrétiennes, du monde entier qui voudront s'associer à cette dévotion pour recommander à Dieu ceux pour qui elles demandent protection et bénédiction en ce monde, pour le prier de pardonner à ceux qui ne sont plus.

Après la Messe, le prêtre célébrant s'agenouille au pied de l'autel, et après avoir dit le *Notre-Père* et *Je vous salue, Marie*, récite la prière suivante : *Sainte Monique, qui avez obtenu par vos larmes et par vos prières la conversion d'Augustin, priez pour toutes les mères qui vous invoquent ; priez aussi pour l'Afrique, votre patrie. Ainsi soit-il.*

Le dimanche, le lundi, le mardi, le jeudi et le samedi, les Messes sont dites pour les vivants ; le mercredi et le vendredi pour les morts.

Chaque dimanche, après la bénédiction du Saint-Sacrement, on se rend à l'autel de sainte Monique et on y chante l'antienne et l'oraison de la sainte, à l'intention des Associés, et l'on recommande spécialement aux prières les personnes qui en ont fait la demande. On dit ensuite la prière.

Un cœur de vermeil pouvant contenir des milliers de noms écrits à la main est suspendu au reliquaire qui contient les ossements de Monique. Il a la forme que l'on donne ordinairement dans l'iconographie catholique au cœur de saint Augustin, avec les flammes pures qui le dévorent. Au milieu se trouve gravée cette simple inscription :

IL EST IMPOSSIBLE QUE LE FILS DE VOS LARMES PÉRISSE.

Ce sont les paroles qui fortifièrent autrefois le cœur de Monique. Elles entretiendront l'espérance dans les cœurs de tant de mères, qui sauront que sur cette terre qui fut la sienne, près de ses ossements sacrés, Monique présente à Dieu le nom de leurs enfants.

Pour avoir part à ces prières journalières, pour faire inscrire un nom dans ce cœur d'Augustin, près des reliques et de l'image de sa mère, il suffit d'en faire la demande, par lettre, au Directeur de l'Œuvre à Notre-Dame d'Afrique, près Alger.

ŒUVRE

DE

SAINT-AUGUSTIN ET DE SAINTE-MONIQUE

L'OEuvre de prières et de charité approuvée par N. S. Père le Pape Pie IX et établie à Alger sous le patronage de saint Augustin et de sainte Monique, dans le pieux sanctuaire de N.-D. d'Afrique, a pour but de réunir, dans une association de prières, les mères chrétiennes et les âmes pieuses du monde entier qui s'intéressent à la terre sur laquelle sont nés et ont vécu le grand Evêque d'Hippone et son admirable mère.

Les associés participent en outre par des adoptions, soit d'orphelins indigènes, soit de missionnaires, et aussi par des offrandes volontaires, à la résurrection de la foi dans l'immense mission confiée à la sollicitude pastorale de Mgr l'Archevêque d'Alger, Délégué apostolique du Sahara.

Les faveurs spirituelles auxquelles participent les associés de l'OEuvre sont indiquées en partie au verso de la présente page.

L'OEuvre a, en outre, été bénie et enrichie de nombreuses indulgences par N. S. Père le Pape Pie IX.

Voici les principales de ces indulgences telles qu'elles se trouvent mentionnées dans un Bref adressé à Mgr l'Archevêque d'Alger.

On peut les gagner dès que l'on a été inscrit sur le registre de l'Association.

I. Une Indulgence plénière est accordée aux associés :

1° Le jour de l'entrée dans l'association.

2° Aux fêtes suivantes : *Janvier*, l'Epiphanie de N.-S. — *Février*, Purification de la T.-S. Vierge. — *Mars*, saint Joseph. — *Avril*, Compassion de la T.-S. Vierge. — *Mai*, sainte Monique. — *Juin*, saint Louis de Gonzague. — *Juillet*, sainte Anne. — *Août*, saint Augustin. — *Septembre*, N.-D. des Sept-Douleurs. — *Octobre*, les saints Anges. — *Novembre*, Octave de la Toussaint. — *Décembre*, l'Immaculée Conception.

3° En outre, les jours de la fête du S.-C. de N.-S., du S.-N. de Marie, de sa Nativité.

Les indulgences susdites peuvent être gagnées, pourvu que les associés, se conformant aux règles prescrites en pareil cas, se confessent avec un cœur contrit, reçoivent la sainte communion, visitent le sanctuaire de la Confrérie ou leur église paroissiale, et y prient aux intentions du Souverain Pontife.

II. Toutes ces indulgences peuvent être appliquées aux défunts.

III. Les messes des morts, dites à la prière des associés, à quelque autel que ce soit, serviront à l'âme pour laquelle elles seront offertes, comme si elles étaient dites à un autel privilégié.

IV. Pouvoir est donné pour cinq ans, aux prêtres directeurs de l'œuvre, de bénir en particulier et dans la forme usitée par l'Eglise, les croix et médailles, en leur appliquant l'indulgence plénière à l'article de la mort, et les chapelets en leur attachant les indulgences dites de sainte Brigitte.

S.-CLOUD. — IMP. DE Mme Ve EUG. BELIN.